主　编：胡　卫
副主编：杨国顺　史国明

创业　创优　创新
上海市民办中小学特色发展30周年纪实

SHANGHAI SHI MINBAN ZHONG-XIAOXUE
TESE FAZHAN
30 ZHOUNIAN JISHI

上海社会科学院出版社
SHANGHAI ACADEMY OF SOCIAL SCIENCES PRESS

图书在版编目(CIP)数据

创业　创优　创新：上海市民办中小学特色发展30周年纪实 / 胡卫主编；杨国顺，史国明副主编 .— 上海：上海社会科学院出版社，2022
　ISBN 978-7-5520-4027-2

Ⅰ.①创… Ⅱ.①胡… ②杨… ③史… Ⅲ.①中小学教育—社会办学—上海—文集 Ⅳ.①G522.74-53

中国版本图书馆 CIP 数据核字(2022)第 243733 号

创业　创优　创新
——上海市民办中小学特色发展 30 周年纪实

主　　编：胡　卫
副 主 编：杨国顺　史国明
责任编辑：王　芳
封面设计：裘幼华
出版发行：上海社会科学院出版社
　　　　　上海顺昌路 622 号　邮编 200025
　　　　　电话总机 021-63315947　销售热线 021-53063735
　　　　　http://www.sassp.cn　E-mail: sassp@sassp.cn
照　　排：南京理工出版信息技术有限公司
印　　刷：上海万卷印刷股份有限公司
开　　本：710 毫米×1010 毫米　1/16
印　　张：24.5
插　　页：2
字　　数：362 千
版　　次：2022 年 12 月第 1 版　2022 年 12 月第 1 次印刷

ISBN 978-7-5520-4027-2/G·1230　　　　　　　定价：105.00 元

版权所有　翻印必究

创业中砥砺前行 创新中改革发展
——为本市民办中小学创建30周年的序

全国政协委员 上海市政府参事
中国民办教育协会常务副会长 胡 卫

2022年,在我们党的历史上将是浓墨重彩记上一笔的重要年份。党的二十大召开,预示着实现中华民族伟大复兴,开启"第二个百年"的辉煌与璀璨。而2022年,恰逢本市民办中小学创建30周年,协会开展了"喜迎党的二十大,依法规范促发展——本市民办中小学创建30周年征文"活动,得到了积极广泛的响应。

30年前,小平同志南方谈话,发起要求上海"一年一个样,三年大变样"的动员令,给上海经济发展注入了活力,也给本市推进教育改革注入了新的动力。本市创办民办中小学30年的历程,是艰苦发奋和勇于探索的创业,是创建特色和提升内涵的开拓,是质量取胜和优质办学的推进,是依法规范和创新改革的发展。

一、艰苦创业,砥砺前行,保持初心与激情

30年前,本市第一批创建的民办中小学共5所,即明珠中学、扬波中学、新世纪中学、扬波小学、新世纪小学。校长分别是高润华、徐璋荣、陈生余等,他们都是在本市公办中小学既有教学经验,又有管理能力,并且是德高望重的退休老同志。他们以"敢为天下先"的精神,并以"踩着石头过河"的勇气,吸纳社会贤达支持教育发展的民营资金开办民办中小学,在全国引起高度关注。

而创业办学之初,是以"不挑生源,不讲条件,不求回报和不辱使命"的

境界,一个一个上门动员学生,保持着艰苦创业的热情和奉献教育的真诚。我们要记住老校长创业精神带给我们的感动:

1. 他们有创业者的真诚和热忱。创业的老校长以陶行知先生"捧着一颗心来,不带半根草去"的精神,保持"愿做教育改革铺路石"的心态,让5所民办中小学如同母亲十月怀胎,呈现了办学之初嗷嗷待哺,渴望得到健康发展和幸福成长的心血和努力。让真诚和热忱,成为办学起步发展的源泉和动力。

2. 他们有教育者的爱心和奉献。在社会对民办中小学没有形成品牌认知前,创业的老校长身先士卒、亲力亲为,带领教师专业团队,以教育者的大爱之心,挨家挨户地上门动员学生报考。有的学校都是从数十个学生开始办学,在持之以恒地提高质量中得到社会、家长和学生的认可。

3. 他们有开拓者的坚毅和发奋。刚起步创办民办中小学,都是在城区"边角料"校舍环境中。有的在居民区的弄堂里,有的学校至今仍然在1.6亩地的狭小空间中。但创业的校长用开拓者的坚毅和发奋,始终以提高办学质量取胜,以软环境的文化品位取胜,为民办中小学成为教育品牌奠定了基础。

4. 他们有探究者的求索和坚持。尽管创业期间的办学条件很艰苦,但是校长们克服条件差、环境差、设施差的困难,始终以"吾将上下而求索"的精神,探究"学校有文化、环境有艺术、课堂有活力、教师有奉献、追求有品位"的教育改革,为后续的民办中小学健康发展积累了经验。

二、努力创特,练好内功,提升内涵与品质

经过第一批民办中小学艰苦创业的开拓,1995年前后涌现出一大批办学有鲜明特色的民办中小学。从内涵到品质都深受社会、家长和学校的认可,从而成为社会各界关注的热点、人民群众口口相传的一张靓丽的"名片"。

1. 形成特色,是民办中小学生存发展的生命线。第二轮创建民办中小学的校长,增强了要有特色发展和知名度的意识。如西南位育中学和立达中学,以传统优秀文化"天地位焉,万物育焉"的生长创造之意,以及"立己达人"的境界,倡导师生友善与合作的"和合共鸣",以及"自己想成功也能带动

别人成功"的理念,在特色办学上形成了品牌。其他民办中小学也都进行了这样的探索。

2. 练好内功,是民办中小学健康发展的助推器。 如嘉定华曜、田家炳、新北郊中学、德英乐实验学校、宏星、东展、丽英小学等,非常重视教师"打铁需要自身硬"的专业素养,形成了"学科带头人领衔、中青年骨干和优秀青年教师为中坚的教师梯队群"。为助推学校特色发展发挥了不可替代的作用。在协会推进学科基地建设方面提供了很多生动的教学案例和经验。

3. 提升内涵,是民办中小学持续发展的软实力。 民办中小学的内涵建设非常重视课程建设和课堂教学,如兰生、西外中学、杨浦双语学校、爱菊小学等。兰生中学的同心圆课程,让学生考察老人院,学生开发了辅助孤寡老人独居生活的智能化产品,如"不倒翁"拐杖、升降式座椅等,深受老人欢迎。而西外的"行走课程",学生走遍红色经典的长征之路、瑞金和遵义红色基地等,让学生真正了解到"没有共产党就没有新中国"。

4. 注重品质,是民办中小学跨越发展的压舱石。 很多民办中小学注重办学品质,成为老百姓"口口相传"的好学校。如童园小学以阅读为抓手,每学期为学生出版学生阅读感悟和征文合集,使学生积累对生命价值、生存艰辛、生活快乐的感悟。再如盛大花园小学,以多元智能、精美艺术和信息化奠定学生未来发展,坚持冬夏令营和春秋游的社会实践活动,在提升学生五育并举的全面发展中,推进了学校跨越式发展。

三、坚持创优,行业自律,强调目标与愿景

经历过从创业到创特的发展历程,民办中小学进入了"没有最好,只求更好"的创优发展。其共同特点是强调"办学愿景共建,平等尊重共荣,协调合作共商,优质资源共享,改革责任共担,示范辐射共赢"的目标愿景和行业自律,带动"校长课程领导力,教师团队合作力,课堂教改生命力,学生成长幸福力"的发展。

1. 好中更好的完善。 本市有一批民办学校创办之初,原本都是教育公建配套的学校。经过多年特色创建,在内涵发展上都发生了深刻的变化。

如交华中学刚创办时,完全是"名不见经传"。后来坚持"教化于心、教化于情和教化于人"的特色内涵发展,最终成为被家长称为"浇花育人"的好学校。又如世外小学,刚创办时经历了"76把钥匙"的艰苦创业,现在已经成为有"世外航母"美誉的品牌学校,不断发挥着优质资源拓展的示范作用。

2. 优中更优的推进。民办尚外外国语小学创办之初,也经历过发动教师贴广告招生的艰难岁月,经过不断地优化课程和坚持课堂教改创新,已经成为人民群众和家长心目中享誉盛名的好学校。再如民办进华中学,是普陀区万里城配套的住宿制初中,也经历过最初的创办艰辛。到2019年中华人民共和国成立70周年前夕,该校举办了"爱我进华,报效中华"的教育者论坛,现在一跃成为全市很有影响力,并且非常有特色内涵的优质学校。

3. 特中更特的示范。在本市民办中小学创建特色发展过程中,始终得到市教委和华师大、上海财经大学等高校,以及上海银行和三甲医院"启明"公益中心对创办特色学校的支持和引领。到2022年,全市已有科创、财经、艺术和身心健康发展的特色学校共37所。市民办中小学协会还专门成立4个专委会,让专业人员和专业机构从事特色发展的指导工作,起到了发挥德智体美劳五育融合的示范效益。

4. 强中更强的引领。在教育部、上海市委和市政府以及市教委强调教育公平,推进民办学校摇号招生以来,以华育、平和、协和双语学校和包玉刚实验学校等为代表的一批民办学校,都在探索培养"让优秀生更优,中等生更强,薄弱生更特"的教改实践,在实现中华民族伟大复兴进程中,努力为国家培养"匠心、匠技、匠能、匠艺和匠才"的新一代,走出一条"早出人才、快出人才和优出人才"的教改发展新路。

四、改革创新,依法规范,推进突破与发展

在全国人大和国务院颁发《中华人民共和国民办教育促进法》以及《民办教育促进法实施条例》以来,上海的民办中小学进入了重视加强党建、依法规范办学的创新发展阶段。全市民办中小学在先前全部建立党组织的基础上,强调加强党对学校董事会和监事会的领导。而从推进教育改革创新

突破与发展上,主抓四方面的工作:

1. 以党建带团建和队建,培养学生"出国更爱国"的家国情怀。为进一步重视加强党建,协会召开了"加强党建聚人心,依法规范促发展"的专题论坛。平和双语学校、嘉定华曜中学和新北郊中学等做了培养学生"出国更爱国"的家国情怀,以党建带团建促队建,以及加强党组织政治核心作用的经验介绍,从而进一步推动了本市民办中小学在发挥党组织政治核心引领作用方面所做的工作。

2. 依法规范的行业自觉,建设"一荣俱荣"的命运共同体。在进一步强调行业自律的基础上,协会提出了"五个共同"的民办中小学命运共同体的行业自觉。在加强监管中,推进"赋权到位,管而不死,活而不乱"的落实。在多年实行摇号招生中,没有发生"有违公开程序,有悖公平原则和有损公正履职"的违规违纪问题,维护了民办中小学命运共同体的良好声誉。

3. 借助庆典的有利时机,不忘初心地秉承教改责任担当。跨入2021年,正逢建党百年的盛世,协会以"歌颂建党百年华诞,畅想建国百年"为题,在民办中小学中举行征文活动。并且开展了"党的光辉照我心"的文艺汇演,以此表达了民办中小学校长"不忘初心,依法规范办学;牢记使命,秉承教改担当"的共同心愿,得到了各级领导和媒体的高度认同。

4. 重视研究难点和热点,推进民办中小学持续健康发展。在推进"加强党建,依法规范办学"中,正逢疫情,协会先后向市教委提出了《疫情背景下完善线上教学的谏言与建议》《民办中小学校长对贯彻"双减"和"五项规定"的建议和诉求》,以及《关于尽快建立本市各区教育基金会主办民办中小学管理办法的建议》,为市教委的相关决策提供了依据。

此次纪念本市民办中小学创建30周年,每一所学校的征文都是用很多创业者的生动故事,对创业初心与激情进行美好回忆;用很多探索者的实证案例,对创优艰辛与付出进行美妙回顾;用很多开拓者的事实数据,对创特艰难与拓展进行美味回想;用很多实践者的畅想憧憬,对创新改革与发展进行美景回望。此书的出版为上海民办教育留下了成长的足迹。是为序。

目录

第一个十年(1992—2002)   1

1. 开闸扬波　传承创新　　　　　　　　民办扬波中学　　　3
2. 博雅明珠　璀璨绽放　　　　　　　　民办明珠中学　　　8
3. 踔厉奋发　勇毅前行　　　　　　　　民办新世纪中学　　13
4. 开闸扬帆劲破浪　勇立波头齐奋楫　　民办扬波外国语小学　18
5. 三十而立　三十而励　　　　　　　　民办新世纪小学　　23
6. 文化立校　和合共鸣　　　　　　　　西南位育中学　　　28
7. 三十而"熠"　砥砺前行　　　　　　　世外小学　　　　　33
8. 德育为先　课程育人　　　　　　　　徐汇区爱菊小学　　37
9. 优化特色课程体系　打造高质量教育品牌　兰田中学　　　42
10. 改革探索　创新育人　　　　　　　　民办华一中学　　　46
11. 自然九峰结硕果　向阳生长绽新颜　　松江九峰实验学校　51
12. 立德树人　锻造精英　　　　　　　　民办兰生中学　　　55
13. 人文立校　主动发展　　　　　　　　文来中学　　　　　60
14. 融合中外课程　铺就多元成才　　　　文来中学高中部　　65
15. 悠悠岁月　绮丽如歌　　　　　　　　民办文绮中学　　　70
16. 党建引领育桃李　文明花开谱新篇　　培佳双语学校　　　75
17. 育人为本　特色兴校　体科领跑　　　民办永昌学校　　　79
18. 不忘初心育桃李　砥砺奋进铸辉煌　　民办杨浦实验学校　84
19. 树风立范　奋楫扬帆　　　　　　　　民办风范中学　　　88
20. 回瞻艰辛创业路　展望未来新征程　　民办新和中学　　　93
21. 优质教育的"成长专列"　　　　　　　华东师范大学附属进华中学　98
22. 立己达人　问道守正　　　　　　　　民办立达中学　　　103

23. 特色办学　铸就品牌		民办尚外外国语小学	108
24. 平而不庸　和而不同		民办平和学校	113
25. 依法规范　砥砺前行		存志学校	118
26. 向上向善向美　培育时代新人		民办德英乐实验学校	122
27. 栉风沐雨秉初心　砥砺奋进续华章		民办宏星小学	126
28. 坚持创造教育理念　探索学校课程建设		徐汇区逸夫小学	131
29. 改革创新谋发展　优质高效育人才		民办新黄浦实验学校	136
30. 守正　历练　成长		田家炳中学	140
31. 高擎鲁迅精神的伟大旗帜		民办迅行中学	145
32. 春华秋实廿五载　砥砺前行育英才		西南模范中学	150
33. 追求卓越　持续创新		震旦外国语中学	155
34. "丽音"奏响廿余载　英才辈出寄未来		民办丽英小学	159
35. 磨砺成金　花开芳洲		金洲小学	163
36. 厚积薄发　历久弥新		闵行区协和双语教科学校	168
37. 滋兰树蕙满庭芳　弦歌不辍谱华章		民办华育中学	173
38. 砥砺耕耘二十二载　为党育人永守初心		民办新虹桥中学	178
39. 文化立校　特色兴校		民办童园实验小学	182
40. 栉风沐雨　奋力进取		民办金苹果学校	186
41. 改革促进发展　品质定义教育		民办交华中学	190
42. 不忘初心　笃行致远		民办盛大花园小学	195
43. 踏浪时代　奋楫争先		杨浦双语学校	199
44. 文化立校　素质育人		民办新北郊初级中学	204

第二个十年（2002—2012） 　209

45. 桃李风华梦　风雨兼程路		民办桃李园实验学校	211
46. 教育命脉　幸福所系		民办上外静安外国语小学	216
47. 教育，提升每个学生的生命价值		民办上外静安外国语中学	220
48. 融合创新　赋能未来		民办协和双语学校	225

49. 立德树人五育并举　甘载坚守教育初心	民办上宝中学	230
50. 宝剑锋从磨砺出　莲花香自明朗来	民办宝莲中学	235
51. 让每一个学生都拥有希望	民办尚德实验学校	240
52. 传承与创新　我们不断前行	民办东展小学	245
53. 抓住质量牛鼻子　行稳致远	民办协和双语尚音学校	250
54. 寻根　融情　筑梦	闵行区民办华星小学	255
55. 西外故事	西外外国语学校	260
56. 孩子的希望从这里起步	闵行区民办塘湾小学	264
57. 优势传承　民办蓄力	民办新复兴初级中学	268
58. 适应教育　直面未来变革	民办彭浦实验小学	273
59. 全人教育　志存高远	民办包玉刚实验学校	278
60. 欣欣之竹拂云长	浦东新区民办欣竹中学	283
61. 笃行不怠　聚力启航	浦东新区民办协和双语学校	288
62. 攻坚克难　提升学校生命质量	闵行区浦江文馨学校	293
63. 精耕细作　勇立潮头	民办浦东交中初级中学	298
64. 乘风破浪　砥砺前行	闵行区民办马桥小学	303
65. 依法规范促改革　同心协力谋发展	闵行区华虹小学	308
66. 学校的核心是课程竞争力	民办华曜嘉定初级中学	312
67. 正确做好当下　达成更好未来	民办福山正达外国语小学	316
68. 远放歌声意悠长　鲲鹏万里同我翔	民办远翔实验学校	320

第三个十年（2012—2022） 325

69. 风正一帆悬	民办进才外国语中学	327
70. 打好文化底色　构建育人新格局	金山区枫叶学校	332
71. 栉风沐雨　挚爱致远	华旭双语学校	336
72. 做优课程体系　推动高质量发展	民办位育中学	340
73. 风雨兼程创校路　砥砺奋进谱新篇	嘉定区世外学校	343
74. 一所面向未来的创新学校成长之路	赫贤学校	348

75. 星火燎原　砥砺前行　　　　　　　　燎原双语学校　353
76. 一场教育跋涉　现实不负理想　　　　闵行区万科双语学校　357
77. 用爱共建一所有温度的学校　　　　　浦东新区民办万科学校　361
78. 信念——谱写动人的创办之歌　　　　民办圣华紫竹双语学校　366
79. 立德树人　全面践行融合育人　　　　金山区世外学校　370
80. 菁菁芳华　曜引未来　　　　　　　　民办华曜宝山实验学校　375

第一个十年（1992—2002）

1. 开闸扬波 传承创新

民办扬波中学

一、历史沿革

扬波中学创建于1992年8月,作为上海市第一所私立高级中学,开创了民办教育的新篇章。校舍在上海市静安区中兴路517号,面积2 000平方米。只有一栋教学大楼,2个班级,95名学生。

开办之初,由全国人大常委会原委员、上海经济学院院长孙廷芳题写校训"崇尚真理,追求卓越",丁薛祥区长(现任中共中央政治局常委)题写扬波精神"勤、进、严"。我校在校训与精神鼓舞下,奋发有为,取得了骄人成绩。

1999年,扬波中学的办学特色入选"中国特色学校"大型丛书第一卷,校歌被编入《中国校歌大系》。市、区有关教育部门对我校进行年检,我校被评为区A级学校,《解放日报》报道了扬波中学的办学成果。

2001年9月,学校搬迁到了中华新路495弄10号,有7个年级32个班级,校舍面积扩大到8 600平方米,教学设施得到更新,办学条件得到改善。

学校的教学质量始终位列区域前列。2005届韩婧同学考上了北大,还有多名学生分别被上海交大、上海财大、上海大学等名校录取。2006届初三毕业生有多名学生考进复旦附中、上海中学、华师大二附中、交大附中。

2009年7月,民办扬波中学与民办当代中学合并,学校迁到大统路991号,学校规模再次扩大,办学条件进一步改善。

2014—2015年,学校开展了"让德育融入学生生活"德育特色项目创建活动,2015年1月学校参加了市民办中小学协会的德育成果展示,我校德育特色得到专家的肯定和称赞。

学校曾获上海市民办教育先进学校、社会满意学校、诚信建设单位、闸北区(现并入静安区)文明单位、市安全文明学校、市中小学行为规范示范校、民办教育百强学校等称号,《人民日报》曾以《民办教育的一面旗帜》为题介绍扬波中学的办学经验。

二、传承发展

学校现有教职工116人,其中中高级教师占专任教师总数的85%,具有硕士研究生学历的占22%。近年来,涌现出一批获得"上海市园丁""上海市民办中小学协会十佳优秀班主任""静安区学科带头教师"等荣誉称号的先进教师。多名教师在各级各类比赛中获得荣誉。

目前,学校有24个初中班级、6个高中班级,共计1 130名学生,是一所面向全市跨区招生的完全中学,校长乐霆、党支部书记施恩全。学校占地21.6亩,建筑面积14 396平方米,绿化面积1 499平方米,具有江南园林和现代中式书院风格的精美环境。现有图书馆、标准化理化生实验室、语音室、学生食堂、宿舍、室内体育馆、艺术楼、科技楼、信息中心、大礼堂等先进设施,教室全部配有电子班牌、记忆白板等多媒体设施及中央空调,每个教学楼面均配置直饮水,办学条件一流。

从2016年初开始,上海市特级校长乐霆提出新的办学理念——"适合学生,成就未来"。在全面改造升级学校环境、提升"硬实力"的基础上,学校更是着力打造学校"软实力",形成了"一个核心"和"五位一体"的发展策略。

(一)一个核心

在传承扬波校训与精神的基础上,打造了以办学理念、办学目标、培养目标、"三风"等为核心内容的精神文化。学校将各类文化融入校园的基建改造中,营造了浓郁的文化氛围,目前已形成传统文化系列、科技创造系列、规则要求系列、师生风采系列、课程展示系列、家国情怀系列六大专题。文化环境系统、文化实践系统建设不断融入教育教学的全过程,成为无处不在、潜移默化的教育力量。

(二)五位一体

1. 环境宜人。学校着力打造具有"中式书院建筑风格、江南水墨书香韵味、苏式园林造园"的校园景观。小桥流水、亭台楼阁、荷香阵阵、绿意盎然,钟楼俯瞰敢当石、连廊眺望大草坪,书香古韵的精美校园环境处处蕴含着环境育人的元素。

2. 课程丰富。我校在"适合学生,成就未来"办学理念的统领下,凸显"课程育人",努力打造卓越课程体系,目前已形成"五大特色课程群":

完善的课程体系

★着力打造"五大特色课程群"

① 德育课程群
(16个系列68个课程体验和活动)

② 学科高阶课程群
(语文、数学、英语、物理、化学等)

③ 科创类课程群
(CCF计算机编程、3D打印、头脑OM、航模竞技、DIY创意工坊、小小创客社、科技英语等)

④ 体育类课程群
(高尔夫入门、桥牌、武术、台球、乒乓、篮球、啦啦操等)

⑤ 艺术类课程群
(合唱、管乐、钢琴、书法、素描、摄影等)

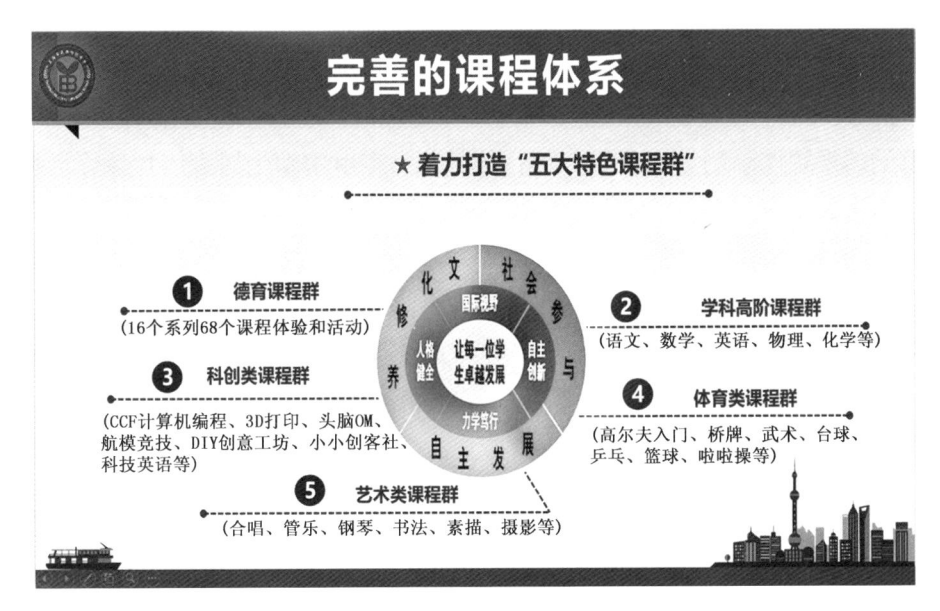

图 1　五大特色课程群

(1) 德育课程群:开展了 16 个系列 68 个课程体验和活动。

(2) 学科高阶课程群:形成"五项"教学成果:单元教学设计与实施、导学案、校本作业、小升初衔接校本教材、学业成绩评价,努力提升学生的思维能力。

(3) 科创类课程群:在 CCF 计算机编程、3D 打印、头脑 OM、航模竞技、DIY 创意工坊、小小创客社等领域开设社团课,激发学生对科技的学习热情,着力提升学生的创新创造能力。2018 年,我校被评为静安区科技特色学校。

(4) 体育类课程群:高尔夫球、桥牌、武术、台球、乒乓、篮球等课程应有尽有,学校广播操队在上海市阳光体育大联赛中连续三年荣获一等奖。2019 年,获静安区学生阳光体育大联赛团体总分一等奖。

(5) 艺术类课程群:学校开设了合唱、管乐、钢琴、书法、素描、摄影等选修课程。学校合唱队在市、区比赛中屡获佳绩。

在此基础上,"十四五"期间学校将努力构建"卓越"课程体系。

(三) 教学优质

学校不断推进教学方式变革,每学期确立教学研究主题,提升"学科育人"成效。在新冠疫情防控中,老师们精雕细琢设计线上课程方案,成为专业的学科"主播",在线上、线下教学的融合中积累了丰富的经验。作为静安区体育学科带头人,我校高雅颖老师参加了市教委组织的"空中课堂"在线教学的视频课录制,打磨了6节精彩课例,为本市中学生居家体育锻炼进行科学指导。

(四) 科创特色

"创新育人"是人工智能时代学校培育学生的重要使命。学校开设科创课程,组织科创社团,开办扬波讲堂,建造科技楼,大力推进创新创造教育,科技竞赛成果不断取得历史性突破。2020届学生席宇哲、张子楠积极参与科创方案及科学小调研活动,就垃圾分类问题给时任中共上海市委书记李强写信并得到批示。两位同学还向全市中小学生发出"践行垃圾分类"的倡议,得到了很好的社会反响。近年来,学校在科技竞赛方面不断取得突破,如:学生曾荣获VEX亚洲公开赛联赛冠军、RoboRAVE世界机器人竞赛冠军、第39届世界头脑奥林匹克中国区决赛二等奖、上海市青少年科技创新大赛一等奖,2名学生被评为第十五届中国少年科学院预备小院士,2名学生在上海市青少年"明日科技之星"评选中荣获科技希望之星。2019年,学校再次被评为静安区科技特色学校。

(五) 评价创新

学校着力创建评价特色校。国家级子课题"基于学生核心素养培育的卓越学子发展评价平台构建与应用的研究",先后荣获2019年上海市学校德育"德尚"系列项目优秀研究成果三等奖、2020年静安首届科研成果奖二等奖。研制了体现学生动态发展过程、具有个性化特色的扬波卓越学子综合素质评价报告,推进实施上海市民办中小学中青年优秀教师团队发展项目"大数据驱动的学生发展性评价应用研究"。

近5年来,学校获得了一系列的荣誉:上海市中学生行为规范示范校、上海市安全文明校园、静安区文明校园、上海市民办中小学特色学校第三轮创建学校、上海市民办初中数学学科基地、上海市绿色学校、中国5A级社会组织。

三、展望未来

面对世界百年未遇之大变局和中华民族伟大复兴的全局,"十四五"蓝图已经绘就,在学校领导的带领下,我校励精图治,将从以下七方面着手,开展好工作:

(一)深化党建引领,确保正确办学方向

(二)坚持立德树人,落实五育并举融合

(三)强化高位发展,深入推进教学改革

(四)加强队伍建设,培育优秀教师团队

(五)优化信息技术,建设新型智慧校园

(六)完善治理体系,形成科学管理生态

(七)树立服务意识,提升后勤育人能力

"十四五"期间,扬波中学致力于建设成为"团结奋进、设施一流"的家园、"教风严谨、学风扎实"的学园、"环境优美、精神文明"的花园、"身心健康、和谐发展"的乐园。全校师生将携手共进,创建"四园"创新型生态文明学校。

(乐　霆　施恩全　执笔)

2. 博雅明珠　璀璨绽放

民办明珠中学

一、明珠初绽之成立

1992年7月,在邓小平南方谈话的改革春风下,黄浦区人民政府和区内几名退休的重点中学校长一起筹划创建了上海市民办明珠中学,成为上海首批成立的五所民办学校之一。

学校创建之初坐落于浦东烟厂路150号,毗邻东方明珠电视塔,故学校取名"私立明珠高中"。分别于1992年、1993年和1994年招收三届高中生,1997年以后不再招收高中生,改招初中生。后因东方明珠电视塔继续建造,明珠中学于1997年7月迁址宁海西路180号,1998年因延安中路大绿地建设,学校又搬迁到云南中路35号,并延续至今。

初创时期的办学资金主要由区内企业投入,之后学校积极创造条件,筹措办学资金。一些热心教育的企业和人士,如恒源祥集团、上海华生化工有限公司,培罗蒙西服公司以及高润华和张俊明两位同志共同出资、一路扶持,关心关爱学校发展。

2001年4月,经黄浦区社团管理局审批,学校名称正式取用"上海市民办明珠中学",学校也将每年的10月20日定为校庆日。

学校以"第一个敢于吃螃蟹"的开拓精神,克服重重困难,逐步为基础教育注入新鲜血液。在这30年的风雨兼程中,在明珠教职工的努力拼搏下,学校实现了办学规模的发展、教学条件的改善、教学水平的提高,成功地实现了跨越大发展。

二、明珠盛放之发展

因为处于上海市的黄金位置,所以学校占地面积仅一亩六分,却"麻雀虽小,五脏俱全"。为了适应新时期的办学和育人要求,学校先后进行装修改造,大力改善硬件设施,走向独立自主、自力更生的办学之路。

(一)硬件设施:"工欲善其事,必先利其器"

要想让学生有良好的学习体验,须优化学校的教学环境。学校首先建成理化实验室,而后继续加大投入,为每间教室安装了吸顶空调,改善学生的学习条件。与此同时,整个学校用电量急增,经有关部门批准,学校又投入经费建造了一个变电站,用电扩容,保证了学校正常、安全用电。此外,学校又重新设计了音乐教室和计算机房,把原本阴暗潮湿的体操房和老计算机房,改造成为极具现代感、科技感的梦想实验室和温馨舒适、受学生喜欢的心理咨询室,让学生在快节奏的学习之余,也能有一方天地来舒缓身心、陶冶情操。现在,为了适应新中考改革的需要,学校还着力打造了英语听说专用教室,升级理化实验室。如今的明珠中学,各类专用教室及图书馆(藏书25 000册)等基本设施齐备,满足了日常教学和育人的需求。

与此同时,不仅基础的硬件设施得到改善,学校还着力带给学生更好的学习、生活体验。为了解决校园面积有限与学生储物之间的矛盾,学校为16个班级定制一个大的不锈钢钢箱(由48个小箱子组成),镶嵌在每个教室走廊窗户下挖出的墙壁空间内,如此一来既美观,又解决了学生储物的实际需求;除了吸顶空调之外,全校所有教室配备了电子智能白板、实物投影等现代教学设备。现代化的教学设备和互联网的结合,既拓展了教学空间,又激发了学生的学习兴趣。

(二)师资力量:"振兴民族的希望在教育,振兴教育的希望在教师"

明珠中学创建初期的师资主要由浦明师范学校的兼职老师和退休教师组成。1997年,高润华校长把格致中学即将退休的初中教师聘进了明珠中学,另外还招聘了光明中学等本区的退休教师,这些老师以其丰富的教学经验、扎实的教学功底和严谨的教学态度,为提升学校教学质量、创立品牌,立下了汗马功劳。从2000年起,尤其是2005年开始,学校有计划地引进了一批应届大学生,经过学校的培养和历练,这批青年教师已经崭露头角。目前学校的中青年教师已占到全校教师95%以上,他们朝气蓬勃、积极向上,逐步挑起教育重担,有的已成为教学骨干。

目前明珠中学有 16 个教学班,在岗 58 位专任教师,学科达标率 100%,具有中高级职称的教师 35 人,其中硕士研究生学历 18 人。这支队伍结构合理,教风优良,质量过硬,业务精湛,团结协作,已成为推动学校发展最重要的力量。

三、明珠璀璨之特色

学校领导始终认为:一所学校的办学特色,是在长期的办学实践中所形成的一种文化积淀,明珠中学也一直在传承中不断发展。

在理论的指引和实践的摸索中,学校不断总结、反思教学经验,逐渐形成了自己的校园特色。学校提出以"博雅教育"为特色的学校文化建设课程。"博雅"就是"学识渊博,品行雅正",学校以培养知识渊博、品行高尚的人才为目标。

之所以将学校的文化特色定位为"博雅教育",是因为"博雅"代表着一种使人性臻于完善的教育理想,与中华民族传统教育思想是一致的。当今社会不仅是知识经济时代,更是创新经济的时代。学校无法教会学生一生所需的知识,他们的知识体系和技能需要不断更新。现代博雅教育不是单纯地传授知识,而是培养学生能适应动态社会发展的全面的个人素质。

在这一目标的指引下,学校从博雅教师、博雅学生、博雅课程、博雅课堂、博雅校园五个方面完善文化建设和育人功能,且分年级落实"博雅教育"的目标:六、七年级目标——博览雅言;八、九年级目标——博识雅行。我们可以从博雅教育课程图谱和博雅校园文化建设两个方面来窥探一二。

(一)明珠"博雅"课程图谱

学校秉持"知行合一、全面成人"的校训,从"博雅"的理念出发,坚持五育并举,关注学生核心素养的发展,在多年的实践过程中,逐步成由"人文课程群""科技课程群""艺术课程群""体育课程群"共同组成的明珠"博雅"课程图谱,建构协调、高效、精细、富有创新精神的管理体系,全面推进教育教学改革,提高办学效益。

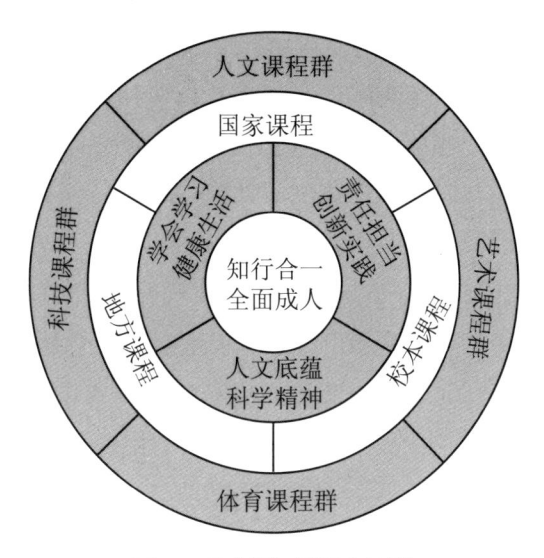

图 1　明珠"博雅"课程图谱

（二）博雅校园文化建设

1. 做精校园形象文化。校徽，是一个学校的象征。我校的校徽是由学生自主设计的：由一双手托着明珠冉冉升起。那一双手就象征着老师们用爱托起每一位学生，而我们的学生就像这明珠一样，在不久的将来必将散发自己的光芒，熠熠生辉。2021年，在众多风格各异的学生作品中，学校选出了"博雅明珠"形象代言人——小博和小雅，他们分别穿着夏季和秋季校服，表现出明珠学子奋发向上、开朗阳光的特点。在向建党100周年献礼的系列活动中，明珠学子积极参与"小博小雅讲红色故事""小博小雅红色征文""小博小雅红色之旅"等。

2. 做雅校园走廊文化。师生们充分利用学校现有的空间，设计主题鲜明、寓教于乐的各楼层走廊文化——壁报。每个月，各年级根据本年级学生的特点及教学生活的侧重点，在壁报上加以展示，让壁报也成为学生表现自我、张扬个性的天地。

3. 做优校园班级文化。根据"一班一品"的班级文化建设目标，学校提倡班级文化自主管理，从班级公约、班风、班徽、班级小明星等方面，积极构建科学系统、生动活泼的班级文化体系，从而形成既与学校整体文化相融合又具有个性的班级文化。

此外,学校还将博雅文化融入常规德育活动、班会活动、社团活动中,让学生全身心地浸润在"博学雅正"的氛围里。"博雅文化"除了体现在日常教学活动之外,学校还开展多项市级项目研究,2019—2021年度明珠中学"博雅"课程规划方案,2020年初中博雅特色社会实践项目开发的实践研究,基于"五育融合"的初中研拓课的课程建设实践研究(市级在研),市教研室"家校协同推进劳动教育实践研究"(市级在研),第三轮民办中小学学科基地——理化学科基地,北师大指向核心素养的项目式学习区域推广应用种子学校等。学校始终用实践向师生、向家长、向社会证明:我们的目标,是培养具有向上的学力、向真的学识、向新的行动、向美的身心、向善的品格的"博雅"明珠人。

四、明珠照耀之未来

"捧着一颗心来,不带半根草去。"明珠中学教职员工将继续以无私忘我的奉献精神、锐意进取的开创精神来践行陶行知先生的这句话。

未来我们也将继续坚持以"高质量、创特色、争一流"为办学目标,坚持"质量立校、科研强校、特色荣校"的办学思想,构建协调、高效、精细、富有创新精神的管理体系。

立足明珠,面向黄浦,放眼全市,努力把学校建成具有人文化的教育环境、人本化的管理制度、专业化的师资队伍、小而精的校园美景、深受学生喜爱的博学雅正、特色鲜明的现代化优质民办学校,为民办教育添砖加瓦。

(张文漪　陈磊　仲夏　薛思琪　执笔)

3. 踔厉奋发　勇毅前行

民办新世纪中学

1992年7月,借邓小平南方谈话的东风,上海教育改革悄然兴起,民办教育重新确立,作为上海市教委批准的首批五所民办全日制普通中小学之一的新世纪中学应运而生。30年来,学校坚持"踏实办学、诚信服务、悉心育人、注重实效"的办学思想,秉持"要成才,先成人"的办学理念,提出了"四个学会",即"学会求知、学会做事、学会做人、学会共存"的培养目标。学校将"立德树人"贯穿教育教学活动中,经过30年的办学,形成了"人文引领、科艺见长、全面发展"的办学特色。学校以严格的管理,高质量、有特色的教育和高品质的服务,取得了优异的教育效果,赢得了社会广泛赞誉。

一、以育人为本

新世纪中学初创时期,借长宁区教育学院的几间教室办学,校舍简陋,条件可谓艰苦,然而学校"办学为民"的初心不改。根据办学方针,学校提出了以"学会做人"为主题的德育目标,通过主题教育活动和积极的环境影响,把学校的思想道德规范逐级深化,内化为学生的行为准则。

学会做人,大至政治思想、道德品质,小到行为规范、人际关系、心理素质培养,几乎涵盖了学校德育的全部内容。学校确立了德育培养目标,在各年级逐步落实与推进,结合时势,通过开学典礼、升旗仪式、校班会、团课活动等,对学生进行"要成才,先成人"的教育。教会学生自尊自爱,志存高远,看到自己面对的是一个广阔的世界,珍惜自己的生命,追求道德上的完善;教会学生对他人尊重、理解、关心、帮助,以诚待人,不骄不躁,己所不欲,勿施于人;教会学生善于合作、热爱集体,对集体有责任感、义务感,时时体会到自己是集体的主人;教会学生有理想、有信念、讲奉献、讲牺牲,先人后己,先公后私,公而忘私;教会学生正确处理与自身、与他人、与集体的关系,做一个"高尚的人""有道德有理想有担当的人"。

社会实践活动是推进素质教育的重要手段,是新世纪中学德育的重要载体,是学校德育向课外延伸深入的重要途径。学校不仅在校内进行道德教化,更是带领学生走出校园,积极参与社会实践活动。每学年学校都会精心设计和组织学生参加社会实践考察活动,从考察爱国主义教育基地到深入社区服务等,每个活动都注重学生的实践体验和教育实效,如祭扫南京雨花台烈士陵园、清明祭扫英烈活动、参观华西村等。学校坚持开展具有德育特色的"学雷锋"活动,在学雷锋的日子里,组织学生到敬老院为老人服务。每学年在预备年级开展"感恩"主题教育活动,围绕"感恩"主题设计系列活动,如让学生写一封感恩父母的信、帮父母做一件家务活、为父母制作一份手工作品、献一份爱心等,在活动中感恩父母的辛劳。"感恩"主题活动成为学校教育学生学会感恩、学会做人的特色活动。

学校教育的本质是培养人,为学生的终身发展打基础。新世纪中学为学生营造了良好的育人环境,德育活动形式多样,"家校共育"有效互动,起到了良好的教育效果。

二、以质量为核

教学质量是学校发展的生命线。新世纪中学教师敬业爱生、业务精湛、团结协作、乐于奉献。教师针对学生实际,不断改进教学方法,各学科教学质量优异,助力学生成就梦想。学校规范教学管理,各教研组严把教学关、质量关,注重学科内涵特色发展。

学校的英语学科基地是上海市民办中小学协会第一批命名的特色学科基地。为提升学生的人文素养,拓宽学生视野,强化学生在真实情境中的英语能力,学校根据学生英语学习的实际情况,开设了拓展型课程,分为必修拓展和选修拓展。泛读课程是必修拓展的一大亮点,使用的阅读书目不断更新,有朗文分级阅读、黑布林英语、AR阅读和典范英语。2018年开始,学校引入了外教的 PBL 项目化学习课程作为拓展型特色课程。PBL 课程融合了英语教学与科学、社会（包含天文、地理、历史、文化）等知识，学生通过问题驱动来进行探究活动，提升批判性思维、沟通交流能力、团队协作能力和创造力。PBL 课程开设以来，深受学生喜爱，学生表现出极大的兴趣、专注、投入和参与，该课程成为学校的特色课程。学生的学习从有形的课堂延伸到无形的课堂，学习的场域发生了变化，学生的学习能力和人文素养也得到了提高，特别是学生的沟通交流能力、团队协作能力以及创造力和批判性思维都得到了明显提高。

继英语学科成为特色学科之后，学校语文学科也成为上海市民办中小学协会命名的学科基地。语文学科以阅读为抓手，开展群文阅读、整本书阅读、批判性阅读和综合性阅读，形成"一链四端"的语文学科特色。学生的阅读量上升了，主题展示活动激发了学生的探究兴趣，推动了学生持续、深入和广泛的阅读积极性。学校通过阅读以文化人、以文育人，构建了校园良好的育人氛围和育人环境。

教师教育教学成果斐然，有获得"一师一优课"的教育部"优课"，有培养指导学生获奖的学科优秀团队。随着综合课改深化和新课标修订，教师又积极投入新课标的学习和研究中，教研组教师研究单元教学和单元作业。教师们的与时俱进、孜孜以求、踔厉奋发，保障了学校教学的高质量。

三、以特色为要

学校多年来在学生的科艺培养方面采取了多样化的教育形式，逐渐形成了"人文引领，科艺见长，全面发展"的办学特色。学校以环境创设为载体，让学生沉浸在创意环境当中，不断满足每个学生自主探究的需求，顺应中学生的天性，创设相对自由、容易激发学生创造欲望的环境，同时创造科学与艺术相融合的视觉感受。为了营造科创的环境氛围，学校从实际出发，依托校园的消防水塔支架，为学生们建造了一座航天飞机的模拟发射塔，以激发学生热爱科学和勇于探索宇宙奥秘的兴趣。学校每年组织学生开展以科创为主题的墙壁涂鸦活动，将科创与艺术相融合，借助艺术的画笔，由学生自己打造科创风格的校园环境,从构思到创作直至最终完成,都依靠学生自己的大脑和双手。学校还带领学生进行创意钟表的设计与制作,学生们创意无限,设计和制作了形态各异的钟表,有众多作品成功地申请了设计专利。

树立科学思想、科学态度,形成科学素养,培养创新精神和实践能力是学校的初衷也是根本追求。科创课程是学校课程体系中的一大亮点,开设有编程、C++、python 等课程,以呵护学生好奇心,激发求知欲,鼓励动手探索,培养创新意识,形成创新品质。学校每年举办科技节,旨在培养学生主动获取与社会生活和周围环境有关的科技知识,培养参与能力、动手能力和解决社会实际问题的能力,形成一定的科创技能,以及在科技实践中的合作精神和创新能力。

在近几届青少年科技创新大赛中,新世纪中学学生获奖成绩骄人。第 34 届科创大赛中有 1 人获得全国二等奖;第 35 届大赛参赛项目 32 项,实际获奖 26 项,多人申请了个人发明专利;第 36 届大赛有 3 人获得市一等奖,2 人获得"明日科技之星"荣誉称号;第 37 届大赛 13 个项目参赛,12 个项目获等第奖,获一、二等奖 3 个。热爱知识、热爱科学在新世纪中学已蔚然成风,科创课题指导团队成为上海市第二期中青年优秀教师团队。

学校的艺术课程内容丰富多彩,主要包括美术、音乐、舞蹈、戏剧、表演等。除了开设音乐、美术、艺术这些基础型课程外,学校还增设了多样化的艺术拓展课程,如街舞、音乐剧、版画、尤克里里、木偶艺术等。学校积极营造艺术教育氛围,定期举办艺术节、母语节、英语节等主题活动。学生人人都是小小"艺术家",在活动中展示才艺,感受艺术熏陶,认识美、体验美、感受美、爱好美、展示美、创造美,涵养美育,提高艺术修养和道德情操。学生在市区艺术比赛中屡屡获奖,展示了新世纪学子的风采。

学校通过开展多样化的活动充分挖掘学生的兴趣,充分发挥学生的主观能动性,在活动中尽可能多地包含创造性因素,丰富学生的认知经验,培养学生的创造性思维品质与创造潜能,为学生未来的全面发展和创造力发展打下扎实的认知、思维和人格基础。

一批又一批品学兼优、德智体美劳"五育并举"的学生,在各级各类才艺比赛中崭露头角,在学科竞赛、科技创新大赛中屡屡获奖,印证了新世纪中学的办学方向是正确的、新世纪中学的办学质量是过硬的。教育部基础教育司、全国政协教育考察团、区人大、区人民政府、区政协先后到学校视察指导,对学校的办学方向、培养目标、对"要成才,先成人"的育人理念,对办学成果予以充分肯定和赞扬,学校的办学质量赢得学生满意、家长信任、社会好评。

经过全体师生的共同努力,新世纪中学赢得了不少荣誉,先后被授予上海市社会组织5A单位、上海市"安全文明校园"、上海市绿色学校、上海市中小学行为规范示范校、上海市英语特色项目学校、上海市科技创新特色项目学校、上海市语文学科基地学校、上海市"依法治校"标准校等荣誉称号。这些荣誉是对新世纪中学办学质量的肯定,也是鞭策和鼓励,激励新世纪教育人不断努力、不断进取,为党育人,为国育才,培养德智体美劳全面发展的社会主义建设者和接班人。

（朱晓波　执笔）

4. 开闸扬帆劲破浪 勇立波头齐奋楫

民办扬波外国语小学

上海市民办扬波外国语小学(以下简称"扬波外小")是上海市首批五所民办中小学之一,是伴随上海民办教育波澜壮阔30年历史长河中的一艘破浪前行的帆船。回顾30年的办学历程,学校始终秉承开拓创新、勇立潮头的扬帆精神,勇于自我革新、自我完善,不断破局而立,向新而生。

一、随兴而盛,破矩为圆,创建特色,"立"学校办学之基

1992年,乘着国家改革开放的东风,在区政府和教育局领导的支持下,扬波外小在原闸北区康乐路的小弄堂里借用了几间平房,办起了区内第一所民办小学,当时只招收了两个班级的学生。创办初期,学校提出了"为家长的需求服务、为学生的成长服务"的双服务宗旨。随着办学规模的扩大,学校搬至虬江路、甘肃路、七浦路、延长中路,为满足部分家长的需求,设立了寄宿部。民办教育的前10年,国家出台民办教育政策,积极鼓励和大力支持民办学校办学,为学校超常规办学提供了坚实的保障,扬波外小乘着改革东风扬帆起航。

(一) 一盘盘磁带铺就特色之路

既然是一所以外国语命名的小学,那么英语特色创建毋庸置疑,学校一至五年级开设英语课,在部分学科开展了双语教学实践研究。老师们在资源、技术都缺乏的20世纪90年代开始了艰苦创业,没有现成的教材就自己编制,他们在牛津英语教材的基础上,吸纳多种教材优势,编制了学校英语教学的学习材料;没有先进的多媒体技术,老师们就自己创设真实情景,通过谈话、聊天等方式培养学生的语言运用能力,作业布置特别强调口头表达和听力练习,老师们坚持每周对学生的录音作业进行个别评价指导。90年

代没有数字技术,只能靠卡式录音机,老师们上完课回到办公室,往往来不及喝上一口热茶,就开始放磁带、关卡门、按播放、记错音、录评价、取磁带等一连串的重复动作。老师们一盒一盒地听,一字一句地点评,这样的动作一做就是10多年,学校每年听坏的录音机就有好几十台,直到后来有了新产品的替代。老师们的辛勤付出换来了可喜的成果,扬波外小学生的英语水平令人称道;扬波外小的英语教学特色声名鹊起,赢得了社会广泛赞誉。

(二) 一个个创举托起学生之梦

学校首任校长施南峰是一位老教育工作者,几十年的办学经历使他深谙教育之道,英语只是语言交际的工具,绝不是教育的全部,教育是培养全面发展的高素质的适应未来社会需要的人才。他提出扬波外小的育人目标是培养全面发展的、对英语学习有浓厚兴趣和良好基础的、有鲜明个性和特长的优秀学生。在20世纪90年代初期,学校领教育风气之先,与多家单位签订合作办学意向书。通过国际交流,不仅学习西方优秀文化,同时也向外传播悠久的中国五千年优秀的文化。学校办学30年始终坚持"学外国语,做中国人"的办学定位。此外,学校还和一些专业团体合作开展第二课堂的教学,邀请专业的演员和运动员到学校指导学生开展兴趣小组的学习,发展学生的个性特长。

二、顺势而为,破竹建瓴,高歌猛进,"立"学生发展之本

进入21世纪,《民办教育促进法》颁布实施,民办教育进入了新的发展阶段。扬波外小的发展也进入了快车道。身处上海国际大都市的家长们对孩子的外语学习高度重视,作为一所综合性的全日制民办小学,学校始终保持清醒的办学头脑,不被社会和家长们绑架,与上海"二期课改"一起一路高歌进入素质教育的新阶段。

(一) 一篇报道中的教育视野

由《人民日报》主办的《大地》杂志2005年的某一期中,有一篇题为《扬波外小成功办学的启示》的报道,介绍谢明慧校长总结的两点成功的经验:一是素质教育的广泛实施。扬波外小始终坚持素质教育的办学思想,基础

课和兴趣课齐头并进,学习与活动劳逸结合。科技、体育、艺术、少先队活动丰富多彩。在英语教学中注重兴趣的激发,开设模拟超市、世界城、小小动物园等情景化的教学方式,使学生在趣味游戏中学习文化、了解世界。学校在非英语学科开展双语教学,创设多种语言交流的机会,提高了学习效率。二是多样化和选择性的教育内涵。学校关注每个学生的发展需求,充分利用民办学校的优势和资源,实行分层走班教学,因材施教培养和发展学生的个性,形成了自己的特色。

(二) 一批课程中的教育境界

经过10多年的沉淀,学校对于英语学习的价值有了更深刻的理解。2010年,张惠萍校长从教育学院教研室来到学校,带领扬波外小全体老师积极投身课改浪潮,她做的第一件事就是整体再构学校的课程体系。她认为学校虽然是一所以外国语命名的小学,但语言学习只是载体,文化启蒙才是内核。英语学习,既是对知识的掌握,更是对文化的理解。学校要立足中华民族文化传统,培养具有世界眼光和国际交往能力的学生。她还认为,教育是一个促进学生养成的、激活学生成长内因的过程,只有不断激活每个主体的内驱力,才能实现学生的自主成长。她带领班子成员聚焦核心素养,从尊重和满足学生个性化成长需求出发,构建"博文约礼 自主成长"的学校课程体系。从单科基础型课程到打破学科界限的融合课程,再到基于生活主题注重操作体验的实践课程,让学生在学习中国、了解世界的同时,拓展全球视野,培养国际意识,凸显课程引领学生自主成长的育人价值,赋予每个学生的自主学习权,为每个学生提供挑战高层次学习、高水准学习的平台。

(三) 一组活动中的育人导向

学校每学期定期举办各类主题节和综合文化节,如数学文化节、体育文化节、英语文化节,每个节中都融入文化的元素。英语文化节是学校的传统品牌活动,近几年学校开展以"Hello, World! This is China."为主题的英语文化节,每年的主题会有不同的变化,内容更是缤纷多元。学生们经历了从走进世界五大洲的文化学习到向世界介绍中国文化的不同历程。通过自主学习,搜集了解祖国的概况,书写对祖国的认识;通过场馆体验,用英语讲述有关省市的人文历史、自然文化;通过 TED 演讲和舞台剧等形式讲述、演绎中国故事;通过展馆观摩、过关打卡活动,探索学习,汲取知识,运用英语,寓学于乐。学生们在活动中深入了解祖国,汲取中国智慧,坚定文化自信。文化育人始终是学校坚守的办学之道。

三、大浪淘沙,破觚斫雕,回归本源,"立"价值引领之魂

民办学校经过岁月大浪的洗礼,有的经受住了考验,有的却折戟沉沙。2021 年 9 月,《民办教育促进法实施条例》颁布实施,民办教育的发展进入了更加规范的新时期。当所有办学者再次拷问自己的办学初心时,扬波外小的回答依然坚定:回归教育本原、坚守立德树人。

(一)一份绿色指标引发的思考

为全面推进素质教育,2010 年,上海市教委颁布《中小学生学业质量绿色指标体系》,引导全社会保护青少年健康成长,引导学校教师遵循教育规律,形成实施素质教育的良好教育秩序,为学生全面发展健康成长提供"绿色生态"。扬波外小的这份"体检表"如何,社会、家长包括教育行政部门非常关注,扬波外小交出了一份满意的答卷。语文、数学、艺术三门学科学业水平 A 档学生比例高于市平均指标 20 个百分点,具备高阶思维能力的指标高出市 20 个百分点……但是在雷达图中有两项指标也引起了大家的关注,一项是补课指标,一项是睡眠指标。这两项指标既反映了学生家长对孩子英语学习和艺术教育的重视,也在客观上反映出参加补课、兴趣班占据了学生休息和睡眠的时间。要解决这两个问题,学校应该发挥主体作用,积极加以引导。

(二)一本成长手册产生的价值

2021 年,随着教育部关于进一步"减轻学生义务教育阶段作业负担和校外培训负担"的"双减"政策的出台,学校加强"睡眠、作业、体质、读物、手机"五项管理,工作中积极发挥学校教育的主体作用,引导学生家长关注孩子的身心健康,减少课外培训补课时间,努力重塑教育生态。针对实际结合

五项管理内容,学校设计了一本《学生成长日志》,其中除了作业、睡眠、手机、体育锻炼、阅读等记录外,还增加了学生可以记录自己每天心情的"心情记录"栏目,同时还有"自我评价""家长评价"和"老师评价"栏目,以增强互动性。"自我评价"促进学生思考自己一天的表现,对自己的行为规范进行评价,促进了学生自主管理能力的提高;家长评价和老师评价给孩子更多的鼓励和引导。《学生成长日志》不是一本生硬的管理手册,而是一本充满温度的老师和学生、家长和孩子共同成长的爱的手册。

(三) 一个学习空间激发的动力

时代飞速发展,教育智能化、数字化扑面而来,势不可挡。新冠疫情加速了教育的数字化转型,扬波外小积极投身这场"停课不停学"战役,努力探索线上教学的新模式,创建线上教学的新样态。

(1) 云走班:数学创智学习、英语绘本阅读、社团兴趣活动,老师们通过"腾讯会议"开设二维码班级空间。学校开设自主选择课程,老师们组建在线班级,根据学情制订教学内容,没有人数限制,为每个学生提供公平的学习机会。

(2) 云研究:以年级为单位开展主题式跨学科综合实践活动,整体推进项目化学习。学生们在各学科导师指导下组建研究小组,开展主题实践探究,用调查、访问、查阅资料等方法开展项目化学习,开展线上小组合作探究,进行项目成果汇报。

(3) 云展示:依托钉钉平台,各学科老师组织学生开展各类展示分享活动。"云"动会、"云"画展、"云"改造、"云"实验和"云"剧场。6月1日,全校学生在"云"上举行"六一国际儿童节"庆祝会,邀请全校家长一起在"云"剧场观看演出,受到大家的欢迎。

30年弹指一挥,扬波外小在上海教改和民办教育的大潮中,抓住了改革发展的种种机遇,也经受住了变革规范中的种种考验。未来扬波外小还将继续以破立新、劈波奋楫、一路前行。

(阚　奋　执笔)

5. 三十而立 三十而励

民办新世纪小学

上海市民办新世纪小学,是20世纪90年代本市首批民办学校之一,学校位于淮海路毗邻的兴国路374弄2号内。校园小巧精致,教学环境优美、舒适,教学设施齐全。现有学生400余名,16个教学班。2020学年起实施小班化教学,每班20余人。学校拥有一支既有专业技术职务也有经验、既有资历又有活力、既敬业更愿接受挑战的老中青结构优良的师资队伍,具有小学高级职称以上的教师占全校教师50%以上。

一、回顾感人办学历程 奠定优质教育基础

1992年7月20日,长宁区教育局召开新闻发布会,宣布创建上海市民办新世纪小学。学校创始人是长宁区紫云路第一小学原校长——陈生余先生。他在长宁区教育局的指导和帮助下,参与筹办工作,并得到上海市物资局、上海胶带厂及江苏省多家单位资助,获得了第一笔办学经费10多万元。后来又从上海旅游开发公司、柳海光的净水器厂等企业募集到经费。办学初期,学校还得到上海大众汽车有限公司的资助,学校曾用名上海新世纪(大众)小学。

在陈校长领衔的党政班子领导下,学校始终以"教学重质量、办学创特色"为目标,引进大量年长资深的老教师。这些教师教学基本功扎实、教学经验丰富,陈校长则采用"充分信任,各显神通"的管理模式,最大限度地发挥老教师的自主性。开办第二年,学校参加一、二年级区内质量抽样测试,成绩基本达到当时的区中心小学水平。

1997年,新世纪小学有了第一届毕业生,升学率一下跃居长宁区第一、

在当时小升初选拔模式背景下,学校从此声名鹊起。

新世纪小学第二任校长是方素贞女士。她是长宁区愚园路第一小学原校长,也是一名非常资深的老校长。方校长非常重视每一个孩子的成长,提出了"让每一个孩子得到最好发展"的办学理念,并依托丰富的少先队活动,培养锻炼队干部自主自立意识,以丰富的活动展示队员风采为契机,积极推进学校少先队文化建设。

张佩华校长是新世纪小学的第三任校长。他是长宁区江苏路第五小学原校长,亦是一名资深的老校长。张校长传承了新世纪小学"让每一个学生得到最好发展"的理念,强化学生非智力因素的培育,善于运用周边的优质资源来丰富和充实学校课后活动内涵和形式。

在这 15 年中,新世纪小学还有一位不得不提的元老、老教导主任——朱克琴老师。朱教导跟随了三任校长,兢兢业业地把每位校长的理念转化为学校的教育教学行为。每每说起学校的成长发展史,三位老校长都会给出惊人一致的评价:"如果说我在位时,为新世纪小学发展做出一点贡献的话,那这份贡献的背后,一定是朱克琴教导的全情付出。"15 年,三任校长,他们在开创、传承、发展的道路上,为新世纪小学树立起了被大家传颂和值得称道的美好回忆。

二、书写感动践行跬迹　打造独特课程模式

从 2007 年起至今,杨毅蓉女士成为学校第四任校长。她在传承前三任校长的基础上,将学校的办学理念赋予了更深刻的内涵:"教育即服务,让每一个学生都得到最好的发展",并以"爱心滋润爱心,智慧启迪智慧"作为学校的校训,以"有教养、有爱心、有智慧;会玩耍、会学习、会创新;能自理、能合作、能担当"的"三有三会三能"作为育人目标,聚焦课程研发,提升办学内涵,带领新世纪小学步入了"铸造精品,追求卓越"的后 15 年发展历程。

为了培养学生学会学习的素养和能力,学校力求让每一个学生适合综合性学习,打破学科壁垒,实践探索出了语文综合性学习模式,并扩展到数

学、英语等学科,也为学校以 PBL 项目化学习拓展和提升学生终身学习能力,奠定了扎实的根基,从而形成了学校鲜明的办学特色。

2008 年起至今,学校开始了每天 8 分钟古诗文诵读,带领孩子们与古人对话,5 年里,孩子们可以积累古诗词文 300 余篇。2009 年以来,以加德纳多元智能理论为基础,开始了全校各年级的语文综合性学习。通过"作品欣赏、课本剧表演、信息采集、电子绘本创作、故事盒子"等形式,采用走班、混龄的授课方式,让孩子们体验到"原来语文可以这样学""原来语文学习这么好玩"。连续多年来,又相继开出了数学综合性学习、英语综合性学习等课程。这些课程的开设,进一步激发了学生的学习兴趣,拓宽了学生的视野,提升了学生自主学习的能力。

2014 年起至今,学校对语文教学进行深度改革。从一年级开始每周拿出 3 节语文课开始"整本书阅读"的研究,将这样的语文课命名为"泛读课",为其配备专职教师,被称为"泛读老师"。一年后,泛读课向各年级辐射,孩子们阅读量也逐年增加,5 年里每个学生阅读量最多可达 500 万字。学校还将阅读带进家庭,开展起亲子阅读。在上海市绿色指标学业水平评估中,我校学生的家庭藏书量、家长对于阅读的认可程度、学生课外阅读量等指标明显高于市区平均水平,语文高阶思维表现程度也较为突出。学校还依托教材,以《小学写作读本》为补充,加盟了上海市写作学会的基地学校,为开展常态化写作的实践研究创造了条件。

从每天 8 分钟古诗文诵读到语文综合性学习,到课堂上整本书阅读,再到分类落实语文教材中的阅读与表达,实现了"1＋4 整体构建,分类实施"的语文课程群。"'整体构建,分类实施'语文课堂教学改革实践"申报了 2021 年基础教育上海市教学成果奖。同时,学校还把近 8 年的整本书阅读研究,整理成一本亲子阅读指南即《从爱上阅读到学会阅读》,并正式出版。2016 年起至今,学校还相继开设了项目学习和社会实践,组织孩子们走进军营、走向农村、走向社会,努力让孩子们体验小社会,遇见大世界。

第二个 15 年,在杨毅蓉校长的带领下,新世纪小学正在努力地走向卓越。

三、潜心感悟内涵发展　凝练鲜明育人理念

今天的新世纪小学已经成为老百姓口碑中一所理念前瞻、勇于创新、课程多元、活动丰富，对教育有温度、有热情、有使命感的好学校。这一切源于学校在历任校长的带领下，关注学生的发展，追求办学内涵的与时俱进，学校在全面育人的教育观、学生观与课程观的指导下，凝练出独具特色的"多彩世纪，i创未来"课程理念。

"世纪"是学校的名称；"多彩世纪"，指身处多元化时代背景下，新世纪小学的校园文化、校本课程丰富多彩，能够带给学生多样化体验。"i"是课程理念的关键词。首先，"i"是"我"的意思，它代表学校在构建课程的过程中，始终以学生为中心，为学生的发展而服务；其次，"i"与"爱"谐音，学校希望学生能够在丰富多彩的课程中，发现自己所热爱的学科、知识、技能等。"i创未来"：学生可以在学校内为自己、为学校创造不一样的未来，还可以在今后的人生发展过程中为自己、为社会而努力，创造未来。

2015年起至今，学校对学生从知行为三个维度设立了"三有三会三能"的评价指标。通过达标发放虚拟"世纪币"，将其转化为争章活动；然后，学生可以在每学期为他们举办的两次世纪集市中，尽情享受学校提供的暖心服务，从而引导和激励每一位学生努力"用行为挣世纪币，用世纪币享受校园生活"，实现了"学习即生活"的体验，育人目标也在潜移默化中悄然达成。

学校坚持了十一届"未来之星才艺大赛"、七届"美术，另一种学习的语言"学生画展、六届"诗文伴我成长，经典浸润人生"语文综合性学习颁奖典礼，还坚持每年举办中华传统节日活动，坚持9年"立德树人，廉洁自律"教师节签名承诺仪式等活动，完美地诠释了30年来学校"为学生的发展而服务"的教育内涵。

正如时任上海市市长龚正2020年教师节来校慰问教师时所说的："新世纪小学抓住了教育的核心——爱心与智慧，并以丰富的课程及校园生活，为社会创建了一所老百姓满意的学校。"

四、由衷感怀规范征程　提升民办服务品质

党的二十大对民办学校争取为社会提供优质教育提出了更为明确的要求。我们民办学校必须继续秉持"为党育人、为国育才"的信念，锐意进取，以发展谋生存，为教育的优质均衡发挥自身应有的作用。

三十而立。成绩只能代表过去，未来的发展形势依然严峻。为此，我们将遵循教育规律，在新一年级以学习生活化进行课程融合的模式开展实践与探索，打破学科固有的壁垒，让学生在认识和参与校园生活中学习学科知识，与学习活动融会贯通，从而将学生无意识的学习在有意识的生活交往中习得，将学会学习作为学生终身能力进行有效培养。同时将项目化学习作为课程融合的先导实践，为学习形式多样性和学习减负增效提供基础，我们将以服务学生终身发展为目标，坚定不移地走下去。

"桃李不言，下自成蹊"。作为上海市首批创办的民办学校，回顾30年走过的路，新世纪小学对未来的发展充满信心与决心。我们将不忘初心，坚守本源，三十而励，为上海民办教育事业砥砺前行。

（程传均　执笔）

6. 文化立校　和合共鸣

西南位育中学

文化是一个国家、一个民族的灵魂。西南位育中学（简称"西位"）从创建开始，就崇尚重视人、尊重人，倡导对文化、理念的学习和追求，开启了"文化立校"的求索之路。

一、初创期——文化之魂：中和位育

1993年，趁着改革的春风，在上海市徐汇区的西南角，全国第一所公立转制中学平地而起，这是一所为徐汇教育"建峰填谷，提升底线"、扩大优质教育资源闯出新路的中学。彼时，在尘土飞扬中，学校迎来第一批150余名新生。简易课桌搭建的主席台下，学生们站在满是泥土、煤渣的操场上，硬件的匮乏与台上60岁老人激情澎湃的致辞形成鲜明对比。他便是西位创办人——庄中文，一位修身以德、文化至上的教育家。他将文化融入校名之中，并将"中和位育"这一中华优秀传统文化作为学校的根本办学理念之一，在"致中和"指导下，根据"天地位焉"的准则，达到"万物育焉"的目的。

（一）一本理念践行的笔记本

庄中文老校长有一个习惯，喜欢到学校油印室把废弃的练习纸的空白面订成小本子，并随身携带，中午、放学到办公室找老师拉家常，随时把认为有价值的内容记下来慢慢琢磨，这些小小的笔记本不仅见证了西位筚路蓝缕的奋斗历程，也记下了老校长对于教育的深邃思考和对"中和位育"学校文化的凝练历程，久而久之形成了"蜜蜂式""海绵型"工作方法。

（二）一个理念输出的小杯子

庄校长有个习惯动作，每逢教工大会和老师们讲话，而且一讲就是两个小时,这时他手里一定有一个茶杯,随着双手在茶杯上转动,他的金句就像泉水一样源源不断。在这位智慧长者的谆谆教诲下,老师们开始学会用"中和位育"的思维模式来思考问题,比如"多角度思维""自己与自己开会""理智地承认客观现实""知足与知不足""两点论与三点论""积极人生与换位思考"等。

(三)一套理念渗透的大读本

庄校长亲自撰写《追求完美 力求发展》《致中和,天地位焉,万物育焉》作为校本读物,大会、小会宣讲,从哲学思想与人文精神两个层面剖析内涵,并注入时代精神、国际视野与现代元素,融入全体师生血脉,成为学校最大亮色与宝贵文化财富。2015年编印了《庄中文办学思想文集》,后在徐汇区教育局助推下,由上海教育出版社出版《我的办学理念与探索》。

庄校长一贯倡导"不以权力去指挥,而要用思想去统领;不是消极用制度去约束,而是积极用理念去引领",推进任何工作都是通过摆事实、讲道理的明理释义、上下形成共识而迸发活力,学校也初步形成了一支理念一致的师资队伍,条件虽然异常艰苦,老师们却甘之如饴。

二、攀登期——文化之核:以人为本

2005年,作为上海第一批深化体制改革的试点学校,毅然决然地改制成民办中学,为徐汇教育"各级各类争创一流,形成多元发展格局"做出了贡献;同年,学校通过国际CITA鉴证,成为中国大陆第二所、上海第一所国际鉴证中学,为徐汇教育国际合作交流探索出了新模式。西位也在这一年完成了新老校长的交接,中青年骨干张建中校长带领新一代西位人坚持庄校长的办学理念和管理经验,沿着老校长开辟的道路不断创新,奋力攀登。

(一)一张职业成长规划表

正如庄校长所说"学校以学生为本,发展以教师为本",张建中校长在传承中强调"学校的核心竞争力在于优质师资"。伴随师资队伍的进一步扩大,如何在保持队伍稳定的前提下,提升职业幸福感、空间度?在办学理念"关注每个教师的发展方向"基础上,学校致力于培养"一专多能"型教师队伍。

从入职第一年起,每隔5年,西位的老师总会收到一张全新且持续变化的"职业成长规划表",这是一张明确职业发展、寻求职业理想的蓝图,在表格的变化中,教师实现了职业蜕变,徐迪斐老师便是得益的教师之一。徐老师虽有教学能力,却无法与学生产生共振,年级组长甚至曾让他离开本组。在学校对其进行职业规划的细化与针对性的调教下,他最后取得了两次全市高中数学教学大赛一等奖和一次全国一等奖,现担任了教研组副组长、局学科带头人,他说:"我的一切都是西位给我的!"

学校提倡教师不仅要精通自己的专业课,还要有特长,能多开选修课、校本课,让每个教师不断释放潜能,从而建立起西位的人才高地。以化学老师为例,除了任课,还要带一个社团;带社团,要掌握AI、数学等多门学科的知识。在社团中,教师往往能化兴趣为动力。在西位,每位老师都带社团,体育老师也不例外。"百团大战"的内容涵盖了各个学科,最终归结到"多能"这个点上,把每个教师的潜能都释放出来。

(二)一个氛围共识保障团

引导文化气氛、形成学校共识,不是少数人的事,必须建立从党政到一线教职工的传递和互动工作链。年级组、教研组、备课组、党小组建设,是学校日常管理的基础。在组室建设中,努力注入文化、注入和谐,努力打造让大家有归属感的精神家园;让备课组成为最活跃的整合资源、共享经验的交流、带教平台;让年级组成为最贴心的信息沟通、情感互动的协调、合作平台;让教研组成为最有效的专业培训、教学探究的学习、研训平台;让党小组成为打通党建工作"最后一公里"的桥梁。

在氛围建设基础上,西位更关注教师心理健康,关注教师文化追求和人文情怀培育:开展读书活动、教工社团活动和人文大讲堂,推进教师工作与生活的平衡。营造有喜共庆、有难共帮、协作默契的组室文化。强化"我与学生共成长、与西位共发展"的校园共识,引导教师由"小我"走向"大我",让学生站在中央,以更高境界实现自我价值。

(三)一群历久弥新西位人

要让西位成为师生和家长的无悔选择,如何才能进一步增强"西位人"

的主人翁意识？在一定历史积淀基础上，学校以"西位人"的传承为突破，探索并不断壮大西位共同体。学校以传承的西位人为抓手，关注西位二代，父母是学校毕业生；西位二娃，大宝和二宝又都是西位学生；特殊校友，曾是西位学生，大学毕业后来校做老师；西位父子，爸爸和儿子同是学校老师。2012届校友，现在是西位老师的佘城良，三次选择西位。第一次选择西位，是因为学校的名望、师资与排名，他在父母的鼓励下成功进入了西位读书，感到荣幸和幸运；第二次选择西位，是因为热爱与追求，初三时选择西位继续读高中；华师大毕业后，第三次选择西位成为老师，则是文化、情感与实现价值。佘老师曾多次站在西位的各个舞台上分享自己的经历，从学生到教师，从学生到同事，角色蜕变的同时，"西位人"的身份却不曾改变，这样的认同感和归属感，更加坚定他为西位奉献付出。

学校按现代管理理念，提出并践行"理念留人、事业留人、氛围留人、待遇留人"的"四个留人"的队伍稳定机制，为教师创造一个良好的生存与发展环境，让每个教师步调明确、潜能释放，成为西位不可替代的存在。2015年，张校长主编的《激发成长自觉——"中和位育"引领的求索之路》，由上海教育出版社出版；2019年，学校获得全国教育系统先进集体荣誉称号，这是上海第一所获此殊荣的民办学校。

三、突破期——文化之承：命运一体

已取得的成绩是对学校工作的认可，也是推动学校向更高层次发展的动力。针对当前民办校政策的调整，张校长带领全体西位人正在寻找新机，主动应对。

（一）一条规范办学路。深入学习、贯彻落实《民办教育促进法实施条例》，在依法依规办学前提下，以制度建设、程序接入厘清理事会、校行政与校党委关系，科学配置各项权力与界限。

（二）一个命运共同体。学校党政领导先后在老教师座谈会、两长骨干会、教工大会、党员大会上，作"学校的高度，决定着学校的未来""强化命运共同体，讲好西位新故事""扬帆新起航，创业再出发"等宣讲，旨在动员全体

教师与西位命运一体,正视新局、凝心聚力、自强突破;成立"女婿俱乐部",稳固并拓宽西位命运共同体外延,让西位的女婿们做好丈夫、当好爸爸、成为西位粉丝,全力支持自己妻子的工作,成就卓越发展。

(三)一个特色目标创建

学校在平衡中寻求突破,抓住上海市特色普通高中申报契机,发挥完全中学优势,将已有文化积淀与特色亮点转化为"人文立校 适位育人"特色高中目标创建,在危机中育先机,于变局中开新局。学校建设本质上就是一个不断用先进思想感染人、引导人、改变人的过程,人文立校将重塑学校和师生的发展空间。在学校党政的带领下,全体西位人将全方位、多层次、多声部地唱响"人文立校,适位育人"的主题曲。

当年,西位的诞生是改革大潮中的一颗种子;现今,西位又成为沐浴改革春风跨入新征程的一棵绿苗。始终流淌着改革血液的西位,用文化凝聚师生,用优质助推发展!

(王 凡 执笔)

7. 三十而"熠" 砥砺前行

世外小学

上海市世外小学(原名:上海市世界外国语小学)创办于1993年,学校秉承"让学生走向世界,让世界走进学校"的办学理念,集教育研究成果之精华,走教育与科研结合之路;取中外教育经验之长,融中西方文化之优,承世界学校之特色;扬师生个性之特长,育胸怀祖国、走向世界之人才。

如今的世外小学已经走过29个春秋,即将迎来30周年校庆。

都说"三十而立",而世外小学的确是"三十而熠"。在时光的洗练、时代的铿锵中,世外小学不断更新,不断创新,乘风破浪,砥砺前行。

一、创业:76把钥匙的故事

1993年,位于上海徐汇西南角的桂林东街还是一个无人问津的地方。空关了两年的新村公建配套校舍,教室里什么都没有,室外草比人高,连个歇脚的地方也没有。周围没有人家、没有商店,更糟糕的是,校舍总面积只有11.28亩地,教室也小得很,一个礼堂连一个年级组的学生也放不下。

9月1日要开学,添设备,装饰校园;买家具,修操场;招聘教师,招收学生,两个多月来得及吗?教室里什么都没有,墙面上两年前刷的涂料已经剥落,操场上杂草丛生。

整个校舍一共76个空房间,76个空房间就有76把钥匙。世外人并没有退缩,他们说干就干,一头扎进这块没开垦的处女地。手上的76把空房间的钥匙,打开了一所全新的学校,硬是把一所白手起家的民办公助普通小学变成一所人气旺盛并有外语教学特色的学校——上海市世外小学。

从76把钥匙起家,由8位老师、4个教学班开始创业:学校从草比人高的荒芜中崛起,唱响了"带领孩子走向世界"的战歌。

二、开拓:从"世界外国语"到"世外"

2006年,世外小学转制成民办小学。世外过去10年以外语学习为特长的办学策略已经到了瓶颈。党政班子清醒地认识到学校必须坚持社会主义办学方向,以"世界"为横坐标,以"未来"为纵坐标,培养德智体美劳全面发展的学生,培养有全球胜任力的中国人;打造适合世外小学生的全新开放课程,让学校站到世界教育发展的前沿去接受挑战。世外小学在转制后的十几年里,提出了"敢为人先,卓然世外"的办学目标,构建了五育融合的个性化教育教学系统,促进每个孩子潜能和善端的成长,笃行致强、笃行致远。学校在党政班子带领下先后获得"全国五一劳动奖状""全国特色学校""上海市文明校园""上海市行为规范示范校""上海市教师发展示范校"等荣誉称号。

三、创新:送你一朵小红花

"叮咚",小毛妈妈的手机显示了一条世外小学"学优评"平台推送的短信,点开一看,里面送出一朵小红花,老师的语音留言也随即响起:"小毛同学午餐时间,把自己餐盒里的大排骨给了同桌,因为同桌同学不小心把饭盒打翻了。现对小毛这种互助友爱的行为和品质进行表扬,送她一朵小红花,同时,她还会获得7个积分。"看完这条短信,小毛妈妈的脸上也绽开一朵花。

"学优评"系统是世外小学这几年建构起来的"基于学生核心素养发展的在线成长空间"。这个空间主要包括4个系统:"学习系统""评价系统""交流系统"和"记录系统"。"送你一朵小红花"这个项目来自"评价系统"。世外小学的评价是多维度、多方式的,能做到知识获得、能力发展、态度形成评价三结合;还能做到过程性评价、结果性评价和即时性评价三结合。"送你一朵小红花"就属于即时性评价。老师把对学生即时和即兴的表扬用语言或文字输入评价系统,平台就会在家长的手机上推送出一朵小红花。评价系统关注学生德智体美劳各种维度的表现,让不同潜能的孩子都能获得成就感和幸福体验。这种在线评价的方式和维度在近几年学生居家学习期间发挥了很大的作用。

"学习系统"相当于是学校的空中课堂。首先,系统为学生提供了由本校教师执教的覆盖所有学科、所有学段的国家课程教学视频。其次,系统提供了学校自主创编的优质校本课程,如戏剧、阅读、编程、书法等。学生可以根据自己的兴趣选择课程学习。再次,学校在平台上还提供了支持性的工具类课程。比如,居家学习期间,学校会设计各种适合的活动,如"小区核酸检测方案""在校歌手大奖赛""劳动挑战赛""毕业课程——中华记忆"等。当学生要启动一个项目或参加一个活动时,学校会在平台上提供资源支持性的课程,包括"如何在材料有限的情况下自制服装和道具""如何进行视频拍摄和剪辑""如何搜索资料"等。在近 3 年时断时续的居家学习期间,该平台为学生进行个性化的在线学习提供了适切的支持和保障,尽可能把新冠疫情造成的影响降至最低。

四、托管:助力"康外"构建"4+1"课程

"滴答",徐汇区康健外国语小学(以下简称康外小学)的邮箱收到一封邮件,邮件是深圳市的一位老师发来的,里面写道:"我校一直致力于探索面向未来的校本课程。今年,我们有幸拜读了贵校张校长新出版的《跨学科的项目化学习——"4+1"课程实践手册》,该书提到的六大主题、30 个单元、360 多个项目,如此系统、全面、贴近儿童生活、面向未来人生的课程架构,让我们深为折服。我们非常希望能获得更完整的《实施指南》,以便能让我校的孩子更早地接受如此卓越的课程教育……"邮件中提到的这本书是康外小学于 2018 年底受出版社邀请编著的学校课程的实践手册。半年不到的时间里,这本书多次脱销,已经多次修订重印 11 次共 6 万多册,非常受市场欢迎,康外小学也因此成为"上海市新优质学校"中一张闪亮的名片。

徐汇区康外小学是一所由上海市世外小学托管的公办学校。为了满足康健地区老百姓对于优质教育的迫切需求,缓解日益凸显的适龄儿童入学矛盾,2013年,上海市世外小学接受徐汇区教育局的委托,开办并管理康外小学。几年下来,凭借办学特色和教学质量,康外小学实现"高开高走"的托管目标。2015年,学校成为"上海市新优质学校"。2017年,学校研究课题获得上海市基础教育教学成果一等奖。2018年底,学校出版专著《跨学科的项目化学习——"4+1"课程实践手册》。2018年"4+1"课程相关成果被上海市教委、市教研室遴选为上海课改30年区校实践成果之一。2019年1月,学校主办主题为"跨学科设计驱动学校课程结构变革"暨上海市新优质学校课程专题活动,康外小学令人瞩目的办学成效获得家长、同行和社会的高度认可。

五、展望:世外航母　乘风破浪

对于一所拥有独特品牌魅力与良好社会声誉、在课程创新中不断引领行业风气之先的民办小学来说,三十而立,三十而"熠",正当其时。世外小学将把"立德树人"的责任扛在肩上,精心实施国家基础型课程,辅之以国际理解教育课程,努力拓宽学生的国际视野,培养德智体美劳全面发展的社会主义事业建设者和接班人。

离离春风,万物生长。三十而熠,熠熠生辉。世外小学将砥砺前行不负韶华,乘风破浪直挂云帆!

（孙菁华　执笔）

8. 德育为先　课程育人

徐汇区爱菊小学

上海市徐汇区爱菊小学已经走过 29 年依法规范、艰苦奋斗的办学之路。学校由全国政协委员刘浩清和夫人孔爱菊女士于 1993 年投资创办。2007 年 4 月,在徐汇区委、区政府暨教育局的关心支持下,在刘浩清先生的鼎力资助下,正式转制为民办小学。

学校地处上海市徐汇区的湖南街道,是一所幽雅精致、生机勃勃,充溢着浓厚艺术氛围的民办学校,目前已形成特色鲜明的艺教课程。艺术氛围浓厚、教学优势明显,为学生的特长发展提供了支持。学校坚持"以德育为核心、以质量求生存、以特色求发展、以提高学生综合素质为目的"的办学宗旨,以"通过严格科学的管理,严谨高效的教学,系统正规的训练,把学校办成高质量、第一流、享声誉的名牌小学"为办学目标,着力培养学生的创新精神和实践能力。学校创办以来,获得了诸多荣誉,赢得了良好的社会声誉。

随着办学成绩的不断取得,我们越来越深刻地感受到教育的核心任务是培养适应社会发展、满足社会需要的德智体美劳全面发展的社会主义事业建设者和接班人,培养有社会责任感、有公民道德素养的学生,道德教育义不容辞。我们始终把"立德树人"作为学校的根本工作,在已经形成的学校德育经验和特色的基础上,充分发挥课程建设在学校德育工作中的重要功能,积极探索德育新实践,不断增强德育实效性。

一、确定学校德育目标

在 2017 年学校制定的课程规划方案中,我校明确提出了学校发展目标与学生培养目标:在"爱知博艺,菊雅竞芳"的办学理念引领下,依托师德高尚、富有人文素养的教师队伍，创新适性、多元、开放的培养路径，通过构建提升学生审美情趣和综合素养的学校课程体系，培养"博爱、博学、博艺、博雅"的爱菊学子，即心有天下的"博爱"、能担重任的"博学"、才能广泛的"博艺"、品行端正的"博雅"——新时代的"SWEET 少年"。

教育部印发新修订的《义务教育课程方案（2022 年版）》和义务教育阶段语文等 16 个课程标准（2022 年版），是教育在新的历史起点上落实"立德树人"根本任务的重要举措。我校德育课程研发团队，依据国家文件精神，对照学校育人目标，结合小学生身心发展特点和成长规律，以及学校近年来德育工作实践成果，最终确立了校本化的德育关键领域课程的课程目标，即培养"智慧、温暖、真诚、优雅、坚韧"的"SWEET 少年"。

为何选择"SWEET"作为学校的培养目标？我们一致认为："SWEET"在英文中有"甜美的、愉快的、温柔的、亲切的、芳香的"多重语言意象，其所传达的美好意象非常适切地表达出了爱菊小学的地理区位、生源现状、办学追求与文化定位；既代表了爱菊人在新时代里对"更美好的教育""更美好的学校""更美好的少年"的理解，又能概括从外在形态到内在本质的多感官、多维度的追求。这五大目标也是党的教育方针、社会主义核心价值观和《中小学德育工作指南》在我校的校本化体现。

"SWEET"德育课程目标围绕"真诚"这一核心，从知情意行四方面加以凸显，它具体体现了学校培养目标之一——"博爱"的内在含义，同时又将"博学、博艺、博雅"之意蕴含其中，使学校培养目标在整个德育过程中的指向更加明确和鲜明。这一培养目标承接并进一步细化了国家的教育目标，尤其在"双减政策"颁布实施后，爱菊作为民办学校，响应迅速，更加积极主动地落实这一国家政策。我们始终秉持学校的办学理念和培养目标，以课程为途径，减轻学生不必要的课业负担、丰富学生的课余生活。为实现德育课程的目标要求，我校根据五大德育目标制订了相对应的课程模块和活动主题；根据学生年龄特征，在具体实施的内容上确定了层递性的年段要求，并设计出相应的活动内容。

本着道德认知与道德实践并重、统一要求与个性发展相结合、学校教育和社会影响相统一的原则,我们深刻反思、认真梳理建校以来学校已有的德育经验,整合学校、社会、家庭诸方面力量,架构开放的、具有新时代特点的校本德育课程体系。

表 1 "SWEET"德育主题活动分学段目标

德育课程目标				
核心:真诚				
	智慧	温暖	优雅	坚韧
低年级	基础扎实 习惯优良	悦纳自我 关爱他人	文明守纪 尊师爱友	活泼自信 懂得坚持
中年级	乐于表达 思维积极	善于合作 关心集体	言行得体 阳光明理	阳光坚毅 懂得忍让
高年级	善言慧思 思维敏捷	乐于奉献 热爱祖国	谦和有礼 包容大气	耐挫豁达 学会选择

二、研制校本德育课程

学校课程是实现育人目标的重要载体,是教师从事教育活动的基本依据,更是我校实现高品质民办教育的重要抓手。目前,爱菊小学已初步建构起与学校育人目标相匹配的课程体系。我校的课程以培养"博爱、博学、博艺、博雅"的四博少年为课程目标,分别设置"爱、知、博、艺"四大主题的课程,形成爱菊学子应该具有的、区别于其他学校学生的特质——SWEET。这一课程框架的设计与实施体现了我校培养目标既在面上落实"立德树人"的根本任务,又在点上实现"五育融合",促进学生的全面发展和个性发展。

整个德育课程分为两部分:学科德育课程和活动德育课程。学科德育课程是国家规定的课程,学校以课堂为阵地、以学科教材为依据,落实德育课程目标。学校将"SWEET"德育目标融入语文、数学等基础型学科教育教学过程,以分年段目标为指向,在学科教学目标的制订中加以体现,并在教学过程中落实落细。

活动德育课程旨在体现"一事一物皆教育,时时处处有课程"的原则,主要包括节情教育、仪式教育、社团教育、家社教育四大类。它是体现学校特色德育工作成效的重要方面,反映了学校在办学理念的指导下,通过四类课程的设计与落实,将爱菊学生培养为"博爱、博学、博艺、博雅"全面发展的孩子。

学校的四类活动德育课程内容丰富,目标递进,进而引导学生通过课程学习,成为"真诚、智慧、温暖、优雅、坚韧"的人。

三、丰富德育课程实施路径

为了增强课程的适应性,学校遵循《中小学德育工作指南》中提出的课程育人、文化育人、活动育人、实践育人、管理育人、协同育人六大途径的要求,围绕学校育人目标及德育目标,根据自身实际情况,进行校本化实施。

学科德育课程分为德育学科和学科德育。"道德与法治"是小学阶段专门开设的德育学科,是德育的主载体,对学生树立正确的世界观、人生观、价值观起着重要的导向作用。学校紧紧围绕校本德育课程目标,结合教学目标与内容,加以有机渗透。学校在三、五年级开设每周一课时《习近平新时代中国特色社会主义思想学习读本》,深入推动习近平新时代中国特色社会主义思想进教材、进课堂,引导并加强学生对中国特色社会主义理论的认同、自信和自觉。

注重在学科教学中进行德育渗透。根据"SWEET"分年段的具体目标要求,渐进适切地与学科目标相结合,着力培养学生"智慧、温暖、真诚、优雅、坚韧"的素养特质。在具体实施过程中,有针对性地加以渗透与整合,如:语文、英语等学科除利用教材中的显性教育因素对学生进行德育外,着重向"善思慧言""包容大气"的人文素养方向加以引导与培养;体育学科关注和肯定学生的每一点成长,包括体育游戏中的表现,促进学生"守纪""自信""坚韧"等素养发展。不同的学科有着不同的教育内容,但基本素养是必须扎实落地的。校本德育目标将宏大丰富的教育内容依照学校办学理念和培养目标进行细化与聚焦,使教师在制订落实教学目标时更加明确与清晰,从而使学校培养目标有了更具体的指向与更实在的抓手。

学校时空有限，在有效实施活动德育课程中，我们主要采取了以下方法：必修选择，分类实施；整合实施，有序推进；自主探究，重在体验。

小学阶段是学生良好习惯形成和培养的关键时期，在实施过程中，关注行为习惯的养成，并融入学校生活的点滴之中。"SWEET"德育课程的实施，围绕目标，从学生实际出发，加强学科间的融通，注重学生的经历和体验，注重校内外资源的开发利用和整合，从而凸显全员育人、全程育人、全方位育人。"SWEET"德育课程在实施过程中得到了全校师生的广泛认可，每一项活动和工作都因为有明确的目标指向而变得更加生动和美好；明确的德育工作方向推动了学校德育工作的专业化、规范化，促进了学校德育工作的实效性。

学校教育德育为先。我们将持续关注学生在成长过程中优良德行的形成，为学生提供真实美好的成长环境，让学生在丰富有趣的校园生活中接受良好的影响，形成积极的价值取向。为此，我们要努力做到将理念落实于细节，使学校德育更加体现出"润物细无声"的教育特征。

（方继东　叶　莺　执笔）

9. 优化特色课程体系
打造高质量教育品牌

兰田中学

上海兰田中学创办于1993年，历经29年的发展和变革，我们深切感受到民办教育改革30年来，给学校的发展带来的深刻变化。

从1993年建校，秉承义务教育阶段培养德智体美劳全面发展的学生这一办学思想，兰田中学侧重英语特色教育，首创普陀区外教授课、初中阶段"英语角"活动等，让学生在全面发展的基础上凸显英语特长，当时兰田中学的学生英语水平在普陀区首屈一指。

进入21世纪的兰田中学，在历任校长的带领下，本着"办普陀人民满意的教育"的强烈使命感、责任感和紧迫感，逐步确立了"创造适合学生健康成长的教育"作为学校的办学理念。以规划为引领，以团结谋共进，使学校的发展提升到更高的发展平台，完善特色课程建设，逐步形成学校办学特色，全面提升教育教学质量。

作为曹杨二中教育集团成员校，依托集团办学优势，进一步提升学校自主发展水平，学校办学宗旨进一步深化为"立德树人、勤奋进取、守正创新、追求卓越"。学校以博雅讲堂等课程项目为载体，重点关注社会人文类拔尖人才的早期培育；以数理、信息、轨道交通科创等课程项目为载体，重点关注科技创新素养人才的早期培育；以快乐德语、英语创新课程项目为载体，重点关注新中考时期创新人才的多元语言能力的培育。不同的课程，旨在聚焦学生核心素养的培育和全面发展的需求。

一、以"博雅讲堂"特色课程为载体，注重社会人文类拔尖人才的早期培育

"博雅讲堂"课程是学校自2012年开始推进的特色课程，是以阅读经典

作为社会人文素养培育主阵地,通过鼓励学生阅读《文学的七十二座高峰》《论语》《世说新语》《史记》《美的历程》《苏菲的世界》等,涉及国学、文学、史学、哲学等经典书籍,拓展深化学生社会人文知识积淀。

学校先后组织了上海历史博物馆之旅、上海外滩研学之旅、苏州木渎研学之旅、江南造船厂大国重器之旅等研学活动,让"知行合一"人文思想和人文素养在行动中"落地生根"。例如"苏州吴越文化研学之旅"课程老师从文学国学、史学、美学、哲学角度分四个课题组,开展研学活动;学生根据指导老师设计的导学单,在研学前自主合作完成资料的阅读和整理工作,并提出进一步需要实地探究解决的问题;在研学过程中,各小组带着研究任务用脚丈量每一寸土地,用眼观察每一处风景,用脑思考历史的文脉和变迁。通过研学活动,不断提高学生的团队意识,锻炼学生自主合作探究的学习能力,学会将学到的知识融会贯通,运用到实际中,解决生活中的实际问题。

2021年,以博雅课程为基础的课题"新中考背景下社会人文人才早期培育的实践研究"成功申报上海市民办中小学中青年优秀教师团队发展计划项目,促进学校博雅特色课程建设再上新台阶。

二、以快乐德语、英语创新课程为项目,注重学生国际文化融通素养的培育

学校的德语课程是一门兼语言学习、兴趣启发、探究思维、文化体验和人格培养,全方位、多维度视角的特色课程。课程目标定为语言技能,国际文化的认识、理解和体验以及人格的培养。其中,语言技能目标包括掌握德语语音,了解基础语法特点,能够就生活中与青少年相关的常用主题进行简单问答;国际文化的认识、理解和体验目标是让学生多方面了解德国及欧洲文化,领悟中外不同文化思维方式,提升中外文化鉴别力和本国文化自信;人格培养目标内容非常丰富,意在促进学生全面发展的人格塑造,比如培养外语学习兴趣和动力、独立思考和交际能力、开放和自信心态。

学校的德语课程将传统课堂与校内外文化类、实践类活动相结合,超越了传统语言教学的课程模式。学校以汽车文化为主题组织学生开展"德企大众行"活动。首先,结合参观内容,在校内开展了对大众集团的发展历史概要学习和知识竞赛,举办兰田汽车模型和图片展;学生结合活动在课堂中进行汽车领域的德语词汇学习;学生走入大众工厂近距离了解汽车制造技术,与大众专业人士面对面座谈,参观汽车博物馆深入了解汽车文化和技术;活动后学生撰写实践报告和召开成果交流会。整个活动以汽车文化为主线、以学生体验为核心,将职业教育、技术教育于寓于有趣的知识竞赛和参观访问之中,对汽车领域德语词汇的学习拓展了语言学习广度,对德国文化中的"德国技术"和"德国制造"进行近距离体验。

2021年学校与曹杨二中继续深入合作,在"快乐德语"特色课程基础上,为学有余力的学生开设德语培优课程,在初中阶段完成DSD1语言证书先修课程,为曹杨二中德语理工实验项目人才选拔提供储备,为进一步深化德语特色课程作出有益尝试。

英语创新课程是对学校"英语特色"教学的传承与创新,突出学生的英语听说素养和实际应用能力的培育。课程在预备年级增加英语听力,初一年级增加拓展阅读和原版有声材料,激发学生英语的学习兴趣和动力。针对不同学习水平的学生,设置单元话题,设计不同层次的学习活动,鼓励所有学生参与。利用信息技术手段,把声音与图画或实物等配合,帮助学生理解听力材料的内容。根据听力内容的需要、学生语言知识和技能的发展需要,设计听力活动,让学生完成具体的学习任务。学生通过大量的语言输入和输出,培养实际运用语言的能力和与人交往的能力。

三、以信息科创课程为引领,注重科技创新素养的早期培育

大数据、人工智能等技术的实现,教育数字化转型势在必行。学校通过信息化建设,关注提升学生的数字素养技能和信息科创素养的培育,而信息科创课程是重要的实施路径。

通过对数据结构与算法的系统学习,提升计算思维,明白如何利用计算机解决问题的方法,在信息活动中采用计算机可以处理的方式界定问题、建立结构模型、形成解决问题的方案。通过编程提升理科素养,计算机作为计算工具,与数学有很强联系。比如最大公约数、快速幂运算、同余定理、欧拉

定理等经典数学理论,在算法设计中都有相应的实现方法,学生可以从编程实践中,加强对数学的理解和综合运用。特别是优秀学生在课程学习中显现出对较难问题采取的解决对策、查阅资料、寻找与思考合适算法、验证内化算法等一系列的过程,是学生逐步形成科学探究精神的体现。

近年来,学校在信息学联赛上海赛区普及组获一等奖18人次,普及组二等奖51人次;提高组一等奖2人次,提高组二等奖8人次。获奖人数和质量稳居普陀区第一,位列上海市初中信息奥赛第一梯队学校。

信息学奥林匹克课程有助于发现早期计算机科学人才的苗子,而信息学奥林匹克课程与轨道交通实验相整合是学校在数理信息科创课程建设中的新突破。在轨道交通实验模型学习中,学生要了解电学知识;在建模过程中,学生要掌握布线、电压测定、短路检测、电路连通性检测等实践性知识。2021年,彭茜茜、程堡同学获得第36届上海市青少年科技创新大赛一、二等奖;彭茜茜荣获第十九届上海少年科学院"小院士"荣誉称号,全市仅10位同学获得此荣誉称号。

四、学校未来发展的思考

习近平总书记在全国教育大会上指出:"要深化教育改革创新,加快推进教育现代化,建设教育强国,办好人民满意的教育。"展望未来,任重道远,历史的重任已经落在我们的肩上,乘着民办中小学改革发展30年的东风,我们激情满怀、勠力同心。

根据普陀区教育改革发展"十四五"规划和特色综合教育改革实验区建设的要求,学校将牢牢把握新时代普陀教育发展的新特点,在教育优质化、教育信息化、教育国际化、人才强教的转型升级战略主导下,2021年学校制订了新一轮五年发展规划,进一步强调了学校将充分利用曹杨二中教育集团的优质资源,构建完善"博雅、德语、科创、英创"特色课程体系,彰显学校特色发展,扩大社会影响力和品牌辨识度,为每一位学生学以成人、人生出彩提供适合的教育。

(谈 俊 汪 琦 执笔)

10. 改革探索　创新育人

民办茸一中学

上海市民办茸一中学创办于1993年,由松江区教育基金会主办。创办之初只有两个班级,校舍是借址松江一中的一幢楼;2004年,学校迁址松江区五昆路268号,目前有预初到初三共4个年级,24个班级。现任校长是上海市特级校长刘琳。

一、在传承中进步,在进步中改革

(一)创业历程

在历任校长和师生的共同努力下,学校坚持"立德树人,五育并举"的教育理念,坚守"为学生,为未来"的教育初心,秉承"尚德、博学、求实、创新"八字校训,是松江区一所拥有较高社会声誉的优质民办学校。曾记得,徐月英老校长事必躬亲,对新入学的每一位学生都会进行面谈并做好记录。她的手中永远有一本附有学生照片的花名册,时常拿出来翻看一下,所以徐校长能记住全校每一位学生的姓名,能了解大多数学生的性格特点。顾亚丙老校长,是一位非常优雅和智慧的校长。她知人善用,对于老师的不足也会在平时的聊天中善意指出,关心和关爱每一位师生。在任时间最长的王仪校长则是一位威严型校长,他注重一线教学和教研组、年级组的团队建设,构建和谐、温馨的校园。茸一中学也在王仪校长的任期内迁址的,新的校园规划和文化建设,都是在这期间诞生的。

(二)守正创新

如今,刘琳校长传承了上述优秀传统,了解学生的学习,关心学生的心理健康,亲自到毕业班上主题班会课,指导学生确定中考和奋斗的目标,鼓励学生优化学法、主动奋进。校长走近教职工,关心他们的工作和生活,有效解决困惑。在民办中小学改革30周年之际,我校将进一步打造成为"书香校园""智慧校园",让文化浸润校舍,让科技赋能未来。

二、在改革中探索,在探索中成长

在国家教育改革方针的指导下,茸一中学落实基础课程的校本化实施,尝试分层走班教学模式的探索,在"双减"工作中摸索更有效的教育教学方式。

(一)基础课程校本化

在基础课程校本化的实施过程中,坚持改革与探索,构建相应的课程模块。学校基于统编教材语文学科的新增内容,增开名著阅读课,由专职语文教师任教。积极构建名著阅读与语文教材的重组学习,努力实现整本书阅读教学水平和语文素养能力的双提升。

(二)分层走班教学模式

学校在七、八、九三个年级采取分层走班教学方式,分为大循环和小循环两种模式。所谓大循环,就是将全年级学生按其学习水平的最近区域分为3层10个班级;所谓小循环,就是以两个相邻班级为一组,将学生按照学习水平的最近区域分为3层3个班级。其目的是既尊重学生的发展需求,又符合教师的发展需求,让课堂凸显学生思维,展示教学个性,焕发生命活力。据学校质量监控中心的数据统计,以2021学年七年级第二学期数学期末考试为例,分层走班后的教学质量比原行政班级成绩高出4%。

(三)"双减"背景下的教育改革探索

在"双减"政策的大背景下,学校开展了一系列有效的教育教学改革探索。开展"'双减'时代,打好'增''减'组合拳"课题研究。一是关注学生,优化作业实效。"双减"的最终目标是提升学校的教育教学质量,而提升学校的教育教学质量关键之一在于作业。我们通过问卷星调查排摸老师们在作业布置等方面的困惑,通过大数据进行分析、汇总,然后邀请教学经验丰富、教学实践有效的教师分享工作经验,开设"师者之路"系列讲座(微论坛)。

二是聚焦课堂,优化教学实效。提升学校教育教学质量的另一关键在于课堂。在"双减"政策背景下,为展现教师在课堂教学和作业领域的思考与探索,开展了以"聚焦课堂实效,优化作业设计"为主题的课堂教学展示活动。展示课的教师由学科名师和教坛新秀领衔,并且与松江七中联合教研,共同评课交流,携手共促提升。三是梳理方法,优化管理实效。精确而有序的班级管理有利于提升教育教学的质量,对于班主任而言,提升班级管理的胜任力是一项急迫而又重要的工作,我校为此推出了系列德育交流活动,在众多优秀班主任中遴选出老中青三代班主任,分享优秀的带班理念和具体的实操方法,丰富学校德育成果。

三、在成长中发展,在发展中思考

课程是学生发展的重要载体,是学校文化建设的重要组成部分,是实现育人目标的依据和保证。

(一)线上特色慕课

我校课程改革依托一支有活力、有干劲、有情怀的青年教师团队——小青橙。在新冠疫情期间,青年教师开发了四期特色慕课。其中值得一提的是"'蝠'祸相倚——面对疫情我们在思考"综合素养之思辨课程群,旨在引导学生打开社会这本教科书,培养应对危机的思维和能力。该课程以跨学科融合的方式审视疫情现象,着力培育学生的"学习力"和"思考力",提升学生的"批判性思维"。学校充分利用多媒体技术开设慕课平台,学生可以登录校园网随时"观课",点击率突破了4万人次。《中国教育报》、松江融媒体中心、《松江报》等媒体均有报道。

之后还陆续推出了"劳动礼乐综合思辨课程",以劳动教育和跨学科融合为核心,设计与开发了29节微课,涵盖所有学科,致力于提升学生尊重劳动、热爱劳动的品质,体验劳动乐趣,锤炼劳动技术,发现劳动艺术。在建党百年之际,特别推出"红色映画"专题慕课,以课程的形式走近红色文化,传承与弘扬红色精神,厚植爱国主义情怀。2022年7月,为进一步增强学生的文化认同、坚定文化自信,在市级课题研究的基础之上,推出了第四期特色慕课"松江非遗"。

（二）青年教师专业发展＋学生终身学习力

在学校课程建设中，"小青橙"勇做开拓者，献计献策，丰富学校乐思课程体系；在各类教学评比中，"小青橙"抬升了学校教育教学品质的基准线；在课题研究项目中，"小青橙"敢为人先，教研结合，形成学校浓郁的科研氛围；在导师工作中，"小青橙"勇挑重担，筑起守护学生校园生活的安全线；团队成员间教学相长，更激发了教师的专业学习力。

不仅如此，学校更关注每一个学生的终身学习力。校学生发展中心和团委、少先队每月都会精心设计德育活动主题，将活动课程化，注重多元评价，促进学生的全面发展。主要有4项活动：一是举办以学生为主体的狂欢节，通过活动激发活力，发挥创意，塑造多元，感受青春。学生们在自由表达和团体合作中展现风采，释放创造力。二是开展舌尖上食育的美食节，以食立美、以食启智、以食促劳，引导学生关注饮食中的文化内涵和生活智慧，以及相关的饮食礼仪与文明。三是开展具有中国心、世界眼、思辨脑的课程节，让学生学习多国语言合唱，弘扬体育精神，展现艺术追求，拓展慎思明辨的思维力。四是举行"全员导师制"的师生趣味运动会，在运动和青春中体悟关爱与感恩。教育就是共享成长，教师在启迪学生智慧、润泽生命的同时，自己的生命也会得到升华。

四、在思考中求变，在求变中创新

在新时代，学校正积极进行自我谋划，力求充分满足学生未来发展的需求。

（一）以学生为中心的融合学习

未来教育需要以先进的教育理念和现代教育技术为基础，以学生为中心，建设融合学习内容、学习方式和技术装备于一体的个性化学习环境，并通过全面提升师生的信息技术素养，建构线下线上相结合的新型教学模式。

我校已实现刷脸入校、刷脸就餐等信息化技术。在新冠疫情期间，通过ClassIn和极课平台积累了丰富的教育教学经验，为推进数字班的建立做好了充分准备。力求实现教师通过后台的实时数据采集,为每一位学生的学习提供个性化、个别化的辅导,从而开展以数据为基础、以智能为导向,促进学生个性化发展的融合学习。

(二)线上线下融合教学

学校将在学科德育的基础上,创新育人模式,形成情境问题,活动应用创新,从而形成提出问题、引导探究、开展讨论、形成新知、应用反思、线上线下融合等新的教学范式。

我们将不忘初心,传承优秀,改革探索,发展创新,砥砺前行,借鉴学习本市民办中小学改革发展 30 年的丰厚经验与智慧,办教师喜欢、学生热爱、家长满意、社会认可的优质民办学校。

(许 贤 执笔)

11. 自然九峰结硕果　向阳生长绽新颜

松江九峰实验学校

九峰实验学校由上海市松江教育基金会、上海海欣集团股份有限公司、上海绿庭投资控股集团股份有限公司工会联合举办,创建于1993年,是一所全日制民办学校。办学近30年来,逐步形成了严实结合、基础宽厚、和谐发展的办学特色,取得了丰硕的办学成果。

近年来,学校面对日新月异的教育形势和社会对优质教育的迫切需求,认真分析制约学校进一步发展的因素,扎根松江办学校,立足生情、师情、校情实际,着力于深化德育内涵、优化课程体系、完善评价机制,不断推动学校教育教学等各项工作稳步发展。

一、传承文化,立德树人,成效显著

九峰在30年办学历史中沉淀出属于自己的学校精神,归纳起来为"勤、诚、勇、爱"四字,具有两个层面的内涵。第一个层面是"勤"和"勇",两字都讲求"力",也就是告诉我们做事要"用力、尽力";但光有"力"显然是不够的,所以第二个层面是"诚"和"爱",两字都突出"心",就是说做事还需要"用心、尽心"。有"力"者达,有"心"者远。

在传承九峰精神的基础上,我校始终坚持将"立德树人"放在首位,认真落实《中小学德育工作指南》和《松江区学校德育工作三年行动计划》,把德育工作同提升学校形象、丰富办学内涵紧密联系,大力实施课程育人、文化育人、活动育人、实践育人、管理育人、协同育人等工程,开展以下工作:

一是通过深入开展爱国主义教育、国情教育、国家安全教育、理想信念教育等活动,围绕中华人民共和国成立70周年、建党100周年,组织开展系列活动；

二是切实加强行为规范教育，以创建"五好"温馨教室为切入点，大力推进养成教育；

三是通过"手拉手、心连心"爱心助困社会实践活动，促进社会实践与德育体验的有机结合；

四是构建社会、学校、家庭多位一体的德育网络，充分调动各种教育资源，服务德育工作。

学校相继被评为"全国优秀民办中小学""上海市中小学行为规范示范校""上海市德育工作先进集体"、上海市"两新组织""五好"党支部、"市花园学校"、松江区"文明单位"等。

二、拓宽渠道，质量为上，成果丰硕

办学以来，学校依托松江二中集团校的独到优势和实验学校的创新宗旨，积淀了深厚的办学底蕴、浓厚的自主学习的校园氛围，形成了严谨科学的教育教学管理模式。近年来，我校找准中学阶段教育的关键点，紧紧依托松江二中的优质资源，开展初高中"七年一贯制"培养，从育人目标、学科教学、课程实施、生涯规划、自主招生等方面，全方位、多维度打通初高中之间的关节，旨在培育一批志存高远、五育兼进、基础扎实、后劲充沛的时代新人。学校提出了"教以载道，学以致远"的教学主张。"教以载道"，让"教"成为遵循规律、承载大道的行为，这样才能对学生产生更加深远的影响；"学以致远"，应当看到，学生不是静止的而是动态的，不是自己的而是社会的，不是当下的而是未来的。因此，学习的方式和目的都需要用动态的、未来的、广域的格局来进行审视和设计。要把社会融入、未来对人才需要（人工智能）充分考量，不仅关注学生 4 年的学业发展，更加关注学生未来的人生发展。基于此，教师既教且育，学生既学且习。我们开设了"致远学堂"，让学有余力、学有所长的学生在学堂接受进阶课程学习。

在教学上，我校确立以教学质量为中心的基本认识不动摇，以教育科研为抓手，进一步深化课堂教学改革，围绕提高质量，加强教学管理，积极开展主题教研活动。一是继续深化课改,促进教师专业化发展;二是抓实常规工作,提高教学质量;三是充分发挥教研组的研训和教学指导作用;四是突出毕业班教学管理的核心地位;五是不断深化体育、科技、劳技、语言文字等课程拓展融合工作,相继引进或自主开发设计包括信息技术、书法、民乐等在内的超40个课程,搭建"视界"课程群,满足学生各类课程学习的需求,得到了家长的高度好评。

与此同时,我校紧紧围绕学科核心素养要求,推动学校优质课程开发,立足课堂教学,将学生创新素养培育有机融入学科教学的各个环节,以"主题化""问题化"为方向,推进研训活动系列化、课程化,实施精准研训,促进精准教学。

三、多方发力,加强党建,保障到位

加强党建是《民办教育促进法》的重要内容,我校现有党员42人,在区教育局党委和社会工作党委的领导下,不忘初心,砥砺前行。一是采用多种形式组织党员教师学习系列讲话和重要文件,强化政治建设;二是坚持学习制度,落实师德师风要求,并动员教师签订教师行为"八个绝不"承诺书,强化思想建设;三是严格落实"三会一课"制度,积极开展党建阵地建设,强化组织建设;四是加强支部对工会、共青团、妇委会和少先队的组织领导,指导群团组织根据特点开展相应活动,强化作风建设;五是组织学习《中国共产党纪律处分条例》,提高党员纪律意识,强化纪律建设;六是坚持党建制度正常化,党课学习常态化,强化制度建设。通过一系列党建工作的开展,保障学校发展的方向性、引领性,促进提升办学水平,丰富办学内涵。

四、面对改革,主动作为,稳步提升

这两年,是九峰实验学校办学历程上不平凡的一段时光。公参民改革,重新定位学校办学性质和资源建设;民办学校招生制度改革,深度改变学校生源结构和发展方向;加之新冠疫情的冲击,学校经过努力,实现了三个主体目标:办学主体平稳过渡;教师身份与待遇合法保障;教师流动有限,保证

了队伍和秩序的稳定。在民办学校招生制度改革中,一是依规维护招生纪律;二是积极宣传招生政策,我校是全区唯一报名人数超过计划数的民办学校;三是超额配备六年级教师,为后续分层教学奠定基础。改革的平稳落地,是全体教职工弘扬九峰精神、爱校护校兴校的结果。在这样的谋事精神和干事氛围下,学校育人质量也实现了突破性提高,学校办学进入新阶段。

五、变革机构,统筹推进,系统优化

面对新时代教育的新形势和新要求,针对学校新的办学目标,经过思考、研究、判断,在 2020 年 1 月,正式提出"自然九峰,向阳生长"的办学新理念。"自然",有三重意蕴:首先,是一种空间概念,指宇宙万物,即整个物质世界,是无限充盈的生机以及广阔自由的空间的象征;其次,是一种状态,相对于人为,是人或事物的天性,即非人为的本然状态;再次,是一种规律,取"自然者,道也"之意,指事物发展之规律。因此,"自然"是一种方式、一种状态,还是一种规律、一种境界。"自然"体现在对学生的培养上,就是要尊重人的成长规律、尊重教育规律,不做缘木求鱼、拔苗助长之类的事,在学校一切工作中站稳"目中有人"的基本立场,尊重每一个学生的禀赋、理想和差异,帮助每一个学生搭建实现全面而个性发展的路径,实现"健全品格,发展个性"的育人目标。

同时,为激发学校生机活力,推进现代学校的结构和制度建设,对学校内设机构进行组织变革,通过公开竞聘,将一批有干劲、有思路、有能力的年轻同志选拔到管理岗位,实现了学校管理队伍的优化。近年来,诸多师生登上各级各类活动的展示平台,很好地展现了九峰师生精神风貌。

30 年风雨兼程。回首过去,我校各项办学成绩的取得离不开主管部门的领导,离不开全体教职员工同心协力、精诚团结;展望未来,围绕"办人民满意的教育",乘民办教育改革的东风,全体九峰人将秉承"自然九峰,向阳生长"的办学理念,继承和发扬"勤爱诚勇"的九峰精神,努力攀登我校发展新高峰!

(杨强劲 执笔)

12. 立德树人　锻造精英

民办兰生中学

一、初创时期：肇始复旦，深仁厚泽

上海民办兰生复旦中学始于复旦附中，长于复旦。1994年，在复旦附中的倡导下，时任上海市经委主任陈祥麟（复旦附中校友）提议联合兰生公司、海外公司、水产公司与复旦附中一起创办兰生复旦中学。在首任校长徐毓英和第二任校长曹天任的带领下，学校坚持以育人为本、德育为先的办学理念，强调重基础、重能力、重因材施教的办学方式，力求把兰生复旦办成一所一流的民办学校。1994年8月首届招收79名学生；1995年7月5日《文汇报》刊登了80名被我校录取的学生名单，后应社会需求，再扩招一个班，当年共招收150名学生。

依托复旦附中雄厚师资力量和丰富的教育教学资源，为开办初期的学校夯实基础：复旦附中特级教师曾容、陈锡麟、张大文、唐文钧、陈国新等坐堂指导，手把手带教青年老师；不少骨干教师亲临教学，大批青年教师在兰生兼职授课；在复旦附中团委、学生会的直接指导下，学生活动丰富多彩。

深仁厚泽滋养下的兰生，关注课程改革，聚焦课堂教学，切实提高教学质量，以宽松和谐的环境鼓励师生自主发展，学校发展呈现良好态势，办学成果得到主管部门肯定和社会的广泛认可。1997年，学校被评为杨浦区综合治理达标单位；1998年，学校被授予办学免检单位；2000年，被评为杨浦区中学生行为规范银座学校。学生德智体美劳取得全面丰收，学校综合排名进入杨浦区前列。1999年，初中扩招，招收新生210名，共4个班；1998年，开办高中，招收新生77名，共2个班，由复旦附中委培。

创建初期，兰生复旦中学校舍几经变迁：开办初期，一个年级两个班，寄居于复旦附中春华秋实楼;随着年级增多、班级数增加,移居政修路127号原复旦二附中旧址的简易教学楼;1996年,由兰生集团筹资无息贷款,在国权路384号建造新教学楼;1999年,初中4个年级全部迁入新建教学楼;2007年,借租世界路8号原上外双语校舍,部分年级搬迁至世界路,其他年级仍在国权路384号新教学楼、复旦附中国际部、政熙路2号借租过渡。凭借百折不挠、艰苦创业的精神,兰生人同心同德,奋勇开拓。

二、探索时期:殚精竭虑　继往开来

2001—2009年,探索时期的兰生关注课程、关注课堂、关注校本。教师在日常教育、教学之外,发挥个人专长,开发课程,编制教材。2007年,在初三年级组建理科实验班;2008年、2009年,招收新生设一个理科班;2010—2012年,设两个理科班;2013年起,恢复设一个理科班。2008年,开发选修(探究)课程,至2014年设置探究课程共计41门。2009年,编制校本教材,截至2013年,语、数、英、理、化校本教材全部编制完成。学校不断让课堂变大、变精、变新,以宽松和谐的环境鼓励师生自主发展。关注课程改革,聚焦课堂教学,切实提高课堂教学质量,力求把兰生复旦办成精品学校。

学校倡导人人是德育工作者,德育育人,服务育人,不断提高办学水平。学校主张学生做"四个主人",即"做学习的主人、做学校的主人、做社会的主人、做时代的主人",搭建多种平台,拓展学生视野,关注学生身心健康,重视学生个性发展。

学校坚持依法办校,积极开展各项工作。充分发挥教代会参政、议政、督政作用;强化党建工作,紧密依托复旦附中党委,开展切实有效的学习、实践活动;实现规范办学,建立、健全各部门规章制度、工作条例;走内涵发展之路,2006年大批引进名校毕业生,教师平均年龄大幅下降,教师学历水平显著提高,师资优势逐步显现;定期召开教育、教学研讨会,规范教师培训,校本培训系列化;探索家校互动之道,成立家委会和家长义工团。

经过薪火相传的接力奋斗,学校办学理念初显成效,办学成果得到主管部门肯定,上级领导、各条块主管多次对学校视察、督导、检查,获得广泛好评。2005年被评为上海市行为规范示范学校,2005—2006年度被评为杨浦区文明单位;2007—2009年被评为杨浦区德育先进集体。其间各学科学生获奖众多。

三、发展时期:创建特色,锻造精英

2007年起,学校在世界路8号新址开启了发展新篇章:在周萍校长的主持下,学校秉承高起点、高标准、高质量的传统,着力营造宽松和谐的育人环境,关注人的发展,为学生的一生奠基,开创"完善人格的优才教育"之路。教学主张"立足思维品质的提升,促进资优生发展",优化课堂教学的实施,成就优秀专业的教师,提升学校管理的效能,探索优才教育模式;德育主张"四个学会",即"学会做人,学会读书,学会责任,学会感恩",通过构建"经验—体悟"式德育创新体系,将德育教育课程化,变德育说教为经历学习和切实体悟。

2012年,兰生复旦中学成为上海民办首批特色创建学校,"基于学生人格完善的优才教育"是学校特色创建力图构建的教育品牌。"优才教育"即致力于将智力和非智力因素处于中等以上发展水平的学生,培养成为人格健全、品行良好、智慧和能力超群的高层次优秀人才。"优才教育"旨在锻造学生的高尚品格,提高学生的个人修为,提升学生的思维品质,锻炼学生的意志品质,培养学生的合作精神。把优化外部教育条件和适合的教育对象相结合,力求最大限度地发掘和发展学生的潜能,让学生更加优秀,是特色创建的核心理念所在。"优才教育"承载着学校办学使命的自觉,蕴含着学校教育教学的追求,寄托着学校发展的期待。

面向21世纪新的时代特征,学校已于第一轮特色创建中着力通过构建"经验—体悟"式德育创新体系、架构"同心圆"特色优才教育课程体系、优化课堂教学的实施、成就优秀专业的教师、提升学校管理的效能等方面,探索初、高衔接的优才教育模式,以优质高效的教育服务,培养人格完善的高层次优秀人才。学校在第二轮特色创建中,着力建设用以支撑学校特色创建的课程体系,即"FDLS课程体系"。该课程体系是对"同心圆"课程体系的深化与提升,通过整合、梳理、补充、丰富,使之更加全面和系统。

　　FDLS课程体系分为基础型、探究型、拓展型、荣誉型课程四大类。基础型课程重视基础学力的培养,促使学生具有宽泛的知识基础以及基本能力,特别是实验动手能力、英语语用能力等。"大文大理课程"是我校自主开发的跨学科的探究型课程,它面向整个生活世界,通过小组项目研究的方式,自主学习、合作探究,跨学科综合运用知识研究问题,课程强调实践体验,使学生加深对知识的理解与应用。拓展型课程,突出德育教育寓于教育的全过程,"修为""才艺""体验"等课程推动学生由自然人成长为社会人,推进学生综合素质的发展。我们承认人与人之间的差异,关注每一个学生的发展,荣誉型课程就是为满足学生的发展需求,为每一个学生提供进阶的机会。

　　多年的实践探索证明,兰生复旦中学的四大课课程能够应对教育改革评价方式的转型,能够为学生精神品格奠基,能够为学生思维品质建模,能够让学生适应未来社会发展,使学生终身受益。我校的"优才教育"成效卓著,向上培养输送了一批又一批优秀毕业生。近几年来我校四大名校自主招生预录取率名列第一;上海市实验性、示范性高中预录取率连续多年名列第一;学生在各学科的市、区乃至全国的竞赛中获一、二等奖350人次。"基于学生人格完善的优才教育"已然成为学校的名片,在沪上乃至全国部分省市均享有盛誉。

　　近年来,学校相继荣获政府主管部门与相关部门授予的多项荣誉:全国首届优秀民办中小学、上海市民办中小学特色学校、"中国社会组织评估等级证书5A级"社会组织、2015全国百所最具特色中学、上海市民办中小学依法办学优良学校、首届中华优秀传统文化教育百佳实验学校、杨浦区文明单位等。学校多次接受电视台、报刊等新闻媒体就兰生办学质量、招生面试、教学特色等方面的采访和报道,产生了很好的社会影响和声誉。兰生复旦中学已成为上海初中的龙头学校之一,为上海基础教育做出了应有的贡献。

四、改革时期:兰香馥郁,再创辉煌

兰生复旦中学从办学至今,立足建设社会主义公益性教育事业,倾力打造优质、特色、精品的非营利民办学校。学校高扬依法办学、实施公益性教育的办学旗帜,坚持"学校以育人为本,教师以师德为荣,学生以成才为志"的教育观,在学生中培育"四个主人""四个学会",在教师中倡导"五种精神",逐步形成"求实、自信、合作、创新"的校风、"学高为师、身正为范"的教风和"好学深思,勇于进取"的学风。

风好正是扬帆时,奋楫逐浪向未来。2018年,兰生复旦作为引进的优质教育资源,周萍校长与青浦区签订协议创建青浦兰生复旦学校,于2021年建成并开始招生。青浦兰生秉持兰生复旦中学以"培养学生成为领导、推动社会进步的有用人才"的办学理念,以"基于学生人格完善的优才教育"为学校特点,以"将学生培养成为人格健全、品行良好、智慧超群的高层次的优秀人才"为育人目标,通过校本化的课程设置与课程体系的建构,不断丰富充实兰生复旦教育的内涵。

我们的办学理想始终是"去教育功利,回归教育本真",契合着五育并举、立德树人的方针任务,未来兰生的天地将更加广阔。我们将坚持恒定信念,牢记初心使命,扛起责任担当,用不断的实践与探索擦亮兰生的名片。

(牛　敏　执笔)

13. 人文立校　主动发展

文来中学

一、初创奋发

上海市文来中学是上海市首批实验性示范性高中七宝中学于1994年创办的民办中学,其初中部位于闵行区农南路66号,离千年古镇——七宝镇1公里左右,毗邻闵行体育公园;高中部位于闵行区虹莘路2166号,离地铁12号线虹莘路站200米左右,毗邻九星绿色生态城区。

1994年,在创始人仇忠海校长的指导下,上海市文来中学初中部、高中部开始招生,首批招收各两个班级的新生。依托七宝中学先进的办学理念和优质资源,上海市文来中学以严谨、生动、活泼、有序的校风,教育教学质量日臻新高,办学声誉日盛一日,办学规模逐渐扩大。经过10年的艰苦探索和辛勤耕耘,学校形成了"学校教育要为学生的一生发展奠基"的办学理念,从初中、高中各两个班级发展成为两个校区、53个教学班的规模,学生从最初的180多人增加至2 757人,教职员工从10多人增加到219人,开始向着"争创全市一流民办学校"的目标稳步前进。

2000年,上海市文来初中部新校区落成。随着办学条件的不断改善,师资力量不断充实和师资水平不断提高,文来校史翻开了崭新的一页。

二、开拓前行

2000—2008年,文来中学以上海市二期课改为新的起点,全面加强学校的课程建设。2000年,学校以二期课改中三大课程板块的研究型课程为突破口,开始了研究型课程的开发与实施。经过一年的艰苦探索,形成了研究型课程的校本实施方案,一些探索经验发表于《教育发展研究》上,并于

2001年6月进行了第一次市级研究型课程的现场展示活动。随着实践的进一步深入,学校确立了"以师资队伍建设为抓手,促进课程发展"的工作思路,通过提高教师的课程意识,提升教师的课程设计、开发、实施能力,实现学校课程的全面落地实施。2004年12月和2008年11月,文来中学又承办了两次上海市探究型课程的现场展示活动,向全市呈现8年来学校探究型课程发展的路径、方法和取得的成果,分别出版了《文来中学探究型课程学习方案》和《探究型课程教师实用手册》,学校部分老师还参与了上海市、闵行区探究型课程教师指导用书和学习方案的编写。同时,学校开始了校园文化、德育活动、拓展型课程等课程的全面建设。

2008—2020年,学校与交通大学合作,开始了对资赋优异学生的认识和培养研究,探索对资赋优异学生的甄别模型和培养模式,结合多元智能理论,创设了科创、理科、双语、国学等不同班型。通过理论研究与实践探索相结合,促进了学校教学实践的提升和教学改革方案的完善,为创新素养早期培育的探索做出范例。比较突出的是学校3名国学班的学生分别进入中央电视台举办的第二、三季"中国诗词大会",并全部冲出百人团成为擂主。

近年来,文来中学在自身获得快速发展的同时,开始了10多年的义务帮带薄弱和新建学校共同发展。从2005年帮带七宝二中开始,到2021全面托管承办上海市闵行区七宝文来学校;从远到新疆的泽普五中,到周边的七宝三中、航华中学、航华二中、七宝实验学校、文来实验学校等,书写了集团化学区化办学背景下优质初中助力周边初中协同发展的新篇章。在这个过程中,被帮带的学校都取得了快速、高效的发展。对文来中学而言,除了探索出针对不同类型学校的科学适切的帮带方法外,还增强了学校的社会责任感、激发出自身的教育情怀,实现了共同成长。

2020—2022年,在公民同招、电脑派位的教育新政下,为了最大限度地实现因材施教,文来中学攻坚克难,勇于挑战,开始了针对不同层次类型学生特点开展精准教学的探索,通过构建四层七级分科分层动态精准教学模式,在不改变现有班型、不增加教师和教室的情况下,最大限度地实现了因材施教。经过两年实践,这一教学模式开始形成体系,使得教学能着眼于学生的个体差异,最大限度地促进每一名学生的发展。

三、内涵发展

文来中学自开办始,就在七宝中学"全面发展,人文见长"办学思想的基础上确立了以人文精神办学的思想。经过 20 多年的发展,沉淀出"学校教育要为学生的一生发展奠基"的办学理念、"人文立校,主动发展"的办学特色、"博文约礼,鉴往知来"的校训、"平民本色,精英气质"的育人目标、"视人为人、以人为本、教人成人"的学生观、"高分值、高素质、高价值"的科学成绩发展观等一系列办学思想。

"学校教育要为学生的一生发展奠基"指向学生全面、个性且可持续的发展。学校通过丰富的校园文化建设、课程建设,为学生搭建各种成长的平台。高质量的探究型课程,100 余门涵盖"人文经典、科技探索、艺术健身、实践交流"领域的自主拓展型课程,20 多个学生社团,十几支各领域的学生校队等,满足了学生各种兴趣爱好发展的需求,促进了学生各种特长和饱满个性的形成和发展。从 9 月爱生节、10 月体育节、11 月班主任节、12 月艺术节,到次年 3 月狂欢节、4 月读书节、5 月感恩节、6 月科技节等贯穿一学年的八大校园文化主题节,营造了生动、活泼而又充满生机的校园生活和成长环境,学生的观念、品格、能力、素质、个性在这个环境中得到滋养和激发,也成为学生校园生活美好的回忆。

"人文立校,主动发展"的办学特色,是基于学校对人文的理解、思考和实践形成的。学校以人文精神的培育来丰富学生的思想情怀,以科学知识的传授来完善学生的知识结构,以丰富多元的活动课程来发掘学生的创造潜能,以自主学习和主动发展意识及能力的培养为旨归,培养学生成为具备终身学习意识和能力的未来社会的创造型精英人才。"视人为人、以人为本、教人成人"的学生观,是学校人文精神的重要体现;充分尊重学生作为一个发展中的"完整的人"所具有的主观能动性、独特性和创造性的人格特征,成为文来中学所有人的工作追求。主动发展包括学校、教师、学生三个层面,有了学校的主动发展,才能带动、激发教师的主动发展;有了教师的主动发展,才能实现学生的主动发展。

2008年开始,学校进入新的发展阶段,高中开始国际理解教育的探索,初中开始对资赋优异学生的培养探索。近几年随着规范民办教育和"双减"等政策的出台,学校未雨绸缪,主动谋划,大胆创新,勇立潮头,创造性地开展"四层七级分科分层动态精准教学模式"实践探索;通过开发和设计各类特需课程,推出了高质量的"文来中学课后服务实施方案"和"文来中学晚自习实施方案"。学校积极主动落实"双减"政策,体现了主动发展的精神和气质。全校教师在变革中响应学校号召,勇于担当、敢于突破、不畏困难、积极实践,将学校的战略谋划变成自身专业成长的方向和动力,体现出教师乐于奉献、勤于钻研的爱校、爱生情怀。

高分值、高素质、高价值的科学成绩发展观,是文来中学多年办学积淀形成的重要价值取向。高分值即优异的学业成绩,是学生通过刻苦努力必须完成的学习任务和学习目标,同时也是学生通过刻苦努力得到持续深造机会,争取更优质学习资源和平台的途径。高素质,是对学生个性、才情、特长、品格、素养等的综合培养。高价值则是通过责任意识的培养,使之能够承担起为他人、社会、国家和民族做出贡献、谋求福祉的重任。留下高分值、带走高素质、创造高价值,成为文来中学对学生成长和发展的期盼。

四、未来展望

近30年的潜心办学,文来中学以严谨的教学特点、鲜明的办学特色、高质量的办学成效获得了学生、家长、社会的广泛认可。学校被评为全国5A级社会组织、上海市文明校园、上海市行为规范示范校、上海市安全文明校园、上海市科技特色示范校、上海市心理健康教育示范校、上海市语言文字规范化示范校、上海市美术教育教学研究基地的试验学校等,培养了一支"师德高尚、勤学善研、教艺精湛、探索创新"的教师队伍。学校三大课程体系健全,结构完整,探究型、拓展型课程一直引领全市发展。同时,学校积极承担社会责任,以"资源共享、优势互补、和衷共济、和谐发展"的理念,助力周边兄弟学校共同发展,为区域教育优质化、均衡化发展做出积极贡献。

站在新的历史发展起点,学校对未来的发展提出了新的目标和举措,主要内容包括:一是深化"四层七级分科分层动态精准教学模式",最大程度地实现因材施教、以学定教;二是全面实施学科课程的校本化,提升教师教育教学的综合能力;三是全面升级教师培训体系,打造一支能顺应教育教学改革要求的教师队伍;四是打造高端优质的特需课程,进一步优化升级拓展型、研究型课程;五是深化更具人文素养培育特色的德育活动,彰显学校人文教育特色;六是优化家校合作机制,充分发挥家校合作共育的作用。

随着国家《义务教育课程方案和课程标准》的出台,文来中学将在规范发展的基础上,以新颁布的课程标准为准绳,以更高的标准、更长远的目标办好学校,为国家的发展和民族的振兴培养热爱祖国、热爱中国共产党、热爱社会主义,具有坚定理想信念、爱国情怀、奋斗精神,综合素质高、品德修养好的时代新人。

(韩 波 执笔)

14. 融合中外课程　铺就多元成才

文来中学高中部

一、历程回顾

1994年8月,为响应党的十四大号召"鼓励多渠道、多形式社会集资办学和民间办学,改变国家包办教育的做法",在上海市实验性示范性高中七宝中学引领下,上海市文来中学应运而生。

上海市文来中学高中部在遵循七宝中学教育集团"全面发展,人文见长"和"学校教育要为学生一生发展奠基"的教育思想下,提出了"人文立校,多元成才"的办学理念。

2004年,《民办教育促进法》鼓励民办学校独立自主办学。在闵行区教育主管部门的部署下,文来中学高中部迁址至闵行区虹莘路2166号新校区,成为一所政府支持、民办运作、独立管理的学校。2010年,被闵行区教育局命名为首批闵行区"实验性示范性高中",学校现任理事长为仇忠海先生,校长为黄健先生。

2006年,学校创办国际部Shanghai Wenlai International School("SWIS");2014年,学校成为上海国际课程试点校之一;2016年,学校成为美国大学理事会AP注册校;2019年,文来高中成立SWIS语言学习中心,为同学们提供一整套英语标准化考试辅导课程;2020年,文来高中与美国宾州的蓝带高中格林威尔签订"双文凭"协议,上海市民办文来中学(高中部)毕业生在拥有中国高中毕业证同时也可以获得美国蓝带高中的毕业证书;同年,文来高中还成为A-level课程考试中心,文来高中美高部正式进入双A课程的时代。

2019年,文来高中又经历了一次脱胎换骨。为响应政府规范民办教育的要求,学校里有 30 多位公职教师换岗调离,其中不乏众多骨干教师,这对学校的发展颇具影响。但在学校党政班子带领下,学校进行了教师资源整合,加大教师的培训力度,一批有激情、有担当的中青年老师如雨后春笋般迅速成长起来,学校顺利地度过了这个危机。

现在,文来中学高中部是上海市闵行区办学规模最大的民办高中。历年毕业的学生人数超过 4 000 名,接近 100% 的毕业生进入高等院校深造。2021 学年度,学校共有国内国际课程班共 26 个,学生 800 余人,其中国际课程班就读学生 480 名。

二、砥砺前行

教师,从来就是上海市文来高中的最大财富。

从创立之初到 2004 年,文来高中借址上海市七宝中学校区,背靠大树好乘凉,每年只招生 2 个班,很多教学资源依赖七宝中学。然而,2004 年学校独立办学、迁入虹莘路新校区后,招生规模急剧扩大,而脱离七宝中学后的文来高中一无口碑,二是软、硬件设施还未配备齐全,如何在学生家长和社会中获得良好声誉,在竞争激烈的闵行教育中占有一席之地?我们用自己的办学实践回答了这一问题。

"敬业爱生,乐于奉献,追求学生、学校、教师共同发展",在"文来精神"大讨论中,老师们达成了这样的共识。不久,施力争、夏琎、徐磊、叶莺等青年老师就脱颖而出,在全国级的教学竞赛中获奖。马九克老师的反转课堂教学和信息技术培训,不仅使校内教师受益,其影响力辐射全国兄弟学校。数学教研组结合学情精心编制了校本教材《冲浪—跨栏》,深受学生欢迎。截至 2019 年,学校有特级教师 1 名、市级暨区级骨干教师 8 名、区希望之星 6 名。全校中高级教师占比 49%,中学一级教师占比 33%,文来中学(高中部)形成了一支专业过硬、结构合理的教师队伍。

2019 年开始的清理"公参民",对上海市民办文来中学高中部教师队伍的影响颇大。民办文来中学高中部认真执行国家政策,当年就有 19 位资深教师转岗去了公办的七宝鑫都实验中学。老师们离开这所付出了青春岁月的学校,不禁泪流满面。尽管不舍,改革还在继续。次年,第二批20位教师转岗公办学校。部分教研组如英语、政治组等,几乎所有有编制的老师全部调离,学校遇到了开办以来最艰难的时期。

但是,文来中学高中部的根还是深深地扎在这片土地。在"构建高品质优质高中"目标框架下,学校党政班子开展强师计划,通过一系列活动助推青年教师的成长。很快,若干高水平教师涌现出来,逐步形成了具有竞争力的教学团队。教师构成中,在教学一线任教普通高中课程的有63人,国际课程班任教的有27人。这90位教师中,有64位教师年龄在40岁及以下,占比超过70%。学校年轻教师比率为80%。这个年龄段,最大的劣势是年轻、缺乏经验;最大的优势是有无限发展的可能——只要你愿意进步。学校开展了"三年强师计划",主要内容包括:思想政治和师德师风建设,学校邀请党校教师、文化名人、本区资深教师和上海市名师到校做专题报告;同时,学校组织不同教龄的教师开展规模不一的教学研讨,要求全面开放课堂,开展教学研讨活动;开展中青年教师课堂教学大奖赛、新入职教师教学汇报课;等等。

按照学校发展目标要求,各部门、各年级均要找到可以模仿甚至超越的竞争对象,群策群力想办法、找对策,提升学校的办学水平,重构优质品牌。3年过去了,现在的上海市文来中学高中部,一大批中青年骨干教师脱颖而出。在刚刚过去的高考中,复旦、交大等名校的录取人数超过全区10多所市重点高中,实属不易。同样,国际课程班的升学成绩也非常亮眼,所有同学都获得综合排名前100的大学,有5位同学获得QS世界排名前20的学校。目前,文来高中拥有一支以中青年骨干教师为中坚的教师队伍。学校现有教职工100余人,其中本科学历39人、硕士49人、博士7人,本科及以上学历占到教师的95%以上。我们相信,这支队伍是学校的明天,更是学校的未来。

三、特色内涵

"人文立校,多元成才"是文来中学高中部的办学理念,学校的特色内涵建设也一直围绕着这个中心。"多元化教育、多课程选择、多渠道成才",是学校的"三多"办学特色。近年来,学校进一步加强内涵建设,形成了"三精办学"的发展策略,即精细管理、精准教学、精心服务。

作为入学均分处于闵行区中档次的学校,我们对学生的现状作了分析,绝大部分在初中都是中等生,上进心普遍不足、学习目标比较模糊。学校有责任为各类群体的学生搭建成长的平台,文来高中确定多元发展作为自己的办学特色,构建了具有学校特色的三个层次的多元课程体系,确定摄影、影视编导、美术、体育和音乐等学科作为多元特色学科,学生通过这些学科学习,即使是年级文化成绩靠后的25%内的学生,大部分也能发挥自身的特长顺利升入理想的大学,这就使得学校整体本科率达到93%以上。学生在学习特色学科的过程中,一方面通过多元智能理论,找寻到了属于自己的最佳学科发展区;另一方面,更大的收获是自信心的培育,激发了学生成长的动力,助推了这些学生的进步与成长。

从迁址虹莘路校区独立办学以来,学校取得很多荣誉,受到了社会的认可。这一块块闪亮的招牌,也证明了上海市民办文来中学高中部在多元化教育上取得的成绩。近年来,学校一直在探索"三多"办学特色的内涵。"民办高中适合学生多元发展的教育实践研究""跨文化差异下的学校组织结构研究""中外文化融合视野下的艺体特色课程建设的研究"等系列课题就是为引领学校发展而形成的,这种科研引领的策略不仅是出于践行科学发展观的思考,也是文来人的智慧选择和科学态度。比如,音乐美术计算机这些课程,在中国学生的课程表里都只是副科而已,大多没有受到学校和家长的重视,同时由于中国应试教育的特点,学生一直处于被动传授知识的状态,很难有机会能够主动学习。然而,文来高中的多元教育和多课程选择,给学生们开拓了多渠道成才的道路。

2020级毕业生高小悦同学形容自己平淡无奇的初中生活——每次考试都如临大敌,紧张焦虑常常导致发挥失常,以至于她一直对自己的学习能力产生怀疑。进入文来高中后,一次班服班徽的设计唤醒了她的艺术之心,加上学校开设的 Digital Sculpture 和 AP studio art 等艺术课程,把她的艺术热情彻底点燃了。最后,她依靠 AP studio art 满分 5 分的好成绩,获得了普瑞特艺术学院(时装设计美国排名第三)和伦敦艺术大学伦敦时装学院(世界六大时装学院之一)等多所高校的青睐。2021 级毕业生李启迪,从小就喜欢乐高机器人。进入文来高中后,他一直跟着社团老师学习,从组装电机到攻克各种编程软件。其中,学校的 AP 计算机科学教授 JAVA 编程,给了他更大的帮助。他参加 VEX 和 NOIP 等比赛,一路披荆斩棘,获得全国三等奖和世界亚军等优异成绩,最后成功敲开了伊利诺伊州香槟分校的计算机专业大门。这样的例子,在文来高中的办学史上真是数不胜数。2010 年,我们的学生带着感恩母校之心自编、自导、自演了微电影《着色》,真实表现了师生在多元化校园氛围中的成长故事。2015 年 5 月,学校在全区进行了"多元教育、着色青春"的智慧传递活动,受到领导和专家的较高评价,这些都是学校坚持多元化办学的一个缩影和阶段性总结。

我们相信,已经拥有近 30 年历史的上海市文来中学高中部一定会拥有更美好的明天。

(沈燕芸　执笔)

15. 悠悠岁月　绮丽如歌

民办文绮中学

一、忆往昔，峥嵘岁月

悠悠岁月中，走来这样一位校长；滔滔浪潮中，兴起这样一所学校。他的名字叫诸文绮，是上海市民办文绮中学的创始人，一位教育家、纺织实业家、近代色织工业先驱者。1936年，诸先生带着一片赤诚，在闵行这一片热土筹办了文绮染织专科学校。不料，1937年，校舍刚落成，即被入侵日军占为海军驻地。1945年，抗战胜利后，诸先生为再次筹建学校而多方奔走，他聘请工程师任教，设置实习工场，置办纺织机械的印染设备。为解决学校生源，于1947年在文绮染织专科学校附近创建兴办了文绮高级中学，自任校长。当时闵行全镇仅此一所高级中学，为闵行地区初中毕业生升学增添了机会，地方乡亲感激不尽。1949年，上海解放后，学校由政府接管；1951年与上海县初级中学合并，易名为上海县中学（现闵行中学）；1994年文绮中学恢复建制，成为一所民办全日制完全中学，实行理事会领导下的校长负责制。

学校从创办之初的艰难起步，经历了不断发展壮大，到努力打造教育品牌。随着时代的变化、教育改革的深入，文绮中学在办学道路上深入思考、与时俱进，经过探索实践，在多年积淀的基础上，进一步夯实巩固、丰富内涵、传承延续。学校始终坚持依法办学，注重加强民办学校党建工作，坚持教育的公益属性，以"办出特色，满足多样化教育需求"作为学校实现跨越式发展的时代要求。秉承"实者慧"的办学理念，通过三元共聚、多彩搭建，最终使每一个"文绮人"走向绮丽人生。

二、看今朝，谱写华章

（一）蓝色凝聚力量

学校最宝贵的财富之一，就是拥有一支理想信念坚定、师德师风高尚、专业水平高超、具有核心竞争力的高素质、专业化、创新型教师队伍。学校拥有一批德才兼备的优秀教育工作者，有"全国劳动模范""上海市园丁""三八红旗手""四有好教师""名师工作室"主持人"学科带头人""骨干教师""希望之星""学科中心组成员""优秀班主任"等，教师们的发展得益于学校的文化引领、科学规划，同时教师们的发展又进一步推动了学校内涵特色的形成。

1. 党建引领给了教师一片高远的天空

加强党的建设是民办中小学全面贯彻党的教育方针、保证社会主义办学方向的根本保证。学校党支部在教育局党工委和闵行中学党委的正确领导下，认真贯彻党的十九大精神，深入开展各类主题教育活动、党史学习等主题活动，扎实推进三会一课，切实加强学校党支部组织建设、制度建设、作风建设、党风廉政建设，不断提升学校教师的思想水平。党支部还积极组织与社区、企业的共建共享活动，着力为群众办实事，开展"党建引领下的爱心帮扶"系列活动，逐渐形成具有一定影响力的辐射效应。新冠疫情期间，党员教师带领全体教师贯彻国家防疫政策，率先垂范，除了做好教育教学本职工作之外，还积极投入防疫志愿者行列中，在社区岗位上发光发热。

学校党支部以党建引领学校文化建设，推动形成良好的校风、教风、学风，让老师们始终抱有崇高的信念、坚定的追求、热烈的情怀，在校园里不忘仰望高远的天空，把"培根铸魂，立德树人"作为自己教育的终身追求。

2. 多平台化给了教师一处广阔的大海

建设和培养一支高质量、专业化的师资队伍，是民办中小学得以生存发展的基础。学校围绕办学目标和办学特色，规划培养方案，搭建多级平台，促进不同层次教师的成长和发展；成立专家委员会，通过发挥资深教师引领作用，使青年教师迅速成长；落实青蓝工程，推动青年教师"四个一"发展；以全国、市、区骨干教师培养项目、各类教育教学比赛为抓手，培养中青年教师优质集群;借助集团化办学、学区化办学的优势,让骨干教师走出去,获得更多学习和锻炼的机会。学校与吴泾中学共建强校工程,与闵行三中进行教师柔性流动,与闵行中学附属实验中学共建共享,学校教师的专业水平不断提升,地区影响力不断扩大。

飞速向前的时代要求教师必须树立起终身学习的观念,只有不断学习、不断更新教学理念、不断在实践中总结教学经验,才能使自己更加有竞争力。在文绮校园里,教师们仿佛置身于一片知识的海洋,只要你愿意,就可以尽情遨游其中,顺着学校搭建的多个平台,或潜或浮,最终在自己的专业"海域"里纵览美景。

(二) 金色汇聚活力

教育的最终目的,是培养完整的人——有道德修养、有社会责任、有个性特色、有生命活力的人。学校坚持以"立德树人"为经,以个性发展为纬,通过全程育人、全方位育人,为学生未来生活编织一张金色的活力之网。秉承"实者慧"的办学理念,我校积极培养"具有君子风范的新时代四有少年",即心中有理想、脚下有行动,处事有风范、为人有修养。

1. 用幸福的璎珞呵护孩子的精神成长

拥有远大的志向是一个学生成才的前提和基础。学校通过全员育人帮助学生坚定理想信念,呵护学生精神成长。学校拥有一支高素质的思政队伍,积极探索课改创新,推进习近平新时代中国特色社会主义思想进课堂、进头脑,帮助学生"扣好人生第一粒扣子"。学校还建立"导师制"工作机制,做到"人人是导师,人人有导师",重建与现代教育体系相适应的和谐师生关系、家校关系、亲子关系,以促进孩子的健康成长。有老师引领、关心,文绮学子的成长之路是幸福的。

2. 用青春的金线串起孩子的个性发展

每个学生都是独立的个体,更是独特的个体。学校开展四大主题教育活动,即 open day 活动、体育文化节、班班有歌声、元旦迎新活动,滋养了学生心灵,不断提升学生的创新精神、实践能力和综合素养,在活动中彰显学生的个性和才华。仪式教育活动(六年级——换巾仪式、七年级——铭言仪式、八年级——14岁生日仪式、九年级——毕业典礼)激发学生不同阶段对集体、对师长、对同学、对生命不同形式的热爱;社会实践活动(青春打卡寻访家门口红色印记主题研学活动、绍兴研学活动、中医药传统文化实践活动)让学生感悟家乡文化、红色文化和中华优秀传统文化,培养爱国情怀;爱心公益活动中,学生各显其长,用最真诚的心谱写一曲曲爱与奉献的赞歌;"君子礼仪"争章活动中,学生根据自己不同的个性特征和优势所长,争做有文绮特色的有礼、正直、沉静、创新的"君子"学子。文绮学子把青春写成一支拼搏的歌、吟成一首浪漫的诗、织成一个绮丽的梦,共同构建金色的活力校园。

(三)绿色彰显生态

如何使老师发挥出自己最大的教学能量,如何让学生焕发出更大的激情,学校的课程设置是关键。文绮中学深化教育教学改革,以培育学生核心素养为目标,三大块课程在五育同根发展的前提下,进一步做到基础课程重校本,拓展课程重素养,探究课程重实践,同时辅以结构化的校本课程群和各具风格的特色课程,构建完整的学校课程图谱,让每一位学生健康、充满活力地成长,为每一位学生的未来发展奠基。

1. 校本课程让绿色课堂更扎实高效

每个学校的生源不同,要让课堂有效率,有的放矢是学校生态课堂的首要追求。我校从2015年开始持续深化基础型课程的教学研究,坚持从学生的实际生活出发、从学生的实际知识水平出发、从学生的思维方式出发,开展"减负增效、传承核心"的学科校本资源建设。各学科在专家的引领下逐步摸索,开创具有学科育人价值的特色校本资源。截至2022年,已经形成竞赛辅导、拓展练习、基础积累和总复习四个门类10多册资料,为文绮学子量身定制了符合他们需求、有效促进他们发展的校本课程。

2. 特色课程让绿色课堂更开放多元

一所学校课程体系的生态,除了校本课程,还应有丰富多元的特色课程锦上添花。在"双减"新政下,我校依据学校的办学理念、教育教学资源状况、教师特长和学生需要,着力打造三大类特色课程,即科技创新类——信息奥林匹克NIO、图形化编程、智能硬件,文学艺术类——戏剧表演、合唱表演、古诗词创作,体育运动类——围棋对弈、啦啦操、足球。足球历来是我校的拳头项目,从2013年开始,先后被评为上海市足球传统学校、全国校园足球特色学校、闵行区校园足球精英基地校等,多次参加市区各类比赛并获得不俗的成绩,从文绮足球队走出的一批批足球小将们,通过自身的努力成长迅速,有的已成为国家预备级足球裁判,有的正朝着足球职业梦迈进。

学生可以在文绮的校园里接触到各类优质、特色、多元的课程,并根据自己的兴趣所在,选我所选,学我乐学,为自己的成长成才不断积聚能量。

三、展未来,雄关漫道

拥抱变革,在洪流中开拓;无惧挑战,在岁月中创新。从一张白纸到绘满蓝图,是几代文绮人的努力和奋斗。历经岁月,文绮人硕果累累,学校先后荣获多项殊荣:上海市安全文明学校、上海市节水型学校、上海市绿色学校、闵行区文明学校、闵行区"五星党支部"、闵行区中小学行为规范示范校、闵行区科技教育特色学校、闵行区中华优秀传统文化教育优秀项目学校、上海教育国际交流协会会员单位等。

星火传承的育人文化,让文绮的教师更加魅力智慧;孜孜不倦的课程研发,让文绮的课堂更加生态高效;创新丰厚的校园活动,让文绮的生活更加丰富多元;顺应时代的理念更迭,让文绮的每个孩子更加活力幸福。办学以来,学校在国家改革大背景下找准自身定位,从单一学校向教育生态链进化,从粗放管理向科学治理变化,从传统学校向未来学校转化。

以"实"为基奠,以"慧"为引领,以"三元共聚、多彩搭建"为方针,文绮人正坚定地迈着步伐,辛勤耕耘,不懈努力,描绘着"人文蔚兴、绮丽人生"的幸福蓝图,谱写出新时代的篇章!正如蔡煜校长所说:"文绮人,走向未来,无言花自香,淡定人从容。"

(许灵均　杨琰雯　戴传琳　执笔)

16. 党建引领育桃李　文明花开谱新篇

培佳双语学校

上海培佳双语学校是上海市首批"民办特色学校"之一,是一所从小学到高中12年一贯制的现代双语民办学校。学校创办于1995年,坐落于普陀区宜川路白水路上,校园面积30余亩,环境优美。现有小学、初中、高中53个教学班,学生2 400多人。经过20多年的发展,在区政府及教育局的大力关心和扶持下,学校的办学理念和办学成效得到家长、学生和社会的一致认可,逐渐发展成为一所组织放心、家长学生满意、有一定社会声誉的民办学校。

在几代培佳人的不断努力争创下,学校于2021年获评上海市文明校园。在文明校园创建中,学校坚持以党建为引领、以精神文明建设为抓手、以目标为先导、以规范为准绳、以育人为核心、以教学为主线、以科研为助力、以队伍为保障、以管理增效益,塑人格、养学力、育文化,着力推进"培佳树人"育人模式建设,推动学校治理体系不断完善,实现学校品质内涵发展,全面落实立德树人根本任务。

一、以党建引领为旗帜,筑强战斗堡垒

作为一所民办学校,牢记"为党育人、为国育才"使命,坚持社会主义办学方向,坚持党对教育工作的全面领导。积极落实党组织领导的校长负责制,确保党组织在民办学校办学治校中的战斗堡垒作用,全面贯彻落实党的教育方针,抓实立德树人根本任务。

严格落实"三会一课"制度,组织开展"比学赶超"活动,通过五育融合教育教学实践分享会、教师节先进评比、年级目标交流、质量分析会等活动,营

造"赶"的氛围,树立"超"的导向。积极开展党员"七个一""我为群众办实事"等活动,发挥党员干部在新冠疫情防控、优质均衡推进、课后服务、爱心护校、疫苗接种等活动中的先锋模范作用。

参加市、区民办学校党建调研和区从严治党调研,分享学校党建工作经验做法,并以此为契机完善组织设置和工作机制。学校党建论文荣获上海市普教系统第十六届优秀党建论文评选二等奖。

二、以思政工作为主线,坚定理想信念方向

聚焦"为谁培养人",把思想政治工作贯穿学校工作各方面,凝聚师生员工。以庆祝建党100周年为主线,设计党史宣讲、主题党日、升旗仪式、艺术节等系列活动,加强对师生的思想引导,赓续红色基因,坚定理想信念,增强政治认同,坚定四个自信。

学习宣传贯彻习近平新时代中国特色社会主义思想,以党课、教工大会、座谈会等形式带领教职工学习"七一"重要讲话、党的十九届六中全会等会议精神。落实《习近平新时代中国特色社会主义思想学生读本》进课堂,开展四史主题宣讲活动,帮助培佳学子从小打好中国底色。加大对支部党员"学习强国"平台学习的督促,激发师生主人翁意识和学习、工作的热情。

三、以活动阵地为平台,搭建五育成长舞台

优化校园五大节庆序列,根据不同时代主题做内涵调整。增加二十四节气民俗体验课程,帮助学生传承中华优秀传统文化,培养民族情怀,增强文化自信。挖掘校内校外课程资源,借助优质家长资源,补充、丰富特色课程的内容和形式。成立培佳学生科学研究院,以项目化学习为抓手,为学生搭建成长的舞台,帮助学生发展综合素养,提升能力。开展"美德少年""金爱心""五育少年"等奖项评比,帮助学生形成五育融合的成才观,提升学生学习成就感和获得感。发挥学校育人主阵地作用,在课后服务时间里为学生提供丰富多彩的社团活动,最大程度上满足学生的不同需求,促进学生德智体美劳全面发展。

进一步加强体育、艺术、科创等学科的建设,发挥学科育人价值。学校成功举办以庆祝建党 100 周年为主题的第十八届艺术节,并作为唯一一所基础教育学校受邀参加上海市教育系统关工委庆祝建党百年活动展演。学校全面推进劳动教育,将劳动教育植根于课堂,融入校园,延伸至校外。开展美化校园的"小抹布行动""清扫行动"、服务同学的"拎书包行动"、服务集体的"抬餐桶行动""清洁餐桌行动",在活动中培养学生意志品质,以劳养德。

四、以队伍打造为目标,建设师德师风长效机制

建立师德师风建设长效机制,以教师节为契机,利用"园丁奖""优秀共产党员""先进工作者""杰出贡献奖评选"等活动树立典型。开展师德师风宣讲会、主题党日活动、主题培训会等活动,签订师德师风承诺书,营造风清气正的师德师风氛围,引导广大教师以德立身、以德立学、以德施教,提升教书育人的使命感。夯实全员导师制,充分发挥教师在学生的学习、思想、生活等各方面的指导作用,促进学生健康成长。

优化教师梯队建设,完善干部教师培养机制。以师徒带教、助理制等形式,对青年教师进行培养。落实党建带团建,帮助青年教师快速成长,实现思想、业务并行发展。

以五育融合教育教学实践分享会为抓手,助推年级组开展五育融合的教育教学实践,辐射实践经验,寻找育人规律和破解问题的办法,形成自主发展特色。发挥华东师范大学普教基地优势,积极组织科研骨干参加市区各类培训,为教师专业提升和科研素养养成充电赋能。

五、以文化建设为核心,推动良好校风形成

进一步凝练学校精神,围绕办学理念、愿景、校风、教风、学风、校训等开展教育活动,确保师生了解并践行其内涵,弘扬学校精神。以文明校园创建和创城为抓手,坚持用社会主义核心价值观塑造校园文化,继续开展校园"光盘行动"、垃圾分类、限塑环保行动,在教职工中提倡文明修身,以身作则。

倡导师生积极投身于安全护校、创城、疫苗接种、社区共建、防疫等志愿者服务。通过文明班组（班级）展示、年级组宣誓、团队竞技、师生运动会等形式，形成团结一心、积极向上、主动自觉的氛围。以艺术节、教师节等丰富的文化活动为载体，推动良好校风形成。

六、以育人环境构建为路径，提升学校办学品质

以办有品质的教育为目标，积极推进优质均衡工作。因地制宜，发挥楼道、橱窗、墙面、绿化的育人功能，设置校园围墙展示区、艺术角、学生作品展示区等文化角，打造公共育人学习空间，开展五育融合实践。

挖掘校内空间，拓展音乐厅廊台、特色课程教室、器材准备室等场地500余平方米的使用空间，满足学生个性化学习需求。对学校大门、心理咨询室、教师会议室等专用场所进行了更新，逐步改善教师办公环境，提升师生幸福指数。

在区政府及教育局的关怀、扶持和全体师生的共同努力下，学校在荣获上海市文明校园基础上，还获得全国五育融合实践联盟校、上海市安全文明校园、第三轮上海市民办中小学特色学校、上海市民办中小学第三轮学科基地、中国教育学会科创教育发展中心实验学校、上海市民办中小学艺术教育联盟校、上海市民办中小学健康教育联盟校、普陀区十佳网络安全示范校等荣誉称号。

面向未来，培佳将始终以党建为引领，以文明创建为抓手，努力把学校建设成为锻造理想信念的熔炉、弘扬主流价值的高地、涵育中华文化的家园、滋养文明风尚的沃土，提升校园里每一个人的精神追求。我们将带着使命和责任，办有温度的学校，做人民满意的教育。

（纪长有　执笔）

17. 育人为本　特色兴校　体科领跑

民办永昌学校

上海民办永昌学校坐落在梧桐荫蔽、书茶飘香的绍兴路上,于1995年建校,是上海较早成立的义务教育阶段九年一贯制学校,现有22个班级。

将近30年前,在当时新一轮改革开放的热潮中,有一对事业发达的夫妇,抱憾于当时"千校一面""千军万马过升学独木桥"的局面,梦想创办一所满足社会多样化发展需求的、特色鲜明的学校——永昌学校由此应运而生。学校举办人系上海永昌实业有限公司董事长俞靖明与其夫人,即上海市新长征突击手、优秀少先队辅导员王梦雁女士。为了让学生有广阔的活动实践天地,1997年,夫妇俩卖掉房子,在金山辟建了占地60多亩的教育基地。经过近28年的励精图治,把永昌打造成发展全面、质量卓越、特色鲜明、名闻遐迩的优秀学校。

一、力倡"学会做人",坚持立德树人根本

建校伊始,举办人即提出"学会做人、认真学习、参与生活、奉献社会"校训,一时引发了一些争议。但是举办人坚持把"学会做人"作为办学根本宗旨,而且在至今的办学实践中,始终紧紧抓住这个目标,探索各种途径,发展各种特色。坚持"学会做人",就是坚持"立德树人"根本。学校坚决贯彻党的德智体美劳全面发展的教育方针,坚持中国特色社会主义教育理论的指导,同时从古今中外优秀教育理论特别是陶行知的教育理念中汲取有益养料,提出并践行学校的办学理念、培养目标、育人途径和发展重点。

遵循陶行知"教人求真、学做真人"的教育思想,学校提出"为了每一个学生的终身发展"的办学理念。

根据陶行知生活教育的五大培育目标,即"康健的体魄""农人的身手""科学的头脑""艺术的兴味""改造社会的精神",学校提出"健康、高雅、诚信、感恩"培养目标。针对当时直至今天众多学校存在的受制于应试教育的桎梏、学生学业负担过重的顽症,学校特别着力发展体育和科创两大特色。

二、丰富体育课程,着力打造高尔夫品牌

体育是诸育发展的基础。早在100年前,毛泽东就说:"文明其精神,野蛮其体魄。欲文明其精神,先自野蛮其体魄;苟野蛮其体魄矣,则文明之精神随之。"这一思想在今天仍然具有深刻性和迫切性。就人类身心发展规律而言,强化体育,对青少年更具有基础性、决定性的意义。

经过多年努力,学校建立起既符合教育规律、丰富多样、特色鲜明,又为学生喜欢的体育课程体系,如基础必修型课程开设高尔夫、游泳、民族打击乐等作为学校特色课程;固定开设的体育拓展课程有足球、篮球、田径、中国象棋、国际象棋、围棋、体育舞蹈、韵律操、啦啦操等。以足球课举例,体育老师因地制宜,创造性地编排了一系列足球游戏,既满足足球体能和技术训练的专业要求,又活泼有趣,学生每每乐此不疲,家长兴奋叫好。我校被授予"全国青少年校园足球特色学校"。

永昌体育皇冠上最璀璨的明珠是——高尔夫。

学校占地仅2 920平方米,比6个NBA篮球场大一点。在这个狭小的天地里,居然要人人学打高尔夫。正因为深刻认识到高尔夫对强健体魄、塑造人格的特殊意义,15年前,举办人开始鞍马劳顿奔波于全国各地乃至国际的专业机构,深入考察,严格论证,终于在2008年"变不可能为可能",把高尔夫引入永昌校园,逐渐使之成为学校第一品牌。

学校从小学一年级到五年级面向全体学生开设高尔夫基础必修课(每周至少两节),初中则在金山基地学习生活期间,作为每位学生的必修课。在如此广泛的普及基础上,再根据孩子的兴趣、潜能及发展趋向,分多个提高层次,即"体高课""特色课""预备队""校高队""青鹰队"和"金鹰队"进行针对性培养。高尔夫课程由学校与国际著名高尔夫专业学院联合规划、组

织实施,由国际一流专业教练和学校专职高尔夫教师团队执教。在永昌学校人人会打高尔夫,年年会出优秀运动员。每年举办高尔夫亲子运动会,还协办和冠名过上海市第十五届、第十六届运动会高尔夫球比赛。高尔夫球队"远征"全国乃至世界各个角落,从珠海、南通、澳门,到日本、澳大利亚,足迹遍布大江南北,异国他乡。

"冠军摇篮"培育了众多优秀的高尔夫选手,在各大高尔夫赛事中摘金夺银,如曾在上海市运动会上夺得高尔夫项目全部7块金牌中的5块,有的还成为国家健将级运动员,入选中国高尔夫球协会奥运启·梦之队队员。如今,永昌高尔夫可代表全市青少年运动的最高水平。

学校是上海市高尔夫特色学校,拥有一支高尔夫二线运动队,是国家青少年高尔夫球运动技能等级测试认证机构和上海市竞技体育(高尔夫)后备人才社会培养基地。

相较于无数金灿灿的奖杯,我们更看重高尔夫对造就高尚人格的特殊功能。当初举办人正是敏锐地看出高尔夫运动能很好地贯彻"为了每一个学生的终身发展"的办学理念和"健康、高雅、诚信"的培养目标。

三、做强科创课程,培育创新英才

科创教育可以说是同永昌学校与生俱来。

创新是一个民族进步的灵魂,是一个国家兴旺发达的不竭动力,也是中华民族最深沉的民族禀赋。当代民族生存发展竞争根本上是创新意识和创造能力的竞争。举办人在建校之初,就把培养学生创新精神和能力作为学校的历史使命。1997年,学校就引进乐高机器人项目,其时,这一项目即使在美国也刚刚风生水起。

永昌科创教育朝着"从娃娃抓起""在生活中求索""向巅峰攀登"三个方向发展。小学各学科教学都渗透着创新的启蒙,每周社团活动时间,"乐高机器人""Steam起步""科学小达人"等都是孩子们的最爱。学生学习系统的机器人课程,包含结构搭建、程序编写和遥控操纵。无论小学、初中,科创探索,都是在生活中寻找题材。小学生用咖啡渣制作除臭剂、洗手液、肥料和香薰蜡烛,初中生用史莱姆塑造千姿百态的想象世界;实验课上,孩子们发现着生活中的科学现象。

向巅峰攀登。学校 26 年磨一剑,打造标杆课程,以此向全校的科创教育提供富于启迪的范式和持续的强大动力! 这个标杆就是 VEX 机器人。VEX 机器人大赛是旨在提高并促进团队合作精神、创新和制作能力的世界级赛事。现在全校 1/3 的学生受教受训,并在历年的国家级国际级大赛上屡屡折桂,获得 37 次全国冠军、20 多次亚洲冠军、7 次全球团体冠军。更让我们引以为豪的是教师和学生在赛事中所展现的创造激情和活力与团结合作的精神和能力。在 2018 年美国和新西兰两大赛事中,我校师生不仅在团内齐心协作,还乐于帮助对手。更难能可贵的是,在收获遥遥领先的佳绩却遭受故意的、明显带有偏见的"特殊检查"时,我们的师生不卑不亢、有礼有节地辩诉,赢得对手的尊重和赞赏,反获得了道义上的意外加分。这是 VEX 机器人课程教学 15 年一以贯之地落实思维教育、创造教育、集体教育、合作教育、规则教育和行为规范教育的合乎逻辑的结果。每个参赛师生都深知,世界顶级的赛事早已超越知识技能的范畴,而纯粹成为创造力的竞争、团队意志的竞争和集体人格的竞争!

永昌机器人方兴未艾,又一个科创标杆异军突起,那就是 DI(目的地想象,寓意无限的想象力和创造力,是具有全球影响力的培养青少年创造力的活动)。2018 年起,在初中预备班年级开设了 DI 课程。2019 年 5 月,在美国 DI 创新思维全球总决赛闭幕式上,永昌闪电飞鹰队以绝对优势包揽三项大奖:初中组挑战 A 冠军、达·芬奇专项奖、即时挑战第一名,全场轰动,各国参会者为中国青少年的杰出创造力鼓掌喝彩。

从 2020 年底起,以"永昌 DREAMS 课程开发工作室"为主题以获得首届上海市民办中小学中青年优秀教师团队发展计划项目立项为标志,学校在努力实现永昌科创教育的三个转变,即:从单一学科转向跨学科综合,从碎片化实施转向强化系统设计,从学生出成果的单一目标转向学生创新人格培育、创新课程建设、创新型教师团队建设的融合目标。

DREAMS 是以培养学生创新意识和能力为目标的跨学科综合课程,涵盖 8 个模块。DREAMS 是梦想的意思,开头两个字母 DR,既可分也可合,

D 代表 Design(设计),DR(drama)代表艺术创作与表演;E(enginering)工程模块,包括机器人搭建课程;A(AI)人工智能模块,包括编程语言、逻辑、数据分析、Python、模块化编程、无人机飞行等;M(media 和 mathematics)和数字化模块 S(science)等其他新兴科学技术。

项目按计划顺利展开,PBL 课程不断深化完善,团队教师课程研究和实施能力显著提升,学生受益无限,科创成果喷涌。

2020 年,上海市第三届青少年人工智能大赛现场 Python 编程比赛中,六年级毛子谦、徐智林、赵嘉祺获得一等奖,七年级王恺瑞获得了二等奖。其中,毛子谦和徐智林分别获得了总分第一名和第二名的好成绩。

2021 年,学生毛子谦获评"上海市十四五规划研究编制工作先进个人",他在"畅想上海未来五年·听你说——上海'十四五'规划市民大家谈"活动中提出"'1+1>2'——公共空间错时共享助力上海居住质量再提升"建议,具有很高创新的含金量。

2021 年,在上海市"编程 1 小时"嘉年华·青少年科技创新大赛决赛中杨元豪获编程比赛中学组冠军。

2021 年 10 月,学生郑文昊获第十九届上海市百万青少年争创"明日科技之星"评选活动一等奖。

2022 年 2 月,学生张卓雅获 2021 年"雏鹰杯"红领巾科创达人挑战赛上海少年科学院"小院士"荣誉称号。

2022 年,永昌学校成为上海市学生(青少年)科创教育基地,其由中科院上海分院、上海交通大学、上海科技馆、中国商飞等领衔(全市仅 4 所中小学、幼儿园名列其中)。

永昌科创教育正跨上新的台阶。

在上海市民办中小学改革 30 年后的今天,我们正面临前所未有的大变局。上海民办永昌学校坚守初心,矢志不移,坚持立德树人目标,坚持"特色兴校,体科领跑"路径,为建设人民满意、学生喜欢的规范、优质、特色民办学校而努力奋进。

(罗永祥　执笔)

18. 不忘初心育桃李　砥砺奋进铸辉煌

民办杨浦实验学校

"8月的色彩是用金子铸就的,明亮而珍贵;8月的色彩是用阳光酿造的,芬芳而灿烂。"在这流光溢彩的时节,我们迎来了上海民办杨浦实验学校建校27年的日子。始建于1995年的上海民办杨浦实验学校,最初是一所集义务教育和高中教育于一体的新型学校。由杨浦区教师进修学院承办,并联合沪东中华造船集团及若干重点中学组成理事会。建校27年来,在各级领导和校理事会的关心支持下,学校已初具规模,并取得了较高的社会声誉。完善的教育、教学、生活设施和美丽幽雅的校园环境,为学生的全面发展、健康成长创造了良好条件。

学校有一支务实高效、锐意进取、开拓创新的干部队伍,信奉"有效管理,从实抓起"的宗旨,形成了"民主、有为、谦实、和谐"的工作作风,使学校各项工作有条不紊地展开。

学校具有良好的师资群体,重视在素质教育中提升师德修养,积极实施科研兴校战略,大造教研教改声势,鼓励更多的教师参与研究,使教师队伍向学者型、科研型转化,打造了一支素质过硬、业务水平高、教育观念新的教师队伍。先后有20多位教师获市区园丁奖、先进教育工作者、优秀辅导员及十佳班主任等称号,在市区各科教学大奖赛中有30人先后获奖,具有高、中级职称的教师占全校教师总人数的82%以上。学校承担和实施的"学会做人,学会学习,学会生活"的市级教育科研实验项目荣获杨浦区第八届教育科研成果一等奖;《促进初中阶段男生综合素质充分发展的实践研究》荣获杨浦区第十二届教育科学研究成果二等奖;参与的杨浦区第三轮基础教育创新试验区行动项目——"校本研修中教师指导学生自主探究的素养建设"顺利结项；结合区级课题《教师有效应对初中生问题行为的心理学策略研究》和"全员导师制"工作推进，学校组织老师与学生结对开展有针对性的研究活动。在提升教师教科研水平的同时，帮助教师从有效的实践中形成理论，再通过理论交流更好地将成果付诸实践。

学校还积极参与区域创智课堂项目，经历了从基础课程中适合培养学生自主探究能力的教材内容的二次开发，到探究课程中教师全员参与的学生自主探究课题的开发，再到拓展课程进一步丰富的过程，之后又新设了DM木工坊、外教STEM创想家等课程。鉴于电脑摇号录取方案的实施，针对预备新生在数学与英语学科上存在巨大的水平差异的情况，我校在集团项目框架下，及时将创智课堂项目的探究主题定为"创智课堂——预备起始年级分层教学实施策略探究"，即预备年级的分层教学在不改变行政班集体的情况下，部分学科用走班形式组织课堂教学，更好地贯彻因材施教的教育理念，以实现提高教学效率的目的。通过对预备年级实施分层走班的尝试，提高了课堂教学实效，同时在新的生源结构下摸索出一套有效的教学模式，提高了我校的教育教学质量。走班教学实施以来，学生们能很快地适应学校的节奏，班级管理趋于稳定，学生的时间管理能力有所提高。

在科研兴校战略的引领下，通过院校联动的方式，建立集团内干部教师柔性流动平台。通过柔性流动，以及教研蹲点、带教示范、共同体实践、项目驱动等协同方式，共同提升教研品质，发展教师课堂教学实践技能和课程开发能力，完善教师专业素养，促进教师本体性知识、课堂教学实践技能、教育评价等能力的提升。引导全校教师全面提高教学质量，打造高效的创智课堂。同时，重视学生个性特长的发展。全心全意致力于造就优秀人才，培养学生和谐共事、务实进取、追求卓越、不甘平凡等必备品格，结合杨浦区教育学院教育集团明德修身课程要求，围绕我校育人目标，以习近平总书记新时代中国特色社会主义思想为指导，坚持立德树人根本任务，培育和践行社会主义核心价值观，弘扬中华优秀传统文化和社会主义先进文化，继续落实开展探寻整合德育资源的新途径，构建"德智体美劳"五育并举的育人模式，促进学生全面发展。学校组成校明德修身课程组，共同撰写明德修身分学段具体教育目标。同时，以我校"男生教育与实践""三学会"课题及"好习惯伴我成长"系列教育等为基础，结合明德修身课程15个具体教育目标，从思考与讨论、校本实施及活动拓展三方面，深化充实教育目标。通过学科渗透、社团活动、外出活动等形式，将各项德育活动融合其中，创新德育方式，形成德育特色。加深学生对中华民族的传统美德和思想的认知、体会，更好地传承理解杨浦区教育学院教育集团"明德、时习、致和"的文化精神。

27年成功的实践，使学校已成为百姓心中名副其实的"放心"学校，莘莘学子求知成才的理想殿堂。时代造就了实验学校，并在这里孕育和培养了一种品格、一种传统——形成了宝贵的"杨浦实验精神"：抱诚守真，求实育人。在民办学校中，我校荣获首批区文明单位称号，办学27年来屡获区文明单位、花园学校、上海市安全文明校等称号，并被评为上海市4A级社会组织。

27年来，我们秉承"三学会"办学宗旨，近些年，在新的育人理念的引领下，学校又与时俱进地将"丰富人文底蕴，培养科学精神，注重实践创新，追求自主发展"确定为学生核心素养的最新培养目标。以打造书香校园活动来夯实学生的人文底蕴，以学生自主学习平台建设来提升学生自主学习能力，以校园学生自我管理机制激发学生自主管理能力，以阳光体育和阳光少年活动引导学生追求健康生活，以丰富多彩的校内外社会实践活动培养学生的社会综合素养。同时，继续加强我校男生课题成果的推广与实践，坚持德智体美劳"五育"并举，全面提升办学质量，在社会上赢得了较高的声誉。

有效的管理，良好稳定的师资队伍，高质量的课堂教学，"诚、毅、勤、勇"的校风，"亲、严、勤、活"的教风，"求真、求活、求新、求实"的学风，以及丰富多彩的课余生活，使学生在思想、文化、身体素质和自治、自理、自律能力等方面均有了较大的提高。85％以上的初中毕业生进入市、区重点中学；高中毕业生的上线率和本科录取率在同类学校中名列前茅。有数百名学生在全国、市、区的学科及其他项目竞赛中获得各种等级的奖励。《解放日报》《文汇报》《新民晚报》《中学生报》《中国教育报》和上海教育电视台等多家媒体曾先后报道了学校的办学成果。

今天的杨浦实验,堪称一方沃土,尽显满园桃李春风。27年创业,杨浦实验人一步一个脚印,一年一个新貌,一届一个台阶,以自己的实践获得了沉甸甸的教育成果。我们成长在一个创造与发展的时代,一个充满希望和挑战的时代。杨浦实验27年的生日,不仅仅意味着隆重的庆典,还可感怀创业的艰辛,盘点获取的硕果,它更是学校发展史上的一个里程碑,是进一步推动学校改革、发展的重要机遇。回首27年创业的成就,我们倍感欣慰与自豪;展望任重道远的未来,我们愈加警觉和清醒。"三寸粉笔,三尺讲台系国运;一颗丹心,一生秉烛铸民魂。"这是习近平总书记对教师的高度评价。教师是人类灵魂的工程师,是人类文明的传承者,承载着传播知识、传播思想、传播真理、塑造灵魂、塑造生命、塑造新人的时代重任。我们将以创建市区名校为奋斗目标,与时俱进,勇于开拓,抓住机遇,乘势快上;开发创新智慧,凝聚人心士气,弘扬优秀传统,打造卓越品牌。以此,无愧于各级领导的嘱托,无愧于社区百姓的期望,更无愧于人民教师的责任。

站在新的历史起点上,我们将不忘立德树人初心,牢记为党育人、为国育才使命,积极探索新时代教育教学方法,不断提升教书育人本领。我们坚信:充满智慧,富于开拓,求真务实的杨浦实验人一定能创造出更加辉煌的明天!

(汤莉君　朱皓华　万玲玲　执笔)

19. 树风立范　奋楫扬帆

民办风范中学

1995年,风范中学以跨世纪的姿态在市北地区闪亮登场,成为上海市最早创办的民办学校之一。

风范,寓意"树风立范",意味着学校以立德树人为崇高使命,致力于培养新时代新型人才;风范,谐音"风帆",象征着学校在改革开放的大潮中扬帆远航,驶向成功的彼岸!

一、每一天,都在迈开学校发展新的脚步

办一所实至名归、当之无愧的"风范"中学,是全体风范人的追求。建校伊始,首任校长冯容士面对最关键的生源难题,带领老师们深入居民小区和区域内各所小学,耐心解答家长、孩子们的疑问,宣传"以诚信服务社会,以爱心助生成长,以质量谋求发展"的办学思路,介绍学校的优质师资。首年招生就招满了3个班级,学校跨出了坚实的第一步。

从此,大家全身心地投入到教育教学中,依靠智慧与实干,取得了优异的教学质量,赢得了区域内居民的好评。1996年,学校招生的规模明显扩大;1997年,学校搬迁到新址,并转型为完中。1999年,第一批毕业生全都以优秀的成绩走进了当时上海市的各重点高中,学校声誉极大提高。此后,每年报名人数都数倍于招生数,学校迎来了发展的黄金时期。2003年,上海市先进教育工作者郭元华继任校长后,坚持以科研开路,不断探索新的发展思路和新的教育模式,为学校注入了新的活力。

2013年,李惠琴接任风范中学校长,带领新一轮领导班子继续探索学校发展之路。在战略决策上,我们制定了质量立校、师资兴校、特色强校、文

化荣校、创新旺校"五大基本策略",完善了德育、课程、教学、文化、管理、评价"六大运作体系",同时抓好精品、优品、名品"三品"建设,逐渐形成了具有本校特色的素质教育模式——"风范教育"。

如今,学校分步发展的各个阶段性规划目标已经顺利达成。新的静安区成立后,区政府对风范中学的发展已经绘就了新的蓝图。

二、每一步,都在拓展学校教改新的里程

(一)抓好主线,深化课程教学改革

1. 课程领域:开发实施接地气的校本课程

2015年以来,我们依据学校自身的资源优势,着重在综合实践活动课程和特色课程方面进行了探索,建构了"核心素养培育""优秀文化传承""基于PBL的'STEAM-X'课程"等系列课程,形成了"媒介素养""行走探究""梦想舞台"等特色课程。

2. 教学领域:聚焦课堂以促进减负增效

我们始终注重抓好课堂这一主阵地。在教学方式上,结合日常教学引入"项目式学习",引领学生自主发现、自主认知、自主实践、自主成功,通常用2—4个课时完成一个小型的项目化学习课题。在教学手段上,充分利用现代信息技术,在各主要学科积极探索微课程的实施,鼓励教师大力开发利用教学微视频,在教学数字化、线上教学等方面作了许多有益的尝试。通过问卷调查,我校学生的学业负担相对而言是比较合理的,学生、家长都比较认可和满意。

(二)突出重点,致力核心素养培育

1. 完善总体设计

2014年,教育部首次提出"核心素养"概念,我校就开始了这方面的探索。我们从学生实际出发,将核心素养的培育主要定位于:公民责任与道德实践、身心健康与自我实现、系统思考与问题解决、语言表达与符号运用、资讯科技与媒体素养、艺术欣赏与生活美学。这与2016年9月发布的"中国学生发展核心素养"总体框架有广泛的交集。

2019年开始,我们开展了以"风范教育"为主题的特色项目、特色学校建设,将核心素养培育逐一落到实处。首先,重视中华优秀传统文化的滋养,内修气质,外塑形象,养成优良的行为举止。其次,建构核心素养培育系列:以"树风立范"为导向的行规教育系列——校训、校风、学风;以"核心素养"为重点的"CLL"系列——核心素养(Core literacy)、生命价值(Life value)、生活品质(Life quality);以"梦想舞台"为载体的综合实践活动系列——我规范、我模范、我典范;以"场馆体验"为形式的行走探究活动系列——我与生活、我与社会、我与自然;等等。

2. 凸显三大亮点

一是学科节活动。每学年各大学科至少举办一次学科节,一次一个主题。如初中部举办的"知识点亮创意"理化学科节,通过理化小报欣赏、小发明展示、知识竞赛等活动,帮助学生培养学习兴趣,改进学习方法,提高学科素养。

二是心理健康教育。除心理健康课之外,积极开展切合学生实际的心理辅导活动,引导学生学会自我心理调适,克服消极心态。考前心理辅导是学校每学年的"常规动作",旨在优化学生的应考状态。

三是科技教育。学校被列为全国青少年人工智能科普教育课程第一轮试点学校,并与上海少年科学院携手合作,促进青少年人工智能科普教育专题化、系列化实施。学校被评为2021年度"全国青少年人工智能活动特色单位",50多名学生在全国青少年人工智能创新挑战赛中获奖。

(三)把握关键,持续推进课题研究

近10年中,我们围绕"培养有风范的中国人"的育人目标,先后完成了"加强传统文化教育,提升民校学生人文素养""以积极心理学为指向,加强心理健康教育""微视频在翻转课堂教学中应用"等市级课题的研究,将先进教育理念、教育方法及现代化的教育手段引入教育教学中。

随着教育改革的深入推进,我们把培养智慧教师和打造智慧课堂作为教学改革的主攻方向,建构智慧课堂教学e环境,形成了"四慧('慧'建构、'慧'认知、'慧'评析、'慧'加工)教学"模式,建成了融"四叶草"智慧学习系统、希沃易+系统、学生综合评价系统等。

据不完全统计，我校的教育科研课题获区级以上立项 43 个，获区一等奖 5 个、二等奖 4 个，出版了《探索·创新·发展》等 4 本教师论文集。

三、每一程，都在演绎师生成长新的故事

（一）强师，正"树风立范"之本

1. "师德"为首，率先垂范

学校党支部加强"抓党建""抓学习""抓教风""做表率"的"三抓一做"工作。在日常工作中，老师们自觉地加强人品、态度、能力的自我修炼，以丰富师德内涵，为学生做出表率。

"点亮初心，燃亮人生"是我校教师"师德自我教育"活动的"保留节目"。"初心"丰富"人生"，"人生"升华"初心"，开展这样的自我教育活动，旨在让教师人格上有尊严感、心理上有自豪感、工作上有成就感、生涯上有获得感，更加激起对教育事业的热爱与忠诚。

2. 转型发展，自我增值

我们结合时代特点和教育工作特性，引导教师实现在"转型"中不断"升值"，重点提升教师的科学素养和创新素质，了解当代科技新进展，提高信息技术素养和利用校外科技资源进行教育教学的能力，进而引导学生在观察、提问、设想、实验中打下创新基础。目前，全校有近 1/3 的教师实现了单科独进型向一专多能型、多科融合型转变。

3. 专家引领，提升境界

聘请市、区有关学校管理、教育科研、学科教学等方面的资深人士组成专家顾问团队，通过参与决策、示范引领、定向带教、专题指导等形式或方法，如"问诊式"综合指导、"互动式"科研工作坊等，提升学校各项工作的水平和效益。仅 2021 年一年，我们就邀请专家、学者参与学校各项活动 20 多人（次），有效促进了教师的专业化成长。

（二）优生，激"奋楫扬帆"之能

1. "全员导师制"："导"出新高度

为了切实有效地实施"全员导师制"，我们下大力气开展了"同伴辅导

员"培养工作,先后13次开展了同伴辅导员课程培训。此外,还聘请了社区英模、法官、检察官担任"同伴辅导员","同伴辅导员课堂"也在校园网定期展播。2022年暑假,各年级广泛开展了"假期云相伴"导师专项活动。有的班级组织了"云上游园会",分享有趣的见闻,诉说心中的快乐和烦恼;有的班级召开了"线上见面会",聊一聊暑期的学习与健身计划,交流读书心得。

2. "风范好少年":"好"出新成就

近两年,风范学子累计有500多人(次)在全国、市、区各级各类竞赛中频频获奖。2021年上半年,全校非毕业班共有116名学生被评为"风范好少年",其中:初中部"优秀少先队干部"10名、"优秀少先队员"20名、"美德少年"50名;高中部"优秀学生干部"6名、"三好学生"12名、"美德少年"18名。风范学子以自己的辛勤和才智诠释了怎样才是"有风范的中国人"。

(三)荣校,结"风范教育"之果

20多年来,全校师生员工凝心聚力,共同谱写新时期学校发展的新篇章。学校先后被命名为"全国优秀民办中学""上海市民办特色创建校""上海市中小学行为规范示范校""上海市依法治校示范校""上海市安全文明校园""上海市5A级社会团体"等数十项市级以上荣誉称号。如今,风范中学已被命名为"风范教育"特色学校,"梦想舞台"活动、"媒介素养"培育、"行走探究"实践等已成为区域知名品牌。

27年春秋转换,风范人用实际行动,奏响了他们的"心梦三部曲":初心筑梦、爱心追梦、信心圆梦。下一步,我们将在"高位稳定"的基础上,推进"空中加油"式的创新变革,将"综合素质"培育与"核心素养"提升灵活融通,将数字技术与学科教学有机融合,向着"质量卓越、品牌卓著、创新领先、治理现代"的新目标迈进,走出一条新时代发展民办教育事业的新路来!

(李惠琴　执笔)

20. 回瞻艰辛创业路　展望未来新征程

民办新和中学

今年9月1日,上海市民办新和中学迎来27岁生日,从租赁不足7 000平方米的闲置校舍和80余人,发展迄今拥有22 000平方米建筑面积、110名教职员工、近1 000名学生、合初高中为一体的现代化寄宿制完全中学。

27年来,"新和成绩"屡攀新高,见证了新和信念执着有恒;"立德笃学"至真至诚,给数以万计的家庭带去欢乐与回报,给国家、社会输送万名贤达;"学校理念"持续深入,推进师生、家校融合的良性发展;"人才塑造"管理成型,并承担起更多的学生责任、教工责任、家庭责任、国家责任、社会责任。

学校获得了社会组织5A等级、上海市文明校园、上海市绿色学校、上海市安全文明学校、上海市中小学行为规范示范校、中国教育学会科创教育协作体实验学校、上海市民办中小学艺术联盟校、上海市民办中小学健康教育联盟校、全国最具特色办学示范性、全国生态文明教育特色学校等荣誉称号。

一、几度风雨几度秋

1995年初春,新中中学心怀"为社会育栋梁"之宏愿,乘改革之风,依人杰地灵钟灵毓秀之地,着力筹建一所民办完全中学。心中有执念,愿景有着落。那个天高云淡颗粒归仓的9月,学校于蒙古路落下了根。新苑中学,一个寓"崭新、勃发"之意的鲜亮光艳的名字,尔后不久的"扬波二分校"的更名,将学校纳入了扬波中学教育集团,充满了底气,补充了实力。

"几度风雨几度秋",5年非凡,5年风华。由当初的几名教职员工、80余名学生和一所老旧狭小的小学校舍5年中扩展至400多名师生员工的学校。学校的良好口碑需要校园环境的进一步改善,于是,再选址,绘图,施工。永和企业集团有限公司集财力、物力和人力,聚思想、远见与卓识,慷慨解囊4 000余万元。2001年9月,一所占地36亩,集多功能一体的靓丽校园拔地而起。

上海市民办新和中学,又一次更迭的校名展现在世人面前。"新",借新中高级中学之"新"字,暗合新中高级中学资源之洪力;"和",借永和企业集团之"和"字,寄"和谐发展"之要义。

二、教书育人重在行

新校园的建立,更加昂扬了大家的办学热情。"为了学生的终身幸福奠基"之理念,"抓行规、扎基础、稳质量、提口碑"之措施,"爱心服务、勤劳实干"之决心已成为大家的共识。教书育人,育人先育心,育心重在行。

导师制——关怀为本,责任为先。定期"一对一""一对多"交流,倾听学生诉求,疏导学生情绪,与家长沟通,解决实际问题,指导学生成长成才。

心理场——悦纳自我、肯定自我、欣赏自我、发展自我,释放抒怀,做一个健康快乐的人。学校努力让学生重拾自己的喜好,唱歌跳舞、吹拉弹奏、绘画书法、盘棋跳绳……惬意而又阳光。

运动地——运动不打烊,阳光体育伴我行。老师们铆力使劲,十八般武艺放大招,同学们争分秒,勇夺小达人美名号。

劳动区——劳动砥砺心智,实践促我成长。学校呼吁同学们从我做起,从现在做起,力所能及地协助家人洗衣、做饭、扫地……体验劳动之必要,父母之不易,学会感恩,体会劳动创造收获的道理。

互动域——亲子沟通,心与心的桥梁。学校教会同学们更好地与父母沟通,了解父母对自己的期望,拉近心与心的距离。

励志营——"让我们一起迎接人生的挑战"。学校德育处向同学们提出的深刻话题,引发学生深思。

三、团结协作 脚踏实地

九年办学路,铸就了"团结协作 脚踏实地"的"新和精神"。老师们清楚地知道,唯有真,才有实;唯有实干,方有真正的业绩。如何在新形势下学校办得更好是摆在大家面前的一大新课题。练内功,向时间要绩效,提高单位时间的学习效益;重自主,向管理要个性,改变学生由老师要求向行为自觉的转变;讲文化,向环境要特质,塑造学生纯正向上的心灵。

2005年,学校提出了"稳固基础 内涵提升"的发展战略,描绘了学校未来的发展愿景。绿色课堂,涵盖"亲和力、生命力、学习力"的"三力"教育,培养个性,已成为新和中学发展时期的又一定式。学校进行了"指向核心素养,基于问题改进"等一系列的教育教学研究和实践工作。通过教育学术季活动,展示学校的教育教学特色。聚焦学生学习情感,丰富学生学习体验,关注学生的个性差异,让每一个学生都有体验成功的学习经历。

学校坚持"以研促教、以教促学"。在"三力"教育理念的引领下,我校教师立足教育教学实际,运用科研方法,结合理论研究和实践探索,进行了"思维型课堂框架下的中学个性化教学案例研究""核心素养背景下促进学生思维能力的个性化教学设计实践与研究""指向核心素养创建中学特色艺术教育的实践与探究——以新和中学长笛教学为例"等市、区级课题研究。

四、特色定位 综合素养

急鼓千捶船竞发,万桨齐举浪飞舟。2011年,学校提出"增补行政管理部门,开展艺术审美教育,添加特色新的科目"的重大举措,"特色定位,综合素养"已成为学校发展过程中的高频词汇。学校成立了10多个社团。长笛乐团、合唱团、文学社、绘画、书法、手工制作、手语、第二外语、古筝队、体操队、乒乓球队、篮球队、武术队、科创、中学生职业体验、国际理解、项目化学习等团队和学习项目已成为校园里亮丽的风景。个个有爱好,人人有特色,每一名学生都能在这里满足自己久仰心仪的心理需求。

新和中学长笛特色教学开始于2011年,先后被评为区艺术特色项目,并获"区学生艺术团"称号,学校也因此成为上海市学生交响乐联盟成员校。长笛特色教学采用科学有效方法,指导零基础学生迅速掌握长笛吹奏技巧,经过半年的学习与训练,学生不仅能融入校长笛乐团,且通过短短两年时间的学习基本上能达上海市音乐家协会长笛考级八级水准。

学校长笛乐团屡次参加全国、全市展演,均获最高奖项。乐团已连续六届获得"中华杯"全国优秀管乐团队展演最高奖项,并获得"金钟之星乐团"称号及"中国管乐突出贡献奖""优秀组织奖"等。乐团连续参加五届上海市优秀学生管乐团队展演,均获金奖,并获"上海管乐贡献奖"等。此外,还获得了"在阳光下成长"全国中小学生才艺展示初中组一等奖、上海市特色乐队展演一等奖。长笛乐团多次参加高规格的演出活动。分别参加了上海之春国际音乐节管乐艺术节的开幕式和闭幕式、上海之春国际音乐节青少年音乐专场暨"上海学生交响乐联盟"展演。国内外优秀的指挥家、长笛演奏家经常亲临乐团指导,乐团已经成为上海管乐专业委员会、上海长笛研究会的教学实验基地。学校长笛乐团多次受邀赴澳大利亚和中国台湾地区,开展文化交流。从2009年开始,每年还受邀赴日本交流,学习日本学校乐团成熟的管理经验。

上海作为国际化大都市,培养中学生具有国际意识是新时期素质教育的重要内容,加强中外学生的交流是教育对外开放的重要形式。学校积极开展对外合作交流活动,"走出去、请进来",先后与加拿大博域中学、英国米德尔顿公学、法国圣路易斯中学签订了友好学校协议。通过学习其他学校特色教育的先进经验,不断改进教育方法。各种对外交流活动也为学校老师和学生拓展视野、提升能力、展现风采提供更多更好的机会。

隔屏相守,云端相聚。在新冠疫情下的线上教学中,教师精心备课,专心教学,加强教研,不断提升教学品质。

高效课堂——整合空中课堂优质资源,结合学情,科学设计教学方案和课件。关注全体学生,适当放缓课堂节奏,实现多元互动形式。

高效作业——认真贯彻落实"双减"政策。分层的作业内容,使个性需求得到满足;新颖的作业形式,使学习热情得到激发;及时的作业批改,使学习脚步紧紧跟上;微视频的作业讲解,使困惑得到清晰解答。

高效服务——坚持线上课后服务。作业遇到困难,教师及时辅导。对于有特殊需求的孩子,教师利用课余时间"开小灶"。

全体教师精诚团结、优势互补，发挥集体的力量，不断提高现代化教学技能和素养，以高质量的线上教学，让学生满意，让家长放心！

五、展望未来

1995—2022年，27年，新和中学见证和感受着我国民办中小学教育改革发展30年来前行的步伐和赓续的历程，并与其同频共振。党的十八大以来，"为谁培养人，培养什么样的人，怎样培养人"给中国教育明确了教育的根本属性，指明了教育的根本方向。新时代的青少年，肩负着时代的大任。新的一代是培养有理想、有担当、有本领的新一代。必须把个人发展同民族复兴、国家富强、人民幸福的伟大梦想相结合。作为民办学校，务必将教育伟业与国家前途命运、民族大业相融合，育时代新人，造国之栋梁。民办学校尤其务必致力于学校的办学规范，更好地为学校行稳致远蓄力。

学法、知法、懂法、用法、依法办学。学校的创程、结构、机制等须更加完善，学校的教育教学内容须更加规范，学校的教育教学视野须更加开阔。梳理办学经脉，厘清办学经纬，向纵深勘察。开辟线上、线下两个网络，虚拟、实体协同发展，建设智慧、科学新校园。着眼国内、国外两个环境，开拓国际视野，取长补短，学为我用，汲取不同文明，深刻探究符合中学生身心成长的新格局。

新和是新和人的新和，新和是每个家庭的新和，新和是国家的新和，新和亦是社会的新和。未来的新和，期许更多，责任更大，使命更重。新和在坚守创业精神的基础上，会更以国际交流的新视野，时代发展的新思维，规划发展的新思路，创造更多的社会价值，培养更多的国家栋梁之材。

（刘　芳　执笔）

21. 优质教育的"成长专列"

华东师范大学附属进华中学

上海华东师范大学附属进华中学,坐落在普陀区万里小区,毗邻上海西站,从这里,每天飞驰着一趟趟列车,将来来往往的旅客安全地送达目的地。

如果借景寓意的话,创办已 27 年的上海华东师范大学附属进华中学(简称"进华")开出的就是优质民办教育的"成长专列",将基础不同、性格迥异、个性独特的不同学生引向前途无限的远方。

"成长专列"承载的是时代的希冀,承诺的是教育的使命,承运的是百姓的期望,承接的是学生的未来。

进华的诞生,有着改革开放的幸运印迹;进华的发展,有着多种体制兴办学校的幸遇足迹;进华的口碑,有着改革开放背景下迸发教育内生动力的幸福痕迹。站在 2022 年的舞台上,回首初心,展望未来,走过 27 年办学历程的进华中学与民办中小学教育改革发展 30 周年的轨道并行,经历了艰苦奋斗的创业期、砥砺前行的开拓期、特色内涵的创建期,也将会从容面对依法规范的突破期……

起始于 2001 年,每年一本的《成长的足迹》,这 20 多本的沉甸甸的生命成长的印迹,真实记录了一代代进华学子前仆后继、不断超越的进华历程,翻开进华起步的扉页,翻阅进华发展的内芯,成长,既是"标题",也是"题字",更是"题库"。成长,是进华近 30 年时间办学长度的"朴实",也是进华拓展办学空间的"真实",更是进华优质育人篇章的"厚实"。

一、成长的引擎:遵循教育规律

坚持以学生发展为本的最大化——在进华,教育的机会对每一位学生都是公平的,在进华,创造的机会对每一位学生都是共享的。进华给了不同学生不同的发展空间,每一位学生都能在学习中找到自己的快乐,找到适合自己的学习方法。践行适合教育,让每个孩子获得各自实实在在的发展,找到成长的空间。

释放A+BC课程的最大红利——为贯彻面向全体学生的教学思想,力求使各个层次的学生互相促进,共同发展。进华按照"关注差异,开发潜能,多元发展"的教育理念,从课堂教学着手,针对不同学生的差异,实行了A+BC课程建设,探索新的教学方法,优化课堂教学过程,努力提高教学效率。A+BC课程建设,是学校课程建设的战略性选择,也是学校课程建设的创造性实践,更是学校发展进程中的一个里程碑。

A+BC课程建设,有效地利用了学习时间,拓展了学生的学习空间,根据学生的学习能力进行分层教学,老师的教和学生的学都具有针对性和有效性。尤其是根据考试成绩进行A+BC走班,促进了学生的学习竞争,这种动态的分层教学所带来的竞争理念在基础年级就植入了学生的学习意识之中。校本课程也从最初数学学科的A+BC课程建设,延伸到语文、英语各学科的A+BC课程建设,满足进华学生多元学习需要。正是由于这一未雨绸缪的举措,在实施摇号招生之后,面对学生差异,我们可以从容面对。

二、成长的方向:端正办学观念

进华从创办第一天起,秉持着"为学生一生的发展而奠基"的办学理念,坚信不能只有学业成绩这样一种"亮色",而暗淡健康成长的"全色"。我们学校成长的本线或底线,就是坚持正确的办学观念。于是在进华,出现了一幕幕欣喜的"景象":

(一)打下做人的底子

进华中学坚持以德育为核心,以学生发展为本,努力从学生的身心发展需要出发,让学生走进现实生活,开展系列德育主题活动,包括:政治信仰系列——特色理论,党的知识,榜样引领;道德伦理系列——孝敬父母,尊敬师长,友爱诚信;生存技能系列——自理自治,社交礼仪,独立生存;问题研究系列——校园话题、国情世情、社会热点;实践系列——军营生活、学工学农、社区服务。通过系列的德育主体活动的开展,丰富了学生德育内容,将思想品德教育落到了实处。例如,将国学教育纳入学校课程体系,在预备年级、初一年级开设校本课程,设"智与慧、情与理、思与想、兴趣与责任"等各十六讲,每周一节,惠及每一位学生。数年坚持实践。

（二）练强健康的身子

沈女士的女儿曾就读于进华,后凭着优异的成绩考入上海中学。虽然初中老师学业抓得很紧,但是直至初三,女儿的体育课从未被占作他用,同时学校的"男拳女舞"武术与韵律操要求全员参与,通过社团与阳光体育进行集体培训,初三时,每天早上的长跑训练更是雷打不动。令她欣慰的是,以前体力不佳、学校军训会晕倒的女儿,参加新高一军训时,精力充沛得很。

（三）成就表达的面子

进华对学生表达力的培养颇有方法。学校成立了上海市最早的诗歌朗诵基地。2008年,300名学生参加第10届中国上海国际艺术节"苏州河之歌"原创诗歌千人朗诵会,与著名播音艺术家同台朗诵。在贺绿汀音乐厅举办了大型"绿律协谐"诗歌朗诵会。学校率先在全市范围内组织了"进华杯金口才大赛",至今已举办了八届金口才夏令营。每次夏令营学校都会邀请沪上知名语言表演艺术家与学生面对面交流。每一届的活动都植根于校园、植根于语文教学,以其活动设计的多样性及效果卓著,受到广大师生的广泛欢迎。事实证明,进华的素质教育得到了更宽领域的落实。

三、成长的动能:立足思维发展

教育,就是要使学生通过学校教育变得更聪明、更理智、更能干。进华的探索与实践,给出的结论是:"一科独秀"可以带动"百花盛开",关键是学科教学要有思想和灵魂,并有迁移转化的能耐。

（一）数学教学点燃思维的火花

可以说,进华是以数学见长起"家"的。建校伊始,依托华师大二附中的优势,确立数学"龙头"学科地位,加强数学学科建设,并逐渐形成教学特色。

1998年，成立数学教改实验班，采用《中学数学实验教材》，开展数学特长生培养。2013年、2016年连续被上海市民办中小学协会批准成为初中数学学科基地。先后开展了青年教师培养、课堂转型、数学实验室建设，对全市民办初中学校和区域学校进行数学学科教学辐射。2021年，由上海市民办中小学协会审定批准的英语学科基地在进华落地，目前正在规划筹建语文基地申报，形成语数英三剑齐发、各学科百花齐放的教学局面。

进华的数学教学根底扎实，具有思维的品质。进华对数学有一句名言：在数学世界里，既要超前思考，也要宏观思考，更要深层次思考。把数学从生活中抽象出来，使之变得熟悉，再让数学回到生活中去，使之变得亲切；让每一个进华的学子形成数学意识，体会数学感觉的真谛。

进华的数学特色，在教材选择、师资配备、教学设计、教学保障等方面颇有建树，尤其在数学基础课堂教学中展现的"四度"给人以许多启发：宽度——重视知识的占线面的拓宽；深度——注重数学意识、思想方法的渗透训练，让学生"知其然，更知其所以然"；速度——训练口答和抢答的速度，培养即时思维；效度——把握学生状况，调整教学方式，提升教学效果。

（二）在课堂中将思维的蛋糕做大

进华在培养初中创新型人才时出"奇招"，即将学生食堂拓展为创新型个性品质的课堂。当时学校有一个国家级的课题，即"初中学生创新人才个性品质养成的实践研究"，共有9个工作室来支撑，其中，德育室和总务处设计了食堂"亲社会能力"培养课程。食堂聘请学生校务助理参与制定《进华学生文明用餐守则》，编撰食堂校本课程，这门校本课程其实也是一门德育课程。"学生在食堂中会相互接触、相互交流，更会有相互的摩擦。把食堂作为一个社会情境，让学生们学会与人交往沟通的能力和文明礼仪。"

同时，初中学生还会在这门课中自愿参与两大类课程的学习，即"烹饪"课和"食雕"课。"烹饪"课从淘米做饭开始，教会孩子"四个一"，比如，一块肉怎么做成若干个肉菜、一篮子蔬菜怎么做成各色菜肴等；而"食雕"课则以教员展示和学生动手相结合，融入美学的概念。在提倡五育并举的今天，我们的劳动教育依靠着这个坚实的基础，拓展了屋顶农艺园，从播种、培育、养护、采摘、烹饪一体化的学习模式,让每个学生都能够真正在用中学,在学中用。事实证明,提升学科建设水平,由一个或几个学科带头"试水",并聚集关键思维,能带动其他学科的发展和进步。

进华中学创办已 27 年,学校的发展一直走在健康的轨道上。作为改革开放的产物,这实际上既反映了教育改革开放的成果,也揭示了民办学校获得长足发展的真谛,即:学校发展定格在健康的目标基准上,学生成长定位在正道的方向基轨上。人以健康为本,办学也以健康为要。用陈校长的话说,办学健康,才会有优质教育的本体、才会有百姓满意的地方、才会有学生成长的欢乐。一个"健康",蕴含多少教育的真谛和气象。因此,进华这部"成长专列",一路飞驰、一路风景也就必然了。

(陈国强　朱芳芳　执笔)

22. 立己达人　问道守正

民办立达中学

这是一所硬件一般的学校：没有宽敞的教学大楼，没有齐全的专用教室，没有标准的体育场馆，甚至没有气派的校门。可她又是一所内涵富有的学校：先进的教育理念，优质的师资力量，一流的学校文化和可圈可点的办学质量。她是已经毕业学生的骄傲，又是众多小学生的向往——她就是成立于1996年的上海市民办立达中学，至今已经走过了26个年头。

立达中学"以质量求生存，以特色促发展，以服务树口碑"，努力提升自身的竞争力和影响力，始终坚持引导学生"行有规范，学有特长，全面发展，立志成才"。立达人不忘初心，积极进取，经过一代又一代立达人的努力，已经从办学伊始、名不见经传的一所普通民办初级中学，成长为家长信任、社会公认的优质民办初中。

一、立己达人　构建学校精神文化

校名"立达"源于《论语·雍也》："夫仁者，己欲立而立人，己欲达而达人。"学校成立伊始，就把"立己达人"作为校训。每学年的开学典礼，立达人是非常重视的，都会重温校训，新生会得到学校赠送的校训书签，所有学生都会得到一枚升级校徽。说到校徽，立达中学首创的系列校徽，早已家喻户晓。一套5枚，各有含义：预备年级的新绿，意为新苗茁壮；初一年级的粉蓝，意为少年自强；初二年级的金黄，意为丰收在望；初三年级的浅紫，意为硕果满仓。毕业时还有一枚桃红色校徽，意为桃李芬芳。校徽见证着学生的成长，寄托着学校的厚望。授戴新校徽仪式，人人期盼，激动人心，因为，这意味着自己又成长了，又进步了。在校庆25周年纪念活动中，学校特意设计了美观、实用又寓意深刻的校庆纪念摆件——笔筒与沙漏,赠予每位立达人,提醒立达学子谨记校训,珍惜时间,为建设祖国做好准备。

二、立德树人　建设学校课程文化

创新又适合的课程建设,是一所学校生存发展的硬核。建校26年来,立达人一直在探求学校内涵发展,逐渐形成了"立己达人"独特的育人理念及模式,并通过"立德"、"立智"、"立能"、"立身"等"四立课程"的创新设计、开发与实施,帮助每一位学生全面发展,学有特长,努力掌握21世纪必备的品德、学识、能力和素养,为自己将来在社会上安身立命、持续发展打下坚实基础,同时又成为能与他人互助合作、服务社会的新型人才。

学校从"立达教育"总体目标出发,在"基础型课程—拓展型课程—探究型课程"的三维课程框架下,开发了"立德课程"、"立智课程"、"立能课程"和"立身课程",形成符合"立达教育"特色的"四立课程"体系,并渗透在基础型课程、拓展型课程和探究型课程三大课程领域中,使每位学生都能获得丰富多元的"四立课程"学习机会,既确保他们在四个方面的全面发展,也鼓励他们根据自身基础和兴趣需求选择,开展个性化学习。

"立德树人"是基础教育课程改革的核心和根本任务,帮助学生"立德"进而"树人"是"立达教育"的首要目标。学校的"立德"课程是在社会主义核心价值观的指引下,从道德认知、行为养成、情感体验三个层面,重点发展学生的诚信、善良、关爱、理解、责任等核心道德品质。学校将基础型课程作为开展"立德"教育的主阵地,通过学科渗透道德教育活动,使"立德"贯穿在学生基础型学科的课程学习中,增强道德教育的有效性和持续性。同时,重点依托拓展型课程和探究型课程,进行"立德"课程的实践。进一步加强建设"诚信立己"、"素质立人"、"推己及人"等具有学校特色的"立德"课程。

"立智"课程主要围绕学科教学展开。基础型课程是培育学生"立智"的主要载体。学校充分发挥"课程育智"的重要功能,指导学生积累学科领域的基础知识,掌握学科领域的核心观念和原理原则,形成并持续丰富拓展知识结构，了解学科的价值体系和方法，学会学科基本技能，从而不断积累知识，发展学识，孕育智慧。在拓展型课程中，学生围绕基础型课程学习过程中产生的新问题，深入了解，拓宽视野，接触各学科领域的前沿知识，进行拓展学习。开设并完善"美妙的汉字""双语数学""兴趣英语""趣味实验物理""生活中的化学"等课程。这些拓展型课程既开阔学生视野，又起到抛砖引玉的作用，引导学生根据自己的实际情况及兴趣爱好，有选择地进行探究，去发现更多的"为什么"，进而去解决更多的"为什么"。

"立能"课程重在发展学生的创新能力、批判性思维及问题解决能力、交流能力、合作能力（"4C"能力），以及信息技术能力，以使学生具备作为21世纪学习者所需的基本技能。学校在基础型课程中有意识地结合学科教学，发展学生的"4C"能力和信息技术能力，同时在校本微型课程领域，以拓展型课程和探究型课程为重点，开发实施"立能"课程。重点开设"人工智能""全能脑力王"等课程及科创实践活动。教师采用基于问题的学习等探究式教学模式，充分鼓励学生善于发现问题、勇于提出问题，积极探究解决方案。在拓展型课程和探究型课程中开设"机器人制作""Python编程""无线电定位"等课程，使"立能"课程的实施贯穿于"基础型—拓展型—探究型"的三维课程框架之中。

"立身"课程帮助学生为将来立足社会做好准备。学校从基础型课程中的音乐、体育、美术等课程入手，开发了有利于每个学生发展健康素养和艺术素养的"立身"课程。在拓展型课程中，学校开设游泳、足球、跳高、田径、乒乓球以及"体育常识""体育比赛观赏""健康教育"等课程，发展学生的健康素养；开设"救护常识""安全教育"等课程，发展学生的安全素养；开设舞蹈、合唱和"音乐分享"等课程，发展学生的艺术素养；通过"模拟联合国"等课程，发展学生的国际视野。在探究型课程中，开发"低碳生活"等课程，来发展学生的环保意识；通过职业体验课程，对学生进行职业启蒙教育。

课程实施中，学校进一步整合课程资源，实施项目化学习。每一位学生在教师指导和主动开展学习活动中完成课程学习，丰富学习经历，促进素养发展和快乐成长。

三、立身育人　提升学校师资文化

立达人深信"学高为师，身正为范"，高尚的师德师风，过硬的专业技能，是一所学校发展的核心灵魂。立达中学现有教职员工98人，来自全国各地，长期以来，学校营造了"不分先来后到，不分年长年轻，不分外地上海，不分编内编外，进了立达门，就是立达人"的良好氛围，发扬"厚德、博学、细实、善导"的教风，形成了一支开拓进取、潜心工作、热爱学生、师德一流的教师队伍，实现了学校发展和个人进步、学生成长和社会反响"共赢"的良好局面。

学校对师德师风建设常抓不懈，建立师德师风领导小组、制订"关于师德师风建设的若干要求"，把师德师风建设融入到教育教学、绩效考核、岗位晋升、人才选拔等各个方面。榜样的力量是无穷的，学校经常宣传各条战线上的优秀人物的优秀事迹，以及身边的先进典型，引导教工努力成为学生心目中的"好老师"，在校园内形成正能量，促进全体教工努力践行"立己达人"的校训。学校还以文明班组建设、创建市文明单位、创建全国文明城区为抓手，推进师德师风建设，努力做到与学校发展同步，与社会、家长、学生希望匹配。

优质的师资是教育成功的重要因素。因此，学校在提升师德的同时，努力提升教师专业素养和业务能力。向专家学习，向书本学习，向同行学习，更新理念，加强研究，在立达教师中已蔚然成风。教师日常教育教学工作繁忙，相对封闭，为此学校通过聘请专家来校开设讲座，作专题报告，蹲点指导等，帮助老师们拓展视野，更新理念，改进方法，更快成长。在请专家进校的同时，学校争取各种机会让教师走出校门，参加各级各类名师工作室的学习；承担市区的教研工作、课题研究和教学评比，在完成这些任务的过程中提升教师的专业素养。学校鼓励教师积极申报市和区教科研课题，聘请专家指导，多次成功申报市和区各级各类研究课题，多名教师的教育教学论文在《上海教育》《现代教学》《黄浦教育》等主要教育教学刊物上发表。学校指导教师参加上海市民办中小学青年教师"名爵杯"教学评比、上海市中青年教师教学评选活动、黄浦区教学评选活动等，均获高级别奖项。

学校不仅支持提供请进来、走出去,以帮助教师专业发展,更注重教研组建设,通过教研组集体研讨,自培提升专业素养。学校提倡"一组一特色"的教研组建设;"同课异构"、"一节好课"的备课组教研;注重课后反思,撰写"一课一得"的个人提高。在全面提升教师专业素养与业务能力的基础上,学校敢于给青年教师压重任,鼓励所有教师,特别是青年教师,任教本年级课程同时,提前准备下一年级的课程,并随堂听优秀教师的课。这样,既熟悉了教材,又为下一学年的教学做了准备,因此,立达老师基本上都熟悉本学科整个初中学段的教材体系,能胜任各年级的教学任务。经过组阁制、循环制、考核制、流动制、带教制、评优奖励制、培训晋升制等多种管理途径,立达中学已经打造了一支师德佳、能力强、业务精的优质师资队伍。

26年来,立达中学所走的每一步都是那么坚定;今后,立达中学将继续探求学校内涵发展,注重学校文化建设,继续踏踏实实走自己的路,深入教改,办人民满意的学校,育社会需要的人才。

(胡超平　执笔)

23. 特色办学 铸就品牌

民办尚外外国语小学

上海市民办尚外外国语小学,曾用名上海外国语大学附属民办外国语小学(简称"上外附小"),前身为创办于1996年的虹口区贝贝英语小学。在"中国情结 国际视野"教育理念和"打造特色,追求一流"办学理念的引领下,围绕"培养品行规范、身心健康、外语能力突出,学业基础扎实,个性特长初显,具有大方、大度、大智品质的阳光少年"的培养目标,不断深耕。她是一所办学业绩出色,具有先进管理水平、一流教育资源、优质品牌的外国语小学,在社会享有盛誉。

学校现有30个教学班,学生1340名;有教职员工108名,94名专任教师中有高级教师12名,10人硕士学历、78人本科学历、6人大专学历。

学校是全国外国语学校工作研究会小学分会会长单位、上海市教师专业发展学校、上海外国语大学基础教育(小学)师资培训基地校,上外附小教育集团领衔校,承担着辐射引领的社会责任。曾荣获全国优秀民办中小学、全国特色建设示范学校、全国办学特色示范学校、全国中小学外语教研工作示范校、全国优秀少先队集体、上海市文明单位(校园)、上海市行为规范示范校、上海市见习教师规范化培训优秀基地校等多项荣誉。

一、抓住机遇,艰苦创业

1996年9月,王石兰校长和朱萍副校长创办了贝贝英语小学。为了招到学生,党团员教师都在下班后和周末去居民区张贴招生广告,校长每天晚上都留在学校耐心接待前来咨询的家长,终于招满了第一届42名三年级学生。为满足家长的需求,学校承诺"绝不将作业带回家",全体学生在校晚自习至 8:00 放学,部分学生住宿。学校以英语教学为特色,着力开展强化英语的实践。经过 3 年的培养,首届毕业生中有 7 人考上了上外附中。这个令人振奋的好消息经过家长们的口口相传,使学校门庭若市,招生一位难求。2001 年 9 月,学校有了独立的校舍,并从一年级开始招生,当年班级数增加到 10 个。

2001 年 6 月,学校抓住机遇,被市教委教研室聘为"上海市中小学双语教育实验研究首批特邀研究单位"。由朱萍副校长和全国优秀外语教师祁承辉领衔,开展了"强化英语,实验双语"的实践。经过几年努力,英语、双语、语文、数学教研组先后被评为"虹口区优秀教研组",还涌现了祁承辉等优秀青年教师,3 人荣获上海市小学英语教学评比一等奖,3 人荣获上海市双语教学评比一等奖。2004 年 6 月 21 日,《文汇报》发表专评《论学校成为"蓄水池"》,热情赞扬学校培养教师队伍的成功举措。

2005 年 3 月,学校被评为上海市首批双语特色学校;4 月,学校被评为"上海市优秀民办中小学",受到市教委的表彰。贝贝英语小学的六届毕业生中有 10% 的学生被上外附中正规班录取,1/3 的学生考进了外语类中学,绝大部分学生考进了优质的民办初中。

二、特色立身,确立品牌

2005 年 4 月,贝贝英语小学整建制转为上海外国语大学附属民办外国语小学。上海万江置业有限公司杜锦豪先生担任上海外国语大学附属外国语小学的董事长,王石兰担任校长。

课程,是学校的"生命线",也是形成办学特色的"底色"。上外附小将课程建设作为培育外语特色的基础,搭建了"FOOT"校本外语课程框架,从基础课程、特色课程、自选课程和拓展课程四个维度对课程设置、教材整合、活动设计、培养目标等方面进行了系列的探究与实践。

在青年优秀教师祁承辉的带领下,全面开展"交融式英语课堂教学"实践,着重体现为教学内容上的交融,教学活动上的交融,师生、生生间的交融,教学心理上的交融和主体与环境的交融;逐步形成了"广纳教材、精选内容、有效设计"的特色,打造"强调文化、富有趣味、注重交际"的英语课堂。

同时,通过双语环境布置、涂鸦墙、"走进世界"自主学习机、英语节、大型双语主题活动等积极营造语言学习的文化氛围,让学生多元化地体验有真实社交意义的语言学习,激发语言学习的浓厚兴趣。经过潜心实践,学校的英语教学体现出"针对学生实际、激发学生潜能、培养学生兴趣、教学与时俱进"的特点,英语学科也成为最受全校学生欢迎的学科。

2008年1月,学校被评为"全国中小学外语教研工作示范学校"。在上海外国语大学的指导下,学校于4月牵头成立全国外国语学校工作研究会小学分会,标志着我校的外语教育教学工作正逐步辐射全国。2009年,学校被中国民办教育协会评为"全国优秀民办中小学";2011年,学校获上海市"特色建设先进学校";2012年,被中国民办教育协会评为"全国特色优质办学示范学校"。

三、内涵发展,砥砺前行

特色建设是学校发展的核心竞争力。"以学生发展为本"是学校特色建设的价值取向。2013年1月,学校正式启动上海市首批民办特色学校创建工作。通过三年的特色创建,学校明确了"育人是学校办学的根本任务"。在追求外语特色的同时,更关注学生的全面成长。正式确立了"中国情结,国际视野"教育理念和"大方、大度、大智"的"三大品质"。

对"三大品质",学校有自己的诠释:"大方"注重行为举止,目标指向举止得体、礼仪文明、开放积极、善于交流分享;"大度"指向情感态度,要求为人讲诚信、负责任、宽容谦让、心态阳光、乐观向上;"大智"侧重于扎实的学业基础和人文积淀,还指向睿智敏捷、善于学习、探究创新等学习品质。同时,学校还以"中国学生发展核心素养"为标准,根据"大方、大度、大智"品质,细化了上外附小"九大核心素养"。

学校始终将特色办学的落脚点,放在整体课程规划与建设上,初步构建了能凸显学校教育理念及核心价值观的课程体系,并从学科教学及德育活动两个维度开展了实证研究,形成了在学科教学中发展学生"九大核心素养"

的校本化建构的实施途径。同时，着力开展少先队活动课的课程设计，有效利用行为规范训练课、道德与法治课和10分钟队会，培养学生的"三大品质"，形成了行之有效的德育活动课程资源，构建了覆盖全学科的课例资源库。

学校牢牢坚持"以学生发展为本"，坚持特色发展，朝着培养素质全面优良、基础知识扎实、外语能力突出、具有浓浓的"中国情结"，以及国际视野和跨文化交流能力的未来国家后备人才的目标，培养了一大批优秀毕业生，有的出席全国"少代会"，有的荣获"全国优秀少先队员"。

年仅10岁的小童有着强烈的责任感和环保意识。小小年纪就发动和组织全班同学制作手工作品进行义卖，并向爱心企业募集善款，帮助100位贫困儿童完成2013年的新年愿望。2014年的10月，小童又与小伙伴从宁夏徒步18.8公里穿越贺兰山，完成了为改善内蒙古阿拉善盟的沙漠环境而募集善款的公益活动。

2022年毕业的小唐，生长在军人家庭。自2020年新冠疫情以来，他学习"战疫先锋"父母的志愿奉献精神，组织小伙伴开展"走近先锋"线上寻访活动，撰写抗"疫"征文、创作抗"疫"书画作品、制作战"疫"小报致敬最美逆行者。2020年5月，他作为"逆行英雄"子女受邀参加"青春战役，聚力前行"纪念五四运动101周年的主题活动，汇报在战疫中的成长感悟。他积极传承红色基因，先后荣获虹口区青少年诵读"四史"经典活动作品二等奖、上海市团员青年"学党史、强信念、跟党走"演讲比赛二等奖，光荣出席了第八次全国少代会。

2015年4月，学校管理团队荣获"上海市模范集体"称号，2017年4月获评"全国工人先锋号"。

四、辐射引领，均衡发展

2016年4月，"上外附小教育集团"挂牌成立，由民办上外附小和公办虹口区凉城第一小学组成。同年9月，凉城一小更名为"虹口区外国语第一小学"。2018年11月，公办凉城二小成为集团的新成员。作为集团领衔校，着眼于三所学校均衡发展和特色建设，按照"紧密合作，优质共享，提质增效"的集团化办学要求,坚持推行"办好每一所学校,成就每一位教师,教好每一个学生"的办学理念。通过开拓创新,不断追求办学质量的新突破,在组织体系与治理、教师流动与发展、课程教学与科研、资源建设与共享等方面做出了有益的尝试,努力成为"老百姓家门口的好学校"。

2021年5月27日,"激活力、强特色、促发展"上外附小教育集团展示活动隆重举行。集团总校长杨蕴敏从"四抓四促"汇报了集团工作的特色亮点。随后,《新民晚报》首席记者和集团三位校长通过"微论坛"共话集团建设的成就与感受,获得好评。

6年来,教育集团的教师们在专业发展上有了长足的进步,师生们在零距离的交流中增进了友谊,拓展了发展空间,成效显著。虹外一小和凉城二小的新生人数年年突破计划数,新生流失率为0,办学质量越来越受到家长们的青睐。

2022年3月,学校更名为"上海市民办尚外外国语小学",随着义务教育新课程标准的颁布,学校在全面贯彻党的教育方针、落实立德树人根本任务和有效推进"双减"工作方面面临新的挑战。学校将在规范办学的基础上,进一步围绕"三大品质""九大核心素养"提升教师素养、优化学校课程、活化教学方式、推进教育数字化转型,为上海基础教育民办学校特色办学做出新的贡献。

(张　靖　执笔)

24. 平而不庸　和而不同

民办平和学校

1996年,在浦东开发开放的大背景下,一所九年一贯制的民办寄宿制学校——上海市民办平和学校应运而生。多年来,平和学校积极响应贯彻党和国家的教育方针,尊重学生生命成长规律,尊重教育自身规律,以学生的健康成长和全面发展为本,全面实施素质教育;注重教育过程中学生的经验和实践,强化创新意识和能力的培养。坚持中国基础教育与西方教育优势的结合、中西方文化精髓的结合、科学精神与人文情怀的结合,在多年办学摸索实践后,形成了"平而不庸、和而不同"的学校文化,致力于培养扎根于中华优秀传统文化、具有国际竞争力的成功的学习者。

26年过去,如今平和学校已然成为一所知名度颇高、优质的民办学校。现任校长万玮曾总结自己对学校管理的思考,将其浓缩为三句话:"教育就是传承""发展就是创新""融合才是未来"。万玮校长的教师生涯与平和学校同步,这三句话也可视为平和26年以来学校发展经验的总结。

一、教育就是传承

平和学校首任校长吴泓极为看重学生的反馈。关于这一点,坊间曾流传这样一个故事。有一次,吴泓校长在学校做完发言,一个颇为"大胆"的小女孩走到他面前,告诉他,校长您今天的领带和西服很不搭配。吴泓校长心中一怔,转而微笑着告诉小女孩,谢谢她的意见,今后有任何意见都可以直接向校长和老师提。

他在任4年,不仅倡导平和从小学一年级便开始启用外教教授英语,而且强烈要求撤掉讲台、搬掉讲桌,强化学生自主学习,在当时可谓是国内为数不多的创新之举。这样一种关注个体、尊重学生的教育思想,在后来成为"平而不庸、和而不同"的校园文化提炼的基础之一。正是在这样的自主自由的氛围下,学生自然地生长、发展着自己的兴趣。

目前,小学、初中与高中,根据各学段学生年龄,为学生全面发展创设了适切的课程。小学部以兴趣课程为主,旨在拓宽学生学习兴趣、开阔学习视野、完善学生跨学科的知识结构。这些课程所涉及的学习内容非常广泛,有近40门,涵盖了六类综合素养课程。

表1 小学部兴趣课程

类 别	课 程
文学艺术类	英语演讲、CC Club、演讲训练、趣知二十四节气、《史记》和《资治通鉴》
实践感悟类	思维拓展、趣味数学、未来智慧
科学技术类	哥德堡机械、科学幻想、Science & Image Club、机器人编程、科创校队
兴趣活动类	益智桌游、串珠、顾老师的巧手坊、折纸、衍纸手工、魔术、趣味动漫
运动竞技类	篮球、飞盘、羽毛球、游泳、乒乓球、健美操、台球、赛艇、触式橄榄球
艺术音乐类	平和乐团、音乐剧、创意素描、电子音乐坊

初中部考虑到学生年龄特点,则更注重为学生搭平台,因此特设立学生发展中心,下设Phirst微信平台、学生文学院,并筹划开设学生影视学院、媒体学院。以此为载体,培养和锻炼学生的自主学习能力、探索能力,它是平和学校课程体系建设的重要组成部分。

同时,为了拓展学生的知识广度,提升学科的学术高度,初中部也开设了六类综合素养课程。一部分课程与小学部一以贯之,比如《史记》和《资治通鉴》。另一些则根据初中学生的兴趣与能力特点,开设如法律案例分析、Photoshop海报设计、电影配音、模拟联合国、速写与版画、园艺社、赛车、摄影、动画制作、模型制作、布艺手工、服饰文化、建筑欣赏、即兴伴奏与自弹自唱、立体图形制作、西班牙语入门等。

平和学校高中部社团活动则以学生兴趣为主导,教师作为支持性角色展开。学部现拥有80余个既具深度且有传承的学生社团,社团活动丰富多彩,涵盖面广,以学生兴趣出发,辅以在各方面拥有一技之长的教师的指导。国际课程实验班的学生既可共享学校已有的校队和社团,也可在本项目内自发创立社团,目前项目内已有10多个自创的学生社团。每年平和学校高中部联合学生社团、学生会及学校其他学部共同举办社团嘉年华、运动会、音乐会、迎新晚会、毕业生舞会等特色活动,鼓励学生推陈出新,提高艺术修养,坚持锻炼,关心他人,发扬合作精神。

此外,高中学生参与的课外活动所涉及的领域包含学术、体育、艺术、志愿者、媒体等众多方面。在运动竞技方面,学校拥有篮球社、足球社、游泳社、飞盘社、骑行社、赛艇社和跑步社等10多个运动类社团,在国内外各项比赛中斩获奖项无数;在艺术类社团方面,平和拥有书法、民乐、古典音乐、交响乐、无伴奏合唱团、绘画和戏剧等多个社团;高中部还拥有多个语言类社团供学生在学习多种语言的同时了解不同国家的文化,如法语社、日语社、西班牙语社和德语社等;学校致力于培养学生服务与回馈社会的意识,学生以各种各样的形式组成志愿者社团服务各种群体,积极参与社会公益活动,将善的理念传播给身边的人。

"平而不庸,和而不同"的校园文化既是一种文化的提炼,也反过来指导了各项校园活动。平和每年都进行"平和人物"的评选,每月一位,一年12位,采用推荐制,对象是教工、学生或校友,评选的标准正是"平而不庸、和而不同"。

二、发展就是创新

万玮校长曾说:"人有生命,学校有生命,万事万物皆有生命。生命就是成长,成长就是发展,发展就是变化,变化就是创新。"平和学校诞生于浦东金桥,学校的发展与浦东开发开放以及上海高速发展密切相关。

作为大都市,上海的飞速发展聚拢了来自全国乃至世界各地的精英、海归以及外籍人士。在此背景下,学校管理层分析了这些家庭对子女的教育需求,发现他们既有本土化的文化需求,又希望融中西文化精华于一体。面对这些需求,平和学校第二任校长恽昭世就决定开设国际部,并引入国际课程;第三任校长任国芳更是进一步提出了"分析市场,找准定位;看好生源,主动刹车"的错位竞争策略。

2001年起,学校获准跨区县面向全市招生。2002年9月,在高中部开设国际文凭组织课程,实施全英语教学。2003年5月,通过国际文凭组织(IBO)审核,成为IBDP组织成员学校。2004年12月,学校被上海市教育委员会认定为"上海市首批双语学校"。2007年,被批准为"上海市直接向境外招收外国留学生资格学校"。2014年成为上海市首批21所可以开设高中国际课程的学校。

25年来,学校办学成果斐然,广受社会认可。高中IBDP课程班的历届毕业生,先后被包括美国哈佛大学、斯坦福大学、哥伦比亚大学、芝加哥大学、宾夕法尼亚大学、康奈尔大学、剑桥大学和牛津大学在内的许多世界著名学校录取。在海外本科申请竞争日益激烈的情况下,2022届平和IBDP毕业生凭借扎实的学术实力、丰富的兴趣探索以及强烈的社会责任感脱颖而出,录取结果逆势而行,美本前30的录取总数在上海学校中遥遥领先。其中,96%的IBDP毕业生收获了QS/Times全球排名前30大学的录取。在主申英美方向,99.5%的美本方向毕业生收获了U.S. News美国综合性大学前60名院校的录取通知书,约70%的毕业生收到了U.S. News美国综合性大学前30、美国文理学院前30或英国G5大学的录取通知书。

2016年,有着20年成功办学经验和大量成功的教育教学实践基础的平和学校,抓住政府鼓励优质民办学校集团化办学的契机,从原来的单一校开始向集团办校方向发展,跨出了突破性和开创性的一步,与上海光华教育集团合作,委托管理了光华初中。在此基础上,2017年托管了上海筑桥实验小学并正式成立了平和教育集团。此后的一年,在成功托管两所学校的基础上,平和学校首次输出了平和教育品牌,在2018年和上海题学科技有限公司合作并托管了一至九年一贯制的全日制寄宿学校:上海青浦平和双语学校。这些学校发展至今,也都受到了社会各界的广泛认可。

三、融合才是未来

在解释平和学校课程特色时,万玮校长曾说:"中华民族优秀传统文化一直强调'和''合'两字,中华文化本身就是多民族文化融合的产物,而这样一种融合文化引领全人类走出困境,实现习近平总书记提出的'人类命运共同体'的目标。"

课程是教育的核心、集中体现教育的内在品质。曾经的国际部课程以多元化、双语教学为课程特征,学生毕业能熟练使用中、英文并深度了解掌握其文化内涵;强化中国基础教育背景中数学、科学教育,促进学生包括合作学习意识、艺术修养以及体育技能在内的全面发展。

发展至今,平和学校的课程体系已经相当成熟。为了培养学生成为具有中国文化根基、民族使命感、社会责任感和全球视野的现代公民,平和学校致力于建设完整生态的博雅教育以及植根于中华文化的平和课程。我们可以用8个数字来概括平和课程的核心理念:

1个培养目标:培养有见识、具良知、善思考、敢实践的"五自"平和人。

2大文化理念:平而不庸,和而不同。

3重课程维度:平和课程提倡"人与自己""人与他人""人与世界"的和谐共处,希望平和人都能够见自我、见众生、见天地。

4大核心素养:用博雅、审辨、包容、笃行这4个词来为平和学子画像。

5种精神特质:自由、自然、自省、自信、自主。

6大学习领域:语言与文学、体育与健康、艺术与审美、社会与生活、数学与逻辑、科学与技术。

7条课程主线:中国传统文化、跨文化理解、跨学科高阶思维、社会情感学习、真实场景、设计思维、生涯规划。

8种基本能力:学习力和审美力是文化基础,审辨力、创新力和反思力是思考方式,合作力、沟通力和实践力是行动实践。

未来,平和教育集团将传承"平而不庸、和而不同"的校园文化,坚持"轻负担、高质量"的办学理念,打造世界知名的高端民族教育品牌。

(瞿逸冰　执笔)

25. 依法规范　砥砺前行

存志学校

上海市存志学校原为1953年创建的上海市首批重点中学、首批实验性示范性高中上海市控江中学的初中部。1996年,学校转制为民办初级中学,更名为上海市民办存志中学。2013年更名为上海同济大学附属存志学校。2022年变更为现名。

1996年转制为民办学校后,恰赶上教育大发展的辉煌时期,在社会各界关心下,学校发展成为一所全市知名的优质基础教育单位。学校现为上海市控江中学教育集团成员校、上海市辽阳中学教育集团成员校,参与上海市教委"城乡携手计划",精准委托管理上海市宝山区乐之中学。参与上海市强校工程,与上海市十五中学合作办学。

回顾26年来的民办办校历程,全体教职员工乘着民办教育改革的东风,努力拼搏,锐意进取,以出色成绩和良好口碑,不断提升学校的社会认可度和美誉度。在教育改革不断深化的今天,为国家培养人才,为社会、为人民提供优质的教育服务,是义务教育的基本出发点。坚持党的领导和人民立场,依法办学、规范管理、内涵建设、优质均衡发展是存志学校工作的重点。

一、不忘初心,砥砺前行

转制初期,经过反复思考和研讨,学校提出"志存高远　自主发展"的办学理念,把培养未来的社会主义建设者和合格公民作为我们的教育初心。20多年来,学校始终不忘初心,砥砺前行,让孩子享有公平而有质量的教育。学校始终坚持党的集中统一领导,在依法办学、规范管理的前提下,致力于为社会提供优质教育服务,为学生提供一种健康积极、追求卓越、开放创新、全面发展的成长方式。

（一）加强党的领导，坚持人民立场

党的建设始终是学校的重点工作，加强党对教育事业的全面领导，探索创建民办学校立体化党建工作矩阵，积极探索民办学校党组织领导的校长负责制。作为一所非营利单位的义务教育阶段民办学校，人民立场的体现就是始终坚持教育的公益属性，公益性既是义务教育的规范性特征，也是义务教育的事实性特征，是规范性和事实性的统一。

（二）依法办学，规范管理

学校站在教育立场，展望民办义务教育发展愿景，依法规范是基本前提。学校在新一轮教育改革中，不断提升自主管理能力，完善学校依法办学、规范管理工作。我校将工作重心放在提升办学治校能力、依法治教、依法治校上，最终实现为全面实施素质教育创造良好法治环境，提升人才培养质量。同时，探索教育治理能力现代化，进一步优化监督、激励、协调等权责平衡的法人治理结构；盘活现有资源配置，优化学校办学能级，不断提升学校办学活力、办学动力和市场竞争力，实现教育教学健康、有序、可持续发展。

二、育人为先，挖掘特色内涵

质量是教育工作的生命线，育人是教育的基本功能。作为一所民办初级中学，学校始终坚持把提高质量作为教育改革发展的核心任务，推进教育内涵式发展。学校紧紧抓住重中之重——课程建设，以课程建设促质量发展、以课程建设促师资发展、以课程建设促学生发展，其中最具特色的是学校的综合素养课程和实践活动体系。

为适应社会对人才的新需求，为学生的长期发展考虑，2014年初，存志学校提出了在原有国家课程体系、校本课程体系基础之上，联合同济大学丰富的师资条件，开设综合素养课程的构想。同年4月，《教育部关于全面深化课程改革、落实立德树人根本任务的意见》中指出"教育部将组织研究提出各学段学生发展核心素养体系"，更坚定了我们开设此类课程的决心。5月起，学校制定了《学生素养培育课程开发规划》，明确2014学年度开设综合素养课的授课时间、课时安排、授课内容要求、课程负责团队等具体事项。同时,学校启动学生选课系统搭建工作。2014年度秋季学期共开设7门综合素养课程,春季学期增开至14门。综合素养课程受到学生和家长的普遍欢迎。经过多年发展,存志学校已经开发出29门综合素养课程,成为学校办学的一大特色和亮点。

综合素养课程建设还需要设置实践活动体系,鼓励学生充分发挥自主选择权和主观能动性,兼顾和全面发展个性特长,在初中4年中努力体悟和积淀现阶段的青春成长经历和精神成就,为未来长期发展奠定坚实基础。

综合素养课程包括三大类。第一类是文化素养课程,包括美学、逻辑学、法制教育、西方政治体制、科技发展史、名著导读、文学欣赏、新闻采访与写作等;第二类是艺体素养课程,包括合唱团、管乐队、剪纸艺术、摄影艺术、网球、礼仪等;第三类是科技素养课程,涉及建筑、土木、交通、环境、经济管理、航空航天、物理、化学、生物、医学等门类。

综合素养课程丰富多样,全员覆盖。教学上,贯彻多元性、多样性教学原则,打破班级界限、年级界限,形成学生的学习新样态。注重可操作性,赋予学生自主选择权,激发其多元兴趣发展,为学生提供更广大的学习空间、更宽阔的学习视野提升关键能力和必备品格。

三、优质品牌,展望新的征程

(一)合作办学:从内部完善到外部开放

开放办学、合作办学是教育发展的大趋势。学校作为教育供给主体,不断扩大学习和改进的空间,提升内部治理能力,专注自身教育供给的品质和特色,满足人民对优质教育的需求。同时,通过家校合作、社会合作,学校也希望社会承担更多教育责任,增进对教育的理解,从外部治理角度给学校办学输入新鲜动能。存志学校未来将一面不断自我完善,一面加大对外开放力度。借助集团化办学、公民一体化办学等资源,进一步扩大学校之间、教育集团之间的开放与交流。纵向交流包括向下和小学、向上和高中的交流;横向交流包括同一学段的兄弟学校之间的交流合作,有利于更深入地总结与借鉴教育经验,提高按教育规律办学的自觉性。

(二)均衡优质:从解决问题到引领需求

目前,上海基础教育质量及均衡程度已经达到一定水平,"有学上"的问题已经得到基本解决,但"上好学"的问题仍比较突出,义务教育发展的主要矛盾是人民群众接受高质量教育的要求与优质教育资源供给不足的矛盾。作为一所优质民办初中,在现有成绩的基础上,能否在解决问题的同时,也逐步引领社会的理性教育需求,提升优质资源辐射和带动效应。推动义务教育优质均衡发展,以优质资源辐射和带动相对薄弱的同学段学校,是本校的重要工作。2018年4月至今,在市、区两级主管部门的指导和支持下,存志学校整体托管强校工程实验校十五中学,通过公办、民办的协同发展,提升强校工程的质量,促进义务教育公平而有质量的发展。学校以"示范、融合、发展"的方式,以学生的核心素养培育和绿色指标为导向,实施一体化联动办学。两校间共享优质课程、师资及丰富的课外资源和专家资源,践行社会责任。经过4年实践,十五中学的教学质量逐步提升,发展成为"家门口的好学校"。

学校希望未来能够搭建教育共同体,与相对薄弱的学校一起打造资源共享平台、教师交流平台、学生互通平台等,促进义务教育均衡优质发展。

(三)品牌建设:从社会口碑到深入人心

培育人才是学校的基本目标,学校以"志存高远、自主发展"为办学理念,希望学生从小树立远大理想,踏上自主成长的坚实路径。学生是学校发展的亲历者,更是学校品牌的建设者。要进一步提升学校办学的整体质量,并进而打造存志学校品牌,巩固和提升社会口碑和美誉度,希望在新形势下进一步明确学校定位,总结凝练办学经验,探索育人规律,让学校的办学品牌更加深入人心。

转制为民办学校的26年以来,存志学校在市、区主管部门的领导和支持下不断发展,取得了出色的成绩。在未来征程中,义务教育将进一步走向高质量发展、内涵式发展、智慧化发展,我们将继续努力为社会提供优质教育服务,促进教育均衡发展,深入开展教育合作,进一步提升整体办学质量。

(乔 丽 执笔)

26. 向上向善向美　培育时代新人

民办德英乐实验学校

"滴水成海，海纳百川"。七宝，以江南水韵赋予复旦万科从容淡定的气韵，而上海精神塑造了复旦万科创新进取的品格。立于千年古镇的中华文脉，承继"向上、向善、向美"的美德，复旦万科办学26年来，见证了上海民办基础教育的发展与变迁，始终以不变的初心，坚持"一切为了学生和谐健康地发展"，在特色办学的道路上求索实践。

一、向上而生，坚持特色办学发展

民办德英乐(复旦万科)实验学校的历史，缘起于1996年春，复旦大学附属中学和上海万科地产签署了《联合办学协议》。这场名校和名企的牵手，开启了复旦万科26年的办学历程。

初创时期，我们走过5年筹划。通过联合办学，明确发展方向，把"融合复旦教育精神和万科管理理念"作为核心价值观，实施精细管理，让刚刚起步的复旦万科立足于上海民办教育之林。1996年，第一批新生入学；1997年，第一次国际交流；2000年，第一届学生毕业。这5年，复旦万科学生数从163名到1 020名，班级数从7个到27个，实现了学校规模发展，奠定了科技化、信息化的办学基础。

成长时期，我们坚持10年立基。从2001年起，学校捕捉学生和家长的多元教育需求，先后开设了A、B、C三种优质小班，由单一班制到多元班制、由通识课程到个性课程、由服务社区到着眼全球，多元化、个性化的课程模式逐渐成形。2001年，首次尝试小班制，开设A班，实施个性化分层教育；2004年，开设B班，实施精致化双语教育；2006年，开设C班，融合中西方文化、实施多元化融合教育。多元优质的办学,满足不同家庭的教育需求,得到家长和社会的赞扬。

特色发展时期,我们更关注个性、重视细节,实现了办学内涵的聚变与提升,逐渐形成了自己的特色品牌并继续新的发展。从2012—2022年,学校前后进行了三轮上海市民办中小学特色学校创建工作,以"享受教育"为主旨,创建"让每个孩子自由呼吸,让每位教师诗意栖居"的文化氛围,深化了学校文化内涵;创建了以学生为中心的"V-I-P课程体系",课程建设相对完善,V-I-P课程文化深入人心,形成一定影响力;围绕"一切为了学生和谐健康地发展"办学宗旨,推进第三轮特色学校建设,从教育教学各方面提升学生综合素养,为学生和谐健康发展保驾护航。

办学26年来,学校坚持规范与创新并行,不断适应新时代学生发展的新要求。通过教育教学和课程建设不断深化改革,打造自身的办学特色品牌,形成了一定的发展优势。

二、向善而行,培育学生综合素养

基于新时代的新要求,学校培养目标聚焦于培养立身世界的中华英才。我们以中华传统文化为根基,培养德智体美劳全面发展,具有民族情怀、国际视野、健全人格、面向未来的中华英才,具化为关爱、交流、创造、自信、真诚、尊重、责任、坚韧、勇气、自省10个核心词。长期以来,我们以V-I-P课程体系建设为主线,在课程实施中落实"五育并举"教育方针,培育学生综合素养。

学校德育工作整体布局、主题鲜明,有效推进落实义务教育阶段学生道德品质的培养。先后开展了"复旦万科学生81个好习惯""N种道德经历""谢希德精神与复旦万科""新父母90问"等校本德育研究与创新实践,引导学生在校内外活动中自觉践行社会主义核心价值观,爱党爱国、爱校爱家,展现出青少年应有的道德素养、文明礼仪。

学校优化提升智育水平,逐步实现"减负增效"。学校关注青年教师的带教和指导,促进课堂教学专业提升;围绕"学科育人""减负增效"等主题开展校内教学节、跨校联合教研等研讨活动,形成共促共享的教研机制,不仅重视教师的"教",同时聚焦学生的"学",由科研项目引领,师生共同探讨总结了小学低年级的"快乐学习36计"、中高年级的"有效学习36计"、初中学生的"深度学习36计",帮助学生学会学习、提高学习效率。

学校坚持普及与个性教育兼备,推进学生科、体、艺素养的全面、多元发展。除设置统一的音乐课程以外,还有一、二年级打击乐,三、四年级陶笛,五、六年级电子琴等,同时还设置了舞蹈、京韵锣鼓、管乐、合唱、瑜音社等丰富的美育选修课程。我校管乐团、合唱团曾赴维也纳金色大厅参加国际演出;和著名京剧表演艺术家王佩瑜老师合作的瑜音社深受学生欢迎。在庆祝新中国成立70周年和建党百年特别活动中,全校师生录制《国家》MV、校管乐团演奏《红旗颂》,美育和德育紧密结合。

除统一的体育课程以外,复旦万科的每一个学生在一年级学习游泳和空手道、二年级网球、三年级棒球、四五年级高尔夫等。同时,设置篮球、足球、乒乓球、击剑、武术等体育选修课程。长期以来,学校中小学生体质健康综合评价总分及优良率近几年一直在全区处于上位。

2021年9月,我们结合建党百年华诞,在校庆科技嘉年华活动中把党史学习教育和科技创新活动结合起来,传承红色精神、激发科创热情。

学校积极组织开展社会实践及劳动教育活动,探索新时代劳动教育新路径。以科研项目组为引领,对分年级劳动教育目标、具体内容和实施主题进行细化,联合社区、家长、校友资源,整合社会实践、生涯体验、心理教育,结合慈善、环保、感恩等主题,积极开展探索。2021学年起,学校联合第一届校友开设了劳动教育和科学教育相结合的特色课程——"微太空种植园",引发了学生们的浓厚兴趣。

优秀学校的意义,不止于象牙塔内,26年来复旦万科以感恩之心回馈社会,承担社会责任,组织开展各类公益活动,用行动诠释向上的力量、践行向善的诺言。"为爱奔跑 Run for Love"活动,捐助"宝贝项目",携手长海医院捐赠"一米阳光"项目,联合家委会共同为宁夏、西安、贵州等地学校建造"复旦万科图书馆"项目,寒暑假期间以假日小队的形式开展公益慈善行动,等一次次反哺社会的公益行动,让复旦万科学子身体力行地感受到"爱的力量",埋下一颗颗真善美的种子。

三、向美而歌,造就师生成长沃土

向美,是情感,是向上的力量和归属,是向善的底蕴和追求。办学26载,复旦万科已然桃李满天下,莘莘学子不负教导,步入社会不负栽培。以品德为先,众多优秀校友,在各领域继续书写向上向善的美好前景——名校学者、企业精英、创业青年、医生、警察……一个个向上的好少年、好青年、好公民,谱写一段段向善的美好故事,汇聚一股股推动社会向美的正能量,圆梦拳拳赤子的家国情怀,构建美美与共的世界大同。

从1996—2022年,一批又一批的复旦万科人把个人的人生历程和学校发展并轨,在不断地传承与创新中持续推进学校发展。学校也为这一批批园丁们打造了学科带头人、品牌教师为引领的多层次教师发展平台。目前,学校学科带头人、品牌教师及骨干教师占比25%左右,双语及特色课程授课教师占比35%。部分青年教师进入上海市名师工作室,教师队伍成长迅速,有力推动了学校内涵发展,为学校建设和改革不断注入新的思想和发展动力。

复旦万科26载,书写了一段段"向上·向善·向美"的岁月故事。学校秉承向上的姿态,怀着向善的初衷,着力开展特色建设,学科特色成果斐然。先后荣获"上海市数字化教育实验学校""全国特色创建学校""上海市科技特色学校""艺术特色学校""上海市心理健康教育实验学校"、首个小学语数英"学科基地"大满贯学校、"智慧教育"示范区实践学校等荣誉。

向上,是一种姿态,是不断提升自我、追求进步的人生状态;向上,是一份力量,是始终奋发进取,追求卓越的内在动力。向上的内心,是向善;向上的行动,是向美。一个个向上的美好少年,在复旦万科成长,一段段向善的美好故事,在复旦万科传颂。

26载初心不忘,复旦万科人向上而生、向善而行、向美而歌,向未来、再出发!

(金 悦 执笔)

27. 栉风沐雨秉初心　砥砺奋进续华章

民办宏星小学

春华秋实,夏菡冬蕴,"我"已经26岁了。1996年9月,虹口曲阳社区诞生了一所民办小学,它的名字叫"宏星"。建校以来,学校团队凝心聚力,初心不改,在申城赢得了良好的社会声誉。

一、艰辛创业　逐梦起飞

学校首任校长由办学思路开阔、治校严谨的虹口区第四中心小学原校长许佩莉担任。她坚持科研引领、目标管理的办学思路,提出了争创虹口区一流小学的愿景。建校初期,学校设在虹口区第四中心小学内,仅有1个班。1998年年底,为了贯彻民办学校三独立的原则,学校迁入现址。搬入后,学校开始了连续三年的硬件建设。作为创业者,许校长和总务主任赵宝珠老师自筹资金建造了一幢建筑面积400平方米的综合楼;接着,为了满足学生素质教育的需求,学校又投资建设了图书室、电脑房、唱游室、艺术房、儿童游乐场、风雨操场、闭路电视系统等;然后是从平面到立体的校园绿化改造,绿化总面积达到620平方米。在学校创业者们的打造下,精致优雅的宏星校园,成了美丽曲阳的一张名片,校园建设总投资达600多万元。

为了让宏星成为虹口区一流的小学,从2001年开始,学校积极参加上海市二期课改试点,并依托区级课题"学生中心有效教学的研究",提出了"三步探究"教学模型,引领探究发现问题、自主探究提出问题、感悟探究解决问题。"三步探究"颠覆了传统的教学方式,拉开了宏星小学新课程改革的序幕,也为宏星务实、创新的教风树立起不朽的丰碑。校长领衔的党政班子在推进教学改革中,确立了以数学为特色学科的想法,校长不仅自己走进课堂开展教学实践,还成立了专家顾问团,其中有北京中科院心理研究所张梅玲教授、上海小学数学专家顾汝佐先生与陶爱珍老师、尝试数学法创始人邱学华教授。强大的数学顾问团也帮助宏星小学从数学活动、数学思维、数学整合等方面进行了特色创建,并形成了关注兴趣、关注探究、关注创新的数学课程观。民办学校的创办人和校长通常是要学会与困难相伴的人,在负重前行的每一天里,她们都在为实现梦想而砥砺前行。

二、科研引领　开拓创新

为了争创市民办优质学校,我校以课程建设为载体,在持续不断的课题研究中,以自身持续发展为基础,通过构建主动发展型教师团队、推进学校文化建设,从民办特色项目学校到民办特色学校,再到全国特色建设示范学校,我们直面挑战,迎难而上。

从2007年起,学校依托市级课题"开发项目课程,提升学科综合能力",以"两纲"教育为核心,构建了以"心灵智慧"为主题的模块式校本课程体系,开启了学校校本课程建设的征程。2009年,为了发展数学特色,在上海市民办中小学协会支持下,以"生活数学特色课程的校本探究"为课题,我校开发了5学年10学期的《生活数学》校本教材,架构起数学与生活间的桥梁。2011年,我校向中国民办教育协会中小学专委会申报的课题"依托数学特色课程建设,努力创办优质学校"立项。此课题是基于数学特色课程建设,以课程变革为核心任务,构建契合宏星学生培养目标、适应学生发展需求的特色课程体系。2013年,基于民办特色学校的创建,我校又构建了"1+X"数学特色课程体系。"1",指数学基础型课程;"X",涵盖拓展型课程应用系列"生活金钥匙"、活动系列"智慧金钥匙"、实验系列"科学金钥匙"和综合实践活动"百变上海",各类课程都蕴含着不同的育人价值。

课堂是把教育理想转化为教育现实的纽带。为了促进课堂的转型,2012年我校引入了"Happy Class"智慧课堂云终端系统,尝试移动互联的课堂交互环境。数学组教、科、研一体化的研修机制发挥着效能,教研组长兼科研组长唐晔华老师以《神奇的黄金分割》为课例,开启了数学特色课堂开放月活动,唐老师选择了"东方明珠""希腊巴特农神庙""向日葵"等教学资源,通过测量、设计、运算、实验等学习方式,探究黄金矩形的建筑特点、发现五角星与矩形、三角形之间的变化,以及黄金律在生物界中的存在,让学生感受到0.618的神奇。在唐老师的引领下,数学组每周一次运用移动终端,向全校老师开放、展示我们的"云课堂":"海绵的秘密""阿基米德的创想""莫比乌斯环""绿色交通——磁悬浮""花钟"等,每堂课都让学生经历了一个个富有个性的学习过程。课堂上,学生们运用手中的PAD查找所需要的信息,上传平台,并以多屏形态呈现,大大丰富了课堂信息资源。实验过程中,学生用PAD记录实验过程与结果。借助课堂交互系统不仅可以多视角呈现实时信息,也可以支持小组合作的展示、比较、合作、编辑等。云课堂的教学探索,无不展示着交互式课堂的生命活力。全校老师积极参与,学理念、学技术、学方法,从课程到文化、从课堂到学生、从专业到科研,课程开发有力促进了教师内涵发展,提升了整个宏星教师团队的课程执行力。

三、特色发展　提升内涵

2014年,教育部提出中国学生发展核心素养体系,学校接力棒也交到了季翌丽校长手里,学校发展面临着传承与创新的新命题。季校长基于"特色提升内涵,创新引领发展"的项目,以数学学科为基础指向核心素养的课程整合研究,通过上海市民办中小学协会申报建设数学学科基地这一平台,将创客教学与数学特色课程相整合,在特色建设中赋予数学课程时代性与多样性。

学校引进专业人才,组成创客核心教师团队,并外聘专家指导。创客组与上海师大CidLab研究团队一起做教研,在课程设计中依托技术将创客教育与STEAM理念相结合,在3D建模的过程中加入工程、科学、数学、艺术等元素,通过主题探究形式,培养学生空间观念与创造性思维:与数学结合的"方轮子与圆轮子"、与艺术结合的"会发光的树"、与工程结合的"手机支架的探密"、与科学结合的"哨子发声的秘密"等。在《杯子变形记》的学习中,学生运用多种几何形体在经历了拆解杯子结构、制作杯子、修饰杯子以后,初步完成了一个"马克杯"的模型。在设计思维理念的导引下,学生经历了杯子"变、变、变"的创造过程。大家都来看看学生们的奇思妙想吧——

学生A:我想在马克杯里加个内胆,可以同时放两种饮料。

学生B:我想做一个桌游杯,也就是在马克杯下部增加拱形结构,这样可以打桌面高尔夫球。

学生C:我想通过正六边形实施放样技术,制作一个六角咖啡杯。

学生D:我要专门设计一款吃奥利奥的杯子等,棒棒杯、三角锥鸡尾酒杯、熊大杯……

学生们在畅所欲言中思维获得碰撞。运用123D-Design开源软件,学生们走近3D打印世界,能从实物出发,分析实物的基本几何形体构造,实施软件建模,并根据自己的发散思维创新与改变实物形体。3D设计项目活动是一项具有开创意义的思维活动,经过三轮的研究,2017年12月,我校《3D打印笔设计》获得上海市民办中小学协会优秀校本课程二等奖;2018年5月,《3D打印工艺》获得第四届全国"真爱杯"校本课程评比优秀奖。

在第二轮的上海市民办中小学协会数学学科基地的创建中,学校完成了"普适+个性"的"创客梦想"科目群,每个年级都有搭建与编程两个模块,共10个科目。通过创客学习,宏星的每个学生都获得了普适性的探索精神、技术意识、工程思维、图样表达、物化能力等,以数学学科为基础的创客科目群,逐步推进素养课程化,提升学生核心素养,满足学生多元发展需求。学校也成了一所市优质民办学校。

四、展望未来　续写华章

2022年是新一轮义务教育新课程教学改革的开局之年,2022年在新时代新征程中具有特殊重要的意义,我们党将召开二十大。以习近平新时代中国特色社会主义思想为指导,我校将全面贯彻党的教育方针,基于学校"启智,养慧,行于至善"的总体育人目标,延续课程建设这条中轴线,以落实立德树人为根本任务,培养德智体美劳全面发展的社会主义建设者和接班人。

目前，我校是上海市教委三年行动计划项目化实验学校。项目化学习作为素养时代一种重要的学习方式，有助于培养学生的关键能力、必备品格和核心素养。在新冠疫情期间，数学组依托校本学材《财商金钥匙》将财商课程与数学学科教学相整合，基于课堂从"项目主题要指向真实世界""驱动性问题要能驱动学生主动投入""项目设计中要确认主要的学习实践"三个方面探索数学课堂新样态。在项目驱动中，我们体会到教学改革将从知识本位走向能力和素养本位，成为牵引课程改革的内生动力。在校党政班子带领下，未来各学科将积极构建学校课程与生活世界的联系，以"日知成智，心丰则慧"为主题，构建"宏星小学跨学科主题式活动"课程，聚焦中国学生发展核心素养，形成德育为先，提升智育水平，加强体育美育，落实劳动教育，面向自然、面向社会、面向学生生活世界的开放式学习时空。

多年来，宏星人在"争创一流　追求卓越"的宏星精神的感召下，不忘初心、砥砺前行。学生喜欢的学校就是好学校。我们要让宏星的每位学生都有一个健康快乐美好的童年！

（唐晔华　执笔）

28. 坚持创造教育理念 探索学校课程建设

徐汇区逸夫小学

上海市徐汇区逸夫小学于1996年创建之初,就确定了"开发潜能、张扬个性、让每一位师生在快乐中得到和谐可持续的发展"的办学理念,"具有扎实基础、综合素质、创新素养"的育人目标,以"尚德、益智、添能、立人"为校训。学校构建了以创造教育为核心的学校课程框架,重在培养学生的创新素养,开发学生的创造潜能,为培养学生成为高素质、创造性人才打下扎实的基础。

创新素养,并不只是首创前所未有的新知识、新见解,而应包括以下更多的内容和更丰富的内涵。首先,在学习兴趣上,有强烈的好奇心、丰富的想象力和旺盛的求知欲,表现出出众的意志品质,能够排除外界干扰而长期专注于某个感兴趣的问题;其次,在学习动机上,对事物的变化有深究的渴望,喜欢寻找缺点并加以批判,力求找到疑难问题的答案;再次,在学习态度上,富有远大理想,思考问题的范围和领域不为他人所左右;最后,在学习行为上,能举一反三,灵活运用知识,喜欢出"新点子",善于标新立异和发表与别人不同的观点和见解,能够运用自己所学的知识解决日常生活中遇到的各种问题,以及喜欢小发明、小制作、小设计等。

鉴于对"创新素养"内涵和意义的理解,学校在多年的办学实践中始终把课程建设作为学校工作的重中之重,始终坚守"创新素养"培育的初心,从"课程发展"和"学生成长"的视角去思考、探索如何进行学校课程创新建设,并将育人目标的三个维度进一步细化为"宽知识、泛兴趣、好习惯;敢担当、能合作、善分享;会思考、有个性、敢创新",进一步丰富了"为培养高素质创造性人才奠定基础"学校办学目标和育人目标的内涵。

一、立足创新素养培育,深化学校课程建设的内涵

学校创办至今,始终坚守"创造教育"初心,以学校课程建设为抓手,扎实开展学校基础型课程优质实施、校本课程的特色发展,不断谋求学校的高位发展。26年来,学校课程建设在传承与发展、迭代与完善的过程中不断实现内涵发展,大致经过了以下三个阶段:

第一阶段:1996年创办伊始,注重培养学生"提问"能力

学校创办伊始,立足基础型课程的实施,狠抓课堂教学样态。"问题"是促使学生创新思维形成的前提条件。教育家陶行知先生曾说过:"创造始于问题。"因此,促进创新素养培育的课堂教学活动如何培养学生的敢于提问、善于提问,并能针对提出的问题探寻解决问题的方法,进而获得学科学习的相关路径、策略和方法,成为学校实施基础型课程的重点。学校通过开展"小学创造教育的策略研究""小学创造教育学校课程评价的实证研究",引导教师在日常的学科教学中坚持创造教育理念,不断探索促进学生创新素养发展的教学方法,努力改变课堂教学的方式。课题分别荣获全国中小学创造教育优秀科研成果一等奖、上海市教育科学研究院第二届学校教育科学成果三等奖,学校被中国创造学会创造教育委员会授予"创造教育先进实验基地"光荣称号。

第二阶段:2010年开始,开展课程群建设的实践研究

学校围绕国家提出的人才培养要求,从办学传统与特色出发,思考如何使国家课程得以校本化的优质实施,如何进一步丰富、更新和完善校本课程体系。学校在基础型课程优质实施的基础上,以申报的市级研究课题"基于创新素养培育的小学1+x校本课程群建设的实践研究"为抓手,开展拓展型、探究型校本课程群建设的探索实践,通过更新、完善丰富多彩的校本课程,让学生在课程的体验浸润中进一步培养他们的创造素养、创造精神、创造能力。

学校一手抓国家课程校本化的优质实施,一手抓优质、特色校本课程建

设,先后开发、实施了"安全教育""生命教育""责任教育""孝敬教育"等一系列"爱的教育"德育校本课程。同时在书法、陶艺、乐高等校本特色课程的基础上,又相继开发了"体育游戏""少儿太极""篮球""排球""足球""游泳""定向越野""跆拳道""体适能"等一系列体育活动课程,以及"创新与制作""艺术与人文""体育与健身""科学与技术""语言与思维"五大板块的俱乐部课程。学生们从玩泥巴、搓泥条、压泥板、捏泥人中学会创新和创造;从攀登、游泳、灌篮、轮滑、越野中学会勇敢和坚强;从主持、采访、朗诵、配音中学会自信和独立;从编程序、打绳结、做实验、变魔术中学会分享与合作……学生们在丰富多彩的课程学习中逐步养成好习惯,形成好品质,创新素养,即创新人格、创新思维和创新实践能力得到了全面培养。

学校立足办学实际,坚持让学生在课程体验和浸润中启迪并养成其创新素养;通过打造一系列促进学生创新素养发展的特色课程来支撑并彰显学校的育人理念。这些不断优化和迭代的丰富多彩的校本课程,使越来越多的学生的发展需求得以满足,也使不同学生的个性发展的需求得到一定程度上的满足。

学校不仅在课程内容的丰富性上积极探索,同时也在课程实施方式和评价的多样性、多元化上不断实践。尝试跨年级走班制,校内、校外相结合等多样化课程实施模式,打破班级和班级之间、学生和学生之间年级和年龄的壁垒;不断探索个性化、动态化、过程化的评价方式;不断给学生提供多样化的课程体验,丰富学生的学习经历,在丰富多样的课程学习的过程中,使学生学会主动思考、探索、发现,懂得与人分享学习成果,善于与他人合作解决问题,勇于直面困难,敢于接受挑战。

开展"基于创新素养培育的小学 1+x 校本课程群建设的实践研究",使学校课程的创新发展又迈上了一个新台阶。逸夫小学的学生和教师都在课程建设的过程中不断进步、共同成长,取得了诸多成绩。

第三阶段:2020 年至今在线课程的开发和实施

在课程建设的实践中不断思考:学校现有的课程建设是否满足了全体学生的全面发展需求?我们不断审视、发现学校课程建设中还存在的不足,如"有些校本课程不能满足所有想要参加课程学习的学生的需求""有些课程在内容的确定上还缺少序列性""有些校本课程内容的层级性不够,不能满足学生能力发展和再学习的需求""课程评价的丰富性还不够"等。

随着教育部《关于实施全国中小学教师信息技术应用能力提升工程2.0的意见》出台,我们觉得还应该借助信息技术促进学校课程建设的创新发展。2020年,突如其来的新冠疫情拉开了全市中小学"空中课堂"的序幕,这也让我们深切认识到现代教育技术助力课堂教学是未来教育发展的趋势,线上线下课程学习的深度融合将进一步改变学习生态。

新冠疫情,催生了学校对信息技术如何赋能线上教学的思考,怎么通过线上课程的建设来让不同学生的不同需求得到全面满足?如何通过线上课程的建设进一步梳理课程内容之间序列性,提升课程内容之间的层进性?如何让课程评价更具有指导性、针对性、激励性?基于这些思考,我们确立了"基于创新素养培育的学校在线课程的探索与实践"项目研究,拉开了学校课程创新建设的新一轮实践探索。

这一年来,学校课程建设团队围绕项目研究一步一个脚印地开展实践探索。在研究开发在线课程的过程中,不断产生新的问题,又在解决问题的过程中产生新的思考,就是在这样的"实践—反思—再实践—再反思"的校本在线课程建设与实施的过程中,学校的课程建设呈现出新的样态。通过在线课程的开发实施、课程内容的迭代优化、课程评价机制的不断完善,学生的学习积极性不断提高,创新素养在课程的滋养下进一步得以发展;学科教师的育人能力、课程观念、专业能力、信息化水平都到了进一步的提升。

二、课程建设,撬动教师课程观念、教学行为的改变

通过以上三个阶段持续深化的学校课程的实践探索,我们真切体会到课程建设是推动学校不断发展的原生动力,它不仅让学生在课程的学习中得以全面、健康成长,更让课程实施关键的因素——教师在课程的开发实践中增强了课程意识,改善了教学行为,提升了专业能力。

近几年,学校坚持开展以"学科单元教学"研究,以"学科教学手册编写"

为任务驱动,以"情景、任务设计"为关键点,开展课堂教学方式转型发展的实践研究。同时,学校积极引导教师充分关注学生认知发展水平,深度理解虽然"基础型课程的门类、性质、内容和教学要求"各不相同,但是从学生创新素养培育的角度看,任何一门学科都具备培养学生创新素养的可能,引导教师在教学中以学生创新素养培育为导向,开展"紧扣课程标准,调适教学目标,凸显创新素养培育点"的主题研修,形成了"基于创新素养培育的小学基础性学科课程目标及创新素养培育关注点系列"。

近几年,学校还先后承办了"关注人文主题、聚焦语文素养、实施单元教学——上海市小学语文学科统编教材教学研讨""跨学科融合、提升劳动品质——上海市小学劳动技术学科课程重构系列展示""上海市学生艺术单项比赛'陶艺'专场"等市级展示活动。这些展示活动,反映了学校相关教研组围绕"信息技术赋能语文作业指导与评价的研究""基于学习数据的分析,聚焦发展小学生数学应用意识的实践与策略研究""基于PWP教学模式的小学英语阅读流程的实践研究""混合型学习视域下指向创新素养培育的在线校本课程建设与实施研究"等专题开展系列主题研修活动的成效。近几年,学校正是通过课程建设的创新实践,在办学模式、教育教学策略上都有了很大的突破;教师的课程理念不断更新,课程的执行力、领导力以及课程建设的研究能力都有了很大的提升。

课程,是学生在校的全部经历,是学校办学质量高低的关键。新的国家课程方案以及上海市新一轮的教育发展规划,呼唤学校在优质践行国家课程的同时,建设兼具多样化、开放性、选择性的校本课程,来促进学校教育的内涵发展。上海市徐汇区逸夫小学将抓住机遇、谋篇布局,为实现学校的新突破、再发展而不懈努力。

(李　川　执笔)

29. 改革创新谋发展　优质高效育人才

民办新黄浦实验学校

上海市民办新黄浦实验学校自1996年创办以来，始终全面贯彻党的教育方针，坚持以立德树人为根本，以改革创新为动力，充分发挥作为华东师大课程与教学研究所基地学校、上海二期课改基地学校的优势，紧紧抓住课程、教学、教师三个基本要素，走出了一条优质高效的新路，实现了学校、教师、学生的共同发展。

一、固本铸魂，构建了"小领袖"素养校本德育特色课程体系

"求木之长者，必固其根本"。培养学生成才，必须抓住根本，使学生具有良好的思想道德品质。我校以"存大爱、立大志、养大气、习大雅、成大器"为育人目标，将其概括为"小领袖"素养，让学生具有责任意识和担当精神，成为新时代的小先锋、好少年。长期以来，我校坚持"基于学生小领袖素养培育的德育校本课程构建与实施的实践探索"，开展行动研究，这是适应人才强国战略的需要、实施"伟人教育"的需要、加强学校德育工作的需要，更是适应学生个性发展的需要。

我们以"背景分析—系统设计—课程开发—有序实施—总结改进"为基本步骤，开展了深入系统的实践和探索，取得显著成效。

（一）明晰了"小领袖"素养的基本结构

（二）构建了"国家—地方—学校"校本特色德育课程和活动系统

（三）探索有效实施的策略

围绕课程的基本要素，形成了四大有效策略。

1. **课程目标：纵向层递，横向联动。**纵向针对不同学段学生的身心特点,确定了具体目标,相关活动也有更为细化的目标,形成了不同层级之间校本德育课程的目标链;横向实现年级、班级、学生的联动。

2. 课程内容:落细落小,落地落实。注重把"小领袖"素养培育与学生日常学习生活结合起来,细化落实。

3. 课程实施:知情意行,强化实践。(1)以道法课程、学科德育为主渠道。全员育人,贯穿全程,把握学科教材中蕴含的培养"小领袖"素养的因素,寻找渗透点,选择渗透方法,突出"三性"(自然性、生动性、针对性)。(2)强化校本德育实践体验活动。每项活动抓好"目标、计划、准备、过程、评价"五环节,增强课程的可操作性,促进学生知情意行的转化。

4. 课程评价:注重过程,激活主体。以发展性评价为指导,过程评价和综合评价相结合,运用自评、互评、师评等多种方式,促进学生的自我教育和成长,让学生把自我道德修养当成一辈子的事。

通过德育特色课程的有序实施,激发了学生参与德育课程的积极性,提高了德育有效性,促进了学生的健康成长,情怀家国,进一步增强了担当精神;善于合作,提高了组织能力;不畏困难,增强了意志品质。例如,在慈善助学课程中,学生和老师一道设计活动,参与面广,热情很高,用捐款资助井冈山希望小学学生来沪参加交流活动,并在革命老区研学中切身感受到幸福生活来之不易,表示要做社会主义事业接班人,为国家富强、民族复兴而奋斗。

二、评价导向,打造了优质高效充满生命活力的课堂

课堂教学是实施课程改革、落实核心素养的主渠道。自建校以来,我们始终以教学研究为重要抓手,推动教学理念的更新、教学方式的变革。2006年以来,连续承办了十五届全国有效教学理论和实践研讨会,来自全国各地的教育专家和同行齐聚新黄浦,每年围绕一个主题,交流、切磋,促进了市、区的研究力度,促进了自身的学习探讨,已成为沪上知名的教育研讨会。

课堂教学是设计、实施、评价的系统工程,教学评价是其重要组成部分,贯穿始终。针对课堂教学评价存在"研究滞后""千人一面""内容陈旧""教评脱节"等问题,我们以课堂评价为重点,持续参加了两轮市课程领导力行

动研究。近 10 年来,聚力"三个转换",构成了理论与实践相互交织螺旋上升的行动逻辑,取得显著成效。

(一)将课堂教学评价标准转换为课堂教学评价标准教师使用手册

在首轮项目研究中,通过调查分析、专题研讨、课堂试用、修改完善,研制了具有"创新、科学、规范、好用"特征的英语、数学课堂教学评价标准,体现了新课程背景下课堂教学的关键要素和基本要求,成为教学评价的标尺和依据。

第二轮项目研究,以此为基础,为了便于教师使用,以突出"三性"为原则(科学性、可操作性、实效性),进一步细化,编写了《英语教师课堂教学规范评价指标体系:研制与解读》和《数学教师课堂教学规范评价指标体系使用手册》,包括编写背景、编写目的、基本结构、项目解读、观察点、操作流程、教学案例等,深受教师欢迎,成为重要的学习资源、教学指南和校本研修教程。

(二)将课堂教学评价标转化为教师的教学行为

中学、小学英语和中学、小学数学四个教研组先行试点,面向全校的公开课起到示范、推动作用,然后进行全员校本培训,继而进行全员实践,每位老师对照评价标准,针对自己的薄弱环节,开设研究课,通过学习领悟、专家指导、听课评课,反思改进,促进了教师将课堂教学评价标准内化于心,外显于行,优化了教师的教学行为。

(三)以教师教学行为的优化促进学生学习方式的变革

通过项目实践,教师提高了教学设计能力,激发了学生能动学习;提高了教学实施能力,促进了学生的自主建构;提高了评价反思能力,促进了课堂持续改进。例如,初中英语教研组以评价项目中的"课堂结课"为切入点,对不同类型课文的结课,进行深入研究,促进学生在结课中学会梳理、反思,提升思维品质。这个研究过程形成的教学案例,获得了《上海课程教学研究》首届"促进学生发展的学习活动设计"比赛二等奖。

三、优化机制,促进教师专业的持续发展

教师是办好学校和学生成长的关键。教师专业发展是"内求"(内部需求)和"外烁"(外部推动)互动的过程,是内因和外因相互作用的结果。为

此，我校着重建立了两大长效机制。

（一）建立卓越教师培养机制

为了激发教师发展的内驱力，学校建立了卓越教师培养的长效机制，已坚持了20余年，具体做法是：每两年评选一次，占全体教师的25%左右，分为领军教师、学科领衔人、首席教师、教育（教学）能手、教坛新秀五个层级；从专业职称、业务能力、科研水平、工作年限等方面全面衡量，以教育教学实绩和能力为重点，不以教龄论短长，教师在校任教一年即可自愿申报，经学校专业评审组评定后，即享受相应待遇。这一机制，为老师们在各种评优、职称评定等之外，提供了一个新的上升通道，激发了教师的进取心，增强了教师的责任感、成就感和主人翁意识。

（二）建立校本研修机制

好教师是在课堂里摸爬滚打中炼成的，我们把教研、科研、培训融为一体，持续开展了有效教学、探究型课程项目设计与评价、"小领袖"素养德育校本课程、课堂教学评价标准、创新素养、合作能力、脑科学应用等课题或专题的校本研修，创建了主题式内驱型"1335"校本研修新机制。

教师从问题研究入手，通过精心设计、听课评课、专家指导、反思改进，摸索教学规律，撰写教学案例，提炼教学经验（主张），是一条有效的自我发展之路。例如，脑科学应用对中小学而言，老师们常感到是"高、大、上"的课题，但在华师大周加仙教授及其团队的指导下，逐步走进这个领域，收集适用于课堂教学的脑科学研究证据，积累与日常教学紧密结合的宝贵经验，致力于更适合脑、更科学、更有效的教学。

"致广大而尽精微"，耕耘不止，春华秋实。回望20多年的不懈探索，实现了学校、教师和学生的共同发展。学校获得全国优秀民办学校、上海市中小学生行为规范示范校、上海市中小学素质教育实验校等多项殊荣，课堂教学评价项目荣获2017年上海市基础教育教学成果二等奖和普陀区教育科研一等奖。教师爱岗敬业，学生积极向上，已培育万千桃李。在新时代新征程中，向着实现第二个百年奋斗目标，我们将加倍努力做出新贡献。

（樊　曦　执笔）

30. 守正 历练 成长

田家炳中学

上海田家炳中学创办于1997年。建校之初,全校共有来自全国各地的30多位教师,差异化是田家炳教师的特质。在20多年的办学实践中,学校始终把教师发展作为学校发展的重中之重,为教师队伍的融合及专业发展注入新的内涵。截至2022年,学校教职员工150余人,其中,具有硕士研究生学历的教师70余人,35周岁以下的青年教师占学校教师总数的一半以上,教师队伍的发展呈现蓬勃向上的态势。回顾学校教师队伍建设的历程,我们真切地感到,"守正 历练 成长"是教师专业发展的重要路径。

一、守正是职业发展之道

守正就是要涵养正气、牢固根本,坚守的是每一位教师的师德初心。2020届毕业生金俞唯同学说:"田家炳中学的教师,像母亲一样拥抱每一位学子,呵护每一位学生,让我们快乐健康地成长。"据杨、李两位老师回忆,金同学在就读期间学科成绩不甚理想,但他在机器人、航模兼科创领域有极高的天赋,所以老师不断给予学生鼓励、指导,从手动到遥控、从沙盘到机器人,最终金同学在区、市、全国的机器人及航模比赛中揽获奖牌50多枚。又比如小Z曾经是一个令人头疼的学生。注意力有病理性障碍,满嘴脏话,几乎每天都有言语肢体冲突发生,学习规范堪忧,学习成绩比较差。班主任汤老师经历了前三年的教育帮助不见效,一度怀疑教育的作用和力量,但她仍然不断坚持自己的教育初心,发现并放大孩子的闪光点,直到初三年级,小Z终于开始转变了,能与同学友好相处,学习上有了目标,在家能主动照顾妹妹。用汤老师自己的话来说:"我们要相信每一个孩子,教育的花朵一定会择期盛开。"

学校多年来坚持引导每位教师不断增进师德修养，提出了教师队伍建设的四点要求：一是养德行。每位教师要有不断增进师德修养，成为师德表率的执着追求和奋斗目标。二是倡独立。倡导教师在专业发展过程中努力形成独立思想和独立人格。三是重思辨。强调教师必须具备强烈的质疑探究之精神。四是共成长。要求教师在教育的实践中注重角色转变，提升信息科技素养，增强终身学习的意识，实现师生共同成长。

二、历练是厚积薄发之源

（一）把增强学习意识，提高学习能力，放在突出重要位置

教师是一个学习的职业，教师的职业倦怠往往是从学习倦怠开始的，因此教师的历练一刻也离不开学习。初中英语组虞老师初入教坛时满腔热情，认为英语课堂应该天马行空、包罗万象，但由于课堂的杂乱及对学生的失控，一度让她怀疑自己对教师职业的选择，后来通过不断的磨课、开课、研究前辈们编写的教案，反思不规范的课堂用语，思考课堂的教学环节是否关注每个孩子，从而不断挑战自己，不断改变教学，最终在上海市中青年课堂大奖赛及爱岗敬业技能比武中获得佳绩。

同为英语组的姜老师从入校伊始的"救火班主任"开始，不断努力，不断成长，工作的第三年成为区优秀班主任。"班主任的法治视野""数字时代班主任如何提升数字修养""全员导师校本实施的重点和难点""共生式班主任家校合作模式的探讨"等专题，这些理论学习和实践使她的班主任工作不断创新提升，她录制的"初中分年龄段有效地实施开展全员导师制"微课，在"上海市班主任高级研修班"得到好评并顺利结业。

近年来，学校还通过青年教师读书沙龙、班主任工作坊、专家报告、专题论坛、外出进修、团队和自我研修等方式，组织和引导教师加强专业理论和"上海二期课改"精神的学习，深刻理解学生核心素养培养的重要意义，深入思考教师在当今时代的角色和定位，重新审视教与学，营造不断实践、反思的文化氛围。

（二）以课程建设为抓手，探究开展项目化、情境化学习的有效路径

学校以校本课程建设为突破，引导教师通过校本课程研发的实践，加深对增加学生体验式学习重要性、紧迫性的认识。化学组关老师2017年6月以STEM教育研究者的身份前往美国亨兹维火箭中心参与STEM教育培训，感受和体验了最前沿的STEM理论。回校后她立刻组建团队进行STEM校本化特色课程的开发工作，在"制作具有弯曲功能，能够完成猜拳游戏的仿生手"的项目学习中，她为学生准备了丰富的学习资源包，涉及解剖学、生物学、机械工程、数据科学的知识，师生共同运用不同学科的已学知识，绘制手部结构图，引导学生们完整经历了设计、制作的整个过程。正是在这样的课程研发过程中，学校教师通过引导学生整合运用已学知识来解决实际问题，转变了教学理念、改变了教学行为。

（三）以项目研究为载体，开展分层分类的校本研修

多年来学校坚持以市级、区级研究课题为载体，如"优化单元作业设计，促进职初教师专业成长"和"基于五育融合的劳动教育课程建设"等，鼓励每一个教研组就学科教学、学生发展等方面带有普遍性的问题开展校本研修，以规范的校本研修的过程实现各学科教研组校本研修的主题化、系列化。比如，学校的STEM项目课程团队，以项目课题"基于教与学方式改进的跨学科项目化实践研究"为载体，在8年STEM课程实践的基础上，对学校STEM项目化学习作了整体规划和校本化改造实践，在初中学段安排了循序渐进的项目化学习专题："太空探索系列""各种各样神奇的手""水的净化系统""桥梁设计"等项目系列。学校还有诸如"共创成长路"和"英语口语听说训练"等校本课程，都是由不同学科背景的教师或中外教师组建的团队共同开发的。通过校本课程开发，拓宽了教师团队研修的视野和路径，提升了教师教育的境界。

（四）以评价改革为导向，引导教师更多地关注学生的差异，促进学生的个性化学习

在评价导向上，学校每学期开展学生调查问卷，梳理影响学生学业发展的若干因素，其问卷涉及学生作业时间、校外补习时间、兴趣爱好、对教学满

意度、休息时间、同学关系、师生关系等多个方面,通过对问卷结果的分析,为教师设计引导学生个性化学习的方案提供重要参考。在评价内容上,除了传统的纸笔测试外,学校近年来利用以项目化学习为主的校本课程建设,如STEM课程、劳动教育课程、学科阅读课程,努力探索评价的内容及策略。在评价方式上,学校通过组建学生学科学习研究小组,引导学生关注自己及他人的学习过程,及时进行生生互评,从单一的教师评价转为引导学生积极参与评价。实践表明,通过评价改革,促进了教师更加关注不同个性差异和特质的学生,进一步探索如何通过有效评价实施个性化教育。

三、成长是价值实现之阶

教师专业成长的实践启示我们,无论教育改革如何发展,但根本的一条不会变,那就是对教与学规律的认识和理解,让每个学生的生命成长更有意义,充分感受教育的乐趣和学生成长的喜悦,这也是学校所追求的教师成长。近年来,学校教师成长为学校办学增添了更多的实绩,在办学理念的提升和改革经验的推广方面,学校作为优质民办学校,参与市教委强校工程,托管了公办初中彭浦三中。学校是全国田家炳学校教师培训基地、市民办中小学初中语文学科基地、静安区见习教师规范化培训基地、静安区语文学科(种子计划)实训工作室等,学校有关教师专业发展的思考和举措在不同层面产生了引领辐射的效应。

在科研成果上,"以单元设计的策略优化,促进教师专业发展的实践研究"被上海市师资培训中心评为优秀项目,《教坛新人的育德修炼——中学主题班会的设计与实施》被列入上海市教师教育丛书"知会书系"的出版内容。学校现有市级项目2项、香港田家炳基金会项目1项、区级重点课题2个、区级项目2项、区级青年课题4个,其内容涉及单元作业设计、劳动课程开发、学业评价探索、项目化学习研究等。课题(项目)研究已成为教师专业成长的重要抓手。

在校本课程方面,学校整合各类资源,开发了科技创新类、国际理解类、艺术素养类、文学素养类、体育健身类五大类共50余门校本课程,学校的机器人、STEM课程已在市、区产生了一定的影响,学生"创客机器人社团"成为静安区明星社团,"女子足球社团"被评为区优秀社团。

在教师获奖方面:虞老师获上海市中青年英语教学评比大奖赛一等奖,关、虞老师获上海市青年教师安岗敬业技能竞赛二等奖,金老师获上海市地理教学评比大奖赛二等奖。截至2022年,学校教师有150余人次在全国、市级教育教学大赛中获奖,获区级以上奖项400余人次。

在学生获奖方面,曾获"未来杯"上海市高中生课外活动竞赛总积分冠军、VEX机器人美国公开赛VEX EDR金奖;获上海市第三届"全能脑力王STEAM青少年电视公开赛"一等奖。2022年,小王同学在全国青少年信息奥林匹克联赛中获一等奖,小张同学晋级第八届中国国际互联网创新创业大赛全国总决赛。学校机器人项目已有百余人次获全国、市级等第奖,成为学校的特色品牌。

当今时代,互联网、人工智能对教师的角色功能带来了新的定义。借用英语组虞老师的感言:"这个时代赋予了教师更多的定义,也给予教师更多的期待与挑战。"教师需要做好全面准备,而"守正 历练 成长"即田家炳教师的专业发展经验,也必定是一条到达成功彼岸的通途捷径。

(林子杰 执笔)

31. 高擎鲁迅精神的伟大旗帜

民办迅行中学

上海市民办迅行中学是以鲁迅先生另一个笔名命名的,创办于1997年。学校的校训是"爱迅行校、铸鲁迅魂、做迅行人"。办学25年来,以李传荡、陶薇芳两位校领导为首的董事会,始终牢牢把握"首在立人"的办学理念,把鲁迅精神作为学校精神的灵魂,以培养人作为学校的根本任务。"首在立人"成为学校文化的核心价值,成为优质立校的根本,也是学校文化建设的一张名片。

一、"立人"文化建设的发展路径

迅行中学弘扬鲁迅"立人"精神的学校文化建设,经历了四个阶段。

第一阶段,学校开办初期的十几年,是积淀鲁迅文化的基础阶段。每年组织学生祭扫鲁迅墓、参观鲁迅纪念馆;举办有关鲁迅及其作品的故事会、演讲会、朗诵比赛等,帮助学生认识鲁迅,理解传承鲁迅精神的意义。

第二阶段,2010—2015年,是鲁迅文化传播的校本化突破阶段。学校开辟了"鲁迅精神陈列室",建立了学生社团,通过课本剧创作、微课题研讨、小论文撰写等,供学生深入探究学习。课本剧参加鲁迅教育集团会演、论文多次在相关竞赛中获奖并被汇编成册等,让学生们颇有获得感。

第三阶段,2015—2018年,学校层面开展课题研究。申报了上海市民办中小学第二轮学校特色项目"班级'立人'文化课程的构建与实施"。全校以班级文化建设的方式,使鲁迅精神的学习和宣传更适切于学生身心发展的实际,为提升广大学生的核心素养发挥更积极的作用。

第四阶段,从2018年底开始,申报了上海市民办中小学第三轮学校特色创建规划"以鲁迅'首在立人'精神为核心的学校文化建设"。本课题作为第二轮项目的升级版,将校本文化课程建设内涵进一步向基础型、研拓型课程延伸,旨在打造教学一体、五育并举的学校文化建设特色。

至此,教师整体能基本把握"迅行文化"的结构:理念层面——办学理念、培养目标、学校精神等;制度层面——"立人"课程实践、"爱诚立进"的人格教育等;行为层面——学校"三风"、师德及行规要求。

二、"立人"文化建设基本架构与实践

20多年的创新实践,"立人"文化建设脉络清晰,实践持续推进。

(一)《班级"立人"文化课程的构建与实施》成果

本项目的设计,是以鲁迅先生"首在立人"精神为核心,以"爱、诚、立、进"为主题,通过主题设计和活动实践,构成班级"立人"文化教育体验活动系列,包括环境教育、活动教育、课程教育,整合了感知、认知、体验、践行四方面的课程要素。

1. 环境教育——学生成长的土壤

围绕教育主题,通过设计班级文化建设的目标、口号、班训、班风,以教室环境的布置展现本班级文化的特点。六年级首先创设爱的环境;七年级的主题是"诚",即诚信做事,诚实做人;八、九年级则是激发学生对"立"和"进"的感悟。

2. 活动教育——班级文化的基础

通过各种主题教育课、主题教育活动月、外出的主题教育活动等,让学生了解、学习鲁迅精神,明确"爱、诚、立、进"的教育要求,塑造良好品行和素养。学校实施的"爱的教育"已体系化、制度化。每年对六年级新生,陶薇芳校长都会作以"爱"为主题的专题报告,为"爱"的教育拉开序幕。七年级的"诚实守信"教育,八、九年级通过主题教育勉励学生自立自强韧性坚守等,都卓有成效。

3. 课程教育——注重学科教学的渗透

随着课题的推进,"立人教育"内涵逐步向学科深入,在日常教学中渗透

"立人"教育思想。首先是语文课教学。语文课堂选用校本学材《初中生鲁迅文学读本》，增加对鲁迅作品篇目的品读。其他学科也精心设计相关课程篇目，成为渗透"立人"教育思想的经典教案，如：历史学科的"清末民初的社会与经济"教学等。

（二）"以鲁迅'首在立人'精神为核心的学校文化建设"实践

2020年通过专家论证，被认定为学校项目特色而立项。该项目是在"班级'立人'文化课程的构建与实施"基础上，提升了课题的文化内涵。项目坚持以鲁迅精神为内核，强化学校办学目标、教师发展目标、学生培养目标，通过五育融合实践，深入"爱、诚、立、进"主题人格教育，将"立人"教育精髓纳入学校基础性、研拓性课程之中，达到"规范＋特色"的完整性，使迅行的立人教育品牌更具特色。

1. 深化"爱、诚、立、进"主题人格教育实践

爱：鲁迅先生的情感品格。他不仅提倡爱，而且亲身实践爱，如：儿时对动物的呵护、学生时代对老师深沉的爱，在投身社会以后对民族、对战友、对学生的强烈的爱。"俯首甘为孺子牛"，凝聚了鲁迅对民众的真挚情感。我们以爱的教育引导学生，教学生爱父母、爱师长、爱同伴、爱社会，理解爱是关心、理解、尊重、责任。

诚：立人的本质。鲁迅先生坚信，"正直的人"本质是"诚和爱"。他对"怯弱，懒惰，而又巧滑"的国民劣根性深恶痛绝，认为假话的本质是"瞒和骗"。迅行的学生，要真诚、朴实、守信，诚信做事，诚实做人。

立："人非信无以立"。鲁迅先生一生坚韧自强、不言放弃，其为肩负起拯救民族灵魂重任而终生践行的崇高精神，显现出强大的生命力。加强对学生的理想信念教育，塑造一个有独立人格和自立品质的人。

进：鲁迅先生不断探索、顽强抗争的一生是对"进"的精神的最好诠释。他对国家、对社会有着高度的责任，为了民族独立和尊严持续战斗，直至生命的永远。注重培养学生的责任意识，激发学习动力，在学习和生活中锐意进取，坚韧前行，达到人生阶段目标的彼岸。

迅行中学的学生培养目标是：品行正、体魄健、学力优。将"品行正"纳

入培养目标之首,按照分层分类的原则,针对不同学段学生的特点,通过各种活动,将"爱、诚、立、进"人格教育要求,作为塑造学生良好品行和素养的根基。

2. 基础课程深化立人教育内涵,自主学习提高教学效益

"自主学习"教学模式,是学校在解决"轻负担,高质量,肯学习"方面进行长期探索的结果。在扎实做好国家课程校本化研究与实施的同时,语文、数学、英语、物理、化学等学科,重点开展作业设计研究。学校自编的校本作业,已经很成熟了。数学学科的"基于学生差异的单元作业设计实践研究"、物理学科的"自主学习导向下的作业设计"、英语学科的"思维可视化工具在英语阅读教学中的应用"等项目实践,将作业设计与校本学材配套,较好体现了学业体系结构的要求。

各科以优化课堂教学,规范作业的布置与批改为着力点,设计自主的学习方式,教师个性化教学设计风格迥异。教师命制试题要有明确的目的性和预估分制度,质量分析一定要检测每一份试卷的契合度,听取用卷教师对试卷的评价意见和建议。严格要求教师规范教学行为,加强教学工作质量检测与考核,端正教风,实现整体性规范。

(三)研拓课内外结合实践立人教育,已初具系列

1. 自主拓展课程。本着"发展差异、打造特色"的要求,主要由基础型课程延伸的学科课程内容组织建构,涉及人文社会、自然科学、艺术学习、强生健体四大类,尽可能满足学生选择性学习的需要。自主拓展课程以"项目管理"方式推进,主要以"开放走班"形式实施。

2. 限定拓展课程。主要由综合实践学习领域的学校文化活动、学生社团活动、自我服务与公益劳动、社区服务与社会实践活动、各类专题教育等组成。课程学习以实践为主要路径,是全体学生限定选择修习的课程。

3. 学生社团活动。学生社团活动是"限定拓展课程"的主要组成部分,以参加各项主题探究及学科竞赛为平台,在实践中充实完善学生的知识架构,培养学生的观察思考能力、动手动脑能力、批判质疑能力,鼓励学生发现更多探究主题,丰厚人文素养,培育科学探究精神和创新实践精神。学校有

一批常年参加的市级以上的竞赛,还有各项绘画、音乐、书法、摄影等比赛,获奖无数,成绩斐然。

2018年以来,区级以上子课题研究(德育类)有:上海市民办中小学"萌芽计划"项目"从心理学探究鲁迅作品中人际关系技巧的课程开发"、虹口区科研室项目"初中思想品德关注学生交往能力培养的实践研究"、虹口区教研室及区校合作项目"以亲子关系为核心,介入心理辅导手段,开展活动的研究与实践""在立人教育中充分利用家庭教育资源引领学生成长的课程实践"等。

三、"立人"文化建设对学校发展的意义

迅行中学的"立人"文化建设,以鲁迅精神为内核,将学校德育活动课程化。通过课堂教育主渠道,把学习鲁迅的四种精神,即"首在立人"精神(坚守高尚的品性)、"独立思考"精神(注重独立与创新)、"拿来主义"精神(汲取有益的精华)、"韧性坚守"精神(坚持不懈的韧劲)落到实处,激发学生完善品格修养的自觉性。"首在立人、韧性坚守"的迅行精神,始终贯穿学校的教育实践中,深深融入教学改革与创新的实验中,更突出体现在学校所承担的社会责任中。鲁迅精神作为宝贵的文化资源,越来越成为学校弥足珍贵的精神财富,成为学校文化建设的标杆和文化实现的基石。

人立而凡事举。持之以恒的"立人"文化教育实践,学校办学质量和社会评价日益得以稳步而显著地提升,连续荣获上海市文明校园等称号。"立人"文化建设引领着迅行中学,培养出一批又一批品行端正、学业拔萃、身心健康、全面发展的优秀学生,同时也成就了大批教师走向成熟、成功。我们将坚定办学理念,坚持教育创新,以鲁迅精神激励师生,聚焦立人、立教、立学,走内涵发展的道路,更大程度地提高办学效能,使学校特色更加鲜明,走向卓越。

(张建国 执笔)

32. 春华秋实廿五载　砥砺前行育英才

西南模范中学

上海市西南模范中学(简称"西南模范")创办于1997年秋,地处上海南站区域西南侧,是一所民办完全中学。学校前身是上海市南洋模范中学(简称"南模")的汇成校区,1997年成为公办转制校——上海市西南模范中学。2007年4月,学校正式转制为民办学校,由徐汇区国有资产投资经营有限公司作为董事单位接管。2022年5月,学校举办者变更为徐汇区教育基金会。创办25年来,提出并实践"模范教育"的办学理念,积极探索民办学校在徐汇区教育党工委和教育局的领导下,实行校董(理)事会主导下校长负责制的管理模式,全校教职员工团结奋斗,在"办成一所有品牌、有特色,千万学子向往和追求的一流民办学校"的征途上取得了新的成绩。

一、小草青青,茁壮成长

从南洋模范中学汇成分校转制为独立的完全中学,学校创办者李雄豪校长历经艰辛,带领着一线"老南模"骨干教师团队,白手起家建立起了西南模范中学。在26位任课教师中,来自南模中学的占65%,社会招聘的占26%,还有9%来自退休返聘教师。

1997年9月1日,西南模范挂牌仪式暨开学典礼隆重举行,高一年级4个班级和预初年级2个班级的学生聚集在5楼阶梯教室。区领导在发言中对学校的发展提出了美好的祝愿,相信这所学校有一位管理和教学经验丰富的老校长,有一批尽心尽职的骨干教师,借助南模中学好的办学方法、好的管理方法,在各界的支持下,西南模范定会办成一所高质量的学校。

在立足未稳的情况下,李雄豪校长下决心在教学楼北面的空地上建造学生宿舍楼和综合楼。1999年7月初,李校长头戴安全帽走在建筑工地上,参加开工打桩仪式。到2000年8月,图纸上的线条终于成为两幢漂亮的大楼,为西南模范中学的校园增添了亮色。

1999年4月,学校以"素质教育进课堂"为主题,向区同行展示办学成效。尽管办校两年不到,但已取得了一些教育成果,上海电视台8频道晚间新闻节目中播放了活动情况。2003年,《中国新闻社》出版"专刊",以《回眸五年——上海市西南模范中学发展巡礼》为题宣传学校,《人民日报》(华东版)也刊登文章,肯定学校的发展成果。

二、扬帆起航,赓续传承

2004年,是转制学校风风雨雨的一年,上海明确要求"两年内结束转制学校",或者转为民办,或者转为公办。李雄豪校长向全体教职工提出"和衷共济,荣辱与共"8个字,潜心研究改革方案。2007年4月1日,西南模范中学平稳过渡,正式转制为民办。

李雄豪校长的接力棒交到了汪劲松校长的手里,西南模范面临的是如何发展内涵、办出特色。持续发展的难度更大,面对的竞争对手也就更强了。学校要发展内涵,就要"聚精会神抓教学,满腔热情建队伍"。汪校长秉承老校长的创办理念,10年奋斗带领西南模范再上一个新台阶。汪校长提出,以"模范教育"为办学理念,以"不断超越,共同提高"为校训,落实"四个模范"教育实践。

夏静纺同志自2010年6月到西南模范担任党总支书记,于2018年8月起担任校长,双肩挑起学校重担,坚持育人为本,立德树人,强化人格塑造,促进全面发展,办学特色不断彰显,办学质量显著提高,社会声誉日益提升。

自2021年4月起,王民政同志担任西南模范中学党总支书记、校长,重传承谋发展,带领西南模范人再出发,开创一片新天地。面对新时代新发展,在百年未有之大变局下,西南模范人凝心聚力,共同应对挑战,以积极的心态踏踏实实做好每一项工作。无论是"双减"落地、深化中高考改革、"双新"课程,还是常态化防疫、民办规范办学,各项工作都有条不紊地在学校开展。

三、模范品牌,特色育人

(一)坚持模范理念,办学质量不断提升

学校一直以来以"模范教育"为办学理念,以"不断超越,共同提高"为校训,全面推进素质教育,推动学校内涵发展,努力创建一流教育品牌。我校始终坚持育人为本,立德树人,促进学生全面发展。"模范教育"概括为"四个模范":"树立模范,学习模范,争做模范,成为模范";"模范教育"理念的核心是,综合素质教育、理想人格塑造。模范教育重视学生学习能力发展,更重视学生道德、信念、意志、品质、毅力、精神的培育,尤其重视从现在做起、从小事做起,刻苦认真、持之以恒的习惯养成,这才有利于学生持续发展。模范教育理念渗透学校的所有教育教学工作中,引领着一代又一代的西南模范人,并且不断赋予"模范教育"新的时代内涵。办学25年以来,西南模范培养了成千上万的优秀学子,他们也成为各行各业的模范精英。

(二)以德统领全面发展,搭建德育立体格局

学校坚持把德育工作放在首位,真正做到以德育人,教育引导学生践行社会主义核心价值观,踏踏实实修好品德,成为有大爱大德大情怀的人。教师要尽到教书育人、立德树人的责任,并把这种责任体现到平凡、普通、细微的教学管理之中。学校将全员育人、全面育人、全程育人的德育工作落到实处。教师陪伴学生主动成长,建立平等和谐的师生关系,以伙伴的心态对待每个学生,尊重学生在学习生活中的主体地位,激发学生的成长内驱力,通过引领、指导、鼓励、帮助,变"约束性"教育为"潜移默化",教师的角色从学科教师向人生导师转变。

(三)心语传递正能量,营造和谐校园文化

自2007年起,学校着力打造《校园心语》,编辑部每周从100多篇学生、家长、老师投稿的"心语"中精选十余篇,在校园网登载,在公众号发布,在校园内的电子屏幕上滚动,在教室黑板报上张贴。为老师与学生、家长与学生、学生与学生、家长与学校搭建了一个心与心交流的平台。在分享、感悟

的过程中,正能量悄然传递,进一步拓展了我校校园文化的发展路径,引领着和谐校园文化建设的前进方向。截至 2022 学年,《校园心语》已汇编出版印刷 16 卷,影响面扩大到海外。

(四)坚持以学定教,陪伴成长促优质

学校一直以来坚持"以学定教,导思教学"的原则。以学定教的前提是注重以学生为本,教师通过对学情的了解,在教学实践中结合每个学生的实际情况对教学策略与方法作出及时调整,实施分层教学,有效提升与补差。引导学生在理解的基础上进行表述与记忆,培养学生举一反三能力,倡导多种方法解题,鼓励学生介绍有创意的思路和联想;鼓励学生质疑,养成独立思考,激发他们的学习兴趣,调动全体学生非智力因素的积极作用。学校在基础型课程的基础上,创建各具特色的拓展型、研究型课程。学校用"陪伴成长"的思想影响教师,引导教师不放弃任何一个学生,用"课前设铺垫,课后筑台阶"的教学措施,保证每一个学生能跟上大家前进的脚步,陪伴他们慢慢成长。

(五)智慧课堂提升教学品质,特色课程助力科技教育

加快数字校园建设,旨在为学生营造愉悦、舒适的学习环境。我校为师生全力打造智慧课堂,引进先进的智能技术,全面提升课堂品质。让课堂真正"动"起来,打造"交互式"课堂,服务教师和学生,让教学过程变得灵活和高效。打造校园人工智能"创客空间"实验室项目,引入无人机、3D 打印、编程机器人等科技特色课程,彰显"三位一体"的全新科教特色。

(六)开拓思维多措并举,切实加强师资队伍建设

建设一支高素质的师资队伍,是提高办学效能的关键所在。将专家"引进来",拓宽教师知识面。围绕"基于核心素养,提升教育教学实践能力"的主题,通过主题宣讲与专家报告,有效提高教师基于核心素养的学科育人能力,提升教育理念和教科研水平。聘请了专家导师,开设校级骨干研训班。发挥优秀教师辐射、带动、引领全校教师专业成长的作用,形成梯队骨干后备力量,不断提高学校教育教学质量。作为徐汇区见习教师规范化培训基地校,精心设计培训方案,组织有学校特色的带教导师团队,让我校青年教

师快速成长起来。

（七）弘扬中华武术精神，促进学生身心健康

徐汇区中小学生武术比赛已在我校成功举办两届，推进了西南模范校园武术等体育运动项目的积极发展，也为我校承办该类赛事积累了办赛经验。比赛不但吸引了众多青少年参与到这项有益身心的运动中来，而且提升了徐汇区武术项目的整体影响力。我校也借区级武术比赛，继续推进"武术进校园"课程建设，加强优秀武术队员培养，引领青年学子继承和发扬中华武术中蕴含的自强不息、积极进取的民族精神，促进青少年在学习能力、人格品质和体育素养上的提高。

四、展望未来，创新发展

学校的未来发展，将着重加强三个方面的建设，推进学校发展更上一层楼。

（一）坚持"模范教育"理念。学校将始终不渝地坚持"模范教育"的办学理念，并且不断赋予"模范教育"新的时代内涵。学校将进一步落实"以德统领，全面发展"的育人理念，更加主动自觉地将德育教育贯穿到学校教育教学的每一个环节。

（二）实施"成就教师"行动。为教师积极搭建平台，为教师专业化发展提供更广阔的空间。落实"成就教师"行动，加大校学科带头人与骨干教师培养力度；关注青年教师的发展和需求；参与重点项目和课题研究；发挥区学科带头人、中青年骨干教师的作用。

（三）深化教育教学改革。依据中考和高考改革的新要求，围绕综合素质教育和理想人格塑造的要求，强化课程教学改革。组织全体教师创新教育教学方法，探索综合素质教育的新途径，打造一批高水平特色课程。

西南模范全体教职员工，辛勤耕耘了25年，学校从小到大，办学声誉不断提高。西南模范中学将继续砥砺前行，开创更美好的未来！

（仇　瑾　执笔）

33. 追求卓越　持续创新

震旦外国语中学

上海市震旦外国语中学是上海震旦教育集团下的一所寄宿制民办初中。学校创办于1997年，由公办的"马当中学"转制而来，现在校址位于鲁班路斜土路，学校占地6539平方米。今天震旦外国语中学的一切，都可以从老的震旦校训中溯源。震旦教育创办者张惠莉理事长传承与弘扬马相伯先生的教育思想，使得震旦外国语中学在经历了25年的积淀后，逐渐达成课程四融合：与国际教育课程的融合、与创新教育课程的融合、与职业教育课程的融合、与社会实践课程的融合。

学校秉持"教育无处不在"的教育思想，充分利用校内的资源，将基础课程得以延伸，以增加学生学科知识的宽度和广度；拓展校外的教育资源，将课程与人的全面发展真正结合，以提升学生的社会适应能力，培育出一批又一批"面向国际，综合发展"的优秀学生。学校也获得了中央教科所实验学校、连续三轮被评为上海市优秀民办学校，以及上海市教委文明单位、上海市安全文明学校等荣誉称号。

一、自力更生，砥砺前行

100多年前，教育家马相伯创办震旦，曾提出过"从黎明走向光明，由震旦成就名人"。传承震旦精神，是发扬震旦校园文化的强大动力。经过多年的探讨、归纳、整理，震旦形成了一整套教书育人的新思路。坚持继承并发扬马相伯"崇尚科学、注重文艺、不讲教理"的校训和"以人为本、育人育能"的教育理念；确立"综合素质、创造能力、高尚人格"的教育目标，人格是教育的更高层次的目标，是素质教育的终极体现，从而把教书育人提高到了一个新的层次。

二、自强不息，持续耕耘

上海市震旦外国语中学办学至今，被首批授予"上海外语频道校园伙伴"。学校聚焦育人方式的优化，关注学生核心素养的培育。近5年来，学校荣获国际、全国、市级各类荣誉698项。

在学校党政班子的带领下，学校全面贯彻党的教育方针，全面落实习近平总书记关于教育的重要论述和全国教育大会、上海市教育大会精神，聚焦区域整体教育综合改革核心项目。学校坚持依法治校，立德树人，深推课改，科研引领，探索创新发展。学校领导班子、全体师生员工锐意进取、踏实有为，积极营造风清气正的"微笑相处、快乐学习"的校园育人氛围。学校秉承"面向国际、综合发展"的办学理念，以培养"综合素养、创造能力、高尚人格"的阳光学子为目标，通过优化课程推动学校特色发展，提升学校课程领导力，提高教师课程执行力，丰富课程建设成果，锐意探索基础教育的特色办学路径，用"创新课堂"启迪每一个学生全面成长的心智，用"多元评价"温暖每一个学生快乐成长的心灵，办学质量持续稳步提升。

举办一所人民满意的学校，一任任办学者也经历着认知和实践不断深化的过程，学校领导通过行政管理和MBA的学习，更有了一种"会当凌绝顶，一览众山小"的超前视野。注重情理相融，软硬件兼施，动静相济的管理模式。加强校园管理化模式，为此打开了以ISO9001管理标准引入教育系统的思路，学校制订了五大类61项各种制度的蓝皮书。队伍建设注重人性化管理，增加诸多教师福利，使教师和员工有满满的幸福感。学校坚持"发展是震旦永恒的主题"，以发展吸引人、以事业凝聚人、以工作培养人、以待遇激励人。不以一事一时来衡量教师的业绩，而是在动静相济的实践中，提升教育队伍的素质。

近年来，学校紧紧围绕"面向国际，综合发展"这一办学理念，以学生为本，努力把智慧教给孩子，为学生提供适合的教育；以教师为本，为教师创设适合他们发展的氛围；以学校为本，从学校传统"崇尚科学、注重文艺、不讲教理"文化中提升智慧成长的内涵，形成办学特色。我们以课堂教学改革为核心、以基础型学科课堂为主阵地、以融合课程为落脚点，深化课程融合，注重教改实践,深化教育改革。

走进鲁班路震旦外国语中学的校区,贴着名人墙步行便能一睹马相伯先生铜像的风采。教学楼底层的走廊里还有两块闪动的电子屏幕,每天滚动播放老师自编的英语谚语以及五小语种(法语、德语、西班牙语、日语、韩语)的日常用语,让学生每天集体朗读。坚持教育初心、坚持办学特色,砥砺前行,内涵发展,育人育才,追求卓越。

早在学校办学之初,学校就提出要培养具有"国际视野,中国灵魂"震旦学子的目标。一切培育,教师先行。学校为优秀骨干教师提供赴国外考察和进修的机会,这在上海民间办学领域是比较早的。随着震旦教育集团的发展,学校党政班子又提出了"全员育人、全面育人、全程育人"的三全育人理念。大视野引来大变化,大格局做成大事业。

三、薪火相传、破壁燎火

常言道:"教育者,非为已往,非为现在,而专为将来"。当今世界正在发生广泛而深刻的变化,当代中国正在发生广泛而深刻的变革,随着创新中国、美丽中国、健康中国、法治中国等建设步伐不断加快,社会对知识和人才的需求比以往任何时候都更为迫切。我们民办教育正经历着前所未有的深刻转型,知识的获取方式和传授方式、教与学的关系发生了根本性变革。这些都对民办教育提出了新要求、新任务,都将推动我们教育者重新定义未来学校的新形态、新学习、新场景、新课程和新流程。

上海市震旦外国语中学始终坚持在坎坷中奋进,在艰难中崛起,一代代震旦人在困难面前从不退缩,在挑战面前发愤图强,推翻了一个又一个不可能,刷新了一个又一个发展新高度。学校将在继承中弘扬文化传统,在变革中坚守核心价值,永远致力于有长远意义的事情。学校正在积极塑造新型智慧型校园,努力以学生为中心配置学习资源,设计教育流程,不断推动以数字化智能化平台为中心的智慧校园。2015年,学校发起成立上海震旦教育发展基金会,再一次向世人展示了自己拳拳报国之心及其坦荡的胸怀。成立至今,震旦教育发展基金会捐助了希望学校、自闭症和残疾儿童,奖励了优秀的学生和教师,已在社会上形成一定的影响力和公信力。

　　让教育初心薪火相传,把教育使命永担在肩,震旦扬帆起航再出发!变革的震旦持续展现新作为,创新使震旦发展不竭动力。上海市震旦外国语中学将始终坚持以"综合素质、创造能力、高尚人格"作为培养目标,站在新时代的历史起点,将始终坚持正确办学方向,全面贯彻党的教育方针,围绕"以人为本、育人育能"作为办学理念,扎根民办教育,推动学校实现更高质量、更有效率、更可持续的发展。

(张惠莉　执笔)

34. "丽音"奏响廿余载　英才辈出寄未来

民办丽英小学

24年前,上海市民办丽英小学诞生了。从一栋楼、两个班起步,学校筚路蓝缕、栉风沐雨,始终坚持依法办学、自主发展,探索民办教育改革创新的丽英之路。丽英人念兹在兹、不忘初心,始终坚持立德树人、为国育才,奏响了"办好人民满意的教育"的丽英之歌。

一、一位领路人:筑梦前行,预见未来

提到丽英小学就绕不开她的创始人孙幼丽校长。20多年前,已过了知天命之年的她,怀抱着教育创新的梦想,创办了丽英小学。丽英的起步是不讲条件、艰苦创业。回忆初创时的艰辛,孙校长感慨:"困难大着呢!第一,就是经费困难,在只有两个到四个班的时候,我们照样要养活一个学校,所以经费非常紧张。第二,校舍太小了,只有一幢很小的楼、10个教室和一条操场。我为什么用'条'来形容呢?因为它就像是一条弄堂,又窄又小。"

尽管办学条件简陋,但在校长眼中,办法总比困难多。"经费问题我没有办法,但我最有办法的,就是用比较先进的教育理念来培养学生。"正是抱着这样的教育初心与梦想,校长领衔的党政班子成员带领老师们迎着二期课改的东风,趁势而上,顺势而为。在研读领会上海二期课改精神的过程中,校长敏锐地抓到了"信息化教育"这个关键词,确立了以信息化推动教育现代化的办学思路。2000年,学校制订实施首轮发展规划,确立了"以多元智能的开发闪亮学生智慧,以精美的艺术教育张扬学生个性,以现代信息教育理念奠基学生未来"的办学理念。此后廿余载,丽英小学不断求新求变,勇做教育教学改革的弄潮儿,不懈推进信息技术与学科教学的深度融合,持

续奏响民办教育特色内涵的"丽音"。

二、一条教改路：多样供给，个性成长

小学阶段教育作为个体接受义务教育的起点，对个体的终身发展将产生重要影响。丽英小学坚持以促进学生全面而有个性发展为目标、以创设多样课程丰富学习经历为路径、以数字赋能教学助力学生个性化学习与成长、以创新学校治理提升办学效能的改革创新之路。

丽英小学从创办伊始就提出教育是一种教学相长、双向互动的引导与建构，学生是成长的主体，是教育的目的。民办学校更要正确分析和把握社会的需求、家长和学生的需求，并通过教育产品和教育服务的优化供给来满足这些需求。民办学校要为学生提供优质的服务，就要从重视共同体转向更重视个体；从重视知识技能转向更重视核心素养和情感态度价值观；从重视教育结果转向更重视教育过程。秉持这样的观念，20多年来，丽英小学始终坚持多元化、个性化、精品化办学，不断改革创新课程供给、课堂教学、学校管理，砥砺前行，走好教改之路。

在丽英，课程是学校向学生提供的最重要的资源之一。基础型课程领域，学校严格执行国家课程标准，围绕核心素养培育目标，完善基础型课程的校本化实施，从学习内容的组织、思维引导、学习活动设计、资源组织、学习环境创设、学习评价设计6个维度对国家课程进行深度开发。在拓展型课程领域，重构和完善信息技术环境下兴趣活动类校本课程，从最初的"有什么资源开什么课"逐步向"学生需要什么开什么课"过渡。学校坚持6个"人人会"艺术教育目标，即：人人会乐器，人人会演唱，人人会指挥，人人会跳舞，人人会画画，人人会创作。目前，学校开发实施的选修科目有30个，100%的学生实现了按需选课，同时开展了丰富多彩的学科拓展活动。

在丽英，每个孩子都能找到适合他/她的舞台。在"自我教育、自我管理、自我评价、自我完善、自我发展"的"五自"主体性德育活动中，依托艺术教育与信息化教育，学生可以充分张扬个性、发展特长。学校结合重大节日、月度重点，开展爱国主义教育、行为规范教育、家庭教育、心理健康教育、法制教育、社会实践教育等,伴随着主题班会、科技节、体育节、艺术节、系列活动等学生喜闻乐见的形式,润物细无声地为学生打好生命底色。学校的"一台二报"是贴近学生生活和学习的窗口,是学生自我教育、自我发展的阵地。这里有小记者直接采访的"丽英直通车",由学生直接参与的"小小议新闻",学生自己表演、自己拍摄的"欢乐小舞台"和"校园七色花"四档节目。学生自己办报,形成班班有记者,学校有报社,从主编到撰稿,从收集信息、组织稿件、开设栏目、电脑排版、直到发行,全部由学生自己动手。学校的管乐、朗诵、钢琴、舞蹈等项目成为区域内的品牌。

在丽英,向管理要质量、向管理要效益是创校之初就有的观念。随着时代的进步与学校的发展,教育治理现代化也贯穿于学校工作的方方面面。学校早在2007年就提出了学校数字化管理、建设数字化校园的思路。实践中突出一项重点:加大师资培训力度,不断提升管理人员及教师信息素养;抓好两个环节:建设学校网页、教师办公、行政管理"三位一体"的网络平台,落实学校信息化的组织管理;实现三方面数字化:办公及事务管理数字化,教学教务管理数字化,资源管理数字化。今天的丽英进一步提出要建设具有数字文化、数字精神的智慧校园,通过形成具有个性化特征的学生数字画像,深入分析丽英学生的学习品质,持续推动教师信息素养提升,进一步变革学校治理模式。

三、一张创新牌:前置学习,再造课堂

丽英小学经过20多年的教育信息化探索,不断加深信息技术与学科教学的融合,创设信息技术支撑下的教学环境,进而带动课堂教学价值再塑、流程再造、资源再生、关系再构、评价再建,形成了以学习需求挖掘为起点、以核心问题学习为引领、以数字教育资源为支撑、以核心能力培养为指向的"智慧学习"课堂教学模式,实现了课堂教学的高效低负,促进了学生个性化学习,构建了新型师生关系。

学校从2001年开始探索信息技术与学科教学的融合,从电子白板等技术手段在教学中的有效应用起步,解决信息技术在课堂教学中"为用而用"的问题。2008年起,学校先后以"一对一"数字化学习项目试点和"数字化

课程环境建设和学习方式变革"市级项目试验为契机,关注班级授课制下学生个性化学习的问题,从开展分层分类教学入手,借助微课等数字资源,逐步体现以学定教,解决信息技术"为何而用"的问题。2011年起,学校基于大规模教学创新实践,从课程论教学论的视角重新审视信息化环境下的教学流程、教学资源和师生关系问题,通过创设"前置学习"阶段系统重构课堂教学流程,进而完善信息化教学环境、重塑师生关系内核,将"促进个性化学习的教学"内化为教师的自觉行动,解决信息技术"为谁而用"的问题。2013年起,在实践中对课堂教学和教学资源不断完善提升,通过学校管理保障了信息技术的深度、常态化应用,深化了对信息技术内涵和文化的理解,促进了师生关系不断变革,使信息环境下的课堂教学成为师生的生活方式。2018年至今,学校通过"前置学习"模式的新型混合式教学常态化实施研究,结合"智慧课堂"学习环境,探索了"前置学习"与"课堂再造"的内在关系,探索了混合式教学常态化应用和建立学生画像体系的有机结合。

20余年来,在信息化教育这条路上,丽英始终咬定青山不放松,与时俱进,持续优化,信息化教育从一张白纸开始逐步绘出五彩斑斓,成了丽英小学的闪亮名片。信息化素养成了师生的内在基因,推动了师生发展;学生学习品质持续提升,学习兴趣、学习动力、学习信心不断上升,各学科的学业质量处于领先水平。根据最新的《上海市小学学业质量绿色指标学校综合报告》,100%的家长都认为学生"学习兴趣和态度发生变化和提高",学生学业水平明显优于全市平均水平。教师专业素养持续发展,近5年来中青年教师先后有96人次获得区级以上各类教育教学科研的奖项。100%中青年教师具备独立开展信息化教学设计和实践的能力,满足学生个性化学习需求。

20余年弹指一挥,《民办教育促进法实施条例》的颁布,为依法规范民办学校办学行为提供了指引。展望未来,丽英将一如既往地规范办学行为,深耕课堂变革。在教育数字化转型、新课程新教材的校本化实施、领域继续走好内涵发展、特色发展之路,为建设国际化大都市持续奏响"丽音"。

(魏 敏 李 平 执笔)

35. 磨砺成金　花开芳洲

金洲小学

上海金洲小学位于普陀区西北角,成立于1998年,2007年正式转制为全日制民办小学。2022年,上海重磅推出"政府购买学位"计划,作为普陀区民办学校代表之一的金洲小学也在其中。从转制到民办,再从民办到"政府购买学位",学校的每一次转型,都紧跟着时代的节拍。可以说,金洲小学直接参与和见证了民办教育的发展历程。

回顾办学历程,学校经历了三轮上海市民办特色校的创建,从2个班级60多人发展到目前的35个班级1411名学生。在规模逐渐扩大的同时,学校先后获得了一系列荣誉称号:国际生态学校、全国绿色学校、上海市民办特色创建校、上海市艺术特色学校、上海市依法治校示范校、上海市安全文明校园、上海市优秀家长学校、上海市家庭教育示范学校、普陀区文明校园、普陀区科研先进单位、普陀区行为规范四星校、普陀区最美图书馆、普陀区优秀民办学校等。

一、立足生态理念:咬定青山不放松

创学伊始,金洲小学是普陀区一所公建配套小学。学校道路凹凸不平,操场杂草丛生,一度使老师和学生望而却步,学校有限的资金又制约了学校的发展。首任校长徐晓燕殚精竭虑,带领全体教师走过了一段充满挑战而又令人振奋的历程。在取得学校阶段性发展的同时,也为学校留下了一笔宝贵的精神财富:自强不息、坚韧不拔、勇于创新、追求卓越。

2007年,学校实现教育体制变革,正式转制成为全日制民办小学。站在新的起跑线上,现任校长潘阿芳带领全体教师回归"育人"初心,聚焦学校文化治理,以生态校园为价值追求,基于学校已经形成的"绿色""环保""生态"特色,将生态理念贯穿办学始终,迁移并覆盖到课程开发、课堂教学等各个方面,倾心刻画学校的生态内涵品质,使每一位师生成为学校主动发展的主人翁,并用团队的智慧创建生态的精神家园。

全校上下形成了"创新驱动、转型发展"的共识,凝练出"和谐、生态"的学校精神及"放飞金色理想,到达生命绿洲"的校训,描绘出创建"沐浴生态阳光,焕发生命活力"的共同愿景,制订了"手到、心到、发现、创造"的育人目标。从"一切为了孩子,服务好一切孩子,让一切孩子成功"到"让每一个学生都拥有金色年华"的办学理念的转化和升华,坚持"立德树人"的核心价值,坚守"为党培养人"这一主导思想,形成了以生态文化治理学校,创建现代生态校园的办学思路,让这所年轻的民办学校在激流勇进中体现出独特价值。

二、丰盈生态场域:此地无声胜有声

一所有温度的学校,大到校园设计、小到桌椅摆放,都是学习空间的一部分,都对学习者有着潜移默化的影响。为了给全校师生提供一个赏心悦目、充满生机的教育空间,在区教育局的大力支持下,2013年,学校充分利用有限的场地,搭建了空中花园、改造了生态田园,并对学校的极地馆重新进行了设计与改造;2014年,针对学校硬件比较落后的现状,全面实施校园改造工程。在设计时,充分融合了中国元素于森林图书馆、绘本阅读馆、国学馆、多媒体教室、心理辅导室等专用教室。

让师生们最为津津乐道的是森林图书馆。走进下沉式的图书馆,仿佛走进了现实版绿野仙踪,眼前的一幕既赏心悦目又动人心弦:光线明亮,绿植盎然,动物陪伴,书目琳琅,巧妙地用书架将图书馆分割成多个空间,图书馆与自然接洽,自由而不压抑,在构建丰富层次感的同时,也让阅读触手可及。森林图书馆对每一个孩子开放,"金豆豆"们走进图书馆,在阳光下轻轻翻动着书页,安安静静的大厅内,似乎可以听见文字跳跃的声音。孩子们沉浸在阅读的海洋中,在阅读中跋涉、欣赏、求索沿途独特的风景……

图书管理员由家委会成员担当,爱心志愿者家长接过接力棒,成为图书馆的"大管家",成为图书馆一道靓丽的风景线。他们穿梭于书海,义务整理图书、打扫卫生,他们勤勉的身影,成为森林图书馆"书田中的守望者",进一步加强了家校协作,促进了家校共育。

三、创新生态课程:万紫千红乐满园

教育,不是手段,而是一种文化。基于学生个性多元化发展的需求,要真正做到因材施教,重视学生个体差异,科学、合理地开展个性化教育,必然要有特色课程。

金洲小学在执行国家课程和地方课程的前提下,在"和谐、生态"的学校精神引领下,以"课程创新"为突破口,开发和实施了具有生态启蒙特色的学校课程。通过整体规划、系统设计,科学导向、双向行动,学校完善了"生态启蒙课程"方案,选择 10 余门"追梦乐园"的生态创新活动,进行教材开发,创设了五大类、60 门校本课程。学校还对现有的课程元素从生态视角加以梳理和重构,将其分为校本生态渗透课程、生态行动课程、生态创新课程三个类别。这些课程融入了生态教育的理念和资源,成为金洲小学的特色课程。

丰富多彩的活动也是课程的呈现方式之一,它已经植根并融入了金洲小学的课程体系之中,源源不断地为学生的成长提供丰富、充足的营养。学校给不同的学生提供活动平台,让学生在众多活动中多角度体现自我价值,体验成长的滋味。每年的校园文化艺术节成了孩子们的节日;每年定期举办的运动会成了校园"小奥运",学校从中发掘了许多优秀的运动人才;英语文化节成了校园"小奥斯卡"盛典,为学生打开一扇了解世界的窗户,让有梦想、有才能的同学能够尽情展示风采。学校的棒垒球、民乐、桥牌在市级比赛中屡次获奖,成为学校一张张亮丽的名片。

四、打造生态课堂:百草丰茂临风长

金洲小学坚持用文化引领课堂,用制度管理课堂,用课例研究推动课堂

教学改革。学校在"小学生态校园的实践与探索""小学生态启蒙课程的发展性研究""基于生态启蒙课程的学科系统教学的构建"等科研课题的引领下,聚焦学生核心素养的培养,以"上海市学生学业绿色质量指标"为基准,深入开展校本特色的"生态"视角下有效课堂教学的发展性研究,开展了"人无我有,人有我优"的生态课堂的探索和实践。

在积极创建生态特色学科的课堂实践中,我们立足"生态教学"的研究,以"十四五"教师继续教育实践体验课程的研习为载体,开展以语文、数学、英语三门学科为主的课堂教学研究。在生态课堂中,学生由个人独立学习的方式转变为小组合作学习的方式;由被动的教学信息接受者转变为具有创造性的学习者,"自主、合作、探究"学习方式已成为学生学习的常态。

2022年3月,受到新冠疫情影响,孩子们开始居家学习,学校充分利用线上资源优势,竭尽解决线上授课的不足,制订了行之有效的实施方案,有计划地组织各年级利用网络平台,开启云端教学。各教研组在云端开展系列化、深层次和持续性的"单元整体教学教研活动",规划了单元整体教学的路径,优化了单课有效实施的方法,也探索了单元作业设计的策略,充分体现了新教研模式的特点,彰显了教与研的专业价值,使学生的学习品质获得了提升。

五、涵养优秀师资:歌以咏志图自强

课程改革呼唤教育智慧,教育智慧呼唤教学智慧,教学智慧呼唤智慧课堂,智慧课堂呼唤智慧老师。

在师资队伍建设上,我们设定专业发展目标,针对不同教师的发展需求,做到梯队培养、分层培养。学校采取"青蓝结对"的方法,挑选经验丰富的老教师担任"师傅",使得年轻教师能很快胜任教育教学工作。为了发挥优质教师的特长和优势,实践学校"打造优质班主任师资群"的设想,筑高班主任队伍底部。我们不仅开展了两期"张静班主任工作室"的研究工作,还成立了"科研、研创"工作室,通过工作室丰富多彩活动的开展提升教师的专业素养。

2020年,由我校吉冰副校长领衔,成功申报上海市民办中小学中青年优秀教师团队发展计划项目"教师素养提升与教学创新实践",项目团队立足第一线开展教育教学实践和研究,帮助更多教师在项目中实现理论知识与实践能力的提升。2021年9月,"双减"政策正式出台,学校坚持以人为本,立足需求,出实招,求实效,充分发挥课程优势,推动课后服务"乐学课程"常态化运行,助力双减政策落地。2021学年,我们依托市民办中小学数学学科基地建设,开展"玩转数学M+"综合实践活动的建构与尝试,多学科融合实践活动,在解决问题的过程中有效提升学生的核心素养、提高教师的专业能力。

一项项荣誉、一块块奖牌、一个个奖杯,展现的是金洲人曾经的辉煌,更是金洲人不断前进、不断进取的精神品质。金洲小学追求教育理想、探索教育之路永无终点。当下,民办学校面临新的发展机遇和挑战,我们将深刻把握新发展阶段的重大机遇,领悟新发展理念的深刻内涵,融入新发展格局的系统循环。

一是融入"适合教育"彰特色,推动金洲新发展。我们将顺应环境变化和形势发展,进一步端正办学思想、理清办学思路,深刻把握普陀"适合教育"在区域实施的发展布局,继续进行特色学校的创建,以国家课程为基础的课程内容不变,将教学实践继续优化,将主题化、项目化、探究式、研究式教学方法,更深入地覆盖到全学段,进一步凸显民办教育的社会地位和社会价值。

二是聚焦"青椒培养"优队伍,加快人才强基新布局。我们将着力破解民办学校教师培养的难题,为民办学校教师管理提供智慧之道,牢固树立终身学习的理念。通过定期而系统的协作规划和反思,不断创造条件,提供持续的外部和内部专业发展机会,打造高质、高效人才供应链,为学校的全面可持续发展奠定坚实的基础。

在国家和区域民办教育整体规划指导下,唯有把学校发展的重心转移到内涵建设上来,提升质量、凝练特色、办出水平,才能在激烈的竞争中立于不败之地,才能在新时代推进教育现代化和建设教育强国的伟大征程上,谱写新篇章、做出新贡献!

磨砺成金,花开芳洲。

(潘阿芳　执笔)

36. 厚积薄发　历久弥新

闵行区协和双语教科学校

明德树人，吐纳英华，融合中西，和谐发展。

上海闵行区协和双语教科学校（简称"协和教科"）成立于1998年，隶属于协和教育中心（集团），是一所集中西文化精粹，融艺术科学为一体，办学质量优秀的全日制可寄宿的民办完中。学校初中学段设有国内双语课程部和EMW融合课程部，高中学段设有国内普通课程部和加拿大BC国际课程部。学校现有初中学段37个班，高中学段20个班，师生1 700余名，中外教职工总人数为215人，其中研究生学历70人、外籍教师48人、中高级职称69人、区骨干教师5人、区级骨干后备23人，还有2名教师是国际文凭组织大学预科课程（IBDP）的考试官。

学校贯彻国家教育方针，坚持育人为本，五育并举，在秉承"融合中西，和谐发展"的办学理念之下，学校以尊重差异、提供选择、开发潜能、多元发展为目标，融合中西文化精粹，发扬中国优秀传统，致力于培养德智兼修、基础扎实、特长鲜明、融合创新、双语交际、具有中国情怀和国际视野的社会主义事业的建设者和接班人。

20年风雨兼程，20年砥砺前行。1998年，在上海教育科学研究院几位老领导的引领下，集合各路优秀师资和办学力量，教科立校就名噪一时；20世纪初，顺应集团办学的春风，教科加入协和教育集团，成为旗下唯一一所完中，确立了"多元、平衡、包容、创新"的核心价值观；2010年，协和教科率先引进加拿大BC课程，在中西融合的道路上迈出了坚实的步伐；2014年以来，立足于国内课程进一步明确了"人文博雅艺术特长、文化融合科学加强"的特色定位，取得更为优异的成绩和社会反响；2016年，学校国内课程提炼形成了"模块建构、分层教学、小组合作、自主探究"教科教学模式，EMW融合课程也在协和教科落地生根，并获得了剑桥考试中心的认证，为学生未来进入IGCSE、IBDP、BC、AP、A-Level等国际高中课程打下坚实的基础；2018年，学校对办学理念做了调整，凝练为"融合中西，和谐发展"。时至今日，协和教科人继续秉承融合中西、和谐发展的办学理念，和衷共济、开拓进取，为学生多元发展提供更多可能。学校目前是全国和谐德育先进实验学校、上海市安全文明学校、上海市野生动物植物保护学校、上海市特色项目学校、上海市美术教育研究基地试验学校、闵行区艺术合格学校、闵行区行为规范示范学校。

"适合学生创新发展的教育就是最好的教育。我校一直奉行尊重差异，提供选择，激发潜能，多元发展的办学理念，探索一条适需发展、适性扬长的办学之路。学校涵盖初中高中两个学段，有国内课程和国际融合课程两大板块，升学渠道多元，课程体系各异。在提升学习力，激发创造性的同时，我们始终注重学生责任感与同理心的培养，不断增强学生的中国文化认同感，帮助学生不断拓展国际视野，开阔眼界。"校长李春燕女士从教科创办之初就进入了这个大家庭，伴随着教科一路成长，见证了教科的变革之路，也更加深刻地了解教科的办学理念，不断践行，深耕不辍。

初中双语课程严格执行中国国家义务教育阶段课程标准，落实中国学生发展核心素养，同时汲取IB、BC等国际课程的先进理念以及教学手段和教学内容。在中外教师的合作教学中，通过国家课程及校本拓展、探究课程的学习，将问题意识和探究意识融入学科教学，为崇尚个性化的学生提供更多关注和指导，为寻求更多英语学习机会的学生提供浸润式的语言学习环境。初中双语课程是在基础教育阶段渗透国际教育理念和教育模式，帮助学生认识自我、学会选择、发展自我的有效尝试，课程始终注重培养自身德智体美劳全面和谐发展的人，培养促进人类可持续发展的人。

初中EMW融合课程在完成上海市课程计划的同时，吸收、融合剑桥课程关键阶段3、IBMYP等国际通行课程中先进的教育理念、课程设计、内容、评价等要素，注重探究式学习、关注全人教育，致力于学生能力的多方位培养。从进入 EMW 融合课程部的学习那天起,学生就在为将来开启国际高中的学习进行准备,除了丰富的外教课外,EMW 融合课程中的课外活动、社团也都由外教老师主导,课程的宗旨就是帮助学生发展核心能力和关键技能,鼓励学生对已有知识进行质疑探究,培养发现问题并独立解决问题的能力,将批判性思维和国际视野时刻贯穿其中,帮助他们能够顺畅地联通国际高中课程。通过几年的课程实践,协和教科学生近年来在 IGCSE 和 IB 课程中均获得了非常优异的成绩。

国内普通高中课程主要实施基于核心素养全面发展的美育教育,围绕"人文博雅艺术特长;美育引领劳育创新"的课程建设,开展双新实验项目探索,注重学生研究性、实践性等项目式学习能力的培养,围绕新课程、新教材,突出美工美劳,实施五育并举,立德树人,为学生提供多元发展渠道。

BC 国际课程以适应性、融合性为核心理念,帮助学生转变学习方式,积累海外留学经验,开拓国际视野,为未来出国深造提供助力。一方面,学校开设四门中方核心课程,培养学生的中国情怀和创新精神;另一方面,学校配备专职升学指导老师,为学生提供人生规划课程和升学指导服务,帮助孩子进入世界知名的各个大学。BC 课程是"最软实力导向"的课程,它既看重"全面发展"又强调"重点突出",在提供戏剧、体育、人生规划等必修课程的同时,还足足提供 11 大门类的课程供学生选修,协助学生找到自己的发展方向。其中,最亮眼的就是"生涯规划课程",本课程分为职业生涯教育、职业生涯联系、毕业项目三个部分,贯穿学生 10—12 年级,学生通过 3 年的学习,探索个人兴趣、规划职业方向,并对自我、对社会、对世界形成更深入的理解。

除了多元的课程体系外,协和教科还致力于用艺术丰富校园生活,用艺术促进学生快乐成长,坚持以管乐和版画作为特色项目,按照"人人擅版画,人人会乐器"的培养目标,唤醒每一个孩子的审美潜能,使他们善于发现美,懂得欣赏美,学会创造美。为了给学生搭建一个自我展示的舞台,学校每年举办精彩纷呈的艺术节和艺术专场比赛。在这里,你可以看到富有激情的爵士舞、独具特色的民族舞、典雅柔美的芭蕾舞;在这里,你可以欣赏到高雅悠扬的古典乐、婉转大气的民族乐、个性张扬的现代乐；在这里，你可以观摩到意境悠远的泼墨山水、细腻写实的描摹写生、鲜活有趣的创意动漫……多彩的活动为同学们提供了一次相互切磋、交流技艺的机会，不仅展示了同学们的才能和良好的精神风貌，还丰富了同学们的课余生活，激发了他们对艺术学习的追求热情。

除了艺术方面百花齐放，学校科技类社团也不容小觑。科技是创新的课堂，更是学生们梦想的舞台。依托上海市《科学课程标准》和IGCSE科学标准的科技课程引导学生进行探究式学习，每年举办趣味横生的Science Fair科学展，学生们会自主研究"制作降落伞的最佳材料""时间和空间"等感兴趣的课题，设计实验，在科学展上给大家讲解。在这里，由中外教联手指导的科学社团受到大批学生的欢迎，它是天文与智能的结合；在这里，智能创新不再是梦想。除了科技社团外，学校还积极调动在校学生参与科普、走进科学的兴趣和热情，培养在校学生学科学、爱科学、用科学的良好习惯，促使其成为德才兼备、富有创新、充满朝气的新一代"创客"。

协和教科坚信每一个老师都是点灯人、启蒙者，所以选择"慢火炖老汤"，拒绝"洋应试"催熟催长，坚持以学生为中心的探究式、项目式学习，家校共育上更是保持着与家庭的同频共振，努力和家长一起把孩子培养得阳光、自信、有后劲。班级家委会、学校家委会、家校联系簿、家长课堂……学校借助不同平台让家长持续融入学校课程管理中，不仅让家长了解孩子的学习动态，更让家长学习如何和孩子相处沟通、如何帮助孩子规划自我，助力孩子成才。良好的家校沟通是学校成长的助推器，也是学校教育不可推卸的责任，唯有形成教育的合力，才能真的"一览众山小""山海皆可平"。

善学尽其理，实践出真知。教师发展是学校发展的原动力。在协和教科，学校会持续为教师们提供各类各级课程培训，鼓励教师改进教学行为，提升专业素养。协和星计划，让教师了解国际教育前沿动态；市区级联动教研，让教师紧跟国家课改动向；工作坊、名师课堂，帮助教师更新知识，提升自我；课题引领、科研助力，促进教师精进业务，创新实践。协和教科的中外教师团队笃实而热情，能够不断学习并汲取中西文化精粹，提升教育理念，改善教学行为,有效助力学生全面和谐发展。而学生在中西文化融合的氛围中,逐渐形成了自信、乐学、善思、笃行的学风,在自主探究、合作交流的习惯养成中,获得自我提升的喜悦和终身学习的经验。

树德以正身,立品而致行。协和教科秉持"德至真善,学贯中西"的校训,以德行立校,注重校风建设,注重文化交融。学校关注每一个孩子的特色,尽量为孩子们的特色提供最大的平台。学校努力营造积极向上的校园文化,让学生们觉得在学校里有安全感、有很多关怀、被尊重,内在的潜能就会自然被点燃,一旦小火苗燃烧了,能量就会发挥到无穷大。正如协和教育总校长卢慧文女士在集团的教师职业发展日上说的:这是一个不确定的、复杂的、包容的新时代,比以往任何时候都需要内驱力。这种潜移默化的自信养成,将会影响到孩子更长远的发展。

这里,是梦想的开始,从小小校园到世界学府,我们以梦为马,从来不负韶华。

(李春燕　严　婷　执笔)

37. 滋兰树蕙满庭芳　弦歌不辍谱华章

民办华育中学

1999—2022年,上海市民办华育中学历经23年的教育践行,走出了一条具有示范价值的优质民办初中发展之路:不忘初心,满足人民群众对多样化教育需求;牢记使命,为立德树人创设优质发展路径。

23年辉煌征程,23年桃李芬芳。华育中学从艰苦奋斗的初创期到特色内涵的发展期,再到迈向建设高质量高水平基础教育优质民办学校的新征程,历届开拓者们带领师生架梁构柱、破关闯局,在基础教育改革发展的时代洪流中扬帆起航、笃行致远。艰苦创业20载,育得桃李满园春。10年育树,百年育人。落其实者思其树,饮其流者怀其源。23载弹指一挥间,但华育人坚韧不拔、自强不息的精神谱写的奋斗、奋发、奋进的创业故事却历历在目,历久弥新,鼓舞越来越多的华育人砥砺奋发,续写华章。

一、艰苦奋斗创业路,同心勠力克时艰

上海市民办华育中学于1999年创办于罗秀路99号,为上海中学最早建立的初中教学基地及德育教育基地。她植根于民办教育的土壤,秉承上海中学"乐育菁英"的教育理念,迎着改革开放的春风应运而生。2007年3月,学校通过上海市民办中小学依法办学专项评估,为徐汇区唯一获得"优秀"评价的民办初中。2010年,迁址于目前的新校区龙吟路99号。"99"年开办,两个"99"校址号码,预示着她的发展注定在上海市这座社会主义现代化国际大都市、全国教育综合改革先行实验区,留下"久久"不可磨灭的一笔:满足社会需求,以促进优质教育充分发展为起点,不断推进教育实践与探索;坚守育人高地,将立德树人作为学校发展的原点,持续提升内涵与品

质;履行社会责任,托管公办学校成为教育辐射亮点,开"民托公"办学一体化联动之先河。迸发办学正能量,致力于为培育有社会主义核心价值观与实现中华民族伟大复兴梦的高素质社会主义建设者与接班人奠基,推进优质教育均衡;创设育人新机制,致力于培育核心素养,推进学校课程系统现代化、智能化,为智慧教育奠基;认识发展原动力,致力于开发资优学生天赋潜质、多样潜能、无限潜力,创设多样发展平台,为创新人才早期培育奠基,凸显了华育中学的育人担当、发展使命、示范价值。

自2008年上海市统一中考阅卷以来,华育中考成绩始终保持全市领先;无论是从毕业生进入高一层学校的质量和数量来说,还是以学生在各类竞赛中争金夺银的层次和等第来说,都成为同行队伍中的佼佼者。2018年,学校通过了社会组织5A等级的评估,这是中国社会组织最高的评估等级。

二、砥砺前行创意路,肩鸿任钜秉初心

"不忘初心,牢记使命,努力办人民满意教育"是华育矢志不渝的追求与锲而不舍的探索。华育以责任定义迸发办学正能,坚定立德树人,坚守社会担当,用高瞻远瞩的深思远虑和远见卓识的文韬武略,走出了一条高起点、高品质、高效率建设一流初中的华光之路。

华育探索卓越初中的发展,突破"六个一流":学校德育工作确保成人成才融合;依法规范办学确保内涵品质提升;校本课程建设确保个性多元智慧;课堂教学变革确保学生潜能开发;教师团队合作确保专业发展境界;教改实践经验确保义务教育发展。

华育拓展初中教育的国际视野、中国特色、上海智慧,积极推进"促进全面而有个性发展"的素质教育,在"五个结合"上开辟新天地:将立德树人与学生创新素养培育紧密结合;将学校课程改革深化与创意性教学特色创建紧密结合;将学生学习空间与大学、企业、科研院校等资源开发紧密结合;将开展教育教学实践研究与研究型、创新型教师培育紧密结合;将学校法理情结合的管理机制完善与优质卓越的学校文化紧密结合。

筚路蓝缕启山林,栉风沐雨砥砺行。华育人凭着坚韧不拔的坚强意志和永不言弃的顽强毅力,克服种种困难,引领华育中学走上了发挥特色、注重内涵、持续发展的坦途。

三、特色内涵创新路,奋楫笃行拓新程

华育坚持"家国情怀、国际视野"和"欲成才,先成人"的教育理念,培养有中国根、民族魂、未来有国际竞争能力的一代新人,努力创建高水平优质均衡的民办初中。以内涵发展顺应时代智能,培育核心素养,把握关键领域。立足高远谋划,系统建构基于核心素养的学校课程。"6+3"的核心素养奠基人才规格。"6"指良好的人文底蕴、高尚的科学精神、持续的学习能力、富有情趣的健康生活、强烈的责任担当、优秀的实践创新;"3"指宽广的国际视野、高远的生涯规划能力、优秀的信息媒体运用能力。

华育立足于"数学教育见长、文理基础厚实、科技教育凸显、艺体素养奠基"的育人特色与学生发展潜能,在落实国家与上海课程的基础上,系统建构学科领域与非学科领域课程(含14册相应的校本课程框架)。学科领域课程奠定了学生走向卓越的发展基石,非学科领域课程为学生志、趣、能开发创设了广泛的发展空间,旨在培养和发展学生的理性和感性的思考能力、科技与人文素养交融的生涯规划和发展能力、成就能力和抗挫能力。全面开发适合学生发展、提升学力、激发潜能的校本课程,形成了德智体美劳全面系统发展的基础课程、拓展课程、学力培养、系列讲座、创新舞台5个有机衔接的多元化的课程体系,深化阶梯式课程的分层化与发展性课程的多样化。既有国家课程的校本化落实,也有基于学生特点的学校课程系统开发;既夯实基础,也开阔视野,促进个性发展;既有共同的研讨学习,也有自由的个性探究。这种多层次、多元化的架构,使课程的素质育人功能得到最大程度的强化,促进学生在厚德载物的修心中学会才高识远,在博采众长的修炼中学会格高意远,在融会贯通的修身中学会任重道远。

华育突破关键领域,在数学教育、科技教育与资源开发上彰显实力。数学教育始终坚持"重基础、设坡度、挖潜能",引导学生从"兴趣"到"乐趣"走

向"志趣"。近几年上海在数学国际奥林匹克竞赛中,获金牌的高中学生,初中均在华育就读。

2014年,华育率先开展"初中生创新素养培育实验"。点面结合推进科技教育探索。遵循理事长唐盛昌先生的24字发展方针:兴趣引领、运用切入、项目导向、板块支撑、方法养成、创意发展。科技课程根植于STEM教育,与理科综合课程无缝衔接,以活动课程、课题研究、探究式学习、主题式学习、项目实施带动多学科、跨学科共同学习,以提高学生综合运用能力与创新实践能力。

四、持续发展创优路,履践致远臻至善

华育以多样平台激活学生潜能,以教改促发展,不限学生发展上限,努力通过课程与教学改革、教师专业成长、学生成长舞台等多样的平台,推进初高中衔接的创新人才早期培育。

课堂教学改革指向"智慧",强调学科的"基色"和拓展的"多色","挑战性学习、颠覆性课堂、创意性教学和研究型教育"凸显教学与学科特色。编写学校基础型课程纲要,构建课程图谱,融入学科领域的最新发展。基于新中考的"全学全考",构建了"学生高能高分"与"综合素养提升"的发展性评价体系。

创意性教学改革指向创新人才早期培育,聚焦批判性创新思维。创设基于数字技术的颠覆性课堂,建构超限、翻转、混合学习模式和创意性教学模式,注重课堂教学道德生成、智慧增长和多种智能的开发,关注教学内容、方式与教学对象的和谐统一。

教师发展高度追求探究"能量",以研究型教育助力学科品牌与教学特色;以校级立项课题为抓手,推进教学实践研究。举立德树人之旗、举优秀人才早期培育之旗、举民办学校优质发展之旗;攻高端民办初中育人的理论之城,攻创新人才早期培育的初中阶段发展之城,攻初高中衔接的学校课程构建之城。

学生潜能开发平台多样化显"高度",构建"三步曲":识别知能,认清自己;展示显能,提供机会;激活动能,增长才干。多渠道、多方式将潜能激发常态化、载体化、即时化,全面提速个性发展。每学年100多门拓展型课程、100多个大中小型讲座、24位特聘教授指导、16个创新实验室的探究活动,充分发挥学生个性特长,详细设计所有课程,并编制校本特色读本。45个学生社团致力于培养菁英学生的领导力。构建潜能发展、开阔视野、人文底蕴、思想境界等四个平台,作为学生个性化成长舞台,为学生持续能量集聚引航。

迸发办学正能,正视时代智能,激活学生潜能,这是华育的理性认知和责任担当、知性认识和创新担当、悟性认觉和价值担当,也是华育23年办学的品格概括、育人的品质概貌、形象的品位概览,更是华育23年教育实践探索的起点初心、不懈追求、始终如一的奋斗目标;尤是华育23年初中教育的重大建树、重要揭示、重点启示,体现了华育中学高位办学的风范、高端育人的风格、高尚致远的风劲,是华育中学把握国家战略、肩负上海使命、探索一流民办初中教育的成功方向、成就方略和成事方寸。

(李　英　执笔)

38. 砥砺耕耘二十二载
为党育人永守初心

民办新虹桥中学

上海市民办新虹桥中学创办于2000年,距今已有22个年头,正值少年,风华正茂。22年创办历程,初期艰难开拓,中期锐意进取,近年改革创新;22年所走的每一步都见证了每一位新虹桥人奋斗的身影、坚韧的意志、开阔的视野、博大的胸襟、明智的抉择和一颗"办好教育、一心为民"的赤子之心。

一、"幸福都是奋斗出来的"——创业初期

上海市民办新虹桥中学是原公办虹桥中学高中部转制而来的一所新建学校。创办初期,生源超量(最多的时候在校生1 500人)、资金短缺、经验不足是学校亟待解决的问题。虽办学经验不足,但第一年就圆满完成在校800余名学生的教育教学任务;虽办学条件艰苦,但仍保证37亩教学场地运营有序;虽办学时间不长,但很快形成了比较系统的教育教学思路、课程框架和比较完善的办学理念。

创办第一年,在种种原因下,由计划招收4个班级学生临时增加计划至10个班级;同时仍需托管原虹桥中学高二、高三8个班级。面对新生和老生、新教师和原有教师、教学资源和教师资源整合等问题,其间无数次的沟通、协调和最终的统一,倾注了第一代创业者的心血和智慧。办学条件的困难难以想象,除学生课桌和教师办公桌椅外,几乎一无所有;教育局下拨10万元办学经费,各项开支捉襟见肘。第一代创业者们发扬了"吃苦耐劳、艰苦奋斗"的优良作风,10万元经费用在教育教学急需设备的购买上;其余,

如会议室的桌椅、办公室的电扇、喝水的茶杯、热水壶等,则向兄弟学校借用或依赖社会捐赠。学校办学经验不足、办学思路不清晰,学校领导便组织新教师和托管老教师广泛开展学习、讨论、交流,最终使得全校教职员工形成共识,梳理出有效可行的办学思路和策略。

学校创办初期,即形成了"一切为了学生的成功和发展"的办学理念。学校明确,不管一线的教育教学,还是二线的后勤保障,都必须思考是否有利于学生的成功和发展。明确"成功和发展"不局限于分数,还包括学生能力和品行等方面有所进步。正确的办学理念确立后,学校领导班子进一步提出"自信自强"的校训,要求以自强不息作为精神支柱,帮助学生走向成功。同时,学校又进一步要求教师确立"两个百分百"的教育观,即"学生只要有1%的成功希望,教师就要尽100%的努力去帮助学生成功;学生的成功对学校而言可能是1%,而对于一个家庭而言就是100%"。

创办初期,薛一震校长、钱建德书记带领每一位新虹桥人用奋斗开创了学校良好的局面,用思考和探索奠定了民办新虹桥中学扎实的办学基础和丰厚的精神内涵。

二、"做新时代的弄潮儿"——创业中期

2010年,学校迎来10年校庆,教育也迎来了新的变革。面对困难和机遇,学校砥砺前行、创意开拓,留下了无数动人的瞬间,取得了引人注目的成绩。

办人民满意的学校,"为社会提供优质教育服务"是学校办学的宗旨;从实践中来再到实践中去,是我们一直秉持的重要方法。民办新虹桥中学只能招收长宁区普通高中的末端生源是我们学校创办以来一直面对的现实。本着一颗"教书育人"的初心,我们对"把学生教好"这件事乐此不疲。

单看高考数据,学校由创办前几年高考本科上线率在3%左右的起点上稳步提升。尤其是2016年新高考改革后,2019届、2020届高考本科率突破80%,2022年高考本科率突破90%,达到92.54%。成绩的背后,不单单是教学的有效实施,更是德育工作的贯彻落实。可以说,我们每一个新虹桥

人都对学生成长倾注了自己的爱心、耐心和真心。

2011年开始,为顺应社会层面需求,营造多元文化氛围,学校领导开始在摸索中开办国际课程班。国际课程班创建这10年是施教团队合作历练的10年、课程体系逐步完善的10年、办学经验日渐丰富的10年、教育成果日益丰硕的10年。学校以国家课程为基础构建了五大课程体系,全方位满足家长和学生的需求。10年来,毕业生100%获得国外四年制本科大学录取,50%的学生进入全球排名前50的大学,70%以上的学生进入全球排名前80的大学,至今已经有近千名学生从新虹桥走向国外大学、走向国际社会。

三、特色创建中的内涵挖掘——善和美

为了适应社会需要,学校领导班子越来越清醒地认识到,提高个人素养,特别是扬善和求美的品质是多么重要! 善是人的本真,是需要在约束中自我养成,在模范作用中自我提升;美是人的追求,是需要在熏陶中滋生,在探求实践中升华。学校寓"善和美"于学校教育教学各个环节,学校突出实效、活化形式,强调德育工作的互动性,注重受教对象的参与性,探求学用结合的持久性,寓教于"善"、寓教于"美"。

善,需要在约束中自我养成,在模范引领下中自我提升。学校致力于促进学生养成文明习惯,提高综合素质;建设良好校风、教风和学风,引导学生自律,树立新虹桥学子的良好形象。学校以"平安和谐校园"建设为契机,以"文明教室"评比为抓手,用《民办新虹桥中学德行学分管理办法》抓好常规管理;学校以学生会建设为立足点,通过团委、学生会例会,组织好各级学生干部培训,组织学生干部学习理论,积极实践,发挥学生在学校活动中的主体作用,提高学生的规则意识和组织能力;学校认真开展18岁成人仪式、学雷锋活动、支援贫困地区儿童和志愿者服务等活动,培养学生善良的品质和服务社会的意识;学校开设多项德育课程,丰富学生校园生活,提高教育品质。

美是人的追求,是需要在熏陶中滋生、在探求中升华。美育特色是学校着力打造的特色之一。结合学校实际情况,学校一直在探索美育的创新策

略；主要以完善美育课程建设，形成学校鲜明的美育特色为主要目标；努力创建以"美育氛围""美育特色""美育育人"为主体的三美教育体系。同时，"三美教育"也是学校美育特色创建的核心主题：起于"美育氛围"，学校在现有美育资源的基础上，着力建设校园的美育环境、完善美育课程、优化美育资源等，努力使学生受到美的熏陶，培养审美情趣。完善"美育特色"，是指学校在前期美育积累的情况下，逐渐形成校园美、教师美、学生美、作品美、美育成绩显著的良好风貌，合于"美育育人"。学校高中三年的美育特色课程，着力培养学生的审美素养、创新能力和个性发展，助推学生懂得欣赏他人之美、欣赏自己之美、欣赏外物之美，内推学生形成完善的人格、积极的人生态度、昂扬的精神面貌。在此基础上，提高自己的人文素养和滋养自己的人文情怀。

四、规范发展中的再次起航——为党育人、为国育才

学校是教育的主阵地，依法规范是学校办学的第一原则。鉴于此，学校在国内、国际课程上，始终坚持将党的教育方针贯彻到底，始终坚持将立德树人贯穿教育教学全过程。学校在各项学校德育活动中做好：主题团日活动、国旗下讲话、寻访红色之旅、宪法学习活动、向国旗敬礼、18岁成人仪式、时政知识竞赛、国防教育活动、军政训练活动、特色团支部等；在学校教育教学活动中做好：坚定政治立场、吃透课程标准、领会双新精神、完善课程体系、规范使用教材、规范国际课程、落实人文素养、抓好体育艺术、切实减负增效、尊重每个个体、做到有教无类、杜绝分数优先、落实心理课堂等；在学校管理上做好：坚持党的领导、落实"三重一大"、完善监督机制、落实党员模范作用、规范招生收费、严格学生管理、信息依法公开、关心教职员工、营造人文氛围、做好家长学校、尊重社会诉求、力求人民满意等。

22年，承载了三代人的心血，上海市民办新虹桥中学在这片教育热土上已经讲述、正在讲述并继续讲述它的动人故事。

（殷鑫一 执笔）

39. 文化立校　特色兴校

民办童园实验小学

2000年7月,在推进义务教育均衡发展、满足老百姓对优质教育资源选择的迫切愿望背景下,上海市民办童园实验小学崛地而起。秉承"童园,儿童成长的乐园"办学初心,20多年来,学校坚持"文化立校、特色兴校"的办学信念,引领着全体教师砥砺前行,克服了办学过程中的诸多困难,经受了招生政策变化的考验,连续三届获得上海市民办中小学特色学校称号。

一、文化立校

童园——儿童的乐园。张莲仪校长立志创办一所令孩子喜爱的学校,"童园"之名由此而来。2000年7月,上海市民办童园实验小学建校。

2001年起,在本校初创的10年中,徐根荣——上海市特级教师、上海市二期课改小学语文教材主编、上海市双名工程基地导师,作为第二任校长,从语文教学的本质出发,以学科文化引领办学发展,进行了"阅读作文"教学实验,拓展了小学阅读与作文教学的新思路。教师通过指导学生阅读,启发学生写下阅读过程中的所思所感,调动了学生的阅读与习作热情;学校开展了"每日一诵"的语文实践活动探索,形成了具有童园特色的诵读文化;引入了高质量、高层次的"教学研讨",为童园语文教师队伍质量的不断提升提供了开阔眼界、引发思考、触动实践的专家级引领。正是源于学科文化的不断积淀,其间涌现出了多名优秀教师,在市区及全国的比赛中获得了优异的成绩,他们合力形成了本校学科阅读的特色,初步形成了以学科阅读特色引领的文化立校初级阶段。

竺亚芬校长承上启下,实现了本校成为上海市民办中小学特色项目创建校的开端。2011—2013年,借助校安工程,全面优化学校的办学条件,提升校园环境,于2012年首次成为上海市民办中小学特色项目创建校。

二、特色兴校

2012年,党的十八大提出:"坚持教育为社会主义现代化建设服务,为人民服务,把立德树人作为教育的根本任务,必须与生产劳动和社会实践相结合,培养德智体美劳全面发展的社会主义建设者和接班人,努力办好人民满意的教育。"基于此,学校进一步深化办学理念和办学特色。我们充分感受到,学科育人是教育的主阵地。

2013年,本校迎来了现任校长、上海市特级校长孙琳女士。在学校领导的带领下,我们就如何更好地打开学生的视野、拓宽学生的格局、提升学生的思想内涵与深度等问题,站到了更高的高位,开展了丰富的校园活动,着力打造"书香校园"品牌。

我们在原办学特色基础上,坚持文化立校,形成了"读书明理"的核心办学理念;构建完善了以"好读书、勤思考、善表达、乐担当"为育人目标的"明理章评价体系";并以此为引领,形成了全学科的大阅读特色实践探索,让校园文化渗透到整体的教学架构之中。

以阅读为原点,拓展其外延、丰富其内涵,将阅读从语文学科拓展到"大阅读",突破了学科阅读的樊篱,将原本单一形式的阅读渐进地扩充为多元阅读,着力构建阅读课程框架,用"阅读书籍、阅读自己、阅读他人、阅读世界"的方式,推动着"大阅读"的发生,收获了以下"大阅读"的成果:学会体验、学会思考、学会分享、学会创造,让阅读逐渐成为孩子们的学习方式;学会与书交往、学会与人交往、学会与社会交往,让阅读成为孩子们的生活方式。

近10年,我校学生整体全面发展的态势开始显现,在艺术、体育等各类舞台上都可以看到童园学生的身影,这与我校"大阅读"育人观的践行是分不开的。我们实施了"角色体验类阅读、学科协作类阅读、生命哲学类阅读、主题活动类阅读、游学考察类阅读"的"五大类型"阅读课程,丰富的课程架构以及多元的活动设计,使童园成为孩子们阅读的"理想国"。

我们开拓了阅读内容，围绕"家国情怀、历史人文、中外经典、科学探秘、校园生活"5个维度，为学生创设了更为丰富的阅读空间，让孩子们通过各类课程、多样的活动，阅读自己，阅读身边的人，阅读这个丰富多彩的世界。我们设置了班级层面的必读书库，保证每个学生在校5年累计阅读不少于200本书籍；在年级层面开展好书漂流，满足学生个性需求和引导学生伙伴互助阅读；在学校层面设置分类书架，分别建立以提供历史人文书籍与儿童戏剧表演课程体验为一体的"趣阅坊"，以提供科学技术书籍与动手操作体验为一体的"阅动坊"，为学生提供人文浸润和科技创意相结合的场景支持，让阅读真正成为思维提升、精神成长的有效途径。

我们构建开放的阅读机制，通过老师引导、同伴交流分享等方式，在适度引导的基础上，形成了师生共读、好书推荐、交流分享、评价激励等制度，引领孩子从简单狭窄的阅读空间中走出，感受更多由阅读带来的知识、眼界、思考甚至生活方式的改变。

我们构筑了"资源平台""阅读平台"、"千人千问答疑平台"的"立体书阵"，通过"仪式化"营造"教育氛围"，设计建造童园书香三景观："开卷有益，启程智慧人生"的开卷墙；"立志自勉，放飞高远梦想"的立志厅；"明理见道，修学慎悟真谛"的明理石，使静态的景观赋予教育功能。

我们搭建咨询平台，开办"家长学校"，开设"青蓝课程"，以家校真实案例为蓝本、以科学理论知识为支撑，出版了《"优教"成就"栋梁"》一书，力求在"家校"共育的大背景下，做出"书香校园"的家校共育特色。我们用心让"阅读"滋养学生"生长"；在实践中出版了《"习惯"成就"阅读"》一书，进一步打造"书香校园"的童园品牌。

2015年，我校从上海市民办中小学特色项目创建校走向了上海市民办中小学特色学校创建校；在特色学校创建的过程中，又取得了各类成果。在校领导的带领下，我们十年磨一剑，不断适应新的社会发展所带来的对教育教学的需求，孕育出了以下成果：

其一，形成了卓越的教师梯队。我校遵循"良师兴校"原则，推动教师团队的发展与建设，分年龄、分梯次，组成了童园特有的"老中青"模式，多人多次在全国以及省市区级举办的各项学科教学、说课等比赛中获奖。此外,童园教师的个人成长更是硕果累累:多人获得市区"园丁奖"、区"优秀班主任"、区"受学生爱戴的好老师"等荣誉称号。2020年,童园的教师团队更是以首位优势跻身"上海市民办中小学优秀中青年教师团队发展计划"。

其二,在学校办学内涵的过程中,"科研引领"的办校理念深深地植根于童园。近3年,在科研项目的引领下,我校中青年教师多人多次在市、区级学术期刊上发表文章,多人多次在外省市、区级公开课上亮相,多人多次获得了区级的课题立项及获奖。

三、未来展望

随着新课程、新课标的落地,国家"双减"政策的出台,如何进一步实现"五育并举",是我校正在研究的新课题。为了让学生在综合实践活动中形成更好的学习方式,获得思维能力的进一步提高,我们为学生设计了更有效的作业支架,让学生获得自主学习的实践平台。

在进一步规范民办学校办学的过程中,我校被纳入"政府购买学位"民办学校,这是新形势下对我校办学的又一次考验。面对挑战时,童园人要化压力为动力,勉励自我,不断前行。与此同时,学校形成了一套整体的促进教师专业发展、促进学生全面成长的评价机制,我们将通过对教师的绩效考核、对学生的综合评价,让师生在新形势下共同成长。

目前,借助于我校正在进行的区级重点课题"指向深度阅读的小学语文综合实践活动的创新设计与行动研究",学校分年龄、分阶段地设计了一系列语文综合实践活动,在推进"整本书阅读"的同时,增设跨学科的项目化学习内容,力图促进学生综合素养的进一步发展和提高。

在教育发展新背景下,我们将依托课题和项目的引领,优化教师团队,丰富课程类型,继续以学校的阅读特色为主要抓手,把学校办成人民群众满意的、现代化优质的民办学校。

(杨　柳　执笔)

40. 栉风沐雨　奋力进取

民办金苹果学校

20世纪90年代末,浦东新区的社会发展和经济基础相对薄弱,涉及民生的教育事业发展受到一定的滞后。新区政府为了改变浦东教育事业的面貌,找到了时任上海电线电缆行业协会会长、上海市工商联电线电缆行业商会会长、上海亚龙投资集团有限公司董事长张文荣先生,希望他能出资在浦东这块开发开放的热土上建造一所高起点、高标准、高品质的私立学校,以弥补政府当时对教育资源配给的不足。

出于对教育事业的情怀以及强烈的社会责任感,怀着感恩国家、回馈社会、福泽民生的夙愿,张文荣董事长欣然允诺,开启了跨界跨行的办学之路。1999年投入3.5亿元在巨峰路1555号建造了一所占地200亩,建筑面积11万多平方米的大型现代化寄宿制学校,科学合理地规划了教学区、运动区、生活膳食区及宿舍服务区。2000年,正式成立了上海市民办金苹果学校。在校学生数一度高达4 000多人,创下了新办学校入学人数之最,被誉为上海乃至全国民办教育的"航空母舰"。学校在市、区教育主管部门及社会各界人士和学校各位领导和教职员工的不懈努力之下,经过了20多年的沉淀与发展,已成为一所十二年一贯制学校。学校在上海民办教育发展中发挥了应有的作用和价值,为上海民办教育的发展做出了一定的贡献。

金苹果学校建立20多年来,面对公办中小学日益崛起,民办中小学"整体性走弱"的困境,不仅顽强地生存了下来,而且在同类学校中脱颖而出、出类拔萃。这是因为学校始终秉承"尊重差异,构建适合学生的教育"理念,"人人快乐,人人进步,人人成才"的培养目标,把"责任、大气、卓越"作为立校的师生价值观,把"孩子就像玫瑰花蕾,晚开的花和早开的花一样美丽"融入教育情怀之中。在学校董事会和总校的引领下,在全体师生员工不断努力下金苹果屡获殊荣,学校相继被命名为上海市双语教学实验基地、上海市华文教育基地、上海市柔道训练基地;学校还先后被评为上海市文明单位、全国三八红旗集体、上海市依法治校标准校、上海市儿童青少年近视防控示范校、浦东新区中小学心理健康达标校;分别在 2012 年 12 月和 2015 年 5 月二次成功申报上海市民办学校特色学校创建项目校。这一大批成就和荣誉的取得一方面增加了全体金苹果师生的自信心和自豪感,另一方面也推动了学校向着高水平、高质量的方向持续发展。

2014 年下半年,董事会和总校确立了"以改革驱动学校再发展"的办学思路,确立了办一所"个性强、特色优、具有国际视野和竞争力"的品牌学校目标,开启了金苹果学校改革发展新的创新之路,率先在上海市民办学校中实施了教师退休福利计划,推出了金苹果学校教师退休养老福利方案。按照国家现行政策,民办学校退休的教师,作为企业退休,退休福利比事业单位低不少。该方案的实施解除了教师退休的后顾之忧。截至 2022 年 6 月,已有 30 多位先后退休的教师享受该福利,累计发放金额 300 多万元。此举得到了多家媒体深度跟踪报道,政府有关部门给予了充分肯定,深受教师们欢迎。

在课堂教学改革中,学校借助二轮特色学校创建项目,以聚焦"转变课堂教学模式,改变学生学习方法"为目标,开展行动研究。学校以"唤醒与陪伴,让学生成为课堂教学中的主体"为主题的教学改革,声名鹊起、成就斐然,课堂变革已成为金苹果学校课改的一张亮丽的名片。

为了让每个孩子有个性、有特色地发展,2015 年 9 月,学校小学部启动了英语口语工程和"让每个孩子学会一至两门乐器"的艺术特色课程。通过校本英语特色课程的实施,极大地丰富了校园文化生活,提升了学生英语学习兴趣。迄今为止,学校共举办了 7 届校园英语演讲比赛、4 届英语知识竞赛、4 届单词达人赛及 3 届英语趣配音比赛,涌现出一大批发音标准、语音纯正、兴趣浓厚的学生。特别是 2021 年以来,学校每星期二的"午后英语交流"、星期三的"果娃英语电台"、星期四的"原版电影欣赏"等专项栏目持续推进,有效提高了孩子们的英语口语水平。2021 年,学校和 SMG 外语频道进行深度合作,学生走进SMG外语频道演播室与资深主持人共同主持"看剧学英语"节目,成就了一批英语小主播和在各级、各类英语比赛中的获奖者。孩子们到五年级毕业时,1 000句英语口语和1 000句古今中外英语名言及源自生活、阅读的交流对话已逐步成为学习的常态。学生们积极参加学校开设的八大艺术类专业课程学习,普及率为100%,学生们积极参加乐器、美术、舞蹈等市专业等级考试,其中乐器类优良率达70%、美术类优良率达100%、舞蹈类优良率达80%。

2014年9月,学校中学部推出了"演讲与口才"和"班长轮换制"特色项目,并将演讲与口才训练纳入课程体系,语文、英语两大教研组研发、编制了《阅读与表达》演讲训练教材,开展了班班每周有演讲,教研组月月有展示的活动。中学部已连续举办了五届"超级演说家"大赛,在上海师范大学谢晋影视艺术学院播音主持专业的资深专家指导下,一批具有思维表达、推理演绎、演讲艺术水平的小小演说家脱颖而出,实现了升入初三年级之前,有80%的学生能够完成3分钟双语脱稿演讲的目标。此外,为培养和发展学生核心素养,使责任与担当成为学生一生永久的品质,中学部制订了班长轮值计划,开展轮值前的岗位培训、轮值中的关心指导、轮值后的总结考评专项实践活动,并纳入初、高中学生综合素质评价信息管理系统。通过班长轮值项目的载体,学生主人翁意识明显增强、自我管理能力显著提升,逐渐崭露出管理的才能和本领,提供了学生终身发展的可能。特别值得一提的是,中学部在学业成就的取得上始终走在民办学校的前列,中考合格率历年来始终保持100%,市、区重点的录取率历年来始终保持在80%左右,高考本科达线率一直保持在83%,美术类本科达线率100%。

学校国际部近几年来本校中学生申请世界一流名校,录取数量剧增,录取世界排名前30及前50的名校的学生数占毕业学生数分别为56.8%和96%(其中有英国牛津大学、美国藤校康奈尔大学、英国帝国理工大学、英国伦敦大学等)。取得如此傲人的成绩,正是因为国际部一直秉承"质量第一,促进国际课程内涵发展,打造金苹果国际教育品牌"的教育理念,依靠"德育课程、阅读课程、职业生涯指导课程和升学指导课程"的四大特色课程的支撑,实现了分层分类培养学生的目标。

学校走特色发展之路所取得的成果,折射出全体金苹果人在学校董事会和总校及各学部校长的带领下,根据学校5年发展规划目标,在教育教学改革的浪潮中凝心聚力、勇立潮头的信心和决心。

想要成为一所优秀学校,其核心就是拥有一支师德素养高、专业能力强的师资队伍。金苹果学校制订了师资发展三年行动计划。2017年,学校各学部推出了"师徒结对、共同发展"的互培项目,细化了结对协议,制订了教师个人发展规划,从内容、方法、途径、成果、考核评价等要素明确具体要求,并将其纳入期末年度绩效考核评价体系中,这一项目的实施,为自培师资发展奠定了坚实的基础。

2019年起,学校筹建"金苹果学校名师工作室",建立专家委员会和秘书长工作机制,经过层层筛选,遴选出15位资深的老校长及教育、教学一线特级、高级教师、学科类领军人物进入名师工作室,3年来已有40多位教师进入名师工作室接受培训,启动了学校师资高速发展的引擎,为学校师资发展赋能。从"职业规划与师德修养""课堂教学与实践反思""德育体验与班级管理""教学研究与专业发展""育人评价与改进建议"五大板块制订金苹果教师培训手册。项目实施3年来,学校师资整体水平得到了有效提升,走出了一条具有金苹果特色的师资专业发展之路。在浦东新区举办的第四届中青年教师教育教学能力大赛中,两位教师过关斩将,分别荣获二、三等奖。2021年,学校和上海师资培训中心合作,利用每周六为中青年教师开展通识教育和专业提升培训,为教师专业化成长注入了更为强劲的发展动力。2021年3月,学校申报"上海市民办学校优秀教师团队建设课题项目"课题成功,开始了以项目驱动、课题引领、行动研究为主的高端师资培训发展之路。

上海民办金苹果学校20多年来发展过程中,由"初创期"到"成长期",再到如今的"品质提升发展期",这一切得益于政府的支持和上海市民办教育协会的正确引导。我们坚信在党和国家的关怀和支持下,上海市民办金苹果学校一定能够不断提升教育教学质量,为国家培养一批高质量、高素质的人才,并不断推动上海民办教育的发展。

(周一飞　赵　帅　执笔)

41. 改革促进发展　品质定义教育

民办交华中学

教育的发展,既需要国家层面的政策引领和区域层面的顶层设计,也需要学校扎扎实实的校本变革。交华中学创建于2001年,从无人问津备受冷落、全校师生数仅200出头,到成为一所备受各界瞩目的、公认的优质民办学校,20年来,在追求优质均衡教育的时代背景下,尤其是赵凤飞校长到来之后,交华中学着眼于高品质育人的价值追求,通过教育理念重塑和课程、教学、师资等领域系统变革,打造出"品质教育"特色品牌,快速实现了从"面临严重生存危机"到"全国民办中小学办学特色示范校"的华丽蜕变。

一、凝练思想内涵:"品质教育"的哲学内核

在交华人看来,教育的根本在于"为了谁、依靠谁"的基本价值问题,核心追求是让师生过上高品质的校园生活,充分感受做人的尊严、成人的向往、能人的快乐和怡人的舒适。因此,学校在2006年提出"让每一个学生都受到最好的教育,让每一个学生都获得成功的体验"的办学理念和打造"品质教育"的目标追求,坚持用三个维度的特质彰显"品质教育"的科学性与可行性:

(一)"品质教育"是尊重规律的教育

从2009年起"构建高品质校园生活,提升学生教育幸福感",到"让每个学生享受高品质校园生活",再到"高品质校园生活实现学生的自我发展",学校基于师生现实需要、学生认知特点,抓住了教育改革的关键要素,建构了内外协同的治理体系,搭建出"品质教育"的核心。

(二)"品质教育"是面向人人的教育

交华中学所追求的"品质教育",关注每一个学生的差异性特征,是教育

优质均衡的校本表达和面向全体的"普惠":一是"量"。通过课程、教学、管理领域的不断拓展延伸,提升课程和其他教育服务的丰富性和选择性;二是"质"。通过学校治理体系和能力的现代化转型,让每一个孩子都能够在高质量的教育体系中获得高质量发展,让"品质教育面向人人"。

(三)"品质教育"是成长导向的教育

"品质教育"必然包含"品质育人"这一重要内涵。学校于 2012 年正式确立了"培育学生积极的生活态度、培育学生主动学习的能力、帮助学生掌握适度表达和控制情绪的方式"的"三维"育人目标,通过品质文化活动、品质课程建构、品质教学、品质心理健康教育等,为学生发展提供支持。学校不追求华丽的修辞和宏大叙事,只保持对教育本质问题的尊重,对立德树人根本任务的坚守,从根本上保障"品质教育"的落地。

二、推进系统变革:"品质教育"的实践路径

自主地办学、科学地管理、精细地运作、民主地实践,这是学校办学的品质;自觉地育人、自信地教学、动感地学术、幸福地生活,这是教师工作的品质;自由地呼吸、欢畅地学习、自信地生活、健康地成长,这是学生成长的品质……可以说,"品质"涵盖了交华中学教学与管理的各个领域。十几年来,学校遵循"品质课程支撑品质教育、品质教学落实品质课程、品质师资保障品质教学"的逻辑思维,以点带面,系统性推进"品质教育"的实施发展,整体性推进学校治理体系和治理能力的现代化建设。

(一)建设"品质课程"

提升学生的综合素养和自主学习能力、管理能力,让每一个学生充满自信和对成功的渴望,体现在交华中学对"品质课程"的具体化,即"品质quality":Q——quality,即课程的质量和质地;U——uniqueness,即学生的差异性、独特性;A——achievement,即实现学生基于自身实际的成长和收获;L——love,即让课程实施成为师生精神世界丰盈的过程;I——imagination,即激发学生自主性和创造性;T——team spirit,即注重合作学习;Y——youth,即让课程充满青春活力,展现魅力和吸引力。

为了保证上述具体指标的实现,除了关注国家层面课程的共性要求外,学校还充分推动国家课程的校本化创建,如学科外延、听说训练、书香、主题教育、微讲座、社团、兴趣课和社会实践等拓展课程,STEM、科创、假期探究、学生微课题等探究型课程,不断丰富课程供给,有效支撑了学生全面发展和个性成长需要。

(二)实施"品质教学"

交华中学在课程建设实施中的主要思路有三个维度:

一是在教学方法上,学校大力推行"教学改革三举措""教学三步法"。"三举措",即"课堂前移、先学后教""聚焦问题、高效课堂""作业多元、注重个性";"三步法",即"自我诊断、明确目标""认识数据、使用数据""认识自我、满足需求"。这些方法和步骤,强化了教学过程管理,夯实了教学改革创新基础,也能够为基于标准的教学提供过程和方法支架。

二是在教学空间上,学校特别注重拓展教学的物理空间和实践载体,通过个性化的社团活动,开拓学生视野,延伸课堂教学广度,培养有情趣、知识面广、格调高远的人才;通过网络课程、社会实践、志愿服务等,锻炼学生的实践能力和综合素养。这种课内课外、校内校外、线上线下融通的教学空间,契合未来教育需求,培养了学生适应未来生活的关键能力。

三是在教学评价上,交华中学着力彰显"过程性、增值性、真实性、智能性",着力构建学生综合素质评价体系。在具体评价中,以学校育人目标为指向,以学生自评、互评或授课教师评价为主要方式,设置情感、态度、价值观三大模块,具体划分为9个维度和27个细则,最终以"Q值"(Quality)作为学生评价达成度指数,形成较为直观的可视化的、个性化的个人或集体数据,为改进教学和大规模因材施教提供实证支撑,也让"品质教学"和"品质课程"的建设更具可能。

(三)培养"品质教师"

教师是教育教学的主要实施者,打造"品质教育"必然要以一支"品质教师"队伍为保障。交华中学的"品质教师",主要包含三个维度:

一是主动发展。从2007年的青年教师占比不足10%,到如今成为宝山区优秀教研组和实训基地,交华中学依托务实校本培训服务教师学习和成长,如新进教师专项培训、成熟型教师的专家及教研员一对一指导、骨干教师的师徒带教、新任班主任岗前培训等,让学习和培训真正成为教师专业发展的"源头活水",也为品质课程的发展带来了巨大收益;

二是道德高尚。交华中学通过"四有""四个引路人""四个相统一"的价值观,倡导比学赶超氛围,不断提升教师的道德素养和精神境界,引导教师充分利用学科特点,提升育德意识和能力,构筑大思政、大德育格局;

三是崇尚学术。交华中学通过校级课题的引领和专家的指导,组织教师结合教学和管理实际,确定研究命题,开展教育研究,激发教师的研究动机,提升教师的研究能力,形成浓厚教科研氛围和研训文化,确保教师队伍高品质和课程教学高质量。

三、提升服务质量:"品质教育"的价值诉求

在交华中学看来,"品质教育"的最终价值诉求在于为学生、为家长、为教师提供高质量的服务,通过高品质服务促进师生高品质成长,这是"品质教育"应有的内在逻辑。

(一)以优质的课后托管服务学生

交华中学早在2006年就将课后托管和课后服务纳入"品质教育"的实践范畴。通过10多年的探索实践,交华"夜自修"已成为知名特色教育服务品牌,90%的走读生都会选择参加,而在"夜间爱心教育服务"中,学生能得到的不仅仅是学校食堂提供的味蕾的满足,也不仅仅是教师学业上的指导,更多的还有师生、同伴之间心灵对话带来的愉悦体验。尽管增加了管理难度和教师工作量,但学校始终认为,作为民办学校,同样有责任承担社会服务,有义务为家长分忧解难,满足其需求。

(二)以高效的家校沟通服务家长

学校着力于通过高效的家校沟通建构家校协同育人体系,如信息化的家校沟通平台、家长开放日、家长学校实践平台等,确保家长及时了解学生在校学习生活。这些服务激发了家长们对学校的认同感和共治热情,形成

了"品质教育"的完整生态系统。以此为基础,学校通过家长课堂、家长志愿服务队、校外实践基地等方式,有效利用了家长资源,让"品质教育"吸引更多的家长携手共进,保驾护航。

(三)以人文化的管理体系服务教师

交华中学注重通过人文化的管理体系给予教师足够的尊重和关怀,提升教师的职业幸福体验,既体现在制度的设计上,更体现在日常生活细节中:学校注重广泛听取教师建议,积极提高教职工待遇,用心解决与教师利益相关的实际问题,结合教师生日、教师节、重阳节、妇女节、"六一"亲子游园等契机,精心策划活动,让教师的生活充满"小欢喜"。正是这种充满人文气息的教育环境,使得教师参与"品质教育"创建的积极性能够得到调动,学校整体的高位发展也能够真正富有持久的动能。

回顾交华中学的发展历程,我们深刻认识到,对教育公平和质量的追求,既需要国家和区域层面的政策保障和顶层设计,也需要学校层面的个性化思考与探索。我校基于时代发展、教育变革和学校实际,提出"品质教育"发展理念,通过"品质课程""品质教学""品质教师"三维度建构基本体系,通过强化服务意识、高效家校沟通和人本管理体系,为学生、家长和教师提供高质量教育服务,最终打造出一所高品质、高标杆、为家长和社会各界强烈认同的优质学校。

(陈　琪　执笔)

42. 不忘初心　笃行致远

民办盛大花园小学

2001年,乘着民办教育发展的东风,坐落在徐汇滨江的上海市民办盛大花园小学(简称"盛大")诞生了。这是一所面向全市招收走读与寄宿学生的民办小学,学校占地面积21亩,总建筑面积13 500平方米。为创办一所深受百姓欢迎、高品质、有特色的民办学校,学校不仅投入大量资金,打造一流的教学设施,更以党的教育方针为指导,潜心教育改革,围绕立德树人的根本任务,在办学目标"品质卓越的中国学校"的引领下,遵循"终身学习,终身健康"的办学理念,依据"科学管理,凸显内涵,发展特色,追求卓越"的工作思路,积极探索品牌民办学校的办学规律,以求真、务实、合作、向上的精神,稳中求思、稳中求进,努力实现"我们在阳光下快乐成长"的办学主题。历经21年的风风雨雨,盛大人始终不忘初心,怀揣梦想,在民办教育这片新兴的热土上,为提高基础教育质量,为培养中国特色社会主义建设者和接班人倾尽着自己的绵薄之力。

一、课题引领,打造高品质课程

(一)坚持课题引领,加强课程建设

学校坚持党的教育方针,顺应对教育改革发展的新形势、新要求,坚持以科研课题为引领,深化教育教学改革。先后通过开展课题研究,在充分发挥民办学校自主办学的优势下,用科学发展的眼光,以国家课程为本,根据学生需求,对学校课程进行全方位思考,设计了具有"盛大"特色的基础型、拓展型、探究型校本课程体系,强化艺体特色课程。同时,坚持"以人为本"的核心理念,积极改善课程生态的微环境,发挥"环境"对人的发展的积极作用。

2011年起学校创办了双语部。小班双语课程始终强调在国家课程基础上的中西合璧,以"中国心,世界眼"定位,在保证国家课程有效落实的基础上,拓展型、探究型课程适当融入双语科学、双语主题式学习,由中外教师联合执教,提高学生的英语应用能力。

(二) 坚持团队建设,形成品牌教学

学校坚持以"教师发展为本",以敬业、爱生、责任、大气、团队的精神,倡导"敬业爱生、教学相长、责任理解"的团队工作氛围,通过师资培训和课题研究,提升教师个体思考力与有效教学的执行力;通过改善教师专业发展的生态环境,培养教师的专业情意,打造道德与文化的共同体;通过健全教师管理制度,坚持德才兼备的全面考核,增强教师的职业责任感。

各学科教研组在课题的引领下,发挥团队力量,引领教师深入解读课程标准、教材内容,引领教师阅览教育教学书籍,关心教育时事。通过校本培训、学科基地、公校托管、教育科研、导师带教等研修平台,扎根课堂,潜心教学,不断感悟国家课程体系,不断思考核心素养背景下的学科教学,努力将学科素养的培育内化于心、外化于教学行为,逐步形成了具有"盛大"特色的高品质学科教学,为学校的可持续发展奠定了坚实的基础。

二、以人为本,打造办学特色

(一) 管理特色

学校的班子成员始终把学校发展和学生需求放在首位,明确科学管理就是效益、科学管理就是协调、科学管理就是规范、科学管理就是服务。在管理过程中,班子成员深入学校各个层面,充分关注校园环境、年段学科、教师状态、工作节奏及事务细节,全方位捕捉各类信息,坚持管理能级科学有效,管理模式刚柔相济、动静有序,管理作风踏实主动,发现问题及时沟通,群策群力,形成了具有"盛大"特色的管理机制。

(二) 学科特色

基础型学科强调以单元为整体,夯实知识技能。在丰富的情境课堂中,为学生搭建活动体验的平台,设计与生活实际相联系的学习任务,增强学科与生活的联系,让学生在学中用、在用中学,全面提升学生的学科素养。同时每门学科根据学生需求,注重德育渗透,创编校本特色课程,在多年的实践探索中形成了学科特色。语文的古诗文教学培养了一批批热爱中国传统文化的古诗文"小达人",他们不仅在市、区级的各项比赛中斩获佳绩,还登上了央视古诗词大赛的舞台。还有实验教学、球类教学、合唱教学、纸艺教学等,让盛大学子健康成长、全面发展。

(三) 艺体特色

通过20多年的不断调整、优化,学校努力将"美育""体育"的人文气息贯穿在了整个校园文化的建设中。除校本特色课程的设置外,学校鼓励学生走进艺术殿堂、走入体育场馆,积极参与合唱、钢琴、铜管乐、舞蹈、书画、纸艺、篮球、足球、乒乓球等社团、俱乐部活动,为每位学生提供个性化、多元化的发展机会,努力做到"人人学合唱、人人会器乐、人人会纸艺、人人掌握多项运动技能"。同时,学校每年汇编学生书画作品集;每学期举办艺术节、各类书画、器乐、才艺专项比赛、综合主题活动,不定期举办个人书画展;邀请知名的体育、艺术团队走进校园为学生普及文化知识,学校的各类艺体社团也借助学校资源走出校门,走进社会,展示才艺,拓宽眼界。学校的"梦之声"合唱团曾在维也纳金色大厅中唱响中国歌曲获得了世界金奖,校舞蹈队也曾在国际舞蹈大赛中荣获金奖。

(四) 活动特色

学校每学期举行大型的综合主题活动,如各类学科活动、跨学科综合活动、艺体比赛、社团活动;每月进行年级、班级的班队主题活动;还有每周的专题讲座活动,每个传统节日的教育活动等,让每位学生在实践、体验、交流、展示的过程中增长知识、发展技能,学会合作、学会交流。清明祭扫、重阳敬老、社区志愿者服务等社会实践活动又让学生走向社会,学会感恩,感受肩负的责任。同时,学校管理团队也时刻关注着学生的学习状态及学习心理,根据天气、环境等因素的变化不断微调学校的教学活动,真正做到松弛有度、劳逸结合、健康发展。

(五) 服务特色

学校坚持"一切从学生出发",将学生的安全、健康,家长的需求放在工作的第一位。

1. 校园环境：小校园，大世界。学校每年投入大量资金倾力打造校园环境，绿化的精心布局、空间的充分利用、专用教室的合理设计等都为学生创设了一流的硬件设施和优美的校园环境。

2. 日常伙食：营养午餐＋特色点心。学校每天的餐食均由营养师搭配，荤素合理、营养均衡，还在每日的上下午课间供应花样点心、学生奶，每顿餐后供应时令水果，为学生适时补给能量，增强免疫力。学校管理团队天天走进食堂，走近学生，关注安全，保证质量。

3. 看护＋住宿：解决家长的后顾之忧。学校自开办以来就为家长提供了放学后不同时段的看护服务，解决了全校每位学生家长的后顾之忧。老师们负责督促学生独立、认真完成作业，督促其持续养成良好的学习习惯。各学科老师还会针对学生的具体情况进行个别辅导。

三、春华秋实，继往开来谱新章

21年间，盛大人始终站在教育改革前沿，坚持高品质、特色化办学，高质量、精细化服务，让盛大从一所普通的民办小学打造成在市区范围内具有较高知名度的一所民办小学，培养了一批又一批高素养的盛大学子，为基础教育的高质量发展做出了积极的贡献。学校先后被评为上海市文明校园、上海市民办中小学特色学校等，教师、学生个人在全国、市、区级的各项比赛中获奖无数。而"盛大"品牌也吸引了全国各地的优秀教师，他们的加入又为"盛大"注入了新鲜血液，形成了积极健康的校园生态环境。

回眸民办教育发展30年历程，从沉寂到复苏，从初生到蓬勃。如今民办教育三十而立，她已越发成熟，正在开启3.0时代。盛大花园小学将继续坚守初心，怀揣梦想，努力打造百姓满意的高品质民办学校。

（陈　茗　执笔）

43. 踏浪时代 奋楫争先

杨浦双语学校

上海杨浦双语学校(原上海外国语大学附属双语学校)成立于2001年,目前是一所拥有小初高三个学段,60多个班级,2 300余名学生的大型优质民办学校;是上海市教委认定的首批双语实验学校、上海市语言文字示范校、上海市书香校园基地校、上海市艺术教育特色校、全国外国语工作研究会会员单位。秉承"双语见长、文理并重、综合发展"的办学宗旨,学校致力于培养具有"中国心、民族魂、世界眼"的社会主义事业建设者和接班人,努力办成一所高质量、强特色、有品位的民办学校。21年来,学校一路披荆斩棘,不断革故鼎新,而今再创新气象,令人振奋。

一、创业(2001—2005年):筚路蓝缕,崛起山林

2001年春天,在万物复苏的季节里,一颗民办学校的种子正在酝酿发芽。为适应开放型、国际化大都市对培养外语人才的迫切需求,根据杨浦区委、区政府"两个依托"的指示精神,杨浦区教育局与上海外国语大学本着竭诚合作的原则,一致同意在杨浦区合作创办一所以汉语和英语并重教学的双语学校。校址定在杨浦区世界中学原址,西丰路180号(此地名已不复存在)。从此,上外双语踏上了筚路蓝缕开启山林的征程。

办学伊始,全体教师积极投入招生系列工作中。在民办教育前景并不明朗的情况下,很多家长处于观望状态,老师们四处招生,努力推荐学校的教学理念和资源优势。而校级领导们则开始了四处选聘教师的征程。随着日月更迭,四个年级逐步建立起来。在大学和教育局领导的支持和指导下,学校师生们团结融洽、奋发有为。特别值得一提的是,在2003年"非典"肆

虐的时候,学校为了保障学生的中考,开展了一场特别温暖人心的护航行动。初三教师住校陪读,老师们用不讲条件、砥砺前行的开拓精神,全身心投入到学生的抗疫护航和教学辅导中。这种拼搏精神、奉献精神成为校史上的一大美谈。

2005年学校成立了小学部。第一届毕业生中考,双语学校交出了靓丽的成绩单,受到社会各界的瞩目,一颗杨浦教育大地上的新星正冉冉升起。

二、探索(2006—2011年):初心依旧,风雨春秋

2006年学校整体迁入了新校址永吉路351号,占地28 704平方米,总建筑面积43 655平方米,有三幢连体教学主楼(地上五层,地下一层),两幢副楼,教学条件极大改善,从此踏上了教育教学大胆探索的新时期。

学校通过"激励与加压"的方式,促使所有教职员工发挥最大主观能动性,充分体现个人价值。在此期间,教师成长迅速,有多位教师在杨浦区教育系统"百花杯"教学竞赛中脱颖而出。学校汇集语文、历史、地理、艺术学科教师共同开发"诵中华经典 游文化之旅"校本主题活动课程群,并依托上外资源,积极开展对外国际交流活动,学校的双语特色教育声名鹊起。

这一时期,学校逐渐与多所国外优秀学校建立起了姐妹学校关系,有德国马里诺中学、比利时让·莫耐法国学校、澳大利亚欧圣斯学校、美国伯纳中学等。各国学子每年互派师生开展交流活动,促进青少年的国际化认知和理解力,把学习语言课程、亲历教育模式、入住寄宿家庭、触摸社会自然和感受独立生活结合起来,真正做到了学和游的结合,达到了"见识与感受""碰撞与思考"的目的。

双语学校成为众多孩子的圆梦之地,学校也为杨浦区的招商引资和拥军爱民做出了贡献。

三、发展(2012—2018年):梦想花开,并蒂绽放

上海世博会以后,学校各类艺术团队开始如雨后春笋般崭露头角。"梦启管乐团"在各界力量的支持下,茁壮发展,屡次荣获市、区大奖,并在国家

及国际级展演中绽放华彩。在杨浦区学生艺术节的各项比赛中,管乐团、民乐团、舞蹈团、合唱团艺术总分全区第一,多次囊括特等奖,学校艺术氛围得到极大提升。

科技是学校发展腾飞的另一只翅膀,在师生共同努力下,学校科技创新屡获佳绩,市级"全能脑力王"大赛荣获一等奖,学生综合素质的提高得到了充分的体现。在科技创新大赛、明日之星评选、头脑OM竞赛活动比赛中,我校学子获奖无数。

人文教育更是百花齐放。传统文化教育持续深耕结出硕果,樊阳老师的人文行走和讲坛系列影响广泛。2014—2016年分别参加中国汉字听写大会,荣获最佳风范奖、上海市一等奖,近5年在"上海市中小学生古诗文大赛"中多次摘得桂冠少年称号。此外,学校开创二外班、对外交流、出国游学,加强与姐妹学校的联系已经是我校比较成熟的一种培养学生的模式。

2015年,学校成立了国际高中部。从此,学校的办学道路清晰而精准,在深厚的双语办学底蕴熏陶下,国际高中的学子在"传统精神、世界眼光"的教育理念下,纷纷进入世界各国理想大学。双语学校,一是通向中考,一是通向留学,这给学生和家庭带来双选机会,让成才之路更加多样化。这一时期,坐享民办教育政策的红利,是双语快速发展的一段高速路。

四、改革(2019—2022年):负势竞上,擘画未来

随着教育改革和发展的深入,特别是民办中小学规范发展的推进,随着各级招生政策、"双减"政策、课程改革等的落地实施,我校进入了规范优先、发展领先、改革创先的新时期。

学校以"立德树人"为根本任务,确立"双语见长,文理并重,综合发展"的办学宗旨。青少年阶段是学生人格发展和文化积累的重要阶段。作为一所十二年一贯制的民办学校,我们始终把培养"根植于传统文化积淀之上的具有国际视野的社会主义建设者和接班人"作为努力目标。基于中华文化,以文化人;基于国际视野,胸怀天下。大文大理,五育融合,厚植基础,正心弘毅,为下一阶段的学习和发展奠定基石。服务国家发展大局,以课程回答

"培养什么人、怎样培养人、为谁培养人"这一根本问题,培养具有中华底蕴、创新精神、实践能力并热爱生活的祖国生力军。

学校既注重中华优秀文化的教育,也注重学生现代人文精神的培育,以"正确的生活态度""高尚的生活品质""理性的生活追求"让学生能够衔接古今,赋予中华优秀传统文化新的时代内涵和现代表达,拥有独立的生活态度、生活品质和生活追求,做有丰厚文化底蕴的现代中国人。

学校注重发挥党组织的核心作用,自朱清一校长到任后,更关注现代学校制度的建设,通过"三重一大"实践现代学校管理。办有态度、有方法、有理想的学校,秉持正确、科学、专业的发展战略,努力建设成为一所区域一流、市域具有影响力的学校,并保持稳定发展,融入实现中国梦的伟大征程中。2021年暑假校舍大修后,学校举办了建校20周年系列庆祝活动,凝聚出我校好老师标准和《校有亲师》主题歌。

值得一提的是,2022年,学校召开了更名后的一届一次教代会,在学校发展历史中有重大意义。一是本次教代会标志着我校教代会制度的确立。作为一所大型的民办学校,确立了依法办学和民主管理的治校理念,这符合现代学校管理制度的要求。二是本次教代会具有鲜明的会议主题。在学校更名这一承前启后发展转折点上,一届一次教代会确立了"迎接挑战,面向未来,着力建设一支好教师队伍"这个与学校发展密切相关的主题。这个主题正是学校发展的基础,提升学校实力的基石,创建一所高质量、强特色、有品位民办学校的根本所在。三是明确了队伍建设的思路。优良的教育教学成果来源于一支优秀的教师队伍,学校形成文化立校、师资强校、科研兴校的队伍建设思路,强化教师专业素养的培养和提高,坚定不移地严守教育使命与责任。强化课程实践探索,以教学科研课题项目来引领教师专业发展的新样态,在创新中协同,在协同中创新。四是形成了具有可操作的管理策略。实现队伍建设三个聚焦,即思想聚焦、行动聚焦和管理聚焦。

面对新学期,我校将进一步贯彻落实中办、国办"双减"工作精神和教育部关于中小学"五项管理"文件精神,全面启动学校新一轮规划工作,全面设计编制学校课程方案;在全面深化教育领域综合改革的大背景下,基于学校

"中国心、民族魂、世界眼"的培养目标,分析学校现有办学基础及课程优势,探索学校融合课程的整体设计;继续探索纵向衔接、横向贯通的一体化育人模式,形成三个学部互为一体、彼此影响的校本化教育体系。

实施跨学科课程。在市级项目"小主综""跨学科学习"的引领下,组建主题式融合(跨学科)课程研究团队,围绕主题式融合(跨学科)课程的独特性,开展实践研究。以"劳动教育""行读华夏""我·创造"等重点探索课程为研究切入口,探索基于主题模块多学科渗透的学习方式变革。

推进全学科阅读。围绕素养导向下教与学方式的变革,将全学科阅读作为"书香校园"建设的重点。研究基于学科的阅读资源建设以及阅读指导实践,探索不同学科阅读的特点与策略,逐步积累全学科阅读的主题。

总之,在学校办学思想指导下,以"为每一位学生的幸福成长和终身发展奠基"为目标,实现学校发展向内涵型转变,实现管理科学化、师资专业化、质量优质化。在形成自身办学特色的基础上,把学校办成让学生成才、让家长放心、让社会满意的高质量、强特色、有品位的优质学校。

(曹洪达　执笔)

44. 文化立校　素质育人

民办新北郊初级中学

上海市民办新北郊初级中学坐落于虹口区曲阳街道。这片土地见证了学校创业时的艰难清贫，也见证了她的茁壮成长与灿烂辉煌。岁月如歌，回首建校21年以来的点滴往事，感动犹存。

"咳……咳咳……"2001年，卜瀛洋校长和建校团队的成员们刚踏入校园，就被操场上的漫天尘土呛得直咳嗽。用煤渣铺成的操场，风一刮便尘土飞扬。"这样的环境怎么行？"卜校长眉头紧锁。学校原址为曲阳一中和曲阳一小，只有两栋教学楼，没有食堂，也没有学生活动展示的空间。环境简陋、设施陈旧、生源少、资金缺，困难比比皆是。

但建校团队并没有停下脚步，哪怕是借钱借物也要想尽办法改造校园环境。校党政班子倾听各方意见，讨论建校方案，改善校园环境。当古色古香、幽静雅致的"兰亭"建起来，当两座中外地图雕塑和"半亭"共同构成的"初心亭"树起来，当雕刻着古今中外文化名人的"智慧墙"砌起来，人们仿佛感受到了这所学校的文化脉动。

蓝图初绘，百废待兴。学校计划新造一栋三层楼房，为学生提供食堂和活动的场所。没想到刚开工就遭到周围居民的强烈反对，多次上访，更有甚者每天聚集在学校门口阻止施工。学校党政班子请居民代表坐下来，了解他们的诉求，倾听他们的意见，并对居民担心的问题进行沟通，确保把每一步工作做实做细。经过反复协调，居民才慢慢理解了学校造楼并不会对他们的生活造成任何影响，施工才得以继续进行。

问题接踵而至，家长对这所全新学校的教学质量将信将疑。老教师们每天迎着晨曦、踏着月色，不计时间、不谈报酬、不辞辛劳，一心扑在教育教学工作上，用心用情投入质量攻关。听到闲言不抱怨，遇到困难就咬咬牙挺过去。他们心里只有一个想法：一定要把学生带好，打响新北郊"第一炮"！

抚今追昔，新北郊中学从开办时的2个班级80名学生，发展至现在32个班级1 200余名学生。由一所名不见经传的普通中学，发展成为办学设施先进、办学内涵丰富、师资力量雄厚、社会声誉优良的学校，其间凝聚了一茬又一茬教育人砥砺前行、不懈追求的心血。

2006年，郎建中校长秉承"为学生一生奠基"的办学理念，提出文化立校、素质育人的办学思路。办学就是办文化。追求的是对中外优秀文化的传承与汲取，环境氛围的熏陶与影响，着力建设先进的课程文化、教师文化和班级文化。育人就是育素质。学校从人格塑造的"内在化"、能力培养的"全面化"和锻炼途径的"多样化"入手，进行了积极的实践。

一、品牌德育　取得新成效

立德树人是学校教育的宗旨。学校德育重点聚焦三个内容：以民族精神教育为核心、以行为规范教育为抓手、以生命教育为基础；做好"五个结合"：与学校文化、班级文化、课程建设、自主管理、社会实践相结合，培养学生成为德高、体健、学勤、行笃的社会主义建设者和接班人。

（一）分层行规教育，培养文明举止

教育就是培养习惯。学校根据《中小学生守则》，构建了分层目标明确、实践体验多元、评价方法适切的行规教育体系，以期达到"动心、入耳、悦行"的目标。根据学生认知和行为的差异，进行目标分层；根据学生年龄和身心发展需求，进行内容分层；根据学生对象的特点进行对象分层。学校开展了丰富多样的活动吸引学生参与体验，建立了班级、年级、学校三级学生自主管理委员会工作机制，形成了适切的评价方法和有效的训导模式，引导学生将外部约束内化为行动自觉。学生举止文明，优良的学风和校风口碑相传。

（二）魅力"校园四节"，丰富人文底蕴

学校将每年3月读书节、5月体育节、10月艺术节、12月科技节统称为"校园四节"，与学科教学相整合，形成目标明确、主题鲜明、层次清晰的综合实践课程系列。读书节与文科综合学科结合,艺术节与音乐、美术学科结合;科技节融合了理科综合学科,逢单年举行学科周活动,双年举行科学综合活动。读书节与经典同行,通过开展读书论坛、朗诵、课本剧表演、演讲等丰富多彩的活动培养学生读书的兴趣,开阔文化视野;艺术节在钢琴、合唱、舞蹈和民乐4个主题内容中感受中外文化艺术的魅力,提高文化修养;体育节以"跑、跳、投、奥运"为系列内容,通过体育专题讲座、"与世界冠军面对面"和开展小型多样的体育竞赛等活动,学会强身健体,传承体育精神;科技节开展科技创新活动,用实验验证科学原理,提升思维的广度和深度,培养动手动脑实践创新的能力。

(三)"润心"健康教育,守护心灵成长

学校重视心理健康教育,从场域理论视角,依据积极心理学原理,构建校、家、社一体化心理健康教育平台。通过环境润泽、情感润泽和自我润泽三个维度实施"润心"教育。举办"四季·家"讲堂,围绕习惯、自主、悦纳、责任4个主题32个具体内容,每月开展分年级家庭教育指导,帮助学生认识自我、悦纳自我,在失败与挫折中增强心理弹性,积极寻找解决问题的方法,在成功与进步中激发潜能,蕴蓄人格成长的力量。

二、学中有玩 实现新跨越

2016年,张小敏接任校长。张校长提出课程是育人的载体,是学校的核心竞争力;以人为本,尊重学生的独特性,积极革新,提高课程品质是我们课程建设的原则;点燃学生的智慧火花,让他们成为更优秀的自己,是我们办学的追求。

(一)夯基础促高阶,构建"精·实"课堂

我校聚焦课程教学改革,优化教学方式,构建"精·实"课堂,即在课堂教学中落实"四精"和"四实"。四精:教学目标精准、教学设计精心、教学方法精当、教学评价精适;四实:态度踏实、思维严实、能力落实、学养厚实。重视课堂教学基本环节,在生动和互动上下功夫,提高课堂教学有效性。

在夯实基础的同时,关注学生高阶思维能力的培养。每个教研组基于问题形成研究项目,每位教师有自己的研究课题。数学组以"初中数学高阶思维量化指标的构建与运用研究"为题进行项目研究,聚焦课堂教学,培养学生高阶思维,形成评价标准。项目研究提升了教师团队素养,2020年我校成为上海市民办中小学数学学科基地学校。近年来,我校有多个课题及项目在民办中小学协会成功立项,多个教研组屡次获评"区优秀教研组"。

(二)减负担增实效,"玩"中收获成长

2007年,学校开始对"玩"的课程进行探索与研究,力求尊重和维护学生玩的权利,同时将"玩"转化成培养学生综合素质的课程资源。"玩中学"实践体验课程由科艺、体育、动手做和兴趣4个板块构成,涵盖了学生的综合素养。

科艺板块分自然科学和人文艺术两大模块,自然科学下分物理、化学、生物、地理,关注科技前沿动态,培养学生科学素养;人文艺术下设人物传奇、影视鉴赏、名画欣赏和戏剧品读,培养学生审美情趣。体育板块,中预、初一年级以玩上海弄堂游戏为主,有造房子、滚铁圈、踩高跷、抽陀螺等,重点培养学生的体育兴趣;初二、初三开展体育选项,重点培养学生的运动技能和健身方法。动手做板块强调DIY,根据男女同学的不同特点,设置缝艺、衍纸、手绘、模型拼装、陶艺、木作营造技术、卡魅3D打印等项目,培养学生的动手能力和创新精神。兴趣板块有舞蹈、合唱、观天识地、国际理解等,学生根据兴趣爱好自主选课,重在发掘学生的个性特长和潜质。其中,由南京大学历史系教授、文化遗产研究专家徐艺乙教授指导开发的校本课程"中国木作营造技术——古代建筑",被评为上海市"中国系列课程"。"KODU趣味编程"课程荣获上海市民办中小学"优质校本课程"。

课程的创新点燃了学生内心的求知火花,挖掘了学生潜在的智慧和才能,促进他们发展创新意识及综合能力。家长反馈:"有玩中学课程之后,孩子回到家心情都变好了,愿意和我们讲述在学校的趣事,家庭氛围也越来越温馨";"丰富多彩的课程让孩子对知识的好奇心越来越浓厚,自信心也越来越强,看到孩子在快速成长我们非常欣喜。"被评为上海市"明日科技之星"的小张同学说:"是兴趣板块课程为我开启了一扇通往奇妙世界的窗,让我的探索一发不可收拾。科学实验是我最钟情的游戏,我要一直玩下去。"

三、实践砺刃　获得新发展

教师队伍是学校发展的关键。学校将人文、敬业、合作、改革作为教师专业成长的目标,以文化建设为核心、以自主发展为愿景、以校本培训为主要方式,努力为教师成长搭建平台。在争做"四有"教师、"讲大气、讲合作、讲品位"的氛围中,通过"N+1"师徒结对切实提高教师的业务水平;成立学术委员会和中考改革小组,高位指导教师进行教学改革;依托项目实践,开展常态化课题研究;成立青年教师沙龙,"学、研、助、修",培养青年教师成长。经过多年的努力,打造了一支师德高尚、业务精良、善于合作、勇于创新、乐于奉献的教师队伍。学校现有特级教师1人、中高级教师66人,市双名基地种子计划领衔人1人。在近两年的各项课堂教学评比中,共有100余人次获得市、区各类奖项。

学生也获得多方面发展。近年来,学校多个中队和班级被评为上海市金爱心集体、虹口区红旗中队;多名队员被授予市优秀少先队员、队长称号,获得"上海市中小学生'道德实践风尚人物奖'"。我校学生多次在上海市和全国DI创新思维大赛中获奖。多人获评"上海市青少年希望科技之星"称号和上海市"科技启明星"奖项。学校先后获得教育部"做一个有道德的人"示范点、上海市文明单位、上海市安全文明校园、上海市民办中小学特色学校等荣誉称号。

"文化立校、素质育人"是一种理念,也是一种实践,更是一种追求,而追求是无限期的。我们将继续以积极向上的学校文化陶冶学生的情操、以充实丰富的课程文化提升学生的素质、以敬业改革创新的教师文化引领学生成长,我们的探索永远在路上。

(张小敏　李周婷　执笔)

第二个十年
(2002—2012)

45. 桃李风华梦　风雨兼程路

民办桃李园实验学校

作为一所民办学校，上海市民办桃李园实验学校有着不太寻常的前世今生。不仅因为她的第一任校长是钱梦龙先生，更是因为她走着一条"非典型"的民办之路。

一、曾是昔年辛苦地，不将今日负初心

上海市民办桃李园实验学校（简称"桃李园"）前身为嘉定区实验中学，始建于1985年，位于嘉定区梅园路，2000年迁至嘉定区北大街，2001年改制为民办希望城学校，2002年改名为桃李园实验学校，2015年迁址树屏路。三处校园皆环境优美，被评为上海市花园单位。且原嘉定县实验中学依托嘉定古城深厚的历史人文背景，依靠先进教育理念和教育实验，培养的学生素以整体素质好、发展后劲足、活动能力强而获得普遍好评，因此她必须有与一般民办学校不同的发展之路。她没有筚路蓝缕的艰苦初创时期，而是标准化的校园、可供选择的生源、区域内良好的口碑……

71岁高龄的钱梦龙，在教育家办学的呼声中，出任上海民办桃李园实验学校校长一职。这样的高起点，在桃李园人眼中却不是庆幸的资本而是忧患的警示。他们想到的是要办嘉定区第一所一流的民办学校，在最短的时间内让民众信任、家长放心、社会满意。不同于一般抓应试教育提升分数快速抓眼球的做法，桃李园却在做着水磨工夫的事：吸引优秀老师，打造一流师资；加强德育建设，贯彻"养德励志"校训。

2002年的上海，正值二期课改进入整体试验阶段，大批有思想、有追求的教育工作者在课改中获得灵感和启发，在思考探索实践，自然需要一个更

自由的体制与环境给予他们用武之地。民办桃李园采用双向选择用人制度,给人才自主流动提供了方便;又有钱梦龙先生强大的人格魅力感召,区内、市内甚至外省市的几十位有情怀、有信念、有热情的优秀教师奔赴桃李园;学校管理层力求在刚性的制度管理和柔性的人文关怀中找到最佳平衡点,尊重教师人格,提供发挥才智的平台,让优秀教师愿意来,不愿走。

曾是昔年辛苦地,不将今日负初心。3年,桃李园做的这两项水磨工夫,不急不躁,在沉潜蕴藉中锻炼精雕细琢的能力,获得成绩;也是在精雕细琢中磨炼沉潜蕴藉的性情,获得成长。这种风格,便是桃李园的校风。学校,在短短的几年里,先后被授予市二期课改实验基地、中央教科所教研教改实验基地、上海市愉快教育实验基地、全国百所德育科研名校。

二、狭路相逢,问出手、灿然何物

2006年后,全国民办中小学教育进入发展时期,有了摸石头过河积累的方法经验,民办中小学校发展神速,且风生水起,各有奇招,嘉定亦如是。仿佛一夜之间,桃李园被几所新办民办学校包围,最近的直线距离不超过2 000米!狭路相逢,唯创新者胜!桃李园作为一所民办学校,如何在公办资源丰厚、民办选择较多的现实中,处于优势地位,做到家长青睐、社会认可、学生喜欢,形成品牌效应,是我们一直思考的问题。我们认为,只有不断地推进素质教育,推出满足学生发展需求的课程,打造特色学校,桃李园才有持续发展的永动力,在民办学校林立的嘉定保持头部地位。

桃李园提出了"提升语言学科教学有效性课程群建设研究"的基本设想,经过专家论证指导,学校踏上了课程改革之旅。此项研究发轫于钱梦龙先生"语英见长,均衡发展"的办学特色设想,依托桃李园语英两个强势学科,逐步摸索形成核心课程+校本课程的"1+X语言学科课程群"概念,以及以核心课程为基础的拓展课程、探究课程的课程体系,其中:"1"为国家规定的课程,"X"为校本课程。语文和英语学科"1"按照国家规定的教材、课时开设;"X"则根据语言学科的特点,语文开设绘本阅读、生活作文、经典诵读、演讲与论辩、书法篆刻等课程,英语开设多维畅读、口语交际、西方风情礼仪等校本课程。国家课程与校本课程的有机结合,使学生学习语言将不再面对一位老师、一本教材,而在多位教师的智慧、多种教学风格和多元文化资源的滋养下,更有效地提高综合素养。

　　课程群研究的意义远不仅此。课题开设的外围课程,萌生于老师们自己的爱好特长,无不包含着一段独特的心路历程,更带着珍爱、私密的情愫,其感染力是强大的;老师们珍惜学校给予的机会与舞台,将爱好特长与事业结合,激发出强大持久的研究热情。直至现在,这些来自"草根"的课程,仍是桃李园拓展课、兴趣课的一部分,其体验式的教学形式,衍生出后续一系列的教学教育研究课题。

　　如何让教师们永葆热情？桃李园管理层做足了功课。除了常规管理外,学校专设"教师发展中心"和"课程研发中心",以沙龙的形式为教师交流经验、展示才华搭建平台。"跟着钱老去喝咖啡"就是语文组同仁最喜欢做的事,他们随着钱梦龙先生漫步嘉定文庙、老街,一杯咖啡一盏香茗……谈古论今、各抒己见、灵感碰撞灵感。课程群研究推动教师的专业成长,赋予教师参与课程开发的权利与责任,并在课程开发与实施的过程中不断增强他们的课程意识与课程开发的动力和能力;在课堂优化的过程中形成新型的"教"与"学"、"师"与"生"关系,促使教师与学生共同成长。

　　从最初的设想到形成课题,从研究课题到实践创想,从实践过程发现新问题或契机引发新的创想,从而再次形成新课题,我们在创建的路上一直没有停下脚步。从创建"语言学科课程群"到创建"体验式课程群",再到现在的"体验式教育",无论广度还是深度都在不断继续。

三、壮志未与年俱老,点检初心幸未违

　　成绩、荣誉没有让桃李园人沉醉、忘形,他们在思考,如何再接再厉,在教育教学上有更大的突破。2006 年,80 岁的钱梦龙先生从教 55 周年,桃李园举办了隆重的系列庆典活动。

　　先生深情回顾自己的从教历程,鼓励语文老师回归教学的本源,那就是母语教育。在普遍追逐升学率的世风下,教学一味追求钻"深"求"远",语文课堂教

学中出现了很多形式主义的东西,而忽视了语文教学的核心价值、忽视语文素养的培养,他说那是"失魂落魄"。他认为:民族语是民族精神、民族文化最重要的载体,对下一代进行民族语的教育是传承、延续、发扬民族精神、民族文化的必然选择,语文课应该责无旁贷。一种使命感、责任感,从未离开先生的心灵。他以自己独特的视角和智慧关注着中国的教育,尤其是中国的语文教育,更准确地说,他关注的是如何让孩子们健康快乐地成长。他引导大家思考,怎样的课堂、怎样的学校才能让学生背着沉甸甸的书包来,收获了沉甸甸的喜悦与成长的快乐回去?这才是教育的本原,更应该是一个教育工作者的毕生追求。

桃李园的领路人,明确提出了"让每一位师生拥有一片芬芳"的教育理念,以体验式教育为抓手,通过"文化铸魂、科技提升"并举的特色课程创建,鼓励每一位老师做一个能"自救"的老师,做职业的读书人、博览群书、胸怀天下,凝成自己独特的人格魅力,去感染、影响孩子。学校以社团、艺术节、科技节的形式,给学生一片蔚蓝天空。

壮志未与年俱老,点检初心幸未违。无论是语文教学的回归本原,还是学校教学理念的返璞归真,都昭示着桃李园人为提高国民素质、培养高素质公民的努力与奉献。这是一个教育工作者的神圣职责、初心。

四、鸟高恒畏坠,帆远却如闲

2021年5月出台的"双减"政策是党中央站在实现中华民族伟大复兴的战略高度做出的重要决策部署。高度重视自然教育、生活教育、社会教育,实现家庭与学校的协同发展,给孩子一个有关爱、有自由、有梦想、有道德、有自理能力的童年。如何在当前的教育政策背景下建构良好的家庭教育生态环境、有效实现多方协同育人,维护家庭情感的神圣与美好,尊重不同家庭的特性和选择权,加强对家庭的指导、引导与研究,促进家庭与学校教育相结合,保障家庭在社会中发挥稳定器的作用,是新时代对桃李园的考验。为此,桃李园正在从管理、课程与家校合作三方面进行改革,作出有效应对。

"双减"政策要求"全面压减作业总量和时长,减轻学生过重作业负担"。桃李园出台了《桃李园实验学校课外读物管理方案》《桃李园实验学校"作业管理"工作实施方案》《桃李园实验学校睡眠管理方案》《桃李园实验学校学生手机管理方案》《桃李园实验学校体质管理方案》等，从指导思想、目标原则、实施内容、实施措施、活动保障、应急措施、管理与考核等方面制定细致严格的条款，落实"五项"管理制度，落实到人、落实到事。

"双减"政策要求"健全教学管理规程，优化教学方式，强化教学管理，提升学生在校学习效率"。课程是育人的核心环节。桃李园充分借助学校体验式教育理念，凭借学校已有基础，不断优化丰富课程内容，拓宽课程实施途径，从课程的导向性把握、整体性构建、协同性渗透三方面进行探索与实践。

"双减"政策要求"完善家校社协同机制。进一步明晰家校育人责任，密切家校沟通，创新协同方式，推进协同育人共同体建设"。这需要家校社之间形成共识、共谋、共为、共享的"四共"格局，多方共育，才能为孩子赋能。桃李园开展以学校为主、家庭为辅的家庭教育培训模式，借助各类平台，通过开展不同形式、内容的家长学校活动，发挥家长开放日、家长志愿服务等项目，形成观念共通、经验分享、志愿同担的良好氛围，形成相关家长学校课程系列。规范家长的言行，自觉正确看待和使用微信班级群等信息媒介，传播有利学校发展、学生成长、家庭幸福的正能量的内容。拥有一支致力教育理念共同、教育职责共担、教育资源共享的家长志愿者队伍，并能积极参与学校家长驻校等举措的探索；形成序列化的家庭教育指导课程。

鸟高恒畏坠，帆远却如闲。正因为步步向上，站得越高，世界越大，才会有更深的忧患意识，时刻自我鞭策，不敢懈怠；正因为志存高远，信念坚定，才会越是艰险越向前，坦荡从容。桃李园人称他们的首任校长钱梦龙先生为"行者"——行者自有行者的智慧，无怨无悔无私更无畏；行者自有行者的境界，"吾爱吾师，吾更爱真理"。在追求真理的路上，我们都是行者。桃李园人更明白教育绝不仅仅是知识的传授，而是一颗心点亮另一颗心的事业，于是他们称自己是"点灯人"。

2022年，恰是桃李园学校建立20周年，少年负壮气，奋烈自有时。

（过 芸 执笔）

46. 教育命脉　幸福所系

民办上外静安外国语小学

一、历史做出了选择，时代成就了教育

2002年金秋，民办上海上外静安外国语小学（简称"上外静小"），由上海市静安区教育局和上海外国语大学双方联合投资创办的一所民办学校，披着进入21世纪的霞光，紧跟静安教育多元发展的步伐，在中心城区北京西路一隅应运而生。学校的创建，填补了静安区以外语为特色的小学的空白布局。为探索教育公平，拓展优质教育，丰富多样化个性化办学，上外静小站上了服务区域社会、满足百姓期望、发展优质教育的历史舞台。

因应外语办学特色，创建第二年，学校即被上海市人事局命名为"上海市海外归国人员子女就读定点学校"，由此开启了重点服务社会高端人士、以外向型为主的全面实施素质教育的办学道路。学校根据海归人员的文化背景和经济条件，以及他们对子女教育的需求特点，集层次性、针对性、丰富性、多元性、品质性及国际性于一体，高标准谋划、高起点发展、高站位办学，迎来了发展的"窗口期"。

从办学初创起，学校一直在积极探求学生培养目标的内涵价值与实现途径，从办学目标的宗旨性、方向性、愿景性予以准确界定。在经过10年的实践后，2013年，民办上海上外静安外国语小学迎来了发展史上的重大机遇，在学校四年发展规划中，由学校领导郑重而又兴奋地提出了"办一所有'幸福感'的学校"的办学目标。从此，"幸福"两字就成为学校的办学标准，"幸福感"成为师生的标配感受。

何为一所有"幸福感"的学校？周云燕校长曾用三句话作了言简意赅的诠释：学校是允许孩子犯错的地方，学校是孩子寻找伙伴的地方，学校是帮

助孩子成为最好自己的地方。这"三个地方"支撑起学校的幸福感之大厦,这三句话也为有幸福感的学校正名。

二、给予幸福成长的生态:学校是允许孩子犯错的地方

当一些老师把"你怎么又这样了"变成指责学生的口头禅、当一些学校将学生犯错作为集体扣分的选项时,上外静小却大胆而又明确地宣示:学校是允许孩子犯错的地方。这让学生松了口气,也让老师多了一分责任。

在上外静小,恨铁不成钢的不满变成了宽容;从对犯错指责变成了对犯错事先的预防,因为在校长、老师眼里,学生成长是伴随着过程的,有时犯错正是进步的台阶。

笑笑同学特别敏感。入学两月后,一年级家长开放日那天,午餐时当众打翻了汤碗,爸爸在,其他家长也在,他受不了了,背着书包就要回家。家长只能无奈跟着他回去。到家后,家长求助学校该怎么处理。严厉批评?当时校长出了一个主意:"告诉笑笑同学,不来学校是要办请假手续,病假或事假,让笑笑同学写一张请假条。"第二天,校长收到了笑笑的请假条,4个字"心里有事"。"学生就是在犯错中成长的,犯错是教育的契机。写请假条是给他规则意识,同时给予他选择,引发孩子反思。"

"允许孩子犯错并不等于对学生犯错的迁就和纵容。"

允许,是说学生不慎犯的错,我们不能冷眼相对;是说学生不必犯的错,我们不能熟视无睹;是说学生不是不能犯错,但要知错就改。允许,是对不慎的宽容,是对不必的警示,是对不能的纠偏。允许,对老师而言,是态度,是辨别,是选择。

三、给予幸福成长的情态:学校是孩子寻找伙伴的地方

学生的幸福感,不仅来自自身,而且来自同伴之间,需要正确认识自己、认识同伴、认识集体。学校就是通过组织活动,提供让孩子寻找伙伴的机会,以获得个人的成就感、集体的归属感。

学校开展"幸福小当家"系列活动:一年级通过整理书包和桌肚小柜,学会

自己的事情自己做;二年级通过设立小岗位,让每一个学生为班级服务,为伙伴服务,学着他人的事情帮着做;三年级从校园执勤中队入手,让学生在执勤中感悟责任的意义,学着集体的事情争着做;四年级通过体验父母职业实践活动,让学生设计探访流程、探访问题和探访思考,感悟职业的魅力和艰辛;五年级通过职业梦想实践活动,从规划未来、梳理目标入手,让学生充满学习的激情和动力。

学校每年12月末开展的"感恩系列活动",就是找到伙伴的具体实践。这项"与爱相伴 开启新年"的活动重在培育人与人之间的真情。第一部分:"墨香飘送福贺新年"。在美术老师和书法老师的指导下,校园内福字满园,学生为保安、保洁阿姨、厨师、退休老教师和居委会、雕塑公园等单位送上新年的祝福。第二部分:"让我说声谢谢你"。全校每一位学生写一张"感谢卡",对曾经帮助或想表达谢意的人送上温暖的话语。第三部分:"幸福天使在行动"。引导每一位学生做一件让对方感到幸福的小事情,如为保洁阿姨递上一杯热水,为同学留一张暖心的小纸条,为老师帮送一天的作业本……这种幸福感无时无刻不在传递,校园里充满温情。

四、给予幸福成长的状态:学校是帮助孩子成为最好自己的地方

幸福感是实在的、感受得到的,学校搭建学生成长的舞台,提供幸福的源泉。

在上外静小,校内是舞台,校外也是舞台;课程是舞台,活动也是舞台。让学生成为最好的自己,对学生的培养目标作了具体的设定:做快乐的学习者,好奇的旅行家,用心的公益人。

"快乐的学习者"即对学习充满兴趣且有方法;"好奇的旅行家"即对外部世界好奇且能探索;"用心的公益人"即内心向善向上且有善举。

让学生成为最好的自己。学校从小学生幸福能力养成的三个维度切入:理念格局、课程品质、儿童样态。把一年365天按月列在一根数轴线上,探索学生的多样性的成长需求和规律,有节奏地安排、设计一系列的课程体验,努力让学生在各种经历中去好奇、去尝试、去发现自己的优势领域,最终呈现出乐观、积极、善良、会合作、会分享、有责任、有担当的儿童样态。

学校从小学生幸福能力养成三个关键培育角度即"阅读、艺术、运动"出发：阅读使人内心丰富起来，艺术使人高雅起来，运动使人健康、活跃起来。

2017年12月，静安区人民政府督导室对学校《办学发展规划（2013—2017）》执行情况进行了全面的督导评估，并认定：上外静小在本轮办学发展规划实施期间，相对应的评估指标达成度高，已成为上海市办学特色明显、有一定社会声誉、正积极走向国际理解教育的民办外国语小学。

2019年度《上海市中小学学业质量绿色指标综合评价》显示：上外静小学生的学业标准达成度、高层次思维能力、学业成绩个体间的均衡度、学生学习动力、学生学业负担与压力、学生作业等方面的指数在本区、本市呈明显优势。

学校的办学目标得到了家长的广泛认同和社会的普遍赞赏。在办学目标引领下，学校搭建家庭、学校、社会三级共育网络，完善家长学校主题与形式，开展面向家长的微课堂教育，倡导家庭教育新理念，提升家庭教育品质，营造家校的生态圈；学校与所属社区、街道良性互动，积极开发校外教育资源，在科技、文化、运动、艺术等方面不断拓展教育空间，开展校内外教育联动，形成"大教育"格局。

一所有"幸福感"学校的诞生，得到了师生、家长以及社会的广泛认同和高度评价。"办一所有'幸福感'的学校"，不是对学生的恩典，也不是对家长的恩赐，更不是对社会的恩惠，而是对教育的真切理解，对办学的真正践行，对使命的真诚担当。这样的"幸福感"，具有深邃的内涵和浓郁的教韵。

办一所有"幸福感"的学校，始终是学校的办学灵魂和价值追求。学校在持续创新中发展，致力于让每一个孩子获得充分的发展，让每一个孩子拥有幸福的童年；让每一个教师获得专业的发展，让每一个教师拥有幸福的生涯；让学校的每一个地方遍洒幸福的露珠，让学校每一块土地萌发幸福的种子。

当幸福在校园，不是奢侈品，不是舶来品，不是易碎品；当幸福感，不是稍纵即逝，不是难以企及，不是过眼烟云，我们的教育就是一种酿出的幸福之蜜，我们的办学就是一种耕出的幸福之果。

因为幸福一直是酿就的。

（周云燕　执笔）

47. 教育，提升每个学生的生命价值

民办上外静安外国语中学

20载办学筚路蓝缕，千百个学子茁壮成才。民办上海上外静安外国语中学（简称"上外静中"）自2002年办学至今，恰似一个风华正茂的青年，在上海教育的舞台上崭露头角，在都市静安的怀抱中根深叶繁。回望20年办学历程，在党的教育方针指引下，我们深切感受到，一切教育的本源在于道德教育。古云：德者，才之帅也。只有正确、扎实的德育方能为学校整体教育夯实根基，为学校的教学发展保驾护航，帮助学生真正地成人成才。在探索德育的过程中，我们不断提升教育理念、研究教育方法、探索教育途径、丰富教育内容，坚持教师、学生、家长三者为德育主体，坚守学校、家庭、社会三个德育主阵地，努力构建培养优秀的未来中国人才的德育大格局。

一、主体教育体系建构，让德育产生温度

学校教育应当首先教会学生自主选择，让学生学会做自己的主人，能够很好地把握自己的现在与未来。教育者应当更多地懂得和学会如何让自己从前台退到幕后，让学生导演自己的生活和发展。我们在多年的探索中逐渐完善了以下三个新举措。

（一）"公约"文化，构建价值共同体

时代的变化催生了很多新问题，如手机在校园中如何管理等。面对这些新问题，学校教育应该如何做？上外静中的做法是，通过教师正面引导，让学生集体讨论，形成公约。借助公约讨论过程中产生的积极的舆论导向，去强化学生的整体意识、目标意识、契约意识、规范意识和自我约束，内化为学生自觉的行为，最终形成拥有相同价值观的共同体。这几年

来,我们陆续和学生一起完成了"十公约一倡议",即:《上外静中学生校园安全文明公约》《上外静中学生网络道德公约》《上外静中学生手机等电子产品文明使用公约》《上外静中学生诚信公约》《上外静中微信群管理公约》《垃圾分类行动公约》《文明用餐,厉行节约公约》《文明午休公约》《上外静中毕业生公约》《线上教学遵守课堂纪律公约》,以及《上外静中反校园欺凌倡议》。

(二) MVS评选,明确主体价值追求

评价不应是筛选、淘汰的工具,而应成为激励、促进学生发展的有效手段。因此,在同学们的倡议下,学校于2012年建立了以学生道德品质为引领,兼顾学业知识、身体素质、艺术素养、实践活动、公益活动等内容为主体的MVS(Most Valuable Student)"最有价值学生"评价体系,引领学生自我认识、自我肯定、自我激励、自我完善。

评选标准、流程都是经过同学们反复讨论后由全体学生投票通过的。对每一位学生来讲,这样一个参与过程和经历本身就是一份宝贵的学习资源。在参评过程中同学们找到自信的阳光,感受榜样的力量,并逐步树立正确的人才价值观。评价方案实施10年来,有80名、320名和超过1 600名学生分别获得了校级、年级和班级的MVS荣誉称号,每学年的开学典礼我们为获奖的同学举行隆重的颁奖表彰仪式。年级MVS学生的姓名永久保留在学校的荣誉墙上,成为孩子们留在母校最好的纪念。

(三) 双语学生个性化成长手册——《青春纪念册》,引领学生自我完善

学校于2013年原创设计了双语学生个性化成长活动手册——《静中青春纪念册》,它指导学生在4年的中学课余生活中,自主有序地开展课余实践探索。全册针对12—16岁的初中学生特点分为"我是家中宝""生活大爆炸""活力少年秀""与未来对话"4个板块,有32个实践项目,引导学生自我培养除学业以外的生活实践、表情达意、艺术欣赏和自我规划等多方面的能力,发展学生特长,拓展学生视野,让学生在家庭、学校和社会中找到更多的学习资源和实践机会。

学生在每项填写的过程中,深入了解自己的家庭、感受亲情友情的美

好、发现自身的价值、勾勒自己的未来。毕业典礼上,学校将满满的纪念册赠还给学生,不仅让他们牢记自己的青春梦想,更希望在引领孩子的过程中能陪伴他们去遇见生命中的各种美好,成为更完美、更有价值的自己。

二、德育内容正确全面、与时俱进,让德育拥有广度

教育应当创造条件让学生在学习知识的同时,关注国家和民族的前途与命运,关注世界的风云变幻。教育还必须让学生获得生活能力和适应时代变化发展的能力和素质。

建校 20 年,我校已经形成了八大系列主题教育内容,分别是爱国主义教育、行为规范教育、心理健康教育、安全法制教育、网络道德教育、生态环保教育、仪式教育和家庭教育指导,全方位的教育内容,源源不断地赋予学生积极正向的能量。

(一)以爱国主义教育为根基,培养学生的家国情怀

虽然是一所外语特色学校,但我们始终把爱国主义教育视为学校所有德育工作的根基,坚持培养具有家国情怀和国际视野的适应新时代发展的未来人才。

双语升旗仪式是我校爱国主义教育的特色工作之一,它凝聚了全校师生的智慧与力量,经过多年的不断摸索与实践,逐步形成了浓厚的"静中特色":16 个班级每周轮一个班,以课程的形式要求全员参与;教师参与指导,节目形式多样,注重创新;每学期主题形成系列化的特点。在学生的自主设计和展示的过程中,培养学生爱国、求知、明理的良好品质。近几年来逐步形成七大主题升旗仪式。

我们还坚持传统节日教育活动,加强民族认同感:开展了 2 月爱心义卖、3 月学习雷锋、4 月清明祭扫、6 月欢度六一、9 月感恩师长、10 月歌唱祖国等活动。为了拓宽学生视野,及时了解时事、关心社会,我们为全体学生购买了"新闻引力波服务",每日午间播放新闻,引导学生关心国家大事。我们鼓励和组织学生积极参加各类爱国主义征文、演讲比赛等活动,激发爱国情怀,感受祖国的强大和美好。

(二) 以行为规范为核心,培养学生的自律意识

结合上外静中特色,我们开展了分层次、有针对性和体验性的行规教育,从而使学生在规范培养过程中能够循序渐进,富有成效地内化为自己的生活学习日常。有了良好的行为习惯和明确的自律意识,学生就能成为一个处处受欢迎、能与他人和集体和谐共存的个体。学校于2016年首次申报上海市行为规范示范校即成功获批,充分体现了学校行规教育的成效。

(三) 主题教育校本化,完善学生的优秀品质

我们认为,安全教育、心理健康教育、仪式教育、网络道德教育、生态环保教育、家庭教育,这些教育内容都是每个学生在日常生活中最实用也最必需的,多年来学校德育工作始终扎实推进,相关教育内容和形式已形成校本体系。

三、丰富的活动融合德育,满足学生个性需求,让德育具有深度

学校开展的各项活动应该面向全体学生,尊重差异、优化个性、激发潜能,促进学生个性健康发展,素质得到全面提高。

(一) 搭建个性洋溢的微舞台

学校从2011年开始,基于原有的校园活动,根据不同学生不同的兴趣爱好、思维方式和能力水平,开设了主题为"微活动、聚力量、展个性"的"微系列"活动。经过前几年的逐项推进,循序渐进,目前已稳定形成七项常规活动,分别是擅长表演的微舞台、擅长运动的微赛季、擅长创造的微创意、擅长捕捉光影的微摄影、擅长艺术的微艺展、擅长文学的微丛刊、擅长组织管理的微社团。微系列活动为每一位学生创造了展示机会、激发了学生学习兴趣、挖掘了个性潜能,充分发挥个性特长,推进了每个个体主动、和谐、全面发展。

(二) 延伸社会实践的新舞台

学校先后成立了3支志愿者服务队,服务于区域内的公共图书馆、老人福利院和静安雕塑公园,3支队伍的志愿者服务时间都已经坚持了10年有余。

近两年来,我校又充分利用学校周边的发展,与上海市自然博物馆和静安区少儿图书馆分别建立了馆校合作关系。在自然博物馆中孩子们争做"科学诠释者",在静安区少儿图书馆中开展"悦"读英文绘本读书会活动,用孩子们喜欢的方式引领小朋友们走近英语阅读的大门。

每年寒暑假我们与《上海学生英文报》合作组织学生参加四川卧龙大熊猫保护区的熊猫饲养员志愿者活动,深入云南腾冲的希望小学支教,用自己的实际行动告诉山里的孩子们——知识可以改变自己和家乡的命运。

(三) 走向宽广辽阔的新天地

学校搭建多元化个性施展的平台,激发了学生个性发展的潜能,于是在越来越多的国内、国际舞台上,更多的人看到了上外静中学生的身影——我们组织学生参加 2018 年、2019 年 USAP(United States Academic Pentathlon)美国学术五项全能赛、国内历年"希望之星"英语风采展评活动、2017—2018 赛季 SPBCN 中国拼词大赛、2018 年中华思想文化术语大赛全国总决赛、与静安国际交流中心联合举办"我与大师面对面之我与以色列艺术大师共创意"(2016),"我与美国迪士尼动漫大师面对面"(2017)等丰富多彩的活动。璀璨夺目的奖杯、奖牌、奖状都是孩子们留给母校的最好礼物。

在 20 年的办学历程中,我们结合民办学校的特点,努力构建有特色的学校德育体系,彰显学校的德育品牌特色。我们面对教育教学改革的变化发展勇于创新,我们更坚持遵照国家的教育纲领和育人目标,坚持正确的教育内容,采用科学的教育方法,依法规范、努力踏实地走好内涵发展之路,实现我们的教育理想,为党育人,为国育才。

(赵勇奋　执笔)

48. 融合创新　赋能未来

民办协和双语学校

2002年深秋的一个夜晚,协和教育集团里依然灯火通明,会议室里正在热烈地讨论着,即将诞生的协和学校要办成怎样的学校？是走一条同质竞争的办学之路,还是另辟蹊径,走一条创新发展之路？

时值21世纪初,上海城市发展与改革开放已经进入全新的历史阶段,社会经济文化发展水平持续提升,居民的生活水平及教育需求也在多样化。此刻的协和集团已有了近10年的办学实践,深感民办学校差异化办学,作为公办教育有益补充的重要价值,以及灵活的办学机制在促进基础教育改革创新方面的重要意义。带着满足市民多元教育的需求,比较借鉴国际教育中的优秀经验和元素,激发改革动力创新活力的初心,协和双语学校正式确定了"融合中西、创新发展"的办学之路。

历经20年,协和坚持贯彻党的教育方针,在"多元、包容、平衡、创新"的价值引领下,充分吸收本土和国际教育的优秀元素,业已形成鲜明的中西融合办学特色,为满足学生多元教育需求做出自己的贡献;20年来,协和坚持办学理想信念,比较借鉴国内外先进经验,推进教育教学改革创新,形成了独树一帜的教学特色;20年来,协和坚定立德树人的办学初衷,培养了大批有民族精神且胸怀世界的优秀学生。

一、多彩学校,为孩子拥有多样未来赋能

2022年夏天,Y老师收到了一封学生H的来信。他向昔日的班主任汇报了大学里的学习生活,且深情地回顾了母校的学习经历。

    小学时的我可算得上"学渣",但我和家长都坦然接受。我的爸妈

从不把成绩放在第一位,他们有时间就带我走出去,体验不同的生活。他们不希望我所有的时间都被学习占用,希望我阳光、善良、坚忍、自立。

幸运的是,协和的尊重差异、包容多元的理念,让我有了更多成长的自信和空间。小学一开始,我的学业就表现出不尽如人意,去见老师也是惴惴不安。但老师您总是说:还不错啊,下次再加油!老师,您可能早就忘了说过的这句话,但您不知道这句话一直安慰我到很久。

还记得2008年,我和家人去了刚刚地震后的汶川回来不久,老师邀请我在班里演讲。这让我瞬间来了劲头,"学渣"也能给"学霸"上课!? 我无比兴奋又认真地准备资料和照片,反复练习。现在,我已经忘了自己到底说了些什么,但是老师和同学们注视我的目光和掌声,一直记忆犹新。还记得热爱体育的我,在校园里进行奥运火炬接力,那一刻我感觉自己就是奥运冠军。还记得我的书法作品被展示在书法专栏里,当同学向他们的家长介绍我的作品时,我都不由自主地挺起了胸膛。但是,记忆最深刻的是:我的学业成绩一直不算出色,但我的努力还是被老师看在眼中。有一次获得"进步奖"的我,也得到了您的邀请,到您家共度周末,那简直是世界上最酷的奖励啊!

现在想来,母校给我的信任有多么重要,老师们给我的包容是多么重要。这让我这个本来在学习面前自卑的学生,就这样一点一点从老师的眼睛里看到了自己的光,从展示自己的机会中感受到成功,建立了自信。

H同学的小学、初中、高中都在协和,现在已经成为一名就读运动管理专业的大学生。这名非典型性协和好学生,却反映出典型的协和办学理念和育人目标。我们相信每个孩子都是独特的个体,学习成绩固然重要,但是勇敢、乐观、善良等品质更值得珍惜。成功的学校不仅要帮助学生学会知识技能,更重要的是点燃他们对学习、对生活、对未来的梦想,以梦为马,勇敢面对未知,坚定前行。

在协和,是以学生的全面发展为目标设计课程、安排教学和组织活动的。我们努力搭建能够激发全面潜能的课程,开设了几十门选修课和十几个艺体社团,让学生有充分机会选择、培养自己的兴趣爱好。在教学上,我们倡导基于充分尊重学生整体认知规律和个体学习风格差异的教学、基于对学生核心素养认知的教学、基于对学生主体和教师主导身份认同的教学。在协和,老师们会传授真理、真知,但学生也能通过自主探究、团队合作、实验实践等不同方式建构学习。在设计校园活动时,充分考虑激励每个孩子全面发展,给每个孩子展示自我和收获成功的机会。协和学子们不仅在各项学科评估中表现优异,更在学科实践展示、科学展、艺术节、音乐会、美术展、运动会等丰富多彩的活动中各展所能,大放异彩。

二、"行小善,传大爱",美德在心更在行

我叫小Q,今年10岁。在我一年级入校后,就成为我校"阳光协励金"公益组织的一员。8年前,学校将新年慈善义卖的部分捐款成立了"阳光协励金",用于支持同学们做身边力所能及的公益。"助衣找到你"就是"阳光协励金"下一个公益组织。我作为成员,有幸为学校及同学们已经服务了4年。

从一年级入校,我就学着高年级的志愿者哥哥姐姐的样子帮帮小忙,到现在,我已经能够熟练折叠衣物并归纳整理、协助小伙伴们分发衣物、在校门口设摊、记录丢失衣物信息,等等,样样事情都能做到得心应手。

我们每周一到周四午休时间,去失物招领处整理衣物;每周五中午,把标识清楚的衣物送还到相应班级的同学手上。每两周到三周,我们还会利用周五下午放学时间,在校门口设摊,把丢失的衣物信息写在白板上,以便丢失的同学们前来寻找。我们还定期在校园发宣传品,在SUIS TV上播出宣传视频,倡导同学们养成不丢三落四的好习惯,宣扬"助人为乐,拾金不昧"的雷锋精神。

春节前,我们团队有幸被校长邀请喝了下午茶,我还很荣幸地获得了"优秀志愿者"称号,对此我非常自豪和快乐。作为小队长,今后我会

更加严格要求自己,脚踏实地服务同学。校长说过:"做公益不难,但贵在坚持。"我会和我的志愿者小伙伴们,用一条心,做好一件事。在公益道路上携手并肩,砥砺前行。

这是协和学校一年一度的"阳光协励金"年度工作总结会上,小 Q 同学代表"助衣找到你"项目组做的发言。我们倡导学生"心存善念、为爱行动"!鼓励学生细心发现身边人的实际需要,真心给予他人真诚的帮助,用行动促进改变。我们希望协和学子不仅独善其身,更能兼济天下。

在协和校园,学生们描画的公益海报、指示标识随处可见;推广上海方言,传承海派文化的"沪语帮帮侬"小组的声声沪语清脆响亮;家里书架上的好书,也搭上"非搁传书"的翅膀,飞到了学校的共享书架上,在同伴中流动起来⋯⋯孩子们在自主设计、实践、总结这些项目的过程中,产生了更强的责任感,学会了分享合作,学会了创新改变。

爱意和善念的传播不仅在协和校园内,我们每年都会将各项公益、慈善活动募得的善款,为云南滚岗等地区的学校、师生改善教学和生活条件贡献我们的力量。从 2007 年至今,我们已经为云南滚岗小学等学校修建了操场、厕所,建设了图书馆、电脑教室,家长和老师多次支教,为有困难的当地师生进行医疗和生活资助。这项坚持了 15 年的公益活动,让协和学子的善念和大爱,跨越千山万水,抵达千里之外,绵延不绝。

三、信念与热爱,锻造协和队伍

协和 20 年,先后在谈幼康校长和杜玲校长的带领下,培养出了一批品学兼优的协和学子,也锻造出一支充满热忱、勇于开拓创新、专业精进的教师队伍,并为协和教育集团输送了一批批青年干部和骨干教师。正是这支有共同目标和理想的教师队伍,和衷共济、协力同心,将融合中西的教学理念贯彻到课堂,落实到学生。

一位从协和毕业的学生家长如是说:

> 作为一名从小学到高中一直在协和的学生家长,协和给我最大的感受是老师的用心,爱的教育,能力的培养,从而成就孩子幸福的成长

之路,成就孩子追求幸福、创造幸福的能力。

　　一所优秀的学校,家长固然看重先进的教育理念、优良的教学硬件、致力于孩子全面发展的课程,但最让家长放心、安心的就是老师有爱心、用心,让孩子感受到被爱。只有这样,孩子才能真正身心健康,才能拥有爱人的能力。很幸运的是,在协和,我儿子遇到的都是这样的老师。

协和教师坚信热爱浇灌热爱,信念引领信念。20年如一日,协和教师专注于专业发展,持续提升教育教学能力。建校初期,学校从"中外课堂的比较研究"着手,引领中外教师彼此借鉴,相互听课,共同研讨,形成了协和优秀课堂教学的标准和实践策略,并以此作为教师教学的指导。谈幼康校长率先垂范,亲自兼任首届初三毕业班一个班级的语文教学。20年来,协和已在高效教学、差异化、双语教学、合作教学、综合主题探究、学生动机激发等方面积累了丰富的实践经验。通过这些来自实践后反哺教学的研究,激励着协和中外教师不断深入钻研课堂、不断研究学生、不断提升质量。协和对教育的热忱和严谨,吸引着志同道合的教师。几位校长都十分重视教师的团队建设,既严格要求,又注重人文关怀,有很强的亲和力和凝聚力。在协和,工作十几年的中外教师比比皆是,优秀的新教师也在不断加入。其中,协和毕业生L同学在留学归国后选择重返协和,实现从学生到老师的转变。L老师身上折射出的正是协和的育人目标,也是协和教师的基本要求——坚定的信念,内心的热爱,优秀的素养,宽广的视野。

20年来,在"海纳百川、追求卓越、开明睿智、大气谦和"的上海城市品格引领下,乘着民办教育发展的东风,协和坚守立德树人的育人初心,融合中西教育精华,探索教育创新路径,为培养自信迎接未来的公民踔厉奋发,笃行不怠!

(王　毅　执笔)

49. 立德树人五育并举 廿载坚守教育初心

民办上宝中学

上海市民办上宝中学(简称"上宝")创办于2002年,坐落于美丽的七宝古镇,是闵行区最闪亮的教育名片之一,跻身上海市优秀民办初中之列。建校20年来,上宝中学一直注重培养学生掌握四种能力,坚持"五育并举",为上海市实验性、示范性高中持续输送优秀学生。

一、立德树人,德育为先,为学生打好人生底色

在"立德树人"的指导思想下,学校逐步构建了"人人德育、时时德育、处处德育"的大德育体系。德育渗透激发了学生的内生动力。学校德育工作的要求是:坚持培养"两个习惯":优良的学习习惯和行为习惯;坚持做到"三个一样":做到有检查无检查一样、老师在与不在一样、校内校外一样;坚持掌握"四个学会":学会做人、学会学习、学会生存、学会合作;坚持形成"五自精神":人格上自尊、行为上自律、学习上自觉、生活上自理、心理上自信。

建校10周年时,上宝中学提出创建德育特色学校的办学思路,开展了以"我爱我家"为主题,以"心中有国,融入集体,情系家庭"为系列的德育活动,以达到"立志修身,成人成才"的育人目标。新生入学教育是预初同学进入上宝中学后上的第一堂德育课。他们牢记老师要求的示范动作,在优秀同伴的影响下,精神面貌焕然一新。在上宝校园生活的每一天,同学们都在文明礼仪之风中沐浴成长。他们自律上进、文明守礼、热爱劳动、爱护集体,在"行规之星""礼仪之星""自律之星""劳动之星"的评选中涌现出一批品行端正、举止优雅、积极进取的少年楷模,他们文明的举止是上宝校园一道靓

丽风景线。

同学们不仅尊敬老师，与同学友爱相处，还学会了感恩家人、尊重劳动。学生处组织同学们利用五一假期细心观察，努力寻找身边的"最美劳动者"：他们的眼睛聚焦于环卫工人、执勤交警、汽修工、烧饼师傅、快递小哥……懂得尊重他人、学会亲身实践、承担家庭责任是上宝学生重要的学习内容。重阳节之际，上宝组织了"九九重阳节，浓浓敬老情"活动。同学们与祖辈共度佳节，用诚挚之心给长辈们带来温暖，使爱老敬老的美德代代相传。

学校学生处倡议全校师生"爱粮节粮"。同学们用手绘小报宣传"光盘行动"；观看学校电视台拍摄的"食堂师傅的一天"，了解早饭是食堂师傅凌晨4点开始精心准备的辛劳，切实懂得"一粥一饭当思来之不易"的道理。同学们走进龙华烈士陵园，参加"人大领巾大，人大责任大"换巾仪式。他们在国歌声中向革命先烈鞠躬致敬，并郑重地换上了崭新的红领巾。在一年一度的义卖活动中，上宝的同学们为班级献计献策，有的整理闲置物品，有的精心设计文创产品，有的设计宣传促销海报。在爱心义卖活动中，同学们不仅学会了做精明能干的销售员，也学会做内心柔软、对社会有贡献的担当者。

14岁集体生日是上宝的同学们成长的重要里程碑。在集体生日之际，他们阅读父母饱含深情的家信，懂得父母对他们的殷殷期盼；在易叛逆的年纪能够懂得父母养育子女的艰辛，用感恩之心和努力学习来回报父母；他们传承优良家风，继承长辈优秀品质，对自己的未来有更清晰的规划。在毕业典礼上，同学们深情地朗诵诗歌，表达了对母校和老师由衷的赞美与感恩。初中4年，他们不仅在上宝奋斗、收获，也在上宝遇见优秀进取的同学、敬业爱生的老师，还遇见了更完美的自己。

"全员导师制"也是上宝的一大育人特色。每位任课教师不仅是学生的学科教师，还是学生的人生导师。每位导师秉承"人人都是德育工作者"的原则，从学业到生活、从身体健康到心理健康，全方位地关注、引导学生健康快乐成长，成为学生们的良师益友。上宝还着力挖掘学科中的德育元素，在语文、数学、英语、道法、美术、音乐等课堂上开展爱国主义教育，开发了一系列具有学校特色的思政课程,总结了学科融入德育的经验和方法。班主任更是德育工作的主力军,他们以班会课为主阵地,结合班级实际,适时对学生开展教育,引导他们养成正确的世界观、人生观和价值观。

二、五育并举,突出个性,培育全面发展的人才

上宝在突出德育教育的基础上,进一步提升智育水平、强化体育锻炼、增强美育熏陶、加强劳动教育,致力于培养德智体美劳全面发展的社会主义建设者和接班人。有了深厚的德育底蕴作支撑,上宝的学生求知欲强,面对挑战锲而不舍,在学海中乐学、敏思、善问、笃行。

学校对学生学科素养的形成在不同年级有不同目标。预初年级重点抓学习习惯的养成,完成从小学到中学学习要求和方式的转变,在预习、听课、复习、作业等方面细化培养,打好底子;初一、初二夯实基础,拓宽思路,扩大同学们的阅读面,提升思维品质和各学科学习能力;初三阶段注重帮助同学们树立目标,通过扎实高效的课堂和科学合理的训练,使同学们如愿进入理想高中。

学校根据学生发展需要,开设了基础型课程、拓展型课程和探究型课程。三类课程的设置突出了"以生为本"的理念,构建了融学科体系、生活实践和学生生涯为一体的课程结构。严谨科学的基础型课程帮助同学们打好未来发展所需的根基。为了促进学生全面发展,同时突出个性、培养特长,学校开设拓展型课程和探究型课程90余门,内容涵盖古诗文阅读、英语口语、报刊阅读、思维训练、科创项目、演讲技巧、绘画书法、管乐表演、民乐演奏、艺术舞蹈、国际象棋、桥牌、手工编织、美丽编发等。生动的课堂形式和内容激发了同学们无限的想象力和创造力,他们从中获得了学习的乐趣,有的还找到了自己未来发展的方向。

上宝每年举办各具特色的学科活动给同学们提供展示才华的舞台。在中外文化节活动中,上宝同学热衷于演绎和传承中外文化经典:上宝版的诗词大会竞争激烈,台上台下都积极参与飞花令;话剧舞台上,上宝学生或身着长衫塑造潦倒落魄的孔乙己、侠骨豪情的常四爷,或穿上西服,演绎陈独

秀的慷慨激昂、蔡元培的宽阔胸襟。同学们开展英语拼词大赛、英语课本剧大赛、英语歌曲比赛、配音比赛，营造了浓厚的英语学习氛围，充分感受英语、应用英语，激发学习英语的兴趣，学习更有自信，视野更为宽阔。

数学是上宝中学的特色学科。各年级同学在"玩好数学"活动中开展了数学游园、数学之美展示、数学演讲等不同形式的比赛。一个个数学高手在速度中力求精确，在精确中追求完美，探索数学的趣和美。

在"探月圆梦，创新无尽"的科技周活动中，同学们聆听上海航天技术研究院探月副总指挥作科普讲座，与研究员互动交流，操控月球小车，驾驶无人机，参与虚拟现实体验。上海交大物理与天文学院科普团来到上宝中学举办科普讲座，向同学们展示世界上无所不在的物理学，引燃同学们对物理知识探究的兴趣。上宝同学们还走进上海交通大学 Med-X 夏令营进行参观学习，了解 XCT 显微镜设备，观察小西瓜虫的骨骼、血管，了解科技进步。

在艺术节上，各个班的艺术人才尽情展现上宝学子的青春活力和艺术特长。校园集体舞活动中，预初同学们身着亮丽服装，在悠扬的歌声中翩翩起舞。初一同学唱着《红旗飘飘》《大中国》，用嘹亮歌声歌唱祖国。初二年级"班班有琴声"活动中，人人能吹口琴，个个秀出才艺。各年级的才艺高手汇集在艺术节会演的舞台上，给全校师生呈现年末大戏。

午间的"上宝大讲堂"和"闪亮30分"也是上宝学生展示特长的舞台。同学们在"上宝大讲堂"的讲台上侃侃而谈，把自己感兴趣的人文故事、科技知识等与他人分享。在"闪亮30分"活动中，蓝天白云、绿色草坪就是同学们开阔的舞台，他们自信地歌唱、舞蹈、朗诵、演奏、说相声，赢得观众们阵阵掌声。

健美操队被称为学校最具有活力和美感的队伍，队员们在闵行区、上海市、全国的比赛中都获得过特等奖、一等奖。校武术队在大气磅礴的配乐中舞棍摇扇，把中华民族武术魂的精粹演绎出来。学校桥牌队成立后，学生中的桥牌苗子刻苦钻研桥牌技巧，锻炼自己的参赛心态，屡次在重要比赛中获奖。

每年的运动会和体育嘉年华是上宝校园的重要活动。在运动场上，运动健儿挥洒汗水、团结协作，在各种运动项目中奋力拼搏。上宝传统的广播操比赛是校园一道亮丽的风景线：笔直的队形、有力的手臂、声震云天的口号，无不展现了上宝学子积极向上的风貌。

上宝中学还注意挖掘体育比赛背后的精神内涵，注意培养学生的劳动能力，开展了"体验劳动快乐、品尝幸福滋味"的厨艺展示活动。学校还为同学们提供了丰富的职业体验，参加红十字紧急救护培训。上宝中学致力于构建德智体美劳全面培养的教育体系，五育并举，激发学生的学习兴趣，凸显学生个性特长，培育全面发展的人才。

三、敬业爱生，求真务精，落实师德师风建设

学校把培养"人文素养宽博、学科知识厚实、教学基本功扎实、信息技术娴熟，具有个性教学风格"作为教师队伍建设的目标。为此，学校制订教师专业发展计划、发挥骨干教师引领作用、推进教科研工作等的实施方案，致力于打造出一支爱岗敬业、教学能力突出的教师队伍。

上宝老师不仅教学能力强，还尊重学生的个性发展，培养学生的责任意识、自主发展意识与创新能力。老师们从起始年级开始，就对学生严格要求，夯实基础，同时也注重保护学生的兴趣和信心。他们精选教学内容，并根据学生情况拓宽学生思路，提升他们的思维品质，改革评价方式，探索落实科学的教学理念，注重培养学生自主学习能力。

学校建立师德公开承诺制度，组织教师开展批评和自我批评，对师德师风进行自查自纠、互相监督。学校建立健全师德师风奖惩机制，确立"师德标兵"选拔与表彰制度，发掘师德典型，发挥其引领、示范作用，促进广大教师不断提高道德修养和职业素养。

寒来暑往，春华秋实。20年的发展路上，上宝中学夯实基础、厚积内涵，成为一所"闵行前茅，上海一流"的优质民办学校。上宝中学将在育人的道路上不断探索创新，坚持教育回归"立德树人"的本源宗旨，探索培养学生全面发展和个性特长形成的做法与成效，进一步建成特色鲜明的优质民办学校。

（陶中霞　执笔）

50. 宝剑锋从磨砺出　莲花香自明朗来

民办宝莲中学

上海民办宝莲中学（原上海民办和衷中学），前身为百年老校——吴淞中学初中部，2002年4月由上海至德教育投资发展有限公司出资创办为"上海民办和衷中学"，现更名为"上海民办宝莲中学"。学校位于宝山区淞青路203号。迁校后，位于吴淞炮台湾湿地公园内。学校拥有一支"德高、业精、爱生、善教"的教师队伍；现有行政班24个，学生1 000余人。

学校自创办20年来，一直秉承至德董事长朱卫杰先生对学校"聚一流师资、办一流教育、育一流人才"的办学理念；以"民校办名校"为办学愿景；以"培养有内驱力的中学生"为育人目标；以"办高品位、高质量、智能化的未来学校"为办学目标；以"坚苦卓绝"为校训，教育教学成效显著。

学校先后获得了由中国民办教育协会颁发的"全国优秀民办中小学""全国民办学校办学特色示范学校""全国民办学校特色建设先进学校"的荣誉称号，2021年还获得了由中国管理科学研究院教育科学研究所和中国管理科学研究院咨询部颁发的"2021民办教育创新示范单位""2021民办教育典范学校"的荣誉称号。

一、有志于民校办名校的企业家

为了让师生有着良好的学习与工作环境，董事长朱卫杰先生拨款1 200多万元，修缮教学楼，翻掉操场基础重修塑胶场道，又建造了含有体育馆的综合楼。又过几年，宝莲的校舍被纳入抗震加固工程，他再次投资2 000多万元，配合教育局加固和装潢整栋教学大楼，配置实验室、航空馆、生态房等科技场馆，校园内广植花木。真是旧貌换新颜，又是一所美丽的花园学校了。

围绕学校的办学理念,20年来他以真诚、尊重、优酬任用专家型校长、招聘资优教师。他支持学校聚集人才,组建高效的学校班子,培育精良的师资队伍。

凭着对党的教育方针的深刻领会、学校高效的管理班子、优良的师资队伍,他一以贯之地要求对学生实施"德智体美劳"五育并举的优质教育。他强调"教学,不只是让学生获得知识,更是要让他们会思会做、学会做人做事","教学,不只是简单的传与教,更是鼓劲与唤醒,老师不要用教条的书本知识把学生的脑袋填得像书柜子,而是要给学生的头脑点火,让他们的思想活跃起来。劝导家长不总要求孩子考第一名、争前三名,给孩子过大的压力,把他们逼得透不过气来。每个学生应该是不一样的生命,却拥有一样的精彩。有些学生学科成绩中等就可以了,但要让他们能说会道、能唱会跳、善于交流交往。这些学生将来成功的希望更大"。他提出把学生从做题目的高手培养成解决实际问题的能人、未来职场的精英,成为具有中国情怀和国际视野的人才苗子。他要求学校发挥优势、办出特色、打造品牌,既要有学科教学方面的精湛亮点,又要有科技体艺方面的特色。他肯定教育教学有真招实绩的教师,反对弄虚作假。

民办学校招生实行"摇号录取",别人担心"生源质量下降",他却拍手叫好,说从争招好学生到教好每一个学生更能体现办学水平、管理能力。今后不是拼生源,而是拼软件、比师资、比课程。过了这一关,我们的学校会更好,会更受老百姓的欢迎。

正是在董事长朱卫杰先生的办学目标与教育理念引导下,经过20年的努力,学校上升为AAAA级社会组织、市级品牌学校。

二、致力于唤醒种子的力量

教育是点燃、是激发、是解放,是充分调动学生的主动性、积极性、创造性,每一个孩子,都是一颗种子,教育的目的就是激发种子的力量,而宝莲中学培养的就是有内驱力的中学生。

(一)激发好胜心——崇高的理想信念使人心中有爱、眼里有光、行动有力量、生活有意义

宝莲中学坚持开展"三个一"的理想信念教育:即引导学生初中4年"树立一个理想,明确一个目标,做到知行合一",养成"自主、合作、尚美、创新"的健康人格,目标是培养有内驱力的中学生。

学校将理想信念教育制度化、系列化,例如:庆祝建党百年,学校开展"六个一"活动,即:一首红色歌曲——红色歌曲大合唱;一本红色书籍——经典故事手抄报比赛;一个红色故事——"好音相伴,重温经典"红色电影配音比赛;一份红色作品——"红色手工校园行"劳动成果展示;一次红色主题活动——"新时代好少年,红心向党"八年级演讲比赛;一次红色实践考察——红色寻访主题实践活动。上述活动引起了热烈反响,在热烈的掌声中,一个个自信的孩子站出来了,一颗颗理想的种子自然地埋在了孩子们的心灵深处,假以时日,就会破土、发芽、茁壮成长。

(二)呵护好奇心——"未来学校"的核心是以学生的学为中心的"智能课堂"

没有兴趣就没有学习,只有真正着迷,才能激发孩子们持久的内在学习动力。宝莲中学是上海市科技特色学校、上海市航空模型活动特色学校、宝山区科技特色学校。学校为学生提供了一个充分展示才能和想象力的舞台,建立了航空馆、车模馆,他们学会了模型飞机、遥控车和四驱车拼装、操控以及改装。"热爱是最好的老师",老师们通过好奇心的精心呵护,培养学生热爱学习、醉心创造的内驱力。

学校以"构建学习共同体、走向深度学习"创新一种课堂模式,即:学生先学、老师后教,学生会的教师不讲,学生能合作学习解决的问题教师不讲;学生疑惑处老师也不越俎代庖,而是搭建一个个支架,引导学生自己解决问题。激发学习兴趣,呵护学生的好奇心,唤醒学生内在的求知欲和探索欲,课堂迸发出生命的活力和创造力。

(三)涵养阅读力——阅读能力是最重要的学习能力

最美的校园就是洋溢着书香的校园,最美的孩子就是爱读书的孩子,

"腹有诗书气自华",爱读书的孩子更有修养、更有气质、更有境界、更热爱生活,不断从书中汲取精神营养,会涵养出有理想、有家国情怀、有无限的想象力和创造力的优秀学子。

(四)陶冶审美力——审美力是未来社会的核心竞争力

宝莲中学是上海市舞蹈联盟学校、宝山区戏曲进校园的试点学校,在宝山区、上海市各类艺术专场比赛中取得了优异的成绩。每个学生拥有一项自己喜欢的艺术特长。每一年的艺术节活动,形式多样,如环保服装达人秀、舞蹈比赛、合唱比赛、乐器会演、评弹演唱、红色小品比赛等,浓郁的艺术氛围在这里绽放。多年来,学校以美育陶冶美的灵性,温润美的人格,以美启智、以美怡情、以美培元、以美化行,培养有激情、有雅趣、有爱心的拥有审美力的中学生,为他们的终身幸福奠基。

(五)锻炼好身体——强健的体魄是生命力、创造力、内驱力的源泉

宝莲中学的体育宣言是:让每个孩子发现自己的体育爱好,拥有一至两项体育特长,养成强身健体的好习惯。课间操讲究快、静、齐,追求精、气、神,体育课加大强度,着力提升学生的强健体质。

理想信念教育给人生赋予意义,让人活得有劲头;好奇心生发强大而持久的内在动力,激发想象力和创造力;阅读能力丰盈人的精神,使人拥有终身学习能力;审美力的培养让学生热爱生活,滋养、丰满生命情感;强健的体魄是支撑幸福人生的坚实的基础和强大载体。每个孩子都是一颗种子,宝莲中学教育者的使命就是唤醒并且激发种子的力量,欲栽大木柱长天,走向未来学校!

三、满怀希望走向未来学校

"未来学校"是指向人文的,目标是培养学生学会爱。

在浅表性、碎片化阅读泛化的今天,经典阅读、深度阅读尤其难能可贵。宝莲学子的读书宣言是:师生共读、亲子共读、生生共读,让读书成为习惯,让读书交流成为风气;多读经典好书,涵养人文修养,提高审美素养,做新时代爱读书的宝莲学子。

学校的每个班级都建立了读书角,书架上同学们带来的好书分享;每天每个班级都有一节自主阅读课,学生们带来自己喜爱的书,静心阅读;早读课,琅琅的读书声和每层楼自助借阅的读书角,是学校靓丽的风景线;读书心得小报展示,吸引学子纷纷驻足;读书演讲活动,精彩纷呈、高潮迭起。

"未来学校"是数字化和智能化的学校。

学校将继续用好"极课"大数据的教育教学诊断系统,分析每个学生个体,从学生的问题出发制订个性化的导学案,充分利用"极课"的作业错题导出系统,逐步建设个性化的校本作业训练系统,以智能化地逐步推进提高学习效率。

在新校建设中,学校强调数字化硬件到位,以数字化管理、空中课堂、数字化大德育、数字化课堂教学等建设为重点,线上线下有机结合,整合最好的教育资源,运用最好的教育技术,开展现代化教育教学活动,成就"未来学校"。

新时代、新校区、新机制、新的育人方式,形成了新气象。宝莲中学的新校舍地处黄浦江入长江交汇处,是陈化成抗英和淞沪抗日的疆场。通江达海、正气浩然的环境,学校创办未来学校的高远追求,优秀教师队伍的同舟共济,汇聚成排山倒海的气势。红日初升,其道大光,江出伏流,一泻汪洋,欣欣向荣,蒸蒸日上!一所现代化的"未来学校"呼之欲出。

(王洁飞 执笔)

51. 让每一个学生都拥有希望

民办尚德实验学校

上海市民办尚德实验学校(简称"尚德")创建于2003年9月,是一所覆盖基础教育全年龄段的一贯制寄宿学校。学校面向世界,瞄准未来,积极适应学生和社会发展,秉持"尊重差异、提供选择、开发潜能、分类发展"的学生观,努力实现姜校长提出的"教育的最大魅力就是让每一个学生拥有希望"的教育理念。学校贯彻党的教育方针和教育部、上海市课程改革精神,顺应时代发展需要,依据学生实际,构建了具有尚德特色的课程体系,让尚德的课程满足每一个学生的发展需要,促进学生全面有个性地发展,为学生提供走向未来的无限可能,培养影响世界的中国人。

尚德的校名本身赋予了深厚的教育内涵,立德树人是教育的根本使命。在《说文解字》中,德,升也。尚德,包含了一种向上生长的力量。费孝通先生亲笔为学校题写校名;姜晓勇校长题写校训:尚德·启智;校风:尊重合作,情满校园。遒劲的大字,为尚德教育谱写了序曲,奠定了基调。办学以来,学校投入专项资金不断提升办学条件,包括布局合理、条件优越的各学部教学楼;温馨整洁、硬件超前的学生公寓;设施完备、具有相当规模的科创实验中心;格调高雅、氛围浓郁的钢琴管乐中心;超高配置、国际标准的室内游泳馆;恢宏大气、环境舒适的图书馆,用最美校园构筑尚德师生幸福成长的空间,用建筑语言诠释尚德的办学使命:致力于营造启迪心灵、安全祥和、富有挑战、多元融合的学习环境,帮助学生合作创新,发展潜能,积极参与社会,成为终身学习者和负责任的公民。

尚德是一位有梦的校长——姜晓勇,带领尚德团队在基础教育的田野里深耕所开发出的教育试验田。其1985年走上校长岗位,在上海先后担任建平实验学校和建平西校的校长,为两所公办学校的优质办学奠定基础。姜校长有着丰富的教育管理经验,不断反思中国教育的现状,他站在教育内部看教育,站在教育外部看教育,站在企业管理者角度看教育,融通公办与民办、国内与国际、历史与未来,在基础教育的最前沿奋力开拓,引领尚德教育发展。回溯尚德发展历程,经历了几个重要的成长节点。

一、形成办学格局,小初高一体化(2003—2005年)

2003—2005年是打基础的关键时期,尚德招生从小学、初中起步,历经"非典",招生困难。2005年,坚持创办高中部,在开发学生潜能、实现分类发展等方面达到了理想效果,初步形成小初高一体化办学格局。小学重乐、初中重礼、高中重德,小学生学会游泳、中学生学会管乐,参与体验感悟德育模式,这些尚德文化基因中最重要的传统也是在这个时期积淀形成的。通过课堂教学改革,唤醒学习内驱力,创造了优质绿色的学业质量。小学部在绿色指标测试中,各项指标名列前茅。初中部教学质量高位稳定,家长满意、社会认可度高。高中部高考本科率稳定在95%以上,名校录取不断飞跃,书写"低进高出"的教育奇迹,区教育局领导多次在教育教学会议上给予尚德初高中办学质量高度评价。

二、探索国际教育,自主多元发展(2005—2008年)

5年求发展,尚德开始探索国际教育。在分析比较了多个国际课程后选择了IB课程。科学完整的框架、全人教育的培养,与尚德办学理念高度契合。2008年,尚德实验学校成立融合部,并于2010年4月7日获得DP授权,成为IB World School。2014年,成为上海市21所国际课程试点学校之一。2019年,IB年会在尚德举办;2020年,尚德成为IBCISA发起校,尚德国际课程上的学术影响力不断提升。尚德融合部坚持扎根中国大地办学,走出了尚德国际教育的特色发展之路,尚德学子以传承和创新诠释身份认同和文化自信。

三、特色学校创建,开办学前教育(2008—2013 年)

10 年创辉煌。2013 年,10 年校庆最标志性的一个里程碑就是尚德成为上海市首批民办特色学校创建校,得到了华东师大教育部中学校长培训中心的精心指导,实现了课程建设从理念到实践的全面提升,办学质量也进一步得到社会的认可。2013 年 10 月,尚德幼儿园正式开园,幼儿园从环境到课程的一体化设计都紧紧围绕"让每个幼儿对世界充满好奇心"的办学理念而展开,让每个尚德幼儿在园期间能够尽情释放天性、玩出健康、玩出智慧、玩出静心、玩出规则,积极培育健康活泼、好奇探究、亲近自然、勇敢自信、有初步责任感的儿童。

四、拓展航头校区,提升办学品质(2013—2018 年)

尚德进入稳步发展的时期,小初高的办学一体优势进一步凸显。尚德在浦东航头又拓展了一个全新的小学校区,为学校开拓高品质办学的新局面提供了强有力的保障与支持。航头校区传承总校小学部的办学特色,不断丰富学生的课程体验,以综合德育一体化项目为引领,全员参与,全学科联动,自主开发,已经形成系列,彰显尚德航小的教育温度。

五、开启战略合作,走向未来教育(2018 年至今)

从历史走向未来,在这个深度变革的时代更需要理性的构架能力,尚德认真做好"四五"办学规划,积极寻求自我突破。2021 年 6 月,尚德与华东师大开启全面战略合作,成为华东师大基础教育改革与发展研究所未来学校实验基地。在李政涛教授团队的高位引领下,不断迈进新征程,以"未来学校"理念为引领,深入探索、构建与打造尚德教育的未来走向、未来样态与未来品牌,努力向实现"区域有主导力、国内有竞争力、世界有影响力"的办学目标迈进。

尚德扎根中国大地办民办教育,是宏观领域办人民满意教育的脚踏实地,是中观领域推行教育改革的不断突破,是微观领域实施全人教育的披荆斩棘。在全体尚德人的共同努力下,历经近 20 年的开拓发展,用生动坚实的教育实践,交出了令人满意、引以为豪的答卷。学校先后荣获"上海市文明单位""上海市中小学行为规范示范学校""上海市科技教育示范学校""全国宋庆龄少年儿童发明奖示范基地""上海市艺术教育特色学校""上海市安全消防教育示范校""上海市语言文字规范化示范学校""上海市心理健康教育示范校""上海市绿色学校"等多项荣誉称号。更重要的是,尚德汇聚高品质师资团队,打造了一支师德高尚、爱岗敬业的队伍,具有较高的专业素养和较强的团队合作能力,在历年上海及浦东中青年教师课堂教学评选、教育学会优秀论文评选中成绩突出,广受关注。

六、构建未来学校四大特色

践行新课标理念,汇聚专业资源,以"未来学校"理念为引领,尚德一体化构建未来学校四大特色发展路径,以实践创造新的教育时空。

(一)赋能智能技术

尚德科创中心站在国家、区域战略的层面去思考未来,推进科创教育,尚德学生在"上交会""青少年科技创新大赛"等活动中大放异彩,科创成绩位居全市前列,立足智能时代,利用现代信息技术和人工智能技术促进学生的发展,构建新的学习空间、新的认知场景、新的交互图景、新的评价系统,打造科技创新人才培养模式。新建成的人工智能馆为学生创设面向未来的教育场景,携手世界顶级人工智能企业,产学研一体,充分开拓尚德学子的视野,为他们的未来赋能。

(二)根植人文艺术

尚德构建了开放的人文艺术学习空间,创造沉浸式的学习体验。每一位学生都学会一门乐器,腹有诗书气自华读书活动是尚德办学至今的坚持。以美育人、以文化人,丰盈尚德学子的生命样态。根植人文精神,强化文化传承,建立更多的馆校合作,把城市的人文资源转换成学校课程,充分开阔尚德学子的视野,为他们一生的发展打下坚实的人文底色。校园处处有歌声、处处有学生艺术作品的展示。丰富的人文艺术实践活动,给每一个学生都有站在舞台中央展示的机会,也给参与者以心灵震撼。

（三）融通天地自然

尚德与周边社区共建"大芃园"，以参与、体验、感悟为特色，充分发掘自然特有的育人价值，打造生态教育综合实践基地，根据各学段学生身心发展特点，建立成长进阶生态课程体系。这片土地不仅仅是尚德学子劳动实践的基地，更是一个巨大生态实验室，探索具有尚德特色的生态环境跨学科课程体系。生态课程中心通过对身边生态环境课程的梳理、研究，帮助教师将课程意识转化为课程行为，最终形成具有尚德特色的生态环境教育课程体系，创新生态文明教育，培育学生核心素养，赋能学生终身发展。让学生在天地自然间学习，提供有利于心灵健康成长的友好生长环境。大手牵小手在天地自然间学习的独特经历，点亮尚德学子共通的童年欢乐和青春记忆。

（四）连接社区社会

学校不断优化外部资源，与上海自然博物馆、上海航海博物馆等建立多元馆校合作体系；依托大张江科技城，开展科技企业与学校的共建活动；发挥社区资源优势，寻求新的课程生长点，为学生个性化成长助力。融通五育，与时俱进，开展服务性学习、开展场馆研学、开展项目化学习，不断建立与真实生活的联接，帮助学生发现并解决真实的问题，为学生提供丰富的社会体验，使学生具备应对复杂未来社会的关键能力、必备品格和正确价值观。打破校园壁垒，学校家庭社区融合共育，与时代同频共振，为学生一生的发展打下坚实的底色。

让每一个学生都拥有希望，这就是尚德人的心之所向。未来教育之路必定是感性与理性、传统与未来、中国与世界、学校与社区不断深度融合的过程。五育融合，一体发展，培养既能顺应未来也能影响未来的时代新人，走向更加宽广的教育未来。

（叶　翡　执笔）

52. 传承与创新　我们不断前行

民办东展小学

上海市民办东展小学（简称"东展"）创办于2003年8月，首任校长是葛丽芳女士。学校从创办之日起，根据本校生源及区域特点，同时结合小学生身心发展规律提出了"立人为本，成人于品"的办学理念，以及"让每个孩子都有一个快乐童年"的办学宗旨。建校以来，东展人始终发扬艰苦奋斗的创业精神，始终秉承学校的办学理念和办学宗旨，始终把教会学生做人作为学校的首要任务，不断开拓创新。

2006年，学校以"多元文化背景下小学生人品教育的实践与研究"课题为引领，开展了"人品教育"的研究，构建了"人品教育"的总体思路，包括培养目标及分年级指标体系、学校课程框架、班级文化建设以及教师队伍建设的策略。

2012年，学校以"学校人品教育课程的建设与实施"课题为引领，开展了"学校课程建设"的研究，构建了以基础型课程为主体、拓展型和探究型课程为两翼的"一体两翼"的课程结构，系统地开发了拓展型、探究型校本课程，并形成了学校教师队伍建设的策略。当年学校被评为第一轮上海市民办中小学特色创建学校。

2016年，人品教育进入了第三阶段，学校以"东展学子形象的建设与研究"课题为引领，开展东展学子核心素养的研究。学校被评为第二轮上海市民办中小学特色创建学校。

2017年6月，首任校长再次退休离任，新一任党政领导从老校长手里接过接力棒，围绕"立德树人"的教育根本任务，开展探索和实践。

一、深化学校办学理念，突出"立人"教育

（一）深化对办学理念的理解

近年来，学校进一步明确了"立人为本，成人于品"办学理念的内涵："立人"就是要"立"一个健康快乐的人、一个堂堂正正的人、一个面向未来的人。"健康快乐的人"是指身心健康、乐观向上；"堂堂正正的人"不仅是指内在的道德品质，还指拥有外在的行为；"面向未来"是指具备能够适应未来发展的学习和生活能力。

（二）梳理细化办学宗旨

"让每个孩子都有一个快乐的童年"是学校的办学宗旨。结合心理学家亚伯拉罕·马斯洛的需要层次理论，我们认为快乐包含三个层次：一是体验开开心心上学校的上学乐；二是体验伙伴交往中的交往乐；三是体验克服困难获得成功时，实现自我价值的成功乐。这三个层次随着年龄的递增层层递进。

（三）确立东展学子形象关键素养

学校以"立德树人"为核心，以"五育融合"为价值取向，以培养"全面发展的人"为核心，基于学校的办学理念与培养目标，形成了"东展学子形象"的六大关键要素：

其一，"家国情怀"，是每一个人内心的力量，有国才有家，从小埋下爱国、爱家的种子。学校以丰富的课程活动养成正确价值观、涵养心灵、激扬情感，培养爱国爱家的学子形象。

其二，"善于学习"，是东展学子的良好品质之一。一个善于学习的人是最有前途的人，一个善于学习的团体是富有的团体，一个善于学习的民族是令人敬畏的民族，一个善于学习的国家是兴旺发达的国家。

其三，"文明礼仪"，指向学校"三爱三会"培养目标中的"爱生活、会做人"目标，一个具备文明礼仪的东展学子应该是知晓"四仪"，努力做到"八礼"。

其四，"热爱科学"，是引导学生关注科学与生活及社会的联系，从身边的小处去感受、体验科技；通过动手动脑，亲自实践，在感知体验的基础上帮

助学生树立尊重科学,勇于创新的意识与能力。

其五,"积极健康",是基础。在现今教育的大背景下,心理健康、体质健康提高到了一个新的高度,东展小学高度重视学生的体育锻炼、人格滋养,努力培养身心积极健康、开朗乐观的学子形象。

其六,"多才多艺",学校艺术课程挖掘学生的潜能,培养学生的兴趣特长,为学生的多元发展提供了无限可能,让东展学子成为终身艺术爱好者。

学校的办学理念、办学宗旨以及学生形象的关键要素,是具体落实"立德树人"这一中国特色社会主义教育事业的根本任务,培养一代又一代拥护中国共产党领导和我国社会主义制度、立志为中国特色社会主义奋斗终身的有用人才,是学校育人的基石,也是学校课程建设的出发点。

二、创新学校课程实施,注重三类课程整合

学校办学理念、办学宗旨、培养目标的落实,最重要的落实途径就是课程。东展小学向来重视学校课程建设,立足"国家课程",贯彻落实"立德树人,五育融合"的教育任务,在办学理念和"三爱三会"培养目标的引领下,注重三类课程的贯通与融合。

(一)"主题教育先导课"

引导学生形成正确的价值观,特别重视"家国"情怀的培养和良好道德品质的养成。东展小学主题教育先导课分为"学期导""每月导""每周导"三个板块,结合"专题教育或班团队活动"等予以实施。

东展小学德育先导课的实施体现了"全员育人"理念,在课程实施中充分发挥学校、家庭、社会各角色定位的教育优势,共同担负学生成长的责任。

(二)"趣语文课程"

学校在立足实施国家课程的前提下,以培养小学生语文核心素养为目标,立足"中华文化的传承、正确价值观的引导、语言表达的提升、思维品质的发展、文学审美的培养",以"兴趣""理趣""志趣"为特征,通过"悦读时光、落笔有神、非凡口才"三大板块组合,引导学生语文学习有兴趣、过程有理趣、长远有志趣。课程的实施注重实现教学内容融合;聚焦语文素养,提升语言表达能力;丰厚文化底色,培育学生人文精神。

（三）MARS 英语课

学校依据《义务教育课程标准》，围绕英语学科的语言能力、文化意识、思维品质和学习能力等英语学科核心素养，以《牛津教材》为基础，构建 MARS 课程。课程旨在培育具有中国情怀、国际视野和跨文化沟通能力的社会主义建设者和接班人；帮助学生树立人类命运共同体意识和多元文化意识，形成开放包容的态度，坚定文化自信，为学生未来参与知识创新和科技创新，更好地适应世界多极化、经济全球化和社会信息化奠定基础。课程通过构建中外互补的教学课堂，使学生寓学于乐；开展丰富多样的学科活动，使学生乐在其中；创建多种渠道的社会实践，使学生收获自信。

（四）"PBL 项目化学习"

学校进行以探究型课程为主体的 PBL 项目化学习的探索，选择了"未来长宁，智慧社区"主题，培养学生爱家爱国的情怀。从认识自己的家乡——长宁，运用各种方式收集有关长宁的红色历史，阅读大量介绍长宁的图书资料和媒体信息，了解现代化长宁的城区建设发展目标；参观历史建筑、现代化的社区、多功能的商贸中心，采访长宁的建设者、居住者、工作者，从而树立为家乡未来发展做出贡献的志向。项目通过"问题驱动""小组合作""跨学科融合学习""产品展示"等形式，培养学生热爱科学、善于探究的意识与能力。

"体艺科"学科群：加强学科群的建设，为学生综合素养的发展、个性特长的显现助力。

总之，学校的办学理念、培养目标、学生素养、学校课程等，构成了学校发展的顶层设计，是全校师生共同的价值追求。同时，通过多样、适切的课程实施途径，将办学思想的顶层设计予以落地生根，并最终指向教师、学生的共同成长，从而显现出学校办学中的课程主导这一特点。

三、加强教师队伍建设，重视培养青年人才

学校办学质量的关键因素是教师。东展小学从开办之日起，所有教师均无公办编制，我们始终立足自主培养。通过一系列教师培训、发展、考核制度，培养了一批骨干教师。近几年，我们特别重视年轻教师的培养。

（一）修订《民办东展小学教师职级发展标准》，缩短年轻教师成长周期

《民办东展小学教师职级发展标准》，共13个职级，每个职级晋升需要3年时间。为了缩短年轻教师走向成熟的周期，我们将3年调整为2年，设置了破格条件，这样成长期从9年缩短至6年，如获破格条件，最快3—4年，就可以升入学校制定的高职级教师的行列。

（二）设立"工作室"，为青年教师学习提供基地

学校成立了"海艳班主任工作室""陆怡语文工作室"，以期通过一系列工作室活动为教师搭建专业成长平台，为年轻教师的持续发展创造互相交流的条件，提供学习研讨的基地。

（三）设置"民办东展小学'小荷优青'奖"，开辟青年教师成功通道

"小荷优青"奖获奖对象限定为35岁以下，在课堂教学、教育科研或学生培养方面有实绩的年轻教师。获得该奖金奖可享有校先进的同等待遇，并作为教师职级晋升等方面的破格条件。

（四）拓宽引进推出渠道，为青年教师成长搭建平台

近几年，学校特别重视为青年教师成长开拓渠道，通过请进来、走出去，让青年教师开阔视野，走向成功。

四、扎实推进依法治校，规范学校各项管理

东展始终坚持"依法治校，规范管理"的办学准则。新的领导班子根据新的形势和学校的发展，对原有制度进行了"立、改、废"，重新修订制度，形成了包括学校章程、教育课程管理、教师奖励机制等制度，汇编成册。

民办东展小学近20年的办学之路，有艰难与挑战，更有成功和温暖。2021年，学校又被评为第三轮民办特色创建学校以及英语学科基地。让我们深深感受到市教委对民办教育的重视，感受到区教育局对民办学校的支持，我们心怀感恩；也特别感谢一路帮助、指导我们的各位专家。民办教育是有潜力和希望的，民办教育者是有理想追求和教育情怀的，我们将不辜负希望，为了每一个孩子的健康成长，"漫漫征途，唯有奋斗"。

（姜雪雁　执笔）

53. 抓住质量牛鼻子　行稳致远

民办协和双语尚音学校

上海市民办协和双语尚音学校(简称"尚音")坐落在闵行区淀浦河畔，是一所九年一贯制学校，隶属于协和教育集团。目前在校学生1 700余人，中外教职员工211人。2004年成立至今，一直秉承"融合中西、和谐发展"的办学理念，多年来形成了"一体两翼"，即以"中西融合"为主体，"双语教育"与"艺术教育"为两翼的办学特色。

一、多元平衡的课程体系

课程是教育的载体，设置什么样的课程，意味着学生就会接受什么样的教育。为每个学生提供可选择的丰富课程，是促进学生个体发展的最佳选择。我校秉承"融合中西、和谐发展"的理念，在确保国家课程主体地位前提下，通过融合中西的模块化课程设计形成了"基础＋特色"的多元平衡课程体系。在多年的坚持和努力下，我们已建设出三类影响力较大、体系完整的特色课程。

（一）名家艺术课程

我校自2012年9月开始，引进四大名家特色课程，即史依弘的京剧、马晓晖的民乐、季萍萍的芭蕾、管齐骏的绘画，为尚音学子搭建了丰富多彩的艺术学习平台，整体提高了学生的艺术审美能力、鉴赏能力，培养了学生的艺术综合素养，拓宽了学生的艺术视野。用名家的引领启迪孩子发现美，用丰富的形式引导孩子表达美，用陪伴和交流激励孩子感受美。

（二）双语特色阅读课程

我校的语文和英语学科分别开设了分层阅读和分级阅读课程，旨在通过阅读落实学科素养，提升学生智慧，提高人文素质。语文分层阅读以名著为载体,开阔学生眼界,丰富学生知识,促进学生思考,升华学生精神。英语分级阅读以泛读为主要形式,以提高阅读量和阅读速度、加深理解程度以及文字的组织运用能力为目标。

(三) PBL课程

2016年开始落地的PBL,我校因地制宜,走出了有自己特色的项目化学习探索之路。我们按照PBL案例设计的问题链模式,对PBL课程的落地实施进行整体部署,并以之作为教学管理的行动指南。与此同时,我校着重培养了一支项目化学习的先锋团队,突破常规操作的框架,起到了良好的示范引领作用。我校形成了一系列被项目化学习专家和学科教研员认可的项目案例和样板示范课,PBL现已成为我校的一张新名片。

二、因材施教的教学体系

因材施教,让每个孩子找到自己的价值,是未来教育的真正目标。面对标准化教学和个性化学习这一难题,千人一面的"教"和千人千面的"学"这对矛盾,我校在以学生发展为核心的系统中实现了因材施教。

但是究竟怎样才能实现因材施教、个性化学习?我校首先建立了以学生为中心的教育理念和教学模式,对教学内容进行模块化的处理,恰当运用信息化教学平台,让每个学生定制的个性化学习成为现实。学校推崇差异化教学,更在差异化方面进行了探索与实践。

(一) 分层作业与辅导

教师利用初中闵智作业平台线上选编功能进行作业设计,根据系统所提示选题涉及知识点,教师可以切实做到知识考察点的全面覆盖,控制题目的难易度。学生完成作业后,通过平台学情分析,教师可以检验班级整体作业完成情况、知识点掌握情况统计以及四率分析,这些数据有助于教师准确把握整体情况、改进教学。用按题查看模式,教师可以分析每题所涉及知识点的掌握情况;用按人查看模式,把握个体优劣,从而实现因材施教。

(二) 小小班制度

为满足不同学习者的个性化需求,尤其是语言基础薄弱学生的需求,我校在每一个年级开设了英语强化班和中文强化班,每班学生人数不超过 12 名,由专业老师单独为他们授课。因为班模小、人数少,老师能关注到每一个学生,因材施教,甚至开展一对一辅导。在沉浸式的小班学习中,孩子们卸下包袱,积极主动参与课堂活动,比起在大班里,更愿意表达、更开朗自信。通过一年的强化辅导,学生在词汇、听力、阅读、语法写作等方面均有所进步,不少人能达到甚至超越年级平均水准。

三、全面立体的评级体系

评价是学校管理以及教学过程中的重要环节,科学有效的评价策略能有效促进教师专业发展以及学生的全面进步。无论是对于学生的评价还是课堂评估,学校都非常注重以评价促进发展。

(一)阅读教学评价

尚音以促进学生的全面发展为目的,坚持开展全科阅读教育,以"阅读悦读越读"为主题,利用丰富的阅读课程,通过多样的阅读评价,让学生在优美的阅读环境中养成良好的阅读习惯,增强阅读能力,丰富语言积累。对学生的阅读注重过程性评价,学生人手一本精心设计的校本阅读手册,记录并反馈他们的阅读情况。通过开设阅读课,安排校内固定阅读时间,鼓励每日家庭阅读,留下"阅读小脚印"。根据学生的阅读记录、反馈等发放积分。到了学期末,综合多个板块,进行终结性评价,评选班级的、年级的"阅读小博士""阅读小硕士""阅读小学士",并发放定制的精美阅读勋章。学生在寒暑假里,阅读也不会打烊。以"阅读"为主题的假期作业是我们带给学生的又一道大餐,每一个尚音孩子的家庭阅读,一年四季,从不缺席。

(二)行为评价——红绿卡制度

在教室里找一处角落,从上到下,依次将塑封好的纸,按照蓝、橙、绿、黄、红的顺序排列好,钉在墙上。排列的高度以孩子的身高为标准,以便于日后学生操作。将所有写好学生名字的小夹子,夹在绿纸(Ready to start)上。所有孩子每天都会以 Ready to start 为起点,开始一天的学习。老师则根据学生的表现,实时移动小夹子。课堂中表现特别突出,完成挑战项目等;课间休息被其他老师奖励了 Gotcha ticket;午饭时光盘等都可以 Name up。但是上课吃东西、聊天、用语不文明、打架、连着两天未按时完成作业等都会 Name down。放学前,每位同学根据自己的夹子所在的位置反思。通过红绿卡制度,随时移动小夹子,抓住契机,对学生的表现给予及时、准确的评价,能够培养孩子的正确行为认知。

四、中西融合的校园文化

学校是孩子与同伴一起学习,并在这个过程中学会自省、合作、互助,培养良好的社会行为和个人品质,实现共处、共融、共进的教育场所。

(一)校园整体环境及学生作品展示

每年 3 月的反欺凌日前夕,尚音全体师生总会用充满创意的集体艺术作品来表达美好和善意。2022 年,尚音人通力合作,绘制了一幅巨型青山绿水桃花水墨画,以此来抵制霸凌,传递善良。画卷上的每一朵桃花,都由尚音学生亲手制作而成;每一朵桃花上温暖的语言,都凝聚着尚音学生的真诚和善良。举办主题为"有 SHU 才有赢"的作业展。按主题把学生的作品分别做成了三本巨大的立体书,以书为载体,来呈现他们暑假的学习成果。这三本书不仅是学生个性化表达的舞台,更是他们与同伴思维碰撞的场域。

(二)学习资源中心

学习资源中心有着森林奇景般的阅读空间,为学生们提供超凡的阅读体验。这里拥有藏书 5 万多册,并定期引进优秀的中外图书。除了按照标准分类细排架以外,还划分了绘本、分级阅读、项目化学习和各年级主题阅读区,满足不同年级的阅读课需求。先进的自助借还、检索和图书导航系统,为读者提供了智能化的阅读体验。

五、取得成果与未来展望

在各级领导的亲切关怀和大力支持下,学校办学质量和社会声誉连年提升,学业质量绿色指标综合评价、中考成绩优异。近年来,多次作为民办学校的代表承担闵行区对外的展示及检查任务,接受国家级督导若干次。2021年在闵行区绿色指标评价中被评为优秀二等。目前,学校是上海市口琴教育基地、上海学生合唱联盟单位、上海市学生交响乐联盟单位,还是中国少儿戏曲小梅花上海基地、上海市和闵行区两级京剧特色联盟盟主校,闵行区管乐特色联盟盟主校,并连续三届被评为区艺术特色校。

2012年,尚音参加了市民办中小学第一轮特色创建,以艺育德、以艺益智、以艺健体,将艺术教育作为突破口,整体提升学校办学质量。2015年,尚音参加了上海市第二轮特色创建,着力推进阅读教育,打造书香校园。2018年,尚音着手第三轮特色创建,依托学习基础素养研究,孕育融合的学校文化。2019年,学校被评为中国社会组织4A级单位、全国五育融合实践联盟校、上海市依法治校示范校,连续6年被评为上海市安全文明校。学校还参加了上海市教育综合改革和基础教育课程改革重点项目"学习基础素养研究"课题组,并成为全市15所核心校之一。

尚音领导班子清醒认识到,要真正办好一所学校,需要脚踏实地,对学校的方方面面进行精细化管理,积跬步以至千里,才能真正达成全面的质量管理。吴萍校长曾和大家分享过一个教育梦想——把尚音打造成一个"学习中心"。在这里,汇聚了孩子们成长需要的各种资源,这也是每一个尚音人共同的梦想。如何实现这个尚音人这个心中的教育梦?沉下心来思考,不管斗转星移,回归教育的初心,梳理融合教育发展的底层逻辑和顶层设计,抓住质量的牛鼻子,做好自己,坚实地完成一个又一个小目标,不断积蓄前行的力量,才能行稳致远。

风好正是扬帆时,奋楫逐浪天地宽。

(蒋　雯　执笔)

54. 寻根　融情　筑梦

闵行区民办华星小学

上海闵行区民办华星小学是一所以招收随迁子女为主的民办小学，也是全市民办随迁子女教育的先行者。2004年9月开办至今，已经走过了18个年头。18年来，一批批华星人孜孜以求、不断探索、开拓进取，把这所名不见经传的学校从最初的基础薄弱、生源稀少，逐渐发展成为一所特色鲜明、办学规范、成绩斐然、深受家长好评的学校。我们坚持"博爱勤朴、和美发展"的办学理念，始终弘扬"弘德博爱、乐学笃行"的校训，以全校师生为主体，注重校园文化的构建，紧扣学校特点，开展特色校本课程研究，将立德树人的要求落到实处，不断提升学校的教育品质。

十几年来，华星小学为了提升学校办学品质，体现办学特色，结合全校师生实际情况，植根浓厚乡情，融合传统文化，用辛勤的汗水，换来一串串喜人的数字，一沓沓鲜红的证书，一座座闪亮的奖杯，为华星学子们搭建了健康成长的舞台，让每个华星人的真我风采尽情飞扬。在这里，学校开设的中华优秀传统特色文化、地方特色文化乡土课程，让孩子们在多彩的德育活动中塑造健全的人格，接受文化的熏陶。莘莘学子风华正茂，同学少年青春飞扬，在华星小学这片乐土上快乐成长。

一、文化寻根　初建课程

作为一所民办随迁子女学校，学生来源地复杂，这是不少教师常常感到头痛的短板。但是在独具慧眼的茹祖望校长看来，生源的丰富性恰恰是学校的一份宝贵财富。如何发挥这份宝贵的财富？百川归海、饮水思源，孩子们来自五湖四海，但是他们有着共同的根——中华传统文化。老校长经过慎重的思考，多方学习认证，决定从中华传统节日入手，构建一个传统文化的课程引导孩子们寻根溯源，帮助这些孩子在华星营造共同的精神家园。

如何有效地开展传统节日教育？学校发动全体老师集思广益，群策群力，运用智慧，寻找方法。经过大家共同努力，决定正式开发传统节日的校本教材和活动课程。怎么开发？为此，学校成立了课题小组，开发了第一稿《我们的节日》。实施一年下来，学校对学生进行问卷调查，发现学生几乎对传统文化一问三不知。原因就在于课程中的资料大多是从网上下载的，不同的传统节日在不同地区的影响力是不一样的。教材远离学生生活实际，未能挖掘出节日里蕴藏着的宝贵教育资源，因此学生们自然是兴趣缺失。

为此，老校长又带领学校的课题组成员进行了多次商讨，一方面，组织老师去图书馆查阅资料，甄选学生喜闻乐见的内容进行编辑下载；另一方面，对学生展开调查，了解不同地区的风俗习惯，结合学生生活实际进行调整。以传统节日为载体，以孩子们可接受的水平、方式与内容为重点，对传统节日的内容进行选择与梳理，形成了更加完善的特色校本课程，突出节日内容的综合性、趣味性、活动性。

修改后的校本课程增设了许多学生参与实践的内容。"我是小小收集员"是传统节日来临之际引导孩子们完成一项课外实践作业：收集你的家乡传统节日的习俗，地方上的童谣、谚语、歇后语等，记录下来，在班队会上交流。交流时，学生通过介绍，拉近了彼此的距离。他们将民俗的风情带进了学校课堂，拓宽了学习视野，了解了节日文化与传统美德，增强了对家乡、对祖国的热爱。

学校还将《我们的节日》的知识性内容板块与学科教学相融合：在语文、品德与社会、音乐、美术、劳技、探究等课程中都渗透了传统节日的有关内容。如元宵节，语文课上，介绍元宵节的由来以及做元宵、吃元宵的经历；班队活动课上动手"做元宵"；音乐课上唱《卖汤圆》，劳技课上做汤圆，让学生更好地了解传统节日、认同传统节日、喜爱传统节日，弘扬中华传统美德。

此外，亲子体验作业等形式，让孩子参与节日采购、制作节日美食、制作节日作品、进社区等，拓宽了他们的体验途径，凸显了主体地位，激发了他们对传统节日的兴趣。

经过一年多的努力,课题组的成员对学生的每次活动反馈信息,进行分类汇总,与学科整合,开发并实施《我们的节日》的低、中高年级版校本课程。低年级的课程以图文并茂为主,中高年级以知识性、实践性为主,图中的照片很多来自学生作品,同时将"爱国""责任""孝心""传承"尽皆融入。

课题"《我们的节日》校本课程的开发及实施的实践研究"经专家评审,被评为2015年度上海学校德育"德尚"系列研究课题优秀成果二等奖,相关传统节日活动在区级、镇级展示获得了一致好评。

二、活动立人　完善课程

校本课程《我们的节日》的实施,让华星的孩子借助传统节日文化这一载体寻根溯源,获得传承美德、陶冶情操、铸造精神、提升幸福感的体验,也让孩子学会探究、收集处理信息、绘画、表演。但是,老师们发现华星的孩子走出去时,身上总是缺少一点自信,他们大多胆怯、自卑、害羞,不敢表达,不敢大胆地展示自己。这些,应该和他们始终把自己当作这个城市的外来者、边缘化意识根深蒂固、缺乏精神认同感有关。该怎样让这些孩子自信、阳光起来呢?这成了校本课程研究的新课题。

为了塑造健全的人格,必须给更多孩子提供展示的机会。2011年,学校利用午会课开展了"大家说"活动。说什么呢?孩子可以说说节日的故事、习俗、收获,也可以说自己的成长故事、探究发现、心灵困惑,等等。每次活动的时候,是学生或教师提出主题,学生全员参与讨论。从起初的几个人发言,到后来的个个争先恐后登台展示、畅所欲言,孩子们在民主、自由的氛围中逐渐打开心扉、乐于表达。

渐渐地,"大家说"活动发展成班级里的微论坛或"小小百姓讲坛",话题的内容也更加广泛。课题组将其中最受孩子们欢迎的话题进行分类整理,补充进校本课程,使之常态化、规范化、课程化,为学生自主、自信、自强、自律的健全人格的形成助力。

随迁子女大多数缺乏精神归属感,比较自卑。为了让孩子们能够积极、快乐地融入闵行这个第二故乡,老校长又一次把目光聚焦于上海本土传统文化上。他继续组织老师潜心研究建设莲湘、剪纸独具特色的传统文化课程，以此激发孩子们对第二故乡的热爱。2008年5月，学校在无教材、无器材、无专业老师的情况下，迎难而上，组建了莲湘队，对莲湘的动作、服饰、音乐节奏等进行了加工，边排边编，又将东北秧歌、大头娃娃等其他民俗艺术融入其中。学校编写了《华星莲湘》的校本课程，推广"华星莲湘"徒手操。一时间莲湘文化蔚然成风。《华星莲湘》现已成为学校拓展型的课程及区青少年活动中心认可的品牌项目。

颛桥剪纸也是上海的传统文化项目，历史传承底蕴深厚。我校于2013年3月开设了剪纸社团，先后创作了窗花、十二生肖、庆六一、迎端午、26个英文字母、四大名著、我们的节日、社会主义核心价值观等主题剪纸活动，孩子们剪出了生活的美好、剪出了童年的精彩、剪出了手工艺技能的继承，也剪出了对第二故乡的热爱。

2018年，在吴渊校长的领导下，我校又在本土传统文化课程中增加了快板这一传统曲艺。学校专门邀请专家于献文老师对师生进行儿童快板培训和指导。学校音乐教师承担快板社团不同梯队的指导工作以及校本课程的开发，经过两年的探索，创作了多首朗朗上口的快板词，并与安全教育、生命教育、传统文化教育等相结合，在学生中广泛传唱，寓教于乐，在传统文化学习中建立起良好的人生观和价值观。现在，快板已经成为我校校本课程的又一特色品牌。

这几年，我校的快板、莲湘社团还走出校园，走进社区、走进家庭，积极参加各种演出。现在，每年的重阳节、中秋节，孩子们都会进社区、敬老院，用精彩活泼的表演，炒热活动的气氛，为老人带去一份暖意和欢笑。2019年11月，快板组的孩子参加镇文明办开展的"闵行文明十六条"活动展演，排练的节目——《文明礼仪代代传》参加区级精神文明建设委员会指导的"青尽全力　决战创全"主题活动展演。

一次次平台的搭建，一个个崭新的课题内容的开发，将传统文化这一校本课程推向纵深、日渐丰满，将华星的孩子们的精神家园营造得更加丰富多彩，华星的孩子们也变得更加阳光自信、多才多艺。

三、科技筑梦　推进课程

信息化的时代让教育的发展迎来了新的机遇和挑战，对校园文化建设也提出了更高的要求。2017年9月，吴校长来到了华星小学。他一来就积极推动校园数字化的建设。在不懈的努力下，学校陆续添置了大批信息化设备，台式电脑、笔记本、希沃白板交互大平板、数字广播设备、LED电子屏、教室智能灯光改造，这些设备有力提升了办学条件。

为了培养和提升老师的信息技术素养，我校对老师开展了系列校本培训，如钉钉管理应用、希沃白板使用、微课制作、音视频拍摄剪辑、学校公众号发布等。

同时，重点提升华星的传统文化课程建设，让课程与信息技术接轨，利用网络平台进行推广，再上新台阶。尝试把《我们的节日》《剪纸》《华星莲湘》《快板》这些校本课程内容融入信息化教育，如《我们的节日》校本课程增加了用微视频的形式对孩子进行二十四节气教学，过春节时，指导孩子用一些软件来制作新年贺卡，给亲朋好友送上一份祝福，制作Word新年电子小报。积极开发剪纸微课，教给孩子关键性剪纸知识和技巧，孩子在家就可反复观看和进行个性化学习，从而使剪纸教学更为生动活泼，学校形成了剪纸教学资源库，实现了优质资源可持续利用。我们还通过学校公众号、网站推送学生的优秀作品，让更多的人欣赏、学习。传统文化课程的教学中有了信息化技术的支撑，如虎添翼。老师们的常态课堂更具活力和动感，课堂教学更加妙趣横生。新冠疫情期间，我校美术、音乐老师制作的微课，6次荣登"学习强国"，真正实现了优质教育资源的共享与推广。

18年上下求索、耕耘积累，18载自我加压、负重前行，山不厌高、海不厌深。一代代华星人用永不满足、求实奋进、精益求精的态度打造出了具有自己特色的校本文化课程，走出了一条踏实、坚定、可圈可点的立德树人的教育之路，培养出来一批又一批意气风发、才华出众的华星少年，谱写了一曲昂扬奋进、自信自强的教育圆舞曲。

（陈爱春　执笔）

55. 西外故事

西外外国语学校

1992年对于中国的改革开放来说,意义非同寻常。邓小平南方谈话和党的十四大精神,史无前例地将中国市场经济推向高速发展时代,为上海民办中小学的发展提供了兴起的土壤。民办教育的发展如同一幅波澜壮阔的时代画卷,在历史的铺陈中,民办教育走过了从无到有,再到繁荣的发展历程。这是一段改革开放快速推进的时代,也是民办教育兴盛的时代。

一、溯:扎根松江的民办学校

2003年,本科毕业于复旦大学,后获得英国利兹大学(University of Leeds)博士学位的林敏怀着对故土的热爱,毅然辞去了国外大学的教授博导、系主任、校长特别助理等职务,回国办学,是一位在中西融合背景下成长的、具有现代教育理念的新生代校长。林敏博士中国本土+海外的生活背景,形成了西外中西融合的办学特色,也奠定了西外学校培养具有家国情怀、文化认同、国际视野学生的总基调。

"我是做教育的,我生在上海长在上海,上海培养了我,我在国内完成了大学的学习,又在西方完成了硕博,在国外大学任教多年,我清楚中西方教育的平衡点所在。"党的十四大报告中提出:"要鼓励多渠道、多形式社会集资办学和民间办学,改变国家包办教育的做法。"1993年,中共中央颁布《中国教育改革发展纲要》,强调要"改变政府包揽办学的格局,逐步建立以政府办学为主体,社会各界共同办学的体制"。这一系列的政策实施,坚定了林敏博士振兴家乡教育的决心。

2003年,松江大学城正在建设初期,林敏博士站在西外现在的校址处,望着当时一望无际的稻田,微风拂过,已成熟的稻子摇曳着,伴着庄稼的气息,这是一种生命与活力的气息。林敏博士构想着那宽阔的校园,那奔跑欢笑的学子,那宏伟的教学大楼,那成荫的大树……他要在这里建立一所学校,一所自己心中的理想学校。从筹备到动工,整整两年时间,在松江新城这块土地上诞生了一所与众不同的民办学校——上海市西外外国语学校(简称"西外"),林敏博士任总校长。在媒体的采访中,林校长颇有感触地说:"这是机遇,也是挑战,我们需要尽自己全力,办好学校。"

二、跃:整体建设、创新开拓

西外办学之初,著名教育家于漪老师来到西外,与教师、学生做了深刻的交流。在会上,于漪老师说:"站上讲台,就是,我的生命在歌唱!"她用一个个鲜活的例子鼓励西外的老师们"课要教到学生的心里",让老师们大受鼓舞,也为西外的整体建设、校风学风,奠定了基础。

西外在夯实基础教育的同时,敢于先行先试,将"行走"列为校本课程,在行走中践行教育。从2005年建校,西外的行走课一直坚持了下来,足迹遍布国内的泰山、曲阜、井冈山、敦煌、酒泉卫星发射中心、内蒙古大草原、安阳红旗渠、延安、西安、贵州等地和美国、加拿大、英国、意大利、韩国等多个国家。从路线、课程内容的设置,逐渐形成了多元化、多样性、开放性、知行合一的教学方式和教学手段,师生同行的方式也增进了师生关系,真正做到了亲其师,信其道,培养立足本土,行走世界的人类命运共同体的合格人才。

在西外办学10年之际,成熟的课程、独立的校园文化,得到了社会越来越高的认可。时任上海市副市长翁铁慧(现任教育部副部长)、上海市教育学会会长尹后庆及松江区各级领导等社会各界领导莅临西外调研指导时,从西外幼儿园中外教集体备课的图书角,西外玖號诗社"诗与史"的人文综合课,西外自办学坚持12年的行走课程、HappyGo市级研究型课题的英语工作坊、与校园空间有机结合的西外书舍、Steam编程课及"西外小银行"等以学生为本的课程及作业作品展示,充分展示了民办学校与众不同的教学模式和教育方式。调研的领导们肯定了西外10年的成就,对学校的未来有了更大的期待。

三、兴:特色课程建设

如今,已18岁的西外得到了剑桥大学考试委员会及美国大学理事会的双重认证,也是上海市教委批准的 21 所国际课程试点学校之一。多次被评为全国优秀民办中小学、全国特色教育先进学校和示范学校、上海市 5A 级社会组织、上海市生态文化学校。

随着学校课程的建立与发展,西外的特色课程得到了凸显。2012 年起,"经典阅读""戏剧进课堂"启动,学校将阅读与戏剧相结合,让阅读带来戏剧,以戏剧推进阅读,学生在展示的过程中,不仅体会到了阅读带来的积淀与力量,更从戏剧中提升学习积极性,激发自身认知水平。

2012 年,西外小学部五年级的同学们共同阅读名著《钦差大臣》,将这部作品改编成同名话剧,登上视觉艺术学院黑匣子剧场演出。令人惊喜的是,学生们的阅读习惯和水平发生了很大的变化,从关注情节发展为对思想和语言文字的留意;从只区分好人、坏人发展成了对人物思想的深层次的剖析;从只看当前内容发展成了对于人物未来发展的探索……

2013 年,西外小学部组织同学们阅读巴金的《家》并编排成同名话剧,再一次空前的反响让西外的老师们笃定戏剧教学的巨大作用和其全方位的育人功能。不一定每个孩子爱阅读,但是每个孩子都渴望有一个舞台去展现自己,如果将两者结合一定会彼此推动。于是在 2014 年,西外小学部全面开展戏剧教育,发起读书戏剧展演。每个年级组都根据自己学生的年龄特征,推出短剧,正式将戏剧教育与阅读结合在了一起。

2015 年,西外小学部成立了玖號话剧社,该剧社从成立至今共演出 9 部作品。玖號话剧社在 2018 年《七十二家房客》中,挑战滑稽戏,首次加入方言表演,掀起沪语学习热潮。2019 年,正值中华人民共和国成立 70 周年,玖號话剧社建社 5 周年,作为献礼及社庆大戏,玖號推出第五季话剧《霓虹灯下的哨兵》。同年,《霓虹灯下的哨兵》被中宣部定为学习资料转载至"学习强国"平台供全国各省市党员观摩学习。

2020 年底,上海市文联携手西外建立戏剧教育松江基地;2021 年 5 月,西外学校成立西外戏剧中心,大力发展戏剧教育,受到上海市教委、上海戏剧学院、松江区教委等专业人士的一致好评。

学校在"戏剧育人"的理念指引下,设置更为多样的戏剧元素的渗透,不仅提升学生,也优化了教师的成长路径。语文阅读中运用"戏核"概念引领整体理解与重点把握；英语"戏剧对话"使各项训练得以落实；道法课堂的模拟让书本与实践之间建起了桥梁；历史课上的故事展现给了过往以更清晰的重现，也给了学生更广阔的思考……

知名学者余秋雨曾说："一个孩子如果没有机会从小学习表演，将来很难成为有魅力的社会角色，让儿童学习表演，不是要培养文艺爱好者，而是要赋予孩子们一种社会技能。"

戏剧课只是西外课程建设的一个缩影。西外将扎扎实实的办学质量作为办学的基础，将课程建设视为学校发展的根本，除戏剧外，还有演讲与辩论、行走、创造性思维、学生全人格发展等，形成完整的西外大课程体系，为西外的可持续发展奠定了坚实的基础。

四、冀：未来发展

西外校园的一面墙上有这样两句话："独立之精神，自由之思想"；每一个西外人的每一分努力都在向着这样的目标前行，西外的未来就融入这样的教育中。在西外校园文化孕育下的学子，无论身处怎样的环境，他们都有着来自内心笃定的力量。

办学18年来，西外中外师生的努力换来了丰厚的回报。清华、北大、复旦、交大、美国斯坦福、康奈尔、伯克利、英国帝国理工等中外名校都留下了西外学子求学的身影，圆了众多莘莘学子的大学梦。

回首西外民办学校的办学之路，从不背离教育行业本身的发展规律。在上海30年的民办教育发展中，人们对教育的需求由"能上学"转变为"上好学"，高品质、高质量的教育仍是刚需，民办学校作为教育事业的一部分，面对新形势，西外将继续以特色化办学为己任，以加强师资队伍建设，培养学生的核心素养，建立健全学校治理结构和模式等作为着力的方向，继续办好百姓能够认可的，有温暖有成长的学校。展望未来，西外通过健康、道德、公平与包容、全球化、可持续性等基础的建立，秉承教育者的初心继续提供优质的教育。能看到多坚实的过去，就能看到多远的未来！

（西外宣传部　执笔）

56. 孩子的希望从这里起步

闵行区民办塘湾小学

悠悠17载,漫漫征程路。在上海市民办中小学改革发展的大潮中,民办塘湾小学应时代的召唤,"破土"而出,顺潮而行,满载使命,孕育希望,汲取着教改的"营养",逐步由稚嫩发展成为随迁子女教育的一张靓丽的名片。学校自办学以来,先后以"与名人为友、与好书相伴""事事落实,天天坚持,育生命自觉"为校训,以"让书籍美化孩子的心灵、用知识改变学生的未来"为办学宗旨,推崇并遵循"孩子的希望从这里起步"的办学理念。

这是一所寄托希望的学校,她厚积而深沉,推动孩子们"胸怀理想、读书养性、自主乐学、习有所长";这是一所崇师尚德的学校,她慎独而致远,推动教师"修身立德、启智求真、严谨治学、善施教化";这是一所师生相长的学校,她笃学而明志,推动家长朋友们"家校携手、共担责任、教化同步、共育学子"。办学17年来,被授予全国基层示范家长学校、闵行区文明校园、闵行区教育系统先进基层党组织、闵行区先进教工之家、闵行区教育系统优秀团支部等荣誉称号,各级各类比赛硕果累累。

一、筑巢浦江湾,点燃希望的火种

17年前的浦江第一湾,村落座座,农田成片,年久失修、裂痕遍布的虹梅南路,也孕育着重生的希望和机遇。常言道:万事开头难。一所学校的落成更是举步维艰。在吴泾资产管理有限公司的鼎力支持下,在各级领导部门的关注与期待中,民办塘湾小学不畏环境的粗陋,不惧"破土"的艰难,在尘土飞扬的北吴路边筑下第一个巢,为来沪务工的农民工子弟创造了留沪读书的条件,为来自五湖四海的莘莘学子点燃希望的火种。

古朴苍白的教学楼写满奋力而起的不易,煤渣铺就的简易运动场,升腾起生生不息的坚定和执着,简陋的办学条件彰显出"斯是陋室惟吾德馨"的希望。带着这份希望与憧憬,从公办学校校长岗位退休下来的顾梦英,成了塘湾小学第一任校长,开始亲临各院校招聘教师,带着老师骑着自行车穿梭在附近的各个村落,寻门问户式地招收学生,一套一套地搬回公办学校更新淘汰下来的课桌椅,终于在2005年2月诞生了有222名学生和18名教职工的塘湾小学。

"不挑生源,艰苦发奋"的初创时期,在低收费、低消耗的艰苦条件下,学校不讲回报,在不断优化学校组织架构、教育教学环境的同时,以学生的学业质量为生命线,重抓课堂教学。开展"国良杯"教学能手评比活动,实施教师素质提升项目,与景东小学进行师徒结对,持续为教师搭建夯实内功的平台,更好地服务于教育教学。设立船模、建筑模型项目,开拓学生眼界,培养动手、动脑、动眼能力。2008年,塘湾小学被评为闵行区民工子弟学校科普教育先进集体;2009年,在市、区比赛中摘金夺银。塘湾小学作为上海市首批60所随迁子女学校之一被正式纳入民办学校管理体制,停止收取学杂费,接受政府办学成本补贴。

在"柳暗花明又一村"的前后,学校始终重视各项常规管理,先后通过办学年检、区教育评估所"六项常规"督导评估并获得较高的评价。在获得闵行区家长示范学校的基础上,于2011年在上海市民办随迁子女小学办学绩效评估中获首届优良学校称号;2012年,获评闵行区教育系统优秀教工之家、全国基层示范家长学校;2013年,获评闵行区文明单位。在全体教职工的齐心协力下,学校在蹒跚中起步,粗陋的窝巢逐渐完善,学生的希望种子在这里生根发芽。

二、培育学子魂,踏实希望的步履

"不讲条件,砥砺前行"的探索时期,学校已然步入政府的宽大羽翼下,在各级领导部门的温暖关怀中发展,在社会及家长的殷殷期待中奋力,在莘莘学子的快乐成长中收获。学校始终秉承"校是师之家,生是校之本"的人性化管理理念,以更好地培育学子为目标,不断优化学校管理,依法治校。进一步完善人事聘用管理制度,真正做到有法可依、有章可循。尽管办学经费仍然捉襟见肘,但依然义无反顾为教职工缴纳基本的社会保险、住房公积金,切实保障教职工的合法权益,让老师的未来更有奔头。多年来,学校一直坚持以"每一个都成长、每一天都进步"为育人目标,让学生以"在家里做一个好儿女,在学校做一个好学生,在社会做一个好公民"为理念,推行小公民法制教育。申报"小公民法制教育"课题,2012年11月召开"小公民法制教育"区级课题开题论证会,"民办随迁子女小学小公民法制教育的实践研究"成功申报为市级课题,研究成果《上海民办随迁子女小学生法制意识调查及应对策略思考》获得区级德育论文评审一等奖。2014年4月,学校被命名为"小公民教育"项目实验基地学校。

在"闵行区文明校园"等荣誉的引领下,学校党支部不断加强自身建设,用理论学习强化党性,用志愿服务突出引领,用工作实践彰显模范。2012年6月,区民办教育党委"加强党组织生活有效性建设工作交流会"在我校召开,我校党支部被评为"闵行区教育系统创先争优先进基层党组织",2014年1月,获区教育系统党务信息"先进集体"荣誉称号;同年6月,再度荣获"闵行区教育系统先进基层党组织"。时至今日,我校党支部不减先进本色,连续多年获得"闵教先锋党支部"等荣誉称号。

有指引便有方向,有方向便有追求。学校注重内涵发展,以此推动师、生、校共同成长。在已有的读书文化、创意布艺画、建筑模型、智能机器人、童声合唱等素质发展项目的基础上,2013年3月,健美操项目正式启动。项目成立9年来,从初探到成熟,从几个人到几支队伍,不断发展壮大,项目教练更新迭代,但健美操特色项目燃起的希望火种已在我校根深蒂固,连年斩获区、市各级比赛一等奖。学校获评"闵行区阳光体育运动推广校"。铿锵的节奏、舞动的步伐,燃起的是更高更远的希望,夯实的是走向美好未来的步履。

三、展翅向未来,放飞希望的梦想

"不求束缚,特色内涵"的发展时期,学校紧跟滚滚向前的世纪年轮,以最新的规章要求作准绳,将已经取得的成绩作基础,用不懈的努力凝聚各方力量,不止步、不满足、迎难而上,向着更广阔的天空展翅翱翔。

在优质均衡发展的推动下,学校乘风破浪,借着政府投入的东风扩大规模,增设剑川校区,一校两区模式在2021年正式开始运行。随着学校的不断发展壮大,各项工作均已步入更高的轨道。尽管办学经费依旧紧张,学校严格执行规定,按照标准和要求为教职工缴纳社保、公积金,保障教职工的切身利益。鉴于师资流动较大的实际情况,学校每年都为新聘教师匹配带教师父,建立"青蓝工程"师徒结对制度,同时开设校级班主任工作室,选拔工作突出的教师作为负责人,引领新教师、新年轻班主任快速融入、共同成长。2020年启动"最美教师"评选,通过活动评选出在教书育人中表现突出,且深受学生、家长、同事爱戴的"最美教师",展现我校优秀教师的师德风采,弘扬立德树人的先进典范,促进全体教师践行并发扬"德行美、智慧美、形象美"。

"以体树人"是学校在五育并举大背景下,全面落实"双减"提出的又一发展理念。面向全体学生,学校持续发力,进一步发展健美操特色项目,全校普及健美操,让健美操的律动贯穿每一次大课间体育活动,将拉得出打得响的健美操打造成如今的品牌项目。2020年10月设立网球特色项目,组建"雏鹰网球队""雄鹰网球队",引进优质网球教练员,通过两年的刻苦训练,网球特色项目逐步走向成熟,小小雏鹰们已经在区比赛中屡次获奖。相继成立的还有足球特色项目,足球小将不畏艰苦,奋力拼搏,运动场上奔跑的身影再次将内涵发展添上点睛的一笔。

建党100周年之际,学校结合四史教育,融合红色初心,践行树人宗旨,将党史学习教育列入课程,把对学生的红色教育融进课堂,编印了校本德育教材《小红书》。落实学校提出的"与好书为伴"的目标,饱含着浓厚的"红色情结"校本课程,对学生进行的是红色文化的启蒙教育,点燃学生心中"爱党爱国爱社会主义"的小火种,让学生带着红色基因,舒展双翅,向着未来搏击长空。

回首走过的漫漫征程路,学校因创造希望而诞生,因壮大希望而奋进,因放飞希望而追求,一路带着希望探索、前行,竭尽全力让每一个孩子的希望从这里起步。

(丁华祥 执笔)

57. 优势传承　民办蓄力

民办新复兴初级中学

一、学校概况：历久弥新的复兴校园

上海市民办新复兴初级中学，坐落于四川北路、甜爱路口。这所有着百年历史的老校舍，初建于1913年。1941年校舍被日军侵占。抗战胜利后，1946年在此建立复兴中学，校名取"旦复旦兮，振兴中华"之意。1998年，复兴中学高中部移址江湾后，在四川北路原址上初中部更名为"上海市复兴初级中学"。2006年，根据市教委相关规定及虹口区教育局关于公立转制学校改革方案的要求，审核设立上海市民办新复兴初级中学，由上海复兴教育信息咨询有限公司举办。根据《民办教育促进法》，学校实施了董事会领导下的校长负责制、教师聘任制、教代会参与民主管理等现代管理模式。2015年，学校举办者改为上海市申强房地产经营开发公司。

百年校舍，历久弥新，焕发出勃勃生机。学校现有32个教学班，共有学生1 238人。全校教职工总数91人，行政人员10人，其中青年教师占45％、中共党员33人。目前，校园占地10 198平方米，建筑面积9 818平方米，室外场地4 492平方米，其中室内排球场1 517平方米。学校图书馆（一级图书馆）共计317平方米，有藏书3.5万余册，订阅报纸杂志270余种，图书馆全部应用电脑管理。学校每个教室配有希沃交互式电子白板，建有设备齐全的大礼堂、宽敞明亮的舞蹈房（200平方米）、乒乓室（200平方米）、标准化的物理、化学、生物实验室，以及音乐美术专用教室、电脑房、现代化语音教室、多媒体教室、市级创新实验室等。在全校师生的共同努力下，学校获得不少荣誉称号，并在学科教学、科技实践、艺体人文等领域也取得了可喜成绩。

二、改革传承：不断突破的制度创新

（一）创新教师培养模式

2002年，在上级部门的支持下，学校首创了人事代理制度，先后引进了非上海户籍的优秀青年教师，以及非本区的杰出青年教师。2006年，秉承公开、公平、公正的招录原则面向社会招聘人才，并对人才资源进行合理配置。学校进一步建立和完善促进教师成长机制，建立系统全面的薪酬福利体系，建立有效的竞争机制和评价机制。学校传承了师徒结对形式为主、德育和教学并重的青年教师培养模式，全方位地保证青年教师迅速成长。近年来，我校随着越来越多高学历青年教师的加盟，拥有全日制研究生及以上学历的教师多达13人，其中不乏复旦大学、香港大学的名校毕业生，教师队伍日趋年轻化、知识化、专业化，更加充满激情和活力。

早在学校转制之初，校领导就未雨绸缪，结合市区青年教师专业进修，加大对教师培训力度，许多青年教师历练出了扎实的基本功，他们在区、市教学评比、青年教师爱岗敬业、青年教师实验技能评比、全国创新大赛等各级各类比赛中屡获佳绩。仅2021年至今在区、市教学评比中，先后有10多位老师获一等奖，学科几乎涉及所有基础型课程。在区、市七级人才梯队中，先后荣获工作室主持、区学科带头人、骨干教师、教学能手、教学新秀近30人，在本区初级中学中遥遥领先。在2020年突如其来的新冠疫情期间，我校近10位老师参与全市的空中课堂录制工作，无论是人数比例还是学科覆盖都名列前茅。

（二）创新优质课程

学校转制并更名为民办新复兴初级中学（简称"民办新复兴"）后，在课程设置上深化改革、稳固必修课教育教学质量的同时，重视新课程资源开发，积极完善学校教学课程体系，以基础性课程为主，拓展性课程、研究性课程与特长性课程相融合；学科课程与综合性课程、必修课与选修活动课相协调的校本特色，让学生能够在丰富的课程体系中不断开阔视野，提升自身的综合素质。学校秉持"追求卓越，立人为本"的办学理念，课程从设计的底层逻辑到实施的上层构建实现三类课程融合，做到育人价值为先，终极评价与过程评估并重。教师们立足本位，善于从教学细节中汇总教学实验和经验总结，深入课题研究，并将科研成果转化为教学资源。

民办新复兴初级中学是上海市体育传统项目学校。2013年学校在校内开设了排球特色课程,将体育特色项目渗透学校平时的体育课堂教学中,让学生了解排球运动的运动规律,掌握体育运动技能。2016年起,学校排球队连续多年在上海市校园排球联盟联赛、上海市十项系列赛、虹口区阳光体育大联赛排球项目中获得佳绩。2020年,学校被评为"全国青少年校园排球体育传统特色学校"。2014年3月、2015年10月学校建成了两个创新实验室。为进一步开发满足学生成长需要,开设了"初中数字化创新实验"的特色课程,已作为上海市第二轮民办中小学特色项目并以"基于数字化科学创新实验室的基础型课程课例开发的研究"为课题申报了区级项目。2016年,在虹口区初中教育会议上该课题的交流产生了良好的反响和评价。

(三)德育教育融合创新

2011年,学校承担了区级重点德育课题"以'复兴人'为标杆的德育目标分层分类教育探索",结合德育工作实际,制定了学校分层德育目标:六年级"自理"、七年级"自律"、八年级"自立"、九年级"自强",为学校一贯坚持的"分层分类"的教育理念注入了新鲜活力。学校在以"复兴人"为标杆的德育分层教育中,注重传承"求真"精神,坚持组织教育、自主教育、实践教育相统一,打造学校育人的主阵地。

丰富多彩的活动、独特的校园文化是校园生命力所在,是学生主动发展意识、主动发展能力和综合素质、才情得到锻炼和培养的主要"土壤"。学校坚持开展节日和纪念日活动以丰富校园文化。校园文化节、民族精神主题教育月、体育节、艺术节、科技节是复兴校园最热闹、学生们最快乐的时候。同时,学校与社区紧密联系,开展寒暑期社区服务活动。

三、复兴精神:传承丰富的复兴内涵

复兴中学为上海市首批重点中学。历任校长强调学生的德、智、体全面发展,学校培养了一批优秀毕业生,包括"两院"院士倪光南、陈瀚馥、郑时龄等,北大、清华等大学教授、"两弹一星"元勋、重大工程建设工程师等,以天下兴亡为己任,以满腔热血投身社会主义事业的建设,"旦复旦兮、振兴中华",这是已融于复兴学子血液中的复兴精神。1978年,复兴中学重新被确定为市级重点中学。1986年,校庆40周年之际,学校发动全校师生及校友,共同讨论复兴的优良传统,向大家征集校训、校徽、校歌,最后确定校训为"求真"。求真,就是坚持真理,就是尊重客观规律,就是崇尚实事求是。复兴人应该具有求真精神,勇于追求真理;在学习上要努力究其真谛,求得真知;在集体生活中,要待人真诚,成为一个感情纯真、有真才实学的人。复兴学生"品行高尚,学习勤奋,兴趣广泛,思维活跃,学业精良,善于处事"的人格特征已为广大复兴学生所接受,直至被新复兴沿用至今。

2006年,民办新复兴初级中学在办学实践中,提出了"以人为本、追求卓越"的办学理念,明确了"为学生终身发展奠基"的办学宗旨,提出了课堂教学"减负高效"、学生发展"自主规范"、校园文化"情趣温馨"、家校联动"和谐并举"等一系列教改理念,在社会上树立起全新的"复兴"形象。2010年,在学校的三年规划(2010—2013年)中提出了全新的"六个一流"建设目标:一流的教育理念、一流的管理水平、一流的校园环境、一流的教学装备、一流的师资队伍、一流的教学质量,新复兴获得了全新的发展新空间。2013年6月,区政府教育督导室对学校三年规划实施情况进行了督导评估,对学校所取得的办学成绩给予了充分肯定,并授予"绿色生态学校"称号。

2013—2016年,学校在创设绿色课程和绿色生态校的基础上,秉承"以学生自主学习,主动学习为先,强调以人为本,为学生终身学习奠基"的教学理念,不以时间求质量,不以学业成绩为唯一,不以透支学生身心健康为代价,学校根据学生实际情况不断调整、整合课程,将科学及科学思想融入课程中。其间,学校建设了两间数字化创新实验室,培养学生动手能力和大数据时代下的科学思维能力。学校要求教师不仅重视知识技能的传授,而且重视知识发生的过程,并以素质发展为优先开展校园各种文化活动。几年来,学校坚持让"全体学生全面发展,同时关注学生个性发展和持续发展"的教育理念,促进学校教育质量提高。

2016—2019年,学校秉承"求真"校训,"坚持以学生发展为本"的教育理念,逐渐形成自身"高效高质"的办学风格和"继承发展,求真创新"的办学特色,为民办新复兴奠定了深厚的发展基础。在这3年中,民办新复兴与复兴实验和虹教实验组成了复兴教育集团,我校作为牵头校,承担教育优质化和均衡化的重要任务,同时也为学校发展带来新的契机和广阔平台。2019年9月,集团办学三周年,成功举办了面向全区的大型庆典汇报演出大会。民办新复兴办学以"集团"为依托、教育以"素质"为核心、教学以"课程"为目标、发展以"六个一流"为方向,为全区教育均衡化和优质化发展砥砺前行,创新奋进。

2020年至今,学校加速推进信息化建设,整体规划建设"智慧校园体系",通过建设智慧校园平台提高学校教育信息化水平,摸索如何促进基于大数据模式下的教育管理与教育教学实现的优质形式,逐步实现校园数字全向交互、校园环境全面感知、校园管理高效协同、校园生活个性便捷。目前,学校已经完成了项目的第一阶段,将继续完成此项目的第二阶段智慧教学以及第三阶段智慧管理的建设,逐步实现数字化教育教学应用及智慧化管理,以期全面展现学校信息化发展特色。

正如校友所说:"复兴教会我们如何去明是非、辨美丑、知先后、重原则、合情理。"这一精神并未因学校的性质转为民办而失去光泽,而是在民办教育的探索中不断发扬光大。也正因为如此,学校在转制为民办的办学过程中,一直坚持将学生终身发展放在首位,坚守民办教育法规,基于标准的课堂教学,始终关注五育融合,并坚信这才是民办教育合乎情理的发展之道。

(刘展鸥　金宗嬿　董　晴　执笔)

58. 适应教育 直面未来变革

民办彭浦实验小学

上海民办彭浦实验小学,原系上海市彭浦新村第一小学(1959年建校),60多年间学校三易其址,体制也发生了一系列的变化。2006年9月,学校公办转为民办,更名为上海民办彭浦实验小学。学校以"适应教育"为办学理念,注重内涵特色发展,在校园文化建设、课程实践改革、学生培养模式、项目学习创新、学习空间打造等方面形成了鲜明的特色,构建起了适合每一个儿童发展的教育体系。

学校在60多年的办学历程中,坚守与人初心。在2006年转为民办后,更是秉持传承与发展并重、特色与内涵并进的办学原则。自2011年起,学校连续三轮成为上海市民办特色学校创建单位。在华东师大校长培训中心、华东师大课程专家引领下,确定以"适应教育"作为学校办学理念。学校聚焦全景育人、聚焦个性,倾心关注每一个学生的适性发展、适才成长,挖掘每一位学生的潜能,使学生获得未来发展所需的必备品格和关键能力,适应教育的特色发展,丰富了学校的育人模式。

一、适应教育办学,孵化特色品牌

适应即直面挑战,学校的"适应教育"以发展适应性专长作为新的教育目标,蕴含着一种面向未来的新教育观,即"为未来学习和发展做准备",旨在培养当代上海小学阶段学生主动应对时代发展的变化,发现自身潜能,为未来学习和发展做好准备。在探索学校特色发展的过程中,学校以"主动适应,挑战变革"作为学校特色创建的精神动力,在传承与发展、迭代与完善中经历了以下四个阶段:

第一阶段:孕育特色,形成办学理念(2006—2010年)

从儿童的适应性发展考虑,培养和发展学生对其生存环境的主动适应,即生活适应;积极适应社会对其行为表现上的要求,就是必须与社会对大多数人的行为要求合拍,能被他人接受,会与他人交往、合作,即行为适应;通过知识的积累而形成明天适应所必需的能力,即学习适应。

第二阶段:顶层架构,全面推进特色建设(2011—2016年)

学校以"适应教育"为特色,重新架构顶层设计,提出"让主动适应成为一种习惯"的主题,确立了学校的办学愿景、办学目标和育人目标,提出"为未来学习和发展做准备"的口号,初步架构了适应教育的内核维度、课程体系、教师发展、家庭教育等多方面的推进策略。

第三阶段:聚焦课程,打造学校品牌(2016—2018年)

学校不断完善顶层设计、发展框架,进行培养目标的再提炼,课程设置原则的再认定,学域统整的课程结构的再突围,并对各系统进行目标以及发展策略的充实。学校分阶段制定适应教育改革的研究重点,如教育核心理念、课程框架体系、教师专业发展、学生培养模式、场域资源系统等。

第四阶段:全景建设,创建教育生态(2018年至今)

在五育并举全面育人的目标下,学校对现有适应教育的理念进一步加以完善,提炼未来学校的关键特征、学生适应社会与未来的核心素质与能力要素,打造全面兼顾个性选择的课程框架,形成有效创新的教法学法,从内涵、外延形成面向未来的适应教育发展生态,完善学校适应教育发展系列体系。

二、适应教育课程,积聚发展动力

学校聚焦高品质适应教育课程的建设,不断优化育人模式。在课程的改革中,以"探寻适合个体的学程发展,获得多元生长的学习经历,激发个性发展的无限潜能"为适应教育课程的战略目标,建构自适应生长学习体系,为学校特色打造集聚发展动力。

(一)迭代成长的适应教育课程体系

学校探索课程实施的迭代发展,完成了1.0—2.0—3.0课程体系的架构与发展,打造了立体架构、系统融通、品牌创新、精细管理的课程群。

在不断完善民办学校课程运转机制中,形成了富有市场竞争力的民办课程运行管理模式。学校围绕适应教育的特色梳理结构,以多维联动、有逻辑的课程体系为标志,在横向上,重构学校课程分类,让孩子们分门别类地把握完整的世界之奥秘;在纵向上,强调按先后顺序,形成严密的学校课程"肌理",让课程有逻辑地"落地"。

(二)建构高质量的国家课程实施

在国家课程校本化实施中,学校坚持五育融合全面发展,追求轻负担、高质量、精品化。学校在课程实施中科学组织课堂教学、个性指导、监测评价、资源配置,提升教学质量,激发课堂活力与效度。学校研究教学关键环节,开展大单元教学、主题式学习、跨学科学习、项目化学习,打造思维发展型课堂,促进学生掌握学科核心知识、批判性思维、问题解决能力、有效沟通、自我管理的学习、学习意志力等必备的学习能力。学校架构教、学、管理全流程的现代学校管理,优化目标管理与过程控制,夯实学生发展的重点和关键点,培养学生的核心素养和关键能力。

(三)提供丰富多元的特色课程学习

尊重每一个学生的个体,学校为学生设计适切的课程,助力不同学生的发展需求和兴趣潜能开发。学校精心设计国家课程1+的科目普及学习,精心打磨开设70余门精品科目学习,形成了全面性与选择性相平衡的自适应学习支持体系。在科目架构中,聚焦科目结构与体系的优化,形成学校德育课程的思辨实践系列、艺术人文学科的和美系列、科学学科的AI启蒙系列等,呈现给学生一个完整的世界图景。

1. 德育课程厚德笃行。学校聚焦思政学习,开设了小小评新闻、小先生课堂,儿童道德价值判断系列、自我规划与管理系列、领袖课程,思辨系列课程的体验参与,自我规划与管理课程的反思实践,让学生浸润在德育课程的滋养中,获得品行的修养,成为胸有大志、心有大我、肩有大任、行有大为的人。

2. 科学素养课程点亮智慧。学校历经16年打造,形成了科学素养品牌课程,实现了"一个体系框架,三类课程活动,四个板块分类"的培养模式,形成了设计与制作、工程与技术、生物与科技、数学与建模四大板块分类的学习体系,在科学素养的教育中积累科学系统知识、提升科学应用能力、培养科学严谨态度、激发科学创新精神。

3. 艺术素养课程陶冶情操。学校是区艺术学校项目校,美术、音乐均成为上海中小学艺术教育"一条龙贯通"建设校。学校陶艺、皮雕、书画三大艺术工作室,依托高校专家团队,不断提升学习品质,学校情境式的艺术双年展已经成为学校的品牌;成立于 1996 年的百灵管乐艺术团,至今已有 26 年历史,学校聘请上海市管乐家协会的教师和本校音乐教师开展双师授课,分班学习。

4. 人文素养课程滋养童心。学校拓宽人文素养学习领域的宽度,"国学""书法""自然拼读""世界文化"等课程,已经形成系列,提升了学生人文素养,更培养了学生包容、大气的国际视野。

5. 体育健身课程强身健体。学校在五个年段分别开设了不同的体育拓展课程,有小足球、跆拳道、空手道、武术、篮球、啦啦操、田径等。在增强体能的同时,掌握多种体育锻炼的方式,培养学生运动的兴趣和坚毅的品格,形成健康的生活方式。

(四)持续推进 IAG 学习体验

IAG 学习体验,即自适性生长学习体验(Initiative 主动、Adaptability 适应、Growth 生长、Curriculum 课程),是学校适应教育中关键能力的重要环节,涵盖全学科创智阅读、项目化合作研究、自我规划与管理、思辨系列、博学行走、综合能力拓展六大板块。IAG 学习体验,旨在培养学生具有自我管理能力,获得解决真实问题,挑战未来的综合素养。

三、聚焦师生成长,激发无限可能

学校关注每一位教师和学生,尊重每一个人的特点与个性,以师生同频成长绘就学校的美好蓝图,提出 5N 的未来图景,激发师生共同获得适应性专长的发展。

学生在 5 年的学习浸润中,在共情力、学习力、思维力、专注力、应变力、创造力、反思力等方面获得培养,学生的学习经历、个性潜能也得以彰显。近年来在全国科技类大赛中屡获殊荣。

学校聚焦教师队伍的发展,构建适应性专长教师专业发展的研修发展系统,形成了五大研修机制,四阶发展路径,激发教师对职业理想境界和教育教学专业精进的执着追求。学校现有一支敬业爱生、乐于奉献、专业精湛、勇于开拓的优秀教师团队,在德育、语文、英语、信息科技等多门学科中均拥有具备高级教师资格的学科领头人,教师团队成员屡屡获得全国首届民办优秀教师、上海市民办德育优秀工作者、市区园丁、区学科带头人等称号,在市、区教学竞赛、科研课题研究中也屡获佳绩。

(张凌云　执笔)

59. 全人教育　志存高远

民办包玉刚实验学校

一、一个教育梦的起步

上海民办包玉刚实验学校(简称"包校")成立于2007年,由包氏家族为纪念爱国爱乡的企业家、政治家、慈善家,已故船王包玉刚先生而创建的一所非营利的双语学校。包玉刚先生在中国改革开放、香港回归、建设宁波过程中做出了巨大贡献。他始终坚信发展教育是强国之根本,为此不遗余力地支持祖国教育事业的发展,先后捐资兴建学校、图书馆和设立奖学金。为了纪念包玉刚先生,延续他培育人才的目标,包先生长女包陪庆教授、外孙包文骏先生携手谭茀芸教授,在上海创办了包玉刚实验学校,志在"为明日中国办一所新兴学校"。

在筹备建校的过程中,时任中共上海市委书记习近平亲切地接见了三位创办人,讨论了上海市海纳百川的城市精神,并邀请包陪庆女士在上海办学。在上海市委、各级政府以及各主管单位的大力协助和支持下,包校于2007年9月在市三女中"六一"楼的临时校址正式开学,并于2010年、2012年和2017年分别建成且完善了武定校区、松江校区和虹桥校区。经过15年坚持不懈的努力,包校的学生人数已经从最初的100名增长至现今的1 600多名。学校致力于为学生提供优异的学习体验,多年来不断提升校园设施,校内既有艺术教室、陶艺工作室和舞蹈教室、创客空间等专业教室,也有设施一流的礼堂、音乐中心、实验剧场,还配有体育场、篮球场、游泳池等运动空间,为学生的学习与成长提供安全而温馨的环境。

作为一所非营利性的民办学校,包校近年来的努力也得到了上海市委、各级政府以及各主管单位的认可。2012年,学校被上海市教委批准为首批上海市民办中小学"特色学校"创建单位之一。2014年,包校被市教委批准为首批试行国际课程的21所上海普通高中之一。2020年,包校又被上海市教委选定为上海市第一轮义务教育项目化学习三年行动计划实验校,推进义务教育教与学方式变革,着力培养学生创造性解决问题的能力。与此同时,继2020年被评选为上海市生态文化示范校后,2022年包校又入选了第一批上海市绿色学校。

包校的党员们在学校的建设和发展中发挥了重要作用。2009年9月,包校成立了党支部,曾被上海市民办中小学协会评为优秀党支部。学校现有党员约占全校中方教职员工总数的26%。在习近平新时代中国特色社会主义思想指引下,党支部以包校"全人教育"办学理念、三大使命为指导,以提升学校内涵建设为核心,在理论学习、舆论引导、文化建设等方面积极开展工作,增进外籍员工对党组织的了解,加强学校党组织的影响力和监督保障作用。

二、深入的课程研究与实践

自创校以来,包校始终把课程建设作为学校工作的重中之重。在理事会领导下,全校中外教职员工围绕"仁、义、平"的核心价值观,全面贯彻落实"发展全人教育、传承中华文化、拓展国际视野"的办学使命,注重中西教育精华的有机融合,以及在课程理念、课程内容、教学方式、教学评价四个方面的深度改革。

在义务教育阶段,包校实施"中国国家课程+",确保国家课程开齐开足开好。小学和初中以国家课标为本、以国际优秀教学元素为补充、中英双语并行的"中国国家课程+"课程理念,既保证了一至九年级国家课程的主体地位,又创设条件把国际公认有效的教学方法、促进学习的评估理念融入教学当中。包校高中课程中的"国家必修课程"为教育部和上海市《普通高中课程方案》中规定的"必修课程";"选择性必修课程"为国家课程融合先进的国际课程;"选修课程"为校本课程,主要为拓展型课程和探究型课程。

包校小学部的探索学科是以跨学科的主题式教学模式。小学部所有科学学科的教学以上海自然科学课标为指导,学科组在深入研究与分析课标内容后,将其所覆盖的科学知识有条理、有目的地渗入探索学科的各个主题中,使探索单元成为以学生为中心的跨学科综合学习,其主要学习领域包括人文课程与科学课程。人文课程帮助学生发展知识、提高技能和理解能力,从而增强他们的个人和社会认同感,让他们能够积极参与维护或提高社会和环境质量;科学课程帮助学生获得自然科学知识,理解自然现象,提升科学思维与动手实践能力。目前小学部探索课程采用双语教学模式,中外老师共同备课和教学。

探索课程作为一门跨学科的综合课程,不仅需要各学科老师之间的通力合作,还需要中外方老师紧密的配合。每当探索课程新开一个单元时,各科教师就会围坐在一起,由探索课程负责老师介绍这一单元将要教授的知识点及培养的技能;各科老师则会根据学习目标和内容展开讨论,并在接下来的教学计划中,有意识地将相关内容进行连接。

在包校,新技术在教学中的运用随着技术的迭代而不断更新,学校尤其注重新技术在教学过程中的高效合理应用,并持续探索最优方案,从而确保学生高质量的教学体验,让他们能有足够自信迎接未来世界。包校小学部一直在为丰富课堂教学和线上教学的顺利开展尝试新技术。2021 年,小学部引入了微软 Teams 作为主要线上教学平台。新技术的全面运用明显提升了平日的教学效率,同学们运用 Teams 提交课后作业、归纳整理学习资料,并在班级群里展开有关学习方面的互动讨论。新技术也让线上教学变得更加富而有成效,老师们通过平台的不同功能与学生保持互动,实时关注学生的学习状态,满足他们的学习需求。初中和高中校区也应用了多种交流平台保障教学,除了核心系统 Power School Learning 外,还有 SeeSaw、NearPod、小鱼、微软、Zoom、微信、电话会议和其他社交平台。通过网络,学生们互相支持并适应了通过线上平台进入教学空间,完成学习任务的教学方式。

三、立德树人,致力品格教育

在学科教育基础上,包校同样十分注重学生的品格教育以及全面发展。

包校的品格教育以"仁、义、平"三大价值观为核心，引导学生逐步学习正确处理人与人、人与社会、人与自然环境间的关系，陶冶情操，形成健全的人格。

在品格协调员的带领下，包校的品格塑造课程日趋完善。小学部品格塑造协调员还带领全体教职员工认真实施"积极的行为管理计划"的学生行为管理项目。家校共建在此起到了积极作用，家长们参与并组织相关的活动和项目，如每年为感谢师恩举办的百家宴、故事妈妈、品格老爸老妈等。社区服务和慈善工作也是品格教育中的重要组成部分。各校区启动了系列社区服务项目，通过各类志愿者行动，让学生学会服务社区，从小树立"我为人人，人人为我"的理念。

包校基金会作为推动学校持续发展的中坚力量，在学校即将迎来15周年校庆之际，特别设立了"践行基金"项目，以此鼓励学生放下书本、走出校园，担起社会责任，通过实际行动深度参与社会公益活动，为创造一个更优的社区环境贡献自己的一份绵薄之力。

四、大力传承中华文化

包校始终将家国情怀融入学生的日常教育中，落实立德树人任务。为了实现"今日兴学，为明日中国；今日兴教，为未来世界"的办学目标，学校让学生深入了解自己民族的文化和历史。不论课堂内外，老师们始终教育并引导学生关心国家的未来，关注世界的发展。

为了使学校的中国文化工作落到实处、发挥系统化作用，使中国文化工作中展现出高站位、大格局的发展，并发挥系统化作用，包校建立了中华文化传承工作指导小组。指导小组由专门领导负责，组织成员定期讨论活动项目，使学生通过活动切实理解并领悟中华文化精髓，了解国学精粹。中文组老师通过中文名著的阅读指导，营造了浓浓的中文阅读与赏析的氛围。各校区积极组织各类中国文化主题活动，一首唐诗，百种情思；一阕宋词，千般风情。"中国文化周"的各项活动激励包校学子持续践行包校的办学使命——传承优秀的中华传统文化，诗词作伴，不负韶光。

五、全人教育,硕果累累

包校学子不但拥有优秀的学术能力和良好的品格素养,还在科技、体育、音乐、艺术等领域,都取得了令人满意的成绩。

科技竞赛屡创佳绩。包校学子们在丘成桐中学科学奖、上海未来工程师大赛以及上海市青少年科技创新大赛等科技竞赛中屡创佳绩。包校与上海交通大学共建国际化创新人才培养基地的工作正在稳步推进,还与上海女科学家联合会合作,开展"科学家进包校"活动。

体育赛场战绩赫赫。作为上海中学生运动联盟(SSSA)的创始学校之一,包校除了组织校内体育活动外,还聘请专业教练,组建校运动队,积极参加各类校外竞赛,并在足球、排球、篮球、游泳、击剑、旱地冰球和高尔夫等众多体育项目上有优异表现。

艺术领域百花齐放。包校的美育课程建设以丰富多彩的艺术课程为主体,各艺术学科相互渗透融合,旨在激发学生艺术兴趣,传授必备的基础知识与技能,发展艺术想象力和创新意识,帮助学生形成一两项艺术特长和爱好,培养学生健康向上的审美趣味、审美格调、审美理想。

自 2017 年首届高中毕业生以来,每年包校学子都会收获来自全球知名学府的大学录取通知,其中既有世界一流的知名学府,也有受到广泛认可的顶尖文理学院,还有备受推崇的艺术设计类院校。

建校 15 年来,包校培养出了一大批具有中国情怀、国际视野的毕业生。目前,包校首届毕业生已从大学毕业,部分学生也已重返祖国怀抱,积极投入祖国的四个现代化建设中。为了贯彻执行国家立德树人的教育目标,继承包玉刚先生教育强国的心愿,学校将以培养"学贯中西、融会贯通"的优秀人才为目标,持续探索与努力。

(徐永初　卢琼月　执笔)

60. 欣欣之竹拂云长

浦东新区民办欣竹中学

一、从新竹园到欣竹，我们一直在路上

上海浦东新区民办欣竹中学（简称"欣竹中学"），原名上海民办新竹园中学，由王学军校长创办于2007年，是浦东新区办学效益显著、办学声誉良好的民办初级中学之一。学校现有潍坊和龙居两个校区，近50个班级。学校全体师生在王学军校长的带领下，锐意教育教学改革，坚持学生德智体美劳全面发展，重视培养学生的家国情怀、社会责任感、探究能力、实践能力和创新精神，有力地推进了欣竹的内涵发展。多年来，学校办学成绩斐然，课程改革成果喜人，正在朝着"学生喜爱、家长满意、教师自豪的上海一流民办精品中学"目标奋进。

"求真、务实、灵活、创新"是学校的校训。它是欣竹人共同遵守的行为准则与道德规范，也是学校历史和文化的沉淀。多年来，8字校训始终激励着在校的教师和学子们。

学校先后被评为上海市语言文字示范学校、安全文明校园、诚信建设单位、浦东新区科技教育特色学校等。

学校自2022年5月30日起，正式更名为"上海浦东新区民办欣竹中学"。新的学校名称，"竹"源于学校所在的地理位置、校园主要绿植分布和学校的发展历史，而"欣"则寓意学校踏上新的征程，未来定会欣欣向荣、蓬勃发展。

二、坚守办学理念，创新特色教育

（一）夯实基础，培养特长

在校长的带领下，在优质的教师团队的探索研究下，学校目前正在实施

"自主学习·小组合作"高效课堂教学改革,在日常的教学中不断改进、调整课堂教学策略,探索教育规律。

1. "自主预学"是灵动课堂的基础

若学生和老师没有做任何课前准备,就上一堂新课,这节课必然是低效的。王校长指导各学科教师,从学生兴趣出发,阶梯式地设计每一课的"预习导航"。学生从课本预习出发,带着问题读课本、学知识,在"预习导航"的引导下逐步完成自主预习任务。在这一过程中,学生逐渐发现问题,搜索查阅信息,筛选整理信息,自主思考问题,标记并反馈预习中的困惑,教师便从学生的预习出发,设计契合学情的学习过程。

2. "小组合作"是灵动课堂的关键

学校课堂不再完全是教师的讲堂,而是学生自主学习的学堂。在自主预习的基础上,学生以小组为单位,带着预习中产生的问题,围绕教师给出的主题,合理分工、充分交流、互相质疑、相互解答,共同完成学习任务。

小组合作的最大价值就体现在能帮助学生发现问题、解决问题,生教生、兵练兵,碰撞思维的火花。在日积月累的小组合作学习中,学生逐渐找到了高效学习的"密码",提高了学习效率和效果。

学习小组的合作,不仅是在课堂,更是在课前与课后。学习小组不仅是学科学习的学习小组,也是班级最基本的学习单位、生活单位,更是小组成员共同关照、共同勉励的生命共同体。

3. "小先生"是灵动课堂的明星

在打造灵动课堂的过程中,教师们设计了人人争做"小先生"活动,鼓励学生主动帮助小组其他成员,"兵教兵"的学习方式让整个小组、整个班级齐头并进的目标得以实现。"小先生"是推进"课堂活"的主要成果之一,当学生人人都能成为"真正"的"小先生"时,学校的每一位孩子都将更加自信地面对未来的任何挑战,为明天的发展做好更充分的准备。

(二)注重规范,发展特色

学校全面贯彻党的教育方针,认真落实"立德树人"根本任务。全校上下,团结一心,以各级各类教研活动为研究载体,不断探索和尝试,致力于用丰富的课程、生动的课堂、有趣的作业和缤纷的活动来培养学生的学习兴趣，提升学生的学习能力，以期厚积薄发，培养德智体美劳全面发展的社会主义建设者和接班人。

1. 校内课程，读万卷书

学校为孩子们设计了内容丰富，涉猎广泛的特色课程，让孩子们校内"读万卷书"。自2019年开始，学校开设了具有全新视野的"欣竹大讲堂"。通过整合各方面资源，邀请各行各业的成功人士，为同学们讲解职业规划、国际形势、经济发展、医学健康等多方面的知识，内容丰富多彩，让孩子看到精彩的世界。

同时，学校还开设诸多特色鲜明的拓展型课程，如"劲竹文心"大语文、STEM课程、无土栽培、沙画、折纸、花样跳绳等，全面提升学生综合素养。

2. 校外实践，行万里路

学校多年来挖掘校内外资源，精心挑选社会实践基地，统筹规划活动内容，让孩子们校外"行万里路"。

学校与上海各教育基地开展合作，涉及爱国主义教育、革命历史、科技、农业、传统文化等各类特色教育基地。活动种类丰富，内容新颖有趣，学生家长交口称赞。

3. 牢记使命，凝聚力量

2022新年第一天，学校部分学生在家长志愿者的组织和带领下，来到中共一大会址和纪念馆，参观红色展馆，接受党史教育，牢记初心使命，凝聚奋进力量。

学生关博涵在参观结束后这样说：中国共产党的诞生是开天辟地的大事件，无数革命先烈的精神激励了我。他们抛头颅洒热血，为我们创造了和平的时代，我们唯有踔厉奋发、笃行不息，方能不负历史、不负时代。

4. 榜样引领，逐梦前行

榜样的力量是无穷的。为践行"乐学善思、健康自信、自律自立、感恩合作"的育人目标，充分发挥学生的示范带头作用，培养学生良好的习惯，学校每学期进行各级各类优秀学生的评选活动。身边的榜样可以帮助孩子们更好地规范行为,树立人生的理想。

优秀学生的形象时刻在年级、班级闪烁着光芒,如同射进心灵的一道光,带领着欣竹学子们一起前行。

5. 玩转社团,绽放精彩

学校每学期面向学生开设丰富多彩、生动有趣的社团课。同学们在乐器类社团里,以丝竹管弦奏响生命华美的乐章;在舞蹈、话剧、合唱等社团中,以精彩表演诉说喜怒哀乐,演绎悲欢离合;在绘画、书法类社团,一笔一画勾勒青春,妙笔丹青写意生活;在文史类社团中,则于诗词歌赋中体味诗意人生,于历史文化中探寻人文情怀;在体育社团中,于运动竞争中挥洒汗水,释放激情;机器人、编程等通用类课程则帮助同学将天马行空的想象照进现实,在实践中完成梦想的落地。

校园社团活动的开展,为生生、师生之间构架起沟通的桥梁,增进彼此的情感交流。每位学生都在丰富的社团活动中发展个性,提升技能,在探索中收获,在收获中体味快乐。

三、彰显办学特色,激发学生潜能

(一)作业少,活动多

学校依托高效的课堂教学改革,提升学生学习品质和效果。课堂之外强化学生作业管理,杜绝机械、无效、重复、惩罚性作业,切实减轻学生作业负担。

学校一直致力于控制作业总量,提升作业质量,如:推行家校联系册,及时反馈学生完成作业的时间,有效监督作业量;定期组织问卷调查和学生座谈会,调研作业情况;因材施教,分层作业因人而异,实现作业的私人定制;六、七、八年级"无作业日",鼓励学生体验生活拥抱社会;九年级"自主作业日",留给学生足够空间自我补充和拓展;免作业券点燃学生学习热情,同步实现减负、增效优质效果。

活动多,也是学校的办学特色之一。王校长说:良好的师生关系、和谐的家校关系、班级的凝聚力、学生的能力,都是在活动中锻炼培养出来的。

作为欣竹学子,除了学习,还需要学以致用,将所学知识在活动中得到升华。学校通过举办十佳歌手比赛、五月歌会、校园艺体节、学科文化节、未来学问家、午间活动、体育锻炼等,使鲜活的校园活动成为学生能力提升的摇篮。

(二)课堂活,效果好

2011年9月,学校正式实施"自主学习·小组合作"高效课堂教学改革,而后采用"走出去"和"请进来"相结合的方式,不断改进、调整课堂教学策略。

经过10余年的打磨,学校高效的课堂教学特色日益显现,让学生在课堂上体验高效、感悟成功、收获快乐。

"课堂活"的基础是"自主预学","课堂活"的关键是小组合作,课堂的主人是学生,课堂的明星是"小先生",学生们在以小组为单位的学习、生活中,学会倾听、学会接受、学会分工、学会合作、学会思辨、学会表达……灵动、高效的课堂伴随着孩子们初中四年的学习,有力地推动着他们走向更美好的明天。

回望过去,欣竹中学已成为浦东新区乃至上海市具有良好口碑、深受社会关注的优质民办初级中学。

昂首迈入新征程,欣欣之竹拂云长。面对中考新政以及教育教学形势的新挑战,学校将继续秉承春风化雨的初心,坚持深耕教育的理想,一如既往潜心钻研,以课堂教学为主阵地,用爱心与专业,精心守护学生成长,助力学生成才,为上海教育做出新的贡献。

(张合飞　张金洁　执笔)

61. 笃行不怠　聚力启航

浦东新区民办协和双语学校

在美丽的黄浦江东畔，矗立着一所朝气蓬勃的学校——上海浦东新区民办协和双语学校(简称"浦东协和")。学校创建于 2008 年 9 月，原校名为上海市民办协和双语学校浦东校区，2013 年改为现名。学校是伴随着上海世博会园区的发展而逐步成长起来的，如今拥有着"世博第一校"的美誉。回首这 14 年的办学历程，有艰辛、有挫折，但更多的是积淀、是成长。

一、找准定位，迎难而上树声誉

2008 年创校伊始，千头万绪，逐一抓起，从学校选址，到校舍改建、校园设计，无不让创办者倾情投入。关键的一点是要明确学校定位，选定合适的办学方向以满足市民对于教育发展的需求。上海历经多年的改革开放，浦东新区已然成为一片创业的热土。协和集团举办者和学校首任校长卢慧文带着大家展开了调研。周边有中外合资的"皮尔金顿"、有大型的企业"港口机械"(振华重工前身)等，这里中外精英人才荟萃，他们的子女也有着较高的求学需求。调研结果告诉我们，作为公办教育的重要补充，有一所打破沉重课业负担、让孩子有多元通道的学校符合他们的愿望。由此，学校制定了中西融合的目标，确定了多元、平衡、包容、创新的理念。

正在学校筹备招生之际，世博动迁开始了，周边居民陆续搬离，浦江两岸变成了热火朝天的建设工地，招生工作陷入巨大困难之中。此刻学校领导坚信我们的定位没错，世博场馆的建设对学校预示着更大的开放，是困难中潜在的机遇。于是校长带领着团队开展了多方位的学校推介和招生宣传，当时浦东第四教育署的小学校长和老师们都来了，协和集团下属的浦东幼儿园的家长和老师们也来了。他们看到了布置温馨的校园环境，看到了整洁开放的阅读区域，听到了学校的课程介绍，感受到了这里老师们的热情可亲。家长们慢慢放宽了心，学生数逐月增加，对学校的信任度越来越高。

课程和教学始终是一所学校的生命力。浦东协和第一任参与管理的外籍校长是来自英国的 Dr Morgan 先生，他与卢校长中西联合，每周三下午定期召开课程宣讲会。无论报名的是一两个家庭还是一二十个家庭，两位校长均热情接待，详细介绍学校概况、课程以及教学。通过介绍，家长们逐渐知道：在这里，学校努力把教育融入生活进程和人生步伐中，让学生逐渐体验、选择和领悟为人处世的真谛，外塑于形，内化于心，学校竭尽一切可能营造开放的教学环境，真正做到激发学生的学习兴趣和动力；好学近乎知，力行近乎仁。在这里，中外教师合作教学，开拓学生的思维、激荡学生的智慧、点燃学生创新的火花；在这里，丰富的体育运动项目让孩子们强健体魄、磨炼意志，学生们学会了协作努力，在竞争中缔结最深厚的友谊；在这里，学生们挥洒笔墨、品鉴艺术，哪怕是稚嫩之笔，也是学生内心最美的绽放，是迈向成熟的第一个脚印；在这里，有足够的舞台让学生释放演艺才华，学生们收获的不只是掌声，更是自信。

中外校长的亲力亲为为学校的招生宣传工作带来了良好的开端，更是提高了学校在家长群体中的认可度与美誉度，他们口口相传，学校声誉越来越高，学生生源也越来越充足。时至今日，因为学校规模较小而无法满足家长的选择需求，成了我们最大的难题。

二、抓住机遇，打破壁垒促成长

2010 年"五一节"是浦东协和的不眠之夜。当晚协和集团举办者和浦东协和的干部团队一起在学校的顶楼围坐，一面透过宽大的玻璃窗观看世博开幕焰火，一面在商议新形势、新地标下的办学方向。那一座座漂亮巍峨的各国场馆打开着大家的视野，激励着我们用更好的课程实践去迎接更高层次的开放。

不久，经过反复研讨、中外管理者的交流和观念碰撞，学校的办学思路更为清晰,方法更为具体。我们要通过中外专家的协同管理、中外教师的合作教学、中外学生的有效互动、教育精粹的融合,培养具有国际视野和爱国情怀的合格公民,从而将"中西文化融合"的办学初心真正得到落实。由此,"先锋课程"的设想开始酝酿。

这是在班级教学基础上,实验小组化学习、在中外教师的合作中尝试项目化学习,英语课程加入SSRW(听说读写自然拼读法)元素,低幼年级开展儿童哲学(P4C),培养思维和社会认知能力以及社会实践能力。

小学"先锋课程"的尝试获得社会、家长的一致认可。2017年,校长金志明与中外专家组成的校级领导团队开始酝酿开设初中"先锋课程",先后派初中部的两位主任到集团兄弟校区开展沉浸式学习,吸取他人经验,结合自己校区的实际,积极筹备初中"先锋课程"建设。初中与小学"先锋课程"如何衔接?与融合课程如何衔接?"先锋课程"在竞争激烈的中考中如何寻求突破?师资队伍如何调整优化?面对一系列困难与挑战,校长室带领学校管理层一次又一次讨论。最终,学校做出了跨部合作教学的大胆决策,在学段与学段之间、学部与学部之间,打破壁垒,共享资源。由校长室带领中外合作教师团队跨部教学,在教学中迅速熟悉不同学段的教学内容,有计划、有目的地进行课程衔接。初中部先锋班与融合班也实行交叉教学,融合班为先锋班提供外教合作教学,先锋班为融合班提供中考科目教学,大家分工明确又高度合作,这样既丰富了课程体系,也盘活了教师资源,做到了立足本土与融通中外的较好结合。经过周密、细致的筹备,2017年9月,浦东协和初中先锋班第一届正式招生,如今5年过去,初中"先锋课程"越办越稳,获得了良好的社会赞誉,也为浦东新区的"国际理解教育"起到了实践探路的作用。

随着社会对双语学校课程和多通道升学的认可,家长希望自己选择的学校有着连贯的课程体系和升学途径。于是学校先后打通了协和教育中心在浦东地区创办的各学段教育机构的升学通道,保证了浦东协和学子升学之路的畅通。目前,学校小学部与浦东7家海富幼儿园形成了良好的互动机制,在幼小课程、招生和日常的衔接工作都能畅通无阻,既保证了小学生源稳定,又提高了幼儿园对家长的吸引力;小学和初中互相配合,课程无缝衔接,直升比例稳步增长,初中部人数逐年增加;初中先锋学段除参加中考的主渠道外,也与"协和教育浦东课程中心"机构之间打通了升学通道。整个学校已经在课程、招生和学籍等方面形成了幼、小、初、高,内外畅通的办学格局。

三、不断发展,勇于突破显内涵

学校目前正处于建校近15年的发展成熟期,在协和教育"融合中西,和谐发展"核心办学理念的引领下,积极探索融合发展之路,建立了丰富、连贯的校本课程体系,进一步推动学校内涵特色的深入发展。博物馆学习、中国文化、人文行走等课程让学生感知中华民族上下五千年传统文化的博大精深;跨学科主题探究、西方戏剧等课程的学习让学生初步领略了西方文化的独特魅力。小学部先锋班根据新课程标准对艺术教育的新要求,开设了"音乐剧艺术实践课",在梳理、整合、有侧重地完成义务教育音乐课程的基础上,着力培养学生的语言表达、形体、气质与自信心,为学生创设舞台实践的机会,最大限度地激发学生的表演兴趣,提高表演技能。经过实践,学校目前形成了以迪士尼音乐剧为主要载体、英语为主要媒介语的校本音乐剧系列,中西方文化在这里得到较好融合,深受学生和家长的喜爱。

作为一所秉承"中西融合"办学理念的双语学校,如何确保国家义务教育课程标准的落实?校长室组织中外教师首先认真学习国家课程标准;在此基础上,成立研究小组,把我们的课程标准与IGCSE课程标注进行分学科的比对梳理,发现两套课程标准各有特点,在教学的深度、广度、难度等方面有各自的要求。据此,要求教师在实施教学时,吸取IGCSE的课程的合理元素,对教学内容进行有益补充、对教学进度合理编排、对教学方法适当借鉴。这样,既保证了国家课程标准的落实,又体现出浦东协和的办学特色。

四、展望未来,规范办学谱新章

风正潮平,自当扬帆破浪;任重道远,更需策马扬鞭。学校在历经了成长与蜕变之后，正朝着下一个发展蓝图坚定前行。本轮关于义务教育阶段民办学校规范管理的政策出台后，作为上海市依法治校示范校的浦东协和双语学校，确立了"合法、规范、优质"的办学指导思想，主动寻求更加规范的办学之路，将缩减规模的严峻挑战转化为难得的发展机遇。对外，学校将选择更好的校舍及合作伙伴，签订长远发展的战略协议，克服搬迁过渡办学的重重困难，为保留在纯民办学校范畴之内做好充分准备；对内，更加规范办学，建立建全党组织和理事会、监事会、校长室、工会的联动机制，实现联席办公会议制，凸显党组织在学校工作中的领导和保障作用。学校精心优化课程体系，在符合国家新课程标准的前提下，探索更具学校教育特色的阶梯型课程模块，组建更强的中外合作教师团队，为办成更有特色、更加优质的民办学校夯实基础。学校将充分利用协和品牌的影响力，逆势发展，主动探索品牌辐射新路径，与区域内的公民办学校合作，开创多元的办学模式，形成互相补充和促进的良好教育生态。

采撷教育阳光，普照协和学子。站在新时代学校发展的新起点上，我们将以善建不拔、善抱不脱的坚定信念，以兼容并蓄、海纳百川的宽阔胸怀，以德才兼备、臻于至善的品学修养，精心打造品质卓越、生机盎然的品牌名校，为实现协和教育中心提出的"百年协和，中西融合"的教育理想贡献力量。

（周晓芳　执笔）

62. 攻坚克难　提升学校生命质量

闵行区浦江文馨学校

上海闵行区浦江文馨学校(简称"文馨")创建于2008年,是一所以招收外来务工人员随迁子女为主、由政府给予办学成本补贴的民办公助小学,现有36个教学班,1 623名学生,84名教职工。

建校14年来,经过全体教职工的努力,学校各方面取得了长足发展。学校以"给学生更美好的童年,给教师更成功的信心,给学校更鲜活的生命"为核心理念,以"求真、尚善、尚美"为校训,"勤学、好问、慎思"为学风,"敬业、严谨、创新"为教风,"文溢、温馨、快乐"为校风,校园文化氛围浓厚。在办学条件处于相对弱势的情况下,师生的自信心、成就感、幸福感得以充分体现,校园内充满了正能量和凝聚力。

学校先后获上海市安全文明校园、上海市节水型学校、上海学生舞蹈联盟成员单位、上海市文明校园等。参加区级以上比赛获学校团体奖项112项,教师个人获奖101人次,学生个人获奖600多人次。教师获得较高层次的奖项有:全国百佳艺术教育先进工作者、全国百佳教育学术研究带头人、上海市园丁奖等。14年来,全体师生不断探索,形成了文馨发展路上前进的动力。

一、打造一种"永不言退"的教师团队文化

"永不言退,我们是最好的团队!"这是我们学校原会议室墙上张贴着的一句口号。这些年,政府对随迁子女学校经费投入有限,造成教师工作量大、工资收入较低,而学校为了学生发展,对教师的要求丝毫不降低;还因为公办学校、高端民办学校有较高的经济待遇,每年会有骨干老师流失,这是

学校自身无法解决的困境。如何使留下的老师不灰心、能安心、有信心？我们用"永不言退,我们是最好的团队!"这个信念激励人、鼓舞人、鞭策人、培养人、凝聚人。我们每学期都会精心设计和组织各种各样的活动,让全体教职工参与其中、乐在其中、炼在其中、获在其中、成在其中。通过这些日常的活动把整个团队凝聚在一起,激发了上进心,建立了自信心,增强了执行力。

如今文馨的老师同心同德,每个人都是学校的主人,为学校发展献计献力,共同创造了学校美好的今天,实现了教师生命成长。我们靠这种信心的力量,把许多不可能变成了可能。我们的老师常说,我们从五湖四海来到文馨这个家,成了相亲相爱的一家人,我们在这得到了从未有过的正能量,收获着因忙碌而带来的幸福。老师们用这样敞亮的心境点亮了自己的精彩人生。

二、打造一种"相信自己能成功"的学生学习文化

我们这样一所学校,办校的最大价值就是承载着随迁子女的受教育之梦,给学生人生最坚实的起步,培养他们文明自律、阳光自信的品格,形成人生的底蕴。"相信自己能成功",既是要求学生树立信心,更是老师对学生的鼓励与关怀。我们从以下两方面进行尝试。

(一)课堂上引导学生体验获得成功的喜悦

"舞向未来"项目的引入,使我们的课堂有了别样的风格,"我先你后""我行你也行""自信、尊重"的教学理念得到充分体现。让所有的孩子有机会跳舞,让不会跳舞的孩子会跳舞,让不喜欢跳舞的孩子喜欢跳舞,让不敢跳舞的孩子敢跳舞,成了老师们的追求。课堂上师生们激情四射,自信十足,个性张扬。

"口琴"课上同样如此,由于学生都从零起步,教师教学过程中重在兴趣培养上,当有点进步便及时鼓励;学校推荐学得好的班级,在每周一的升旗仪式上,面向全校师生吹响国歌、校歌,此时同学们获得成功的喜悦会流于心田,班级的荣誉感、自豪感也由此产生。

我们还经常组织其他学科的老师去听舞蹈、口琴、音乐、美术、体育、自

然等被称为小三门的课，从中领悟到什么，于是也带来不少"活起来"的其他课堂。他们将艺术元素融入知识类课堂教学。语文课出现了童话表演、课本剧、朗诵、寓言表演、活动作文等；班队活动课上有展示艺术习得；行规训练课上学生自编自演小品；数学课上也出现了小报制作；英语课上更是生动活泼，情景剧、小品、故事等。这样的课堂让学生品尝到学习的快乐，提高了学习兴趣和能力，真正"让学习发生在学生身上"。

（二）课外架设让学生获得成功的平台

我校因地制宜开设了诸多社团，让学生在课外丰富课余生活，提升生命质量。例如，2021年校级层面的有40个社团，年级层面的有10个社团，班级层面的有8个社团。每个学生可以根据自己的兴趣选到适合自己发展的项目。学校将每周一下午定为"阳光半日活动"，三至五年级每天安排一节"爱心晚托"课，好多老师会放弃休息指导学生社团活动，既解决了务工家长不能准时接孩子困难，又满足了学生的兴趣愿望。

学生加入社团不设门槛，只要有兴趣就能参加。这时候的孩子们彻底释放压力、放飞心情，个个充分显示各自特点，表现出真实的一面。好多在其他学科上因缺乏兴趣而形成的学习"困难生"，往往在社团学习中恰是"特长生"，从他们的脸上看到了获得成功所带来的欢乐。实践证明，课外活动能获得多赢，这是一条为学生架设的绽放生命中的精彩、走向成功之路。

我校的艺术、科技等社团在市、区小有名气，每次比赛总能获好成绩，师生们从捧回的一张张奖状、一个个奖杯中获得了成就感。更可喜的是，学校出现了良好的势态，老师们为教学生，他们边学边教，有的从未跳过舞，有的从未碰过口琴、二胡、葫芦丝、古筝等，甚至连乐器的名称都叫不出，如今能跟这些学生一起上台演出。每当教师节、六一、七一、五四、国庆、元旦等节日来临，师生们不放弃每一个登台亮相的机会，阳光自信地充分展示自我。

（三）插上活动的翅膀，让学生展翅遨游

学校形成了校园四季主题活动的长程设计，每一季有活动目标，每月有明确的主题，有详细操作方案，有创新举措，有评价、反馈、表彰。让每一位学生月月能参加主题教育活动，乐享其中。

活动以年级组为团队,辐射到每一个班级,旨在培养年级组长的组织策划和执行力,也为实现把学生活动的主动权由学校转向年级、由年级转向班级、由班级转向学生。比如:在9月感恩月中,根据各年级组学生特点,学校组织商讨策划不同年段的活动方案,以班队课、行规教育课为主阵地具体实施。权利下放后,班主任和学生积极性、主动性、主人翁意识明显增强,呈现了师生个性健康、主动生长的局面;春秋游活动,从以往的单一组织到现在融入校园四季活动之中,有明确的主题,还有精心策划的方案,更有活动反馈和后续提升要求,力求让每一次活动,都能让学生从中有收获,得到成长。我校已形成"我与秋天有个约会""秋在脚下,国在心中""实践中感受　探春中收获""观城市美景　树远大理想""我与植物交朋友""带着书香去春游"等系列主题。

三、寻找"让家校社在一起"的途径

优化教育资源,丰富教育内涵,是我校一贯坚持的发展策略,也是弥补学校教育资源不足的一条有效途径。

(一)引入公益资源,丰富教育形式

积极争取与社会公益机构合作,如"苗苗阅读""乐童计划""梦想基金"等,借助国际救助儿童会、华东师大、多阅阅读等社会机构的力量,自主研发校本行规教育手册、期刊。每学期有《你好,寒假》阅读行规教育手册、《你好,暑假》安全健康活动手册,让教育形成无缝衔接,丰富了孩子的假期教育的形式和内容。

(二)善用家长力量,构筑家校平台

良好的学校教育,能指导和促进家庭教育与社会教育,使其与学校教育相一致、相协调。学校历来注重与社会、家庭的相互沟通和密切配合,通过成立各年级家长委员会、举办家长学校、设立家长接待日、组织教师家访和建立社区活动联系卡等方式,加强学校与家庭、社区的联系。学校每学年组织开展家长开放日、家长进课堂、家长评委团、家长志愿者表彰、家长经验分享、家长会(期中、期末)、家长聘任大会等大大小小的学校活动,邀请家长参与。每学年活动不少于 8 次,每学期家长参与人数达 2 000 人次,是总家长人数的 2 倍,有的家长一学期参与学校活动多达 10 余次。

2019 年,校舍搬迁。一场耗时半年的搬迁工作,丝毫没有影响学校正常工作,处处体现着安全、有序、团结、凝聚。搬迁过程中,在学校校级家委会的精心组织和号召下,家长们放弃了休息时间,每个班级家长志愿者积极投入到义务搬迁工作中,搬迁工作陆续进行了 8 次,家长参与累计 562 人次。通过以上活动,进一步加强了家校合作和沟通,密切了家校关系,构建了家庭、学校和社会的"三结合"网络,增强了教育合力、优化了育人环境、促进了学校教育与家庭教育的和谐发展。

四、确定一种"只为你好"的爱

我校生源结构相对复杂,但恰恰是这样的"身份",使我们更加看重学生的个体差异,更加尊重学生的个性。近年来,我校追求着阳光、自信、自尊、自强的生命价值精髓,直面这些有些特殊却又如此鲜活的生命,通过各种教育手段,用生命温暖生命,激发生命的光泽和灵动。

"给学生最坚实的起步,给教师足够的信心,学校要实现人的生命生长",我们边感悟着这一办学理念,边实践着学校作为生命场,创造独特生命这一价值观,向着生命的宽度、高度、厚度、深度去挖掘。我们用阅读拓展生命的宽度,用艺术提升生命的高度,用爱心增添生命的厚度,用科技追寻生命的深度。

14 年的办学中,我们凝心聚力,坚守着教育初心不负使命,也逐步实现着"提升学校生命质量"目标。但对照存在的问题和制定的目标,我们还是在起步中,以后的路还很长,也不可能是平坦大道,但我们一定会继续攻坚克难,砥砺前行,造福于更多的随迁子女。

(赵益名 执笔)

63. 精耕细作　勇立潮头

民办浦东交中初级中学

2009年,浦东开发开放20周年之际,在浦东陆家嘴,依托交大附中,联合交通大学,共同探索从初中到大学衔接教育模式,仅有十六个班的小规模民办寄宿制初级中学——民办浦东交中初级中学(简称"交初")应运而生。

一、砥砺前行　锐意开拓

学校虽地处陆家嘴,但校舍老旧,荒草丛生,设施堪忧;加上是新建学校,家长持怀疑、观望的态度,首届学生不足100名,这与期许的差距甚远。为了信守招生承诺,确保教学质量,在班额严重不足、师资短缺的情况下,90多名学生被分成了四个班。交初团队满满斗志,用行动展现了学校的办学理念:自主创新、综合发展、追求卓越。

在交大附中办学理念的引领下,在管理人才输出的支持下,交初像初生的婴儿一般,从咿呀学语、蹒跚学步到稳健有力。2013年,交初第一届毕业班硕果累累,社会赞誉纷至沓来。从2013年至今,连续十届初三毕业班捷报频传、佳绩不断,学生的综合素养也得到了全面发展,在区级、市级、国家级的各类各项活动中表现优异,尤其是在数理科创竞赛方面取得了令人瞩目的成绩。

二、内涵建设　孕育特色

为探索新时代教育背景下,学校办学的转型发展之路,从2020年8月开始,张林书记和吕彩玲校长带领全体教职员工认真回顾和梳理校史,归纳总结历任校长的治校特点,发扬传承并创新变革,研究和制定了学校的十四五发展规划,系统构建了全面推动学校工作的框架;为实现学校工作综合统效,将学校工作划分为上述十大行动模块,每个行动模块框架相对稳定,但每学期每个行动模块的工作重心和策略有所不同。

(一)品质靠文化——看见人、激发人、成就人

"文化立校、共建共享"是2021学年学校工作的价值罗盘。"看见人、激发人、成就人,在成事中成人"也是学校工作的基本原则和文化主张。学校党政班子进一步梳理了学校的办学愿景、培养目标以及校训和三风。学校秉持"思源致远、创生卓越"的办学理念,遵循教育规律,努力将学校办成一所"绿色生态"的百草园学校。学校以培养"拥有成长型思维的问题解决者"为培养目标,尊重学生个性差异,采取"聚焦素养、统整课程、五育融合、扬长教育"的策略,促进学生"全面而有个性"的发展;以教师培训工作为抓手,以课程建设为载体,培养一支师德高尚、爱岗敬业、一专多能的研究型教师队伍,把我校办成浦东具有特色和影响力的民办学校,力求在上海和全国发挥示范效应。

(二)核心在质量——有标准、有规范、有评价

在十大行动的"高效课堂行动"中,学校针对教学五环节制定标准、加强规范。为提高教师撰写教学设计的规范性,从八个维度设计了教学设计模版:教材分析、学情分析、设计说明、教学目标、课堂教学思维结构、教学过程、学习活动设计和教学反思,每学期对教师撰写的教学设计进行八个维度的评价与反馈,同时将其纳入学期的绩效考核。

学校持续开展教师的命题能力培训,设计质量分析模版并指导教师进行有效的考试质量分析,依托质量分析平台的试题区分度、信度等数据反馈,指导备课组开展命题反思,不断提高命题质量。在双减政策背景下,我们优化设计了"考试系统",如期中考试全流程设计为:撰写命题说明—命题与审题—考试与阅卷—三级质量分析—年级家长会。上述工作旨在充分发挥考试的评价、激励、改进教学和提高教师命题能力的功能。

(三)特色靠课程——聚焦点、重多元、育素养

1. 学校课程体系。依据学校的培养目标——拥有成长型思维的问题解

决者,构建蒲公英"三色"生命课程:

(1)"基色"课程——基础素养培育课程。包括健康素养培育课程、学习素养培育课程、生活素养培育课程、社交素养培育课程。

(2)"底色"课程——学科类课程。主要指国家课程中的基础型课程和学科类拓展课,确保全体学生的学科基础扎实和相对均衡。

(3)"出色"课程——拓展型、探究型课程。主要是帮助学生发现自己的兴趣、特长的扬长课程,为学生的生涯规划提供认识自我的途径和方向引领。

德育教育夯实内涵建设,梦想起飞孕育特色文化。我校德育课程渗透在蒲公英"三色"生命课程里。根据每个年级学生的身心特点和学生成长规律,设置分层的各类专题教育活动。分层的德育课程贯穿在四年初中生活中,将学生的培养目标落到实处,为学生的成长奠定了扎实的基础。

2. 学校课程架构。学校课程管理采用"课程群"的管理架构,结合相应的综评要求,从四个课程群的角度逐步完善课程体系。

(1)人文与艺术课程群——生命的表达。"语言"与"艺术"均是生命体表达思想和情感的形式。涉及学科:语文、英语、历史、地理、音乐、美术等;结合综评:文学创作及艺术活动的经历及表现水平。

(2)社会与国家课程群——生命的意义。认识自我与他人,认识社会与规则,努力达己与达人。饮水思源,爱国荣校,是学校的校训,在学科教学中有效渗透和落实。涉及学科:道法、社会、礼仪教育、国际理解、社会情感能力等;结合综评:社会考察、公益劳动、职业体验、德育活动、国防民防教育。

(3)数学与科技课程群——生命的基石。人类社会的生存与发展有赖于对自然界的认识与利用,敬畏与爱护。涉及学科:数学、科学、物理、化学、生物、劳技、信息等;结合综评:探究学习、社会考察、科学实验、科技活动。

(4)健康与生命课程群——生命的力量。强健的身体素质与坚毅的心理品格是实现生命意义的有力支撑。涉及学科:心理健康教育、体育与健身;结合综评:体育运动、安全实训、健康教育、《国家学生体质健康标准》

测试。

（四）赋能靠技术——重建设、强实训、加速跑

学校发展离不开信息化技术的全方位支撑赋能，在完成学校信息化建设与发展十四五规划制定基础上，按照从基础设施、数据中台到上层应用分层架构和信息化建设必须服务于教育教学的设计思路，指导学校信息化软硬件建设和人员信息素养与技能提升。

完成校园网基础设施改造升级，重建中心机房，优化校园网络拓扑，更新新一代数字交换设备，确保数字化、信息化基础管道畅通。实现校园无线网络全覆盖，完成"1+16"教室智慧化改造，引入Class In在线教学平台。引入极课教学管理系统，进行快速组卷、批阅和学生学情数据统计分析，并对接安脉平台完成试卷质量分析，使用安脉平台进行智能优排课、全员导师制过程数据收集管理等活动。

在信息化应用的不断推进的同时，加强校企联合，与设备、平台及应用提供方深度交流，有计划、有步骤地开展各类培训赋能，不断提升教师队伍的信息化素养和教学能力，如在线互动、组卷阅卷、课件制作、视频剪辑、微课录制、数据分析等，学校则在功能实践、场景孵化和需求反馈方面给产品提供源源不断的一线素材，帮助产品不断优化完善，更加贴近实际教育场景。

三、面向未来　顺势而为

民办学校办学要尊重教育规律、坚持五育融合，走正道谋发展，使学校在大浪淘沙中破局重生。

1. 依法治校，提高精细管理水平。从改进学校组织架构、修订薪酬方案切入，加强制度建设和文化建设，将制度与理念有机融合，构建完整的民办学校的管理系统，为学校高质量的发展奠定基础。

2. 向内赋能，探索内涵发展之路。规范是民办教育当前和今后一个阶段的主题词。但规范只是手段，发展才是最终目的。向下扎根向内赋能，也将成为我校发展的转型趋势。

（1）转向深处——指向学科、教学和教育的本质。

（2）转向小处——做好学校的顶层设计，想大问题做小事情。

（3）转向高处——永葆办教育的情怀和理想。

3. 聚焦素养，推动课程的深度融合

（1）项目化学习与学校课程深度融合，指向学生核心素养培育。

（2）推动学科类项目化学习。聚焦开展三类项目化学习：聚焦学科核心素养的单元整体教学、活动类项目化学习和跨学科类项目化学习。

4. 聚焦素养，推动课程的深度融合。项目化学习能够促进课堂教学的变革，提升学校课程的品质，促进学校特色发展，因此我们将此作为学校转型发展的一个重要战略，并作出这样的安排：2021学年"探索年"、2022学年"融合年"、2023学年"推广年"、2024学年"变革年"。

十三载，披荆斩棘，精耕细作，桃李满天下；交中人，矢志不渝，勇立潮头，教育敢争先。回顾历史，艰苦创业的精神可歌可泣；静思冥想，砥砺前行的决心矢志不移；正视现实，成绩面前戒骄戒躁；展望未来，规范发展，强势突破。

（吕彩玲　执笔）

64. 乘风破浪　砥砺前行

闵行区民办马桥小学

近年来,随着工业化、城镇化的不断发展,进城务工人员越来越多,务工人员的随迁子女数量也急剧增加。上海各区制定相关政策,把进城务工人员随迁子女学校纳入民办教育序列。

一、艰苦创业　勇于开拓

上海闵行区民办马桥小学是一所以招收随迁子女为主的全日制小学,学校由上海民马劳动服务有限公司创办于 2009 年 8 月。学校建立理事会,由民马公司法人任理事长,实行理事会领导下校长负责制,纳入闵行区教育局民办教育管理体系。

学校的前身是川江小学和川申小学。自创办之日起,学校分为吴会和俞塘两个校区。当时的学校就像当时门口的烂泥路和矮平房一样毫不起眼,但是当年的创业者不甘平庸,在政府和理事会的支持下,披荆斩棘,奋力进取,加速学校的正规化建设。中老年教师尽心带教,悉心育人;一批青年教师入校打拼,敢于创新。经过全校教职工的共同努力,学生一学期比一学期多。

2012 年,俞塘校区搬至银春路 1750 号;2014 年,又搬到曾经是"华东第一村——旗忠村"的旗忠小学旧址,在这所留下过邓小平、朱镕基、杨尚昆、江泽民、胡锦涛、吴邦国等党和国家前领导人足迹的小学,学校进入了快速发展期,两个校区达到了千人规模。

2016 年 7 月,在闵行区教育局和马桥镇政府的关心下,两校区合并,迁入位于马桥镇富杰路 30 号新校舍。校舍设计为 32 个班级规模,占地

25 815平方米,建筑面积13 095平方米,教学楼面积4 785平方米。从建校初的500多名学生,9个教学班,20名教职工,到现在发展为36个班级,近1 500名学生,76名教职工。教师队伍中43.42%为35岁以下的青年教师,73.68%教师具有本科及以上学历。

建校13年来,为了让随迁子女与生活在同一片蓝天下的其他孩子一样拥有同样美好的明天,学校秉持"博爱、循规、自尊、自强"的校训,"向善、友爱、勤奋、进取"的校风,"敬业、爱生、奉献、创新"的教风,"爱国、诚实、勤思、乐学"的学风,整体办学水平逐步提升。3年以来,学校开展以"戏剧表演"为主要形式的快乐日活动,探索融体验情感、启迪智慧、丰富生活、开发艺术潜能于一体的特色教育活动,让校园真正成为学生快乐成长的乐园,学校办学特色进一步呈现,得到了社会和上级领导的认可。

二、凝心聚力　砥砺前行

学校一直把教研工作视为全面开展教育教学工作的重点,在镇学区办指导下,进行一体化教研;各学科组在中心组指导下开展各类教学研讨活动,教师得益颇丰。学校连续10年与公办学校强恕学校开展结对活动,促进青年教师快速成长;校内亦开展师徒结对活动,帮助青年教师专业成长。学校邀请专家、骨干教师进校指导,实施教师"1年合格、3年成熟、5年优秀"发展计划。针对教师流动性大,实施青蓝结对工程(后备干部、班主任、学科教师),加大校本培训的力度。学校的党建课题"随迁子女学校加强和改进新时代师德师风建设研究"获2020年上海市教育卫生工作委员会系统党建研究课题立项。2022年5月,学校承担了2022年闵行区小学在线教研工作任务,区级教研员深入语文、数学、外语、音乐、体育、美术、道德与法治等基础型学科调研。各教研组群策群力,磨课、评课,形成了浓厚的教研氛围。

新冠疫情暴发以来,学校按照上级防疫规定认真做好抗击疫情的预防工作。2020年2月,一年级七班的班主任兼年级组长刘婷婷老师被隔离在湖北大山中的老家,家中没有电脑,手机信号也不好,每次电话联系必须跑到山顶才有信号,每天坚持用笔记录班级孩子和年级组老师的身体状况及去向情况,整理好数据后再上报,常常忙到深夜。入党积极分子陈娟老师每天关注疫情的进展情况,帮助班主任用信息技术尽快完成学生出行等数据统计,展现出先进青年积极向上的人生态度。在这场没有硝烟的战斗中,教师们始终把疫情防控、师生健康安全保障放到第一位,为打赢疫情防控阻击战做出了应有的贡献。

2022年4月6日—5月8日,学校校舍被政府征用为隔离点,学校成立了专班入驻予以配合,先后收治隔离人员776人。4月6日下午,蒋丽丽老师接到校长紧急通知,派她去学校负责对接相关工作。因为不知什么时候能回家,而且隔离点面临的处境会更加危险,所以家人非常担心。但她像一个战士一样,没有半点推脱,义无反顾地执行命令,稍做收拾后就来到了学校,投入了更近距离的抗疫工作。学校成了她的"战场",办公室成了临时宿舍,她主动加入工作人员队伍,把学校不用的办公室、教室上锁、贴封条;把班级的物品进行打包放进教师办公室。病人入住之后,她克服生活上、饮食上的各种困难,当知道还有很多孩子也被隔离在这里时,她积极为孩子们解决上网课、打印作业等问题,尽心尽力地为隔离病人服务,让他们在困境中感受到温情。

2022年疫情期间,学校共有44名教职工参加了社区疫情联防联控工作。在特殊时期,教师积极地提供志愿服务、无怨无悔地默默付出,体现了根植在随迁子女学校教师心底深厚的教育情怀。

三、抓特色教育　促师生发展

学校依托"快乐活动日"开展以"戏剧"为特色的兴趣活动课,培养"合格＋特长"学生。学校共成立了60多个学生社团,每位教师带一个社团。每学期期末的戏剧会演,为每位孩子树立了自信。为了提高教师的社团指导能力,学校先后请上海话剧艺术中心老师指导话剧表演、合唱等,在带教老师指导下,学到了新的技能,提高了指导学生社团的能力,做到了与学生共同成长。近年来,区教育局和马桥镇区域课程网球落地本校,近300名学生已经开始了在专业教练指导下进行网球学习。

学习马桥文化,编写介绍马桥文化的宣传册,成立手狮舞队,传承千百年的独特的"舞狮"文化,体味闵行马桥非遗之美。加入学区的"悦读马桥"特色课程,让学生从中了解了马桥的风土人情、自然风光、人文历史,从而更好地融入上海。

学校还以"新中国成立100周年"为抓手,融合校园各种活动,整合仪式庆典、传统节日,精心策划及设计活动,凸显校园综合活动的育人价值。通过建立民办马桥小学少工委,开展庆祝中国少年先锋队建队70周年系列活动,增强了少先队员对少先队组织的光荣感、归属感。

近年来,全校师生铆足干劲、不懈努力,教育教学管理水平取得了跨越式发展。近3年来,在区科技、体育、艺术等活动中近百位学生获奖。2018年、2019年分获全国啦啦操联赛(上海站)第二名、第一名;2019—2020年全国啦啦操联赛冠军。在闵行区第二十七届运动会青少年组田径运动会上取得男子团体第八、女子团体第二的好成绩。本学年度,共有31名教师获市、区、镇、校各级奖励,全校教职工76人,受表彰的人数占全校教职工人数的40.7%。

四、强化安全教育　创建平安校园

学校每学期定时排查校内外的安全隐患,对电线电路,学生学习、生活设施进行认真检查,有问题及时进行整改。让全体教师签订安全责任书,提高教师们的安全意识,落实安全责任。向班主任发放安全教育宣传资料,开学的第一堂课就是安全教育课,开学的第一周为安全教育周,教育学生注意交通安全、卫生安全、消防安全等。每学期定期由法制副校长进行安全教育讲座,组织安全演练,还定期举行安全教育活动、办安全教育手抄报、办黑板报,利用文化橱窗等加强安全教育宣传,增强了师生的安全意识。全体教师无怨无悔、不计报酬承担早晚看护,近年来没有发生一起安全事故,安全工作效果明显。学校被评为上海市安全文明校。

五、依法治校　展望未来

学校不断探索依法治校新路径,根据依法治校相关规章制度,夯实依法治校工作基础。为适应新时代发展需求,学校对各项规章制度进行了修改,2022年又修订了《上海闵行区民办马桥小学章程》。

学校通过教职工大会和家长委员会实行"双轨"监督沟通机制。一是发挥全校教职工大会职能,促进学校规范发展。学校定期举行教职工大会,充分履行民主管理和民主监督职能。每学年全体教职工在教职工大会上对行政班子成员在德、能、勤、绩四个方面进行民主评议,聆听群众心声,推动学校进一步发展。二是发挥"家长委员会"优势,提升学校形象。学校成立了"家长委员会",通过家长进校园参与"家长体验日"活动,了解学生在校的学习生活;通过组织班级校外活动,带领学生走进社会,拓宽学生的视野。学校被评为上海市依法治校标准校。

建校13年来,在为随迁子女的教育服务上,马桥小学书写了浓墨重彩的一笔。展望未来,我们将满怀豪情,认真扎实做好各方面的工作,做到不忘初心,牢记使命,砥砺前行,开拓创新,以崭新的面貌阔步迈进,齐创马桥小学更加美好的未来。

（张　玲　执笔）

65. 依法规范促改革 同心协力谋发展

闵行区华虹小学

在钟灵毓秀的闵行虹桥,闪耀着一颗光彩夺目的教育新星;在清幽宁静的紫藤路上,崛起了一座奋勇前进的普通小学。这里,是梦想起飞的地方;这里,是激扬青春的舞台。这就是上海闵行区华虹小学。

华虹小学成立于2009年,是一所接收外来人员随迁子女的小学,学校占地面积12 446平方米,图书馆、电脑房、阅览室、形体房、综合实验室等配套设施一应俱全,茂林修竹与芳草鲜花随处可见,文化内涵与时代气息充盈其间,体现了现代教育理念下人与自然的和谐发展。

10多年来,在政府和教育主管部门的关心、支持下,学校坚持"立德树人、成人成事,让华虹每一个孩子健康快乐成长"的办学理念,以"提升教师专业素养,引领学生健康成长,促进学校内涵发展"为办学目标,默默奉献、孜孜不倦,促进了学校内涵特色发展,提升了师生生命质量。

一、管理变革

2010年6月以后,华虹小学先后成立了党支部、团支部、工会、少先队组织,经过正本清源的一系列变革举措,学校得以正常运转、健康发展。

(一)党建引领,筑牢思想根基

学校全面贯彻党的教育方针,坚持用习近平新时代中国特色社会主义思想铸魂育人。校领导认真参加学校中心组专题学习,严格落实双重组织生活要求,发挥党员干部领学促学作用。党员教师通过集中和分散学习相结合的方式进行思想教育;教职工则通过政治学习、自学、参加专题讲座、红色寻访等活动,提高思想认识。作为闵行区(随迁子女学校)唯一一所创建全国文明城区重点点位学校,学校更是充分发挥党员先锋模范作用,凝聚全体师生智慧,积极建设文明校园,营造和谐育人氛围,得到各级领导一致好评。学校还带领全体教师认真学习习近平总书记给少年儿童的寄语,围绕社会主义核心价值观开展形式多样的仪式教育和主题活动,将红色基因根植学生心中。全体教师充分发挥课堂教学主渠道作用,挖掘学科中蕴含的思政教育元素,引导学生从小感党恩、听党话、跟党走,为成为合格的社会主义建设者和接班人奠定坚实思想基础。

(二)规范管理,确保办学质量

学校依法依规坚持公益办学,自觉接受教育行政部门管理和监督。严格执行各项管理规章制度,保障师生合法权益。建立安全工作领导小组,不断完善各类安全制度和应急预案,分工明确、层层落实,确保师生平安健康。落实教学常规管理,实行"推门听课"制度,学校行政和教研组长坚持做到每学期对每位教师至少听1—2节课,对青年教师多次跟踪听课,及时反馈存在问题,助力教师教学改进。鼓励教师用好校内外优质课程资源,加强集体备课。组织教师认真学习并落实"减负增效"文件精神,开展基于课程标准的教学与评价实践,有效减轻学生作业负担。认真做好学困生转化工作,促进学生学业质量整体提升。

(三)文化建设,提升办学品位

确立以"美育教育"为办学特色的发展目标,我们构建了学校、家庭、社会三位一体的育人体系,全面引导学生健康成长。学校关注人与自然的和谐统一,为师生创造宁静、优美且布局合理的校园环境,按照楼层布置"艺术走廊""科技墙""文化墙""荣誉墙"等,展示学校"五育"成果,做到让每一面墙壁会说话,让每一处景观能育人。学校以"竹文化"为核心,引领每一位师生修炼正直品行,培养高尚情操。树立全员育人意识,聚焦课程和课堂,深入挖掘每个学科的育人价值,依托学校龙头课题"'三全育人'理念下的小学德育工作实践研究",引领全校教师全程育人、全方位育人,构建生动、活泼校园,打造学校特色,提升学校办学品位。

(四)师资建设,锻造优秀团队

一支优秀的教师队伍,是学校可持续发展的生命力所在。学校用"六个严禁""十个不准"和《中小学教师职业道德规范》严格要求教师,开展"学四史,铸师魂"争做新时代"四有"好教师的活动,以"感动华虹好教师""教学能手"、骨干教师和优秀班主任的评选以及教师职称评审等工作为抓手,激发教师工作热情,增强职业道德感。以"新基础教育"理念为核心,统筹安排校本研修计划,努力转变教师落后的教学观,扎实开展育人研究活动。每学期末要求教师撰写教学案例、教育叙事、读书笔记等,培养教师分析问题与解决问题的能力,帮助教师完成由他律向自律的飞跃,提升团队整体育人素养。

(五)丰富课程,实现五育并举

严格按照国家课程方案和上海市年度课程计划,结合本校实际情况,制订本校的年度课程计划,并做好三类课程的日常管理。围绕"立德树人、成人成事、让华虹每一个孩子健康快乐成长"的办学理念,以"自力更生为主,争取外援为辅"的方式,开发出一系列打破学科壁垒、实现五育融合的校本课程,如手工编织、剪纸、十字绣等。对学校传统活动如体育节活动、艺术节活动、读书节活动、心理健康教育活动进行课程化改造,开发足球、篮球、中国象棋、乒乓、中国画、手工编织等特色项目。针对每个年级学生身心特点,每学期开设10节心理健康教育课,帮助学生养成良好心理素质。这些五育融合课程(见图1)不仅丰富了学生的校园生活,促进德智体美劳全面发展,还培育了学生自尊自信、积极向上的心态。通过学校网站、宣传栏以及微信群与家长进行信息互通、资源共享,有效促进家校联系。学校搬迁、环境布置、护校安园、协助孩子参与社会实践……只要学校有所呼,家长必有所应。我们还与社区建立了长期合作关系,引导学生争当志愿者,开展打扫卫生、宣传垃圾分类、给养老院送温暖等公益服务活动,践行社会主义核心价值观。引导教师举办暑期足球、乒乓球训练营,帮助解决学生假期留守难题,赢得了家长的普遍赞誉。

二、办学成效

在全体师生的共同努力下,2012年至今,学校获得了"全国青少年校园足球特色学校""上海市安全文明校园""上海市平安校园示范单位""上海市依法治校标准校""上海市心理健康教育达标校""上海市绿色学校""闵行区

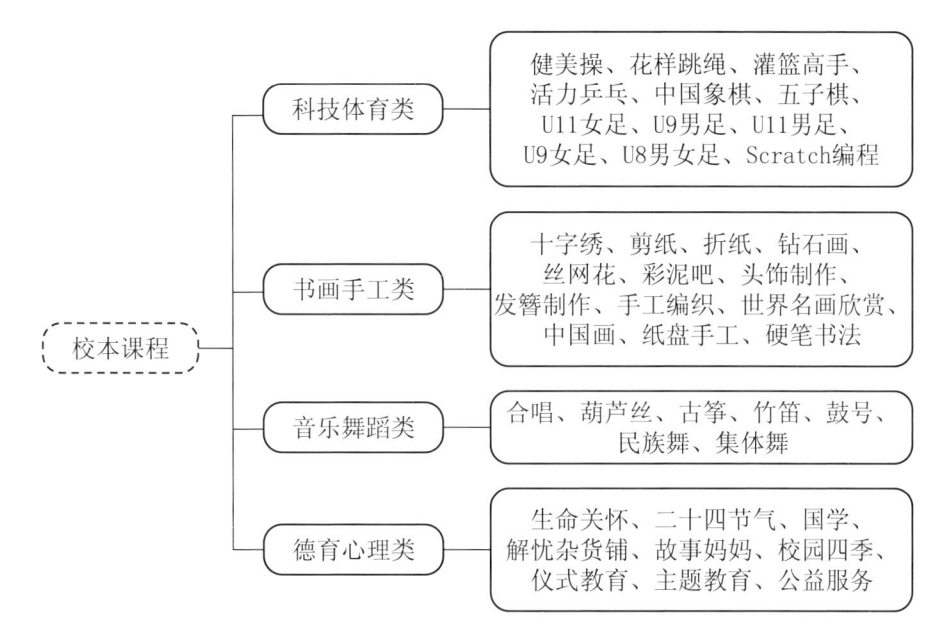

```
                            ┌─ 科技体育类 ── 健美操、花样跳绳、灌篮高手、
                            │               活力乒乓、中国象棋、五子棋、
                            │               U11女足、U9男足、U11男足、
                            │               U9女足、U8男女足、Scratch编程
                            │
                            │               十字绣、剪纸、折纸、钻石画、
                            ├─ 书画手工类 ── 丝网花、彩泥吧、头饰制作、
  校本课程 ─────────────────┤               发簪制作、手工编织、世界名画欣赏、
                            │               中国画、纸盘手工、硬笔书法
                            │
                            ├─ 音乐舞蹈类 ── 合唱、葫芦丝、古筝、竹笛、鼓号、
                            │               民族舞、集体舞
                            │
                            │               生命关怀、二十四节气、国学、
                            └─ 德育心理类 ── 解忧杂货铺、故事妈妈、校园四季、
                                            仪式教育、主题教育、公益服务
```

图 1　校本课程五育并举

文明单位""闵行区行为规范示范校""闵行区优秀家长学校""闵行区教育系统基层先进党组织"等荣誉称号。

2016年度、2019年度上海市小学学业质量绿色指标学校报告显示,我校学生学业水平、身心健康、品德和社会化行为等10项指标均高于区、市平均水平。学校在2020学年第二学期闵行区小学教学工作会议上作了题为"求真务实提质量,五育并举促发展"交流发言。2020学年的闵行区五年级绿色指标学业质量调研结果显示,我校学生语数英成绩均高于随迁子女学校平均分。

眺望前方奋进路,学校将继续围绕"立德树人、成人成事,让华虹每一个孩子健康快乐成长"的办学理念,以校本研修为载体,培育教师专业自觉,提升育人素养。将"竹文化"有机融入德智体美劳的五育课程中,不断打磨"竹文化"特色品牌。结合"全国足球特色学校"工作,推动学校内涵特色发展。

（吴叶红　执笔）

66. 学校的核心是课程竞争力

民办华曜嘉定初级中学

民办教育如何行稳致远？如何为社会主义教育事业做出更大贡献？这是值得所有民办学校深思的问题。当前，民办学校必须提升自己的核心竞争力——课程的竞争力。把课程建设好，才能把学校建设好；把学校建设好，这才是民办学校对时代做出的最好回答。课程建设每个学校都在做，要胜人一筹，必然是"人无我有，人有我优，人优我先，人先我变"。上海民办华曜嘉定初级中学（简称"华曜嘉定"，原上海民办华二初级中学）过去、现在、未来一直在做着这样的努力和探索。

一、华曜嘉定的扁平化管理是课程建设的前提保障

一是作为民办学校，华曜嘉定管理团队精干得力，校长在总体负责的基础上领衔教学，书记主要负责党建和后勤，副校长主要负责德育。对于课程建设而言，可以做到分工明、响应快、汇报少、范围小、调整快。

二是实行德育教学合一的工作机制，教研组长和年级组长形成"两长会议制"，校长、书记列席参与。这样的制度使得学科和学科之间、年级和年级之间、教学和后勤之间、德育和教学之间无缝衔接，人员安排、场地使用、活动时间、学科协作都能得到高效协调。效率带来的好处是强大的执行力和调整力。

三是党团队一体化制度，把学校的党员教师、团员师生、少先队凝聚在一起，形成高效率、统一性的教育教学团队和工作团队。把党建、团建、少先队建设尽可能融合，形成合力，减少层级，提升效率。

扁平化管理带来的高效率是华曜嘉定作的一大优势，为课程建设在快

人一步上提供了制度保障。

二、育人理念的明确和转变是课程建设的方向指引

（一）明确使命

民办教育的运行带有民营单位的特征，但教育教学的目标依然是毫不动摇地培养社会主义接班人，必须坚决落实"五育并举"的方针，严格执行国家课程标准，落实教学大纲，使用统编教材这是民办学校的基本使命。

（二）理念转变

1. 从育分到育人。民办学校为了求生存而"育分"是短视的，全面"育人"才能赢得老百姓长久的支持。只有一切为了孩子，为了孩子的一切，才会有源源不断的孩子走进华曜嘉定。

2. 从单干到联盟。华曜嘉定并不认为闭门造车可以成就一所好学校，相反，我们和公办学校结成教学联盟，与丰庄中学、启良中学、戬浜学校互通有无，共同进步。其中，丰庄中学"小白板分组讨论"方法就被我校语文组吸纳，丰富了本校的课程。

3. 从分班到走班。近几年，"摇号招生"的生源质量确实存在参差不齐的现象，"一刀切"的教学不利于因材施教。我们根据学生阶段性的表现，实行一星期一次的英语和数学走班制教学，既保留了绝大多数课程的原班级教学，也兼顾了学生客观存在的差异性。而且，走班并不是固定的，是流动的，这也激发了学生的内驱力。

4. 从分人到分题。为了更加自然地保护学生的自尊心，又尊重学生的差异性，语文学科提出了"必做题＋选做题"的作业模式，让不同层次的学生都能选择适合不同难度的学习内容，同时在课堂上通过全面学习、思维碰撞，学到全部内容。

5. 从班级到品牌。为了更好地激发学生对班级的热爱，增强学生的归属感和认同感，华曜嘉定要求学生把自己的班级当作一个品牌进行建设，形成独特班级名称、班旗、班徽、班训、班服、班规等班级文化，让学生在品牌建设的过程中增长知识，发挥才能，培养能力。

华曜嘉定，首先敢想，然后敢干。育人使命的明确，育人理念的转变，为课程建设指引了方向。身未动，而心已远。

三、已经取得的课程建设阶段性成果

课程简单地说，课程就是让学生可以上到什么课？学生可以经历什么样的学习过程？华曜嘉定为学生提供了丰富、可选择的课程，设置了伴随学生成长的"行程"。

（一）在统编教材的基础上形成了多学科的口语课程

长期以来，由于笔试垄断性的存在，导致读写能力远远强于听说能力的局面。为此，华曜嘉定开发了课前演讲的课程，包括语文的"说文解字""成语推荐""俗语妙谈""试说新语"等口语表达，道德与法治课的"时政演讲"，以及英语课的"课前推荐"，形成了教学规范，进行了教学评价，积累了教学素材。让学生个个能"上得台面"，人人能"发表观点"，潇洒从容、清晰流畅，双语会话、娓娓道来，这是华曜嘉定一份独特的课程及课程追求的目标。全面铺开的口语教学，这或许是诸多公办学校尚未开设的课程，这正是"人无我有，人弃我取"的课程指导思想的表现之一。

（二）落实"双减"，延时服务，提供丰富的选修课

在每天的 15:50 以后，我校开放 80 余门选修课，涵盖法语、话剧、摄影、烹饪、击剑、垒球、法律、人工智能、木工制作、传统剪纸、艺术体操等项目。我们挖掘资源，营造氛围，形成了老师开选修课、家长开选修课、外请专家开选修课的局面，律师、教授、工程师、艺术家、家庭主妇都走进华曜嘉定的课堂。选修课完全由学生自己选择，对于不选择的个别学生，也提供图书馆供学生看书或者自修，充分尊重孩子的意愿。

（三）突出特色，科创显著

学校延续了华二高中的科创特色，已经形成了科创教学团队、科创竞赛辅导机制、科创专用实验室、科创选修课的课程体系。2016 年，成为上海科技馆"馆校合作共建学校"。多年来，我校的科创成绩在上海处于领先位置，不仅在初中领先，即便是和众多高中相比也不逊色。

（四）德育课程化，全面融入学生成长

以大队部为核心，利用学校的全部资源，将校园活动规范化、课程化。我们将"科技节""艺术节""运动会""民俗文化节""14岁集体生日""毕业典礼"等形成融入华曜嘉定学子成长历程的德育课程，成为每个华曜嘉定学子的学习经历。在这样的课程体系中，学生的德智体美劳、听说读写演，交融在一起，把学生作为"整个人"来培养。

（五）引入名家，开设文化类课程

学校常年开设"合作讲坛"，邀请赵丽宏、陈引弛等名家来学校演讲；开发《中华文化》《单元朗诵大系》《单元写作大系》《文言写作尝试集》等教材；利用晚自习播放世界电影欣赏，让住宿生每周看一部好电影，并形成华曜嘉定的影视欣赏库；开设不同年级的青春期生理和心理讲座……进一步丰富了学校的课程，如细沙填满石缝，把学生的心灵填充得更加丰盈。

铁打的课程，流水的学生。一套完备的课程体系为一所学校提供了教育教学的基础，相信孩子的可塑性，尊重孩子的模仿性，激励孩子的参与性，期待孩子的创造性，既有教无类，又因材施教，最终得以解决民办学校生源、师资不稳定性所带来的办学困难。

民办学校要为社会主义事业培养人才，我们认清自己的使命；民办学校应该是公办学校的有益补充，我们认清自己的定位；民办学校只能用自己的课程和服务获得生源，我们认清自己的发展路径。肩负使命，明确定位，看清方向与路径，这是我校未来可持续发展的前提。

未来的日子里，华曜嘉定肩负使命，继续推进民办学校的课程建设，建设社会需要的民办学校，搭建起师生个人奋斗与"中国梦"两者之间的逻辑桥梁，让民办教育的发展汇聚成推动国家发展的动力，为每一个中国梦的实现贡献土壤和力量。

（吴宏皓　执笔）

67. 正确做好当下 达成更好未来

民办福山正达外国语小学

2010年8月,浦东新区沈家弄路870弄1号,出现一所新学校的校名:上海民办福山正达外国语小学(简称"正达")。自成立以来,正达在上海民办教育蓬勃发展的大势中,立足"百年树人"信念,着眼于孩子的未来,着力于优质教育的长效发展,不断开拓创新,成为受到社会广泛认同的优质教育体。2016年9月,南校区在沪南公路2061号开学,办学规模为30个班级。扩大办学规模,优质资源溢出,不仅满足社会的民生需求,承担政府教育公平与均衡的任务,更是办学、治学的一份社会责任。

学校秉承"为学生的未来而教"的理念,以培养具有正气、大气、雅气、灵气的"达人"和走向世界的中国人为育人目标,锻造现代优质教育。学校打造开放的课程教学,倡导"体验多元文化;培养国际视野;开发多元潜能;促进个性发展",不断改革学习方式,让学生在主动参与中掌握知识、形成技能,在智力水平、身体素质和情感认知上获得全面发展。学校投身信息化时代变革,云课堂、混合式学习,给师生创生更多成长可能。学校获评"微软全球领航学校""教育部国培项目基地学校"等,入选上海市第二批、第三批民办特色学校、项目化学习实验校。

一、在办学中凝练特色

10年建校历程,正达积极实践办学理念,形成办学特色。育人目标像阳光、空气、水分,弥漫在学校的每个角落,影响着每一天、每一事、每一人。

特色之一:"你+我"(学校文化)

学校中的每一个人都体现着正达的办学追求,展现着正达的精神风貌,表现着正达的课程文化。正达强调"我在正达,我很重要""凡我所在,皆为正达""正达荣耀,有你有我"。优秀的学校文化,将校园中的每一个个体凝聚在一起,秉承相同的理念、坚持相同的目标,竭尽所能、各尽所长。团队成为一个整体,你中有我、我中有你,相互依存、相互支持。

特色之二:"乐学+创新+发展"(办学理念)

"乐学每一天":正达人把学校变成了学生的花园、乐园、学园、家园,孩子在这里感受融洽、美好、和谐、自然的生活。在这里,他们发挥天性、享受情趣、锻炼思维、形成智慧,逐步养成终身乐学的习惯。

"创新每一事":无论学校管理者,还是教师和学生,做每一件事都能秉承"崇尚一流,追求卓越"的精神,发挥每个人的潜能和智慧,力求把每一件事做好,做到极致、做到完美。

"发展每一人":正达人关注每个孩子的成长,让每一个孩子尽其所能,成为最好的自己。正达教育者坚信,每个孩子都要发展,每个孩子也都会发展。学校为学生提供符合不同学生心理、生理特点的环境和条件。

特色之三:"体验+探究",创造经历,探索发现

基于对学生年龄特征和学习规律的理解,正达全面设计学生课程,主张"在体验中经历,在探究中发现",如各种节日体验活动,称之为体验课程;各种人文探究、科学探究、工程探究项目,称之为探究课程。项目化学习(PBL)成为学生转变学习方式,获得成长经历和发现机会的重要途径。

特色之四:"平台+舞台",获得能力,提升气质

正达发挥课程设计与资源利用的优势,将节日活动、学科活动、文体活动等课程资源予以全面开发,在各个方面为学生搭建平台。平台之上,有名师指路、有大师点拨,也有孩子们成长的步伐,或是勇敢走出第一步,或是渐入佳境,展现其个人的才情与天赋。在这里,舞台不只是演出之地,更是增加胆魄、提升气质之所。正达的舞台属于孩子,他们在这里获得另一种角色体验,感受另一种文化品位,发展另一种领袖气质。

二、探索高质量发展

正达优质教育的发展过程中,形成了现代学校质量管理体系。在学校

委托管理方面开展了大胆的探索与尝试,优秀的教育思想与管理模式在更大范围内得到推广应用。现代学校管理的制度创新与文化品格,彰显优质教育品牌的责任感和社会效益。

学校办学规模的拓展,是时代与社会转型中、教育优质均衡进程中"好中选优"的产物。本校的10年发展历程,由一所学校到多所学校的集团化办学成为民办教育发展的见证者、践行者、推动者。

优质教育资源迁移都要突破瓶颈,无论是显性要素还是隐性价值都附着于人,而人的个体差异往往会造成走样和"拷贝"失真。为此,正达探索现代学校管理的制度创新,利用集团统一平台开展研训一体化输出,文化融合不排异;形成良性竞争,提升教学质量,促进内涵发展。

正达的拓展是价值移植,以课程为核心,进行特色的课程研发与迁移;正达的"基因拷贝",聚焦教育内涵。无论是在浦东拓展新校区,还是从学前至中学的学制贯通;无论是杭州、宁波,还是南阳,正达的品牌溢出,都直达价值领域:梳理、提炼办学内涵与特色,达成共识;育人目标、课程与教学方式、教育管理、师资发展等模式对集团学校全开放,"拷贝"迁移。管理体系、品牌价值、标准化建设、视觉识别系统、观念系统……从显性的"正达紫"校服统一标识,到隐性的价值追求、校园文化、氛围等认同感的建立,使得正达教育成为一个紧密型的学习共同体,集团每个成员对品牌塑造加以增值而不是稀释。

借助《质量管理手册》,用标准规范现代学校治理;基于统一标准,确保底线质量,凸显特色。手册作为规范性文件,是学校各项管理工作的基本准则和行动指南。这套相对健全、科学、规范、统一的学校制度体系,不仅体现着正达办学站在了一个更高的起点,更标志着现代学校制度建设迈上了一个新台阶。通过《正达教师手册》,大家能够认识到学校的期望是什么、标准是什么、规矩是什么,各自作为团体中的一员应该如何思考和行动,如何尽心尽责地肩负起教育使命。

组建一个"智囊班底":总校长领导下的专业职能部门引领的各学校(校区)校长负责制,下设:中西融合课程项目室、教师发展室、课程教学室、学生发展室、教科研室、人力资源室、事业发展室、信息资源室、后勤服务室、质量管理室等。研发和事务性的管理工作，通常由教师兼任，一个专人负责，变为一个专业职能部门"精英部队"牵头跨界协作，各校区同步推进。校区校长负责，确保校长、教师专注于核心业务领域，始终保持对学生的关注、对课程的关注、对教育质量的监控。

形成一套管理培训制度：新学期工作会议制度、教学管理工作会议制度、管理人员月报制度，这是正达学校管理培训中最主要的三种形式。每月一次的教学管理工作会议制度，由课程教学室组织全体课程教学管理人员、教研组长、备课组长参加，提升教学管理人员的认识水平和实践能力。全体管理人员向总校长每月递交一篇工作月报，从学校整体发展的角度介绍、反思所负责条线近期主要工作的开展情况，获得帮助。每学期末举办新学期工作会议，全体管理人员聆听总校长报告，是全校管理人员的管理大培训、思想大融合、精神大洗礼、行动总动员、力量新集结。

发展一支人才梯队：新校区需要新校长、新中层、新骨干教师队伍的扩容，这是办学质量的根本保障；更需要人员有归属感、认同度，才能保证"拷贝不走样"。集团内如何做增量？外聘者如何内化？正达的管理文化：相信学校中每个人都是希望自己进步的；每个管理者都应该像校长一样思考；"崇尚一流，追求卓越"成为全体正达人的共同信仰。鼓励优秀教师"越级"站位，对中层管理人员，要求突破部门站位，要有时代研判与社会关注视角，既提高办学品位，又培养了人才梯队，从而形成持续供给的"校长苗圃"。而对于招聘加盟的校领导，则进行"影子"培训，短则数月、长则一年，到总校进行浸润式学习。在紧密型的学习共同体中体验、传播正达的隐形管理文化。

回首10年来时路，正达一直在攀越、一直在前进。乐学每一天、创新每一事、发展每一人。展望未来，正达的现代优质教育品牌，在上海民办教育发展的新时期，定会有新探索、新成就。

（孙学文　执笔）

68. 远放歌声意悠长　鲲鹏万里同我翔

民办远翔实验学校

上海浦东新区民办远翔实验学校,原为上海民办建平远翔学校(简称"远翔"),成立于2011年4月。学校秉持"合格+特长、规范+选择"的办学理念,坚持素质教育,努力培养学生的综合素养,塑造学生健全的人格,让每个孩子充满神圣和庄严。学校成立以来,一直努力提高教育教学质量,进行课堂教学变革,在改革创优的路上步履不停。

一、智慧建设　高效管理

2011年4月,学校初创。源于建平,始于远翔楼。2013年9月,远翔学校定址于五莲路1020号,于基泰校长带领远翔人对校区进行分期改造。

学校注重智慧校园的建设,配备现代化教学设施设备,无线网络、电子白板、电子书包柜、测温门等大数据信息采集设施做到了全校覆盖。科学创新实验室配有完备的3D打印系统、生物数码显微镜以及先进的理化生实验设备,配备了三维扫描仪、机械手臂、台虎钳、钻台等设备工具,让学生动手自己去制作、创造。

学校尤其注重信息化和数据分析在教育教学中的重要作用。全校教室全部配备教学一体机,并实现最新Wi-Fi6和5G带宽高速无线网络覆盖,为数字化教学提供基本保障;学校建立超过20TB空间的私有云,满足学校教师教学资源的共享、学校电子资料的存档,实现数据的流转和存档。依托钉钉平台,实现学生的基本信息、成绩信息、荣誉信息等学生在校信息的集中收录和管理以及学校考试网络阅卷。

二、理想办学　活动育人

"合格＋特长、规范＋选择"是远翔的教育宗旨。在这里,我们为孩子们的未来做起点上的思考,尊重个性差异,构建适合学生的教育。我们坚持于基泰校长提出的"四无"教育:"无赏识不教育""无活动不教育""无实践不教育""无体育不教育",让师生的校园生活变成一个个成功而精彩的故事。

在远翔,我们站在孩子的角度,走进孩子的内心。"多蹲下来听孩子说话,你看到的将是一个纯真无邪的世界。"于基泰校长就是这样一位爱学生的"亲民"校长。下雨时,他会站在马路边帮学生们打开车门,撑伞送他们走进校门;运动会的间隙,校长会席地而坐,给学生们讲故事;时常能看到他随手捡起地上空瓶碎屑的身影,还时常听到他在办公室跟学生就某个物理问题聊得热火朝天。校长是一个学校的灵魂,凭借着对教育事业的无比热爱、对每个学生关心负责的态度,于校长让整个远翔都充满了爱。

"无赏识不教育",对待学生,老师用心倾听,尊重包容,用自己的坚持与不放弃,帮助孩子直面学习和生活中的问题。高玉香老师的班里有3个化学学习相当困难的学生。高老师带着他们积极面对学习道路上的"拦路虎",不断地鼓励他们,哪个孩子有进步,高老师就会在班级第一时间表扬他/她。高老师在她分享的"远翔故事"里写道:"要相信每个孩子都有成功的愿望,相信每个孩子都有成功的可能,相信每个孩子都能成为最好的自己！但前提是:我们要做到不离不弃,一个也不能少！"我们相信,发自内心的真情能够浇灌出美丽的成长之花。

"无活动不教育",在远翔,我们通过丰富多彩的各类活动及实践,全面提升学生能力素养,培养良好品质。"930"活动是学校传统大型主题德育课程之一,以国庆节日为背景,开展爱国主义教育,并在多个平台展示学生的风采。2021年是中国共产党建党百年和远翔建校十周年的美好日子,"930"主题为"红星闪闪照远翔",包含了升旗仪式、主题班会、体育嘉年华、游园会(主题馆)、金秋赛歌会、社团活动、冷餐会、师生篮球赛、狂欢风情秀和大舞台10个板块。"930"大小舞台的摄影摄像、幕后工作多由社团骨干和学生干部来担任,充分开发了学生潜能,激发学生的创造力。

除了"930",远翔还定期举办"学雷锋爱心义卖活动""科技节""文化节""六一歌会""迎新音乐会"等大型校级活动,还有心理健康月主题活动等不定期的社会实践活动。这些活动不仅丰富了学生的校园生活,更教会孩子们要爱国家、爱学校、爱生活、爱自己。

"无实践不教育"。远翔对活动实践的重视不止于组织形式上,更在教育教学理念上。于校长作为一名特级物理教师,随身必备一颗实验用的小球,用它来演示生活中的物理现象,激发学生的好奇心与求知欲。他常常因势利导,启发同学们关注课堂中的种种神奇现象,思考其背后的原理,激励同学们积极探索。远翔教学楼的大屏幕上常常展演着学生的实验发现、研究报告、科技作品,走廊上橱窗里常常展示着学生的书法绘画、手工制作等。在平时的选修课、社团课中也有动手又动脑的活动实践,典型的如远翔农场、吉他社、演讲社等。

"无体育不教育"。远翔人始终坚信生命在于运动,良好的体魄是一切的根基。运动会上不仅有精彩的体育项目,还有于校长完美的解说。学校的常规比赛不只有运动会,春有"篮球季"、冬有"快乐跑",还有跳踢比赛、拔河比赛。这些体育活动既有利于强身健体,又培养了学生的坚强毅力和团结精神,让远翔学子们深刻体会到为集体争光的荣誉感和责任感。

于基泰校长指出,学校的产品是服务,"四无"理念已经渗透在远翔教育教学的方方面面,是远翔办学思想的深刻内化与具体表现,对这一理念的践行使得远翔学子在丰富的活动中学习,在实际的行动中创造,展现出不一样的少年风采。

三、研究课堂 创新评价

打造有生命力的课堂,让每个学生的社会化和个性化和谐发展,是远翔课堂改革的初心与目标。多年来学校一直聚焦课堂,致力于对课堂教学秩序重构的探索和实践,引导学生发挥课堂主体作用,最大限度地调动学生的学习积极性,提高课堂教学效率。在这一背景下,开创了"QHT课堂",形成了个人自主前置学习(Q)、小组合作学习(H)、拓展学习(T)三位一体的学习方式。

"QHT课堂"是远翔人对课堂教学的理解、探索与积淀。这一成果历经三个阶段：首先，"翻转课堂"。当国际上刚开始流行可汗学院，远翔就开启了属于自己的慕课时代，目前已积累了相对完善且丰富的微视频体系；其次，从模仿到探索。远翔人结合微视频、有效作业、合作学习继续深化课堂改革，每个学期组织学科"辩课"活动，真正发起了对课堂组织教学秩序的重构；再次，学校外聘专家进行教学理论的培训，组织教师模拟学习过程，深入课堂将这种学习方式进行推广实施，形成了目前比较科学的"QHT课堂"。

远翔积极建设独具特色的课程体系，在按照上海市中小学课程标准设置基本课程的同时，开设适合学生个性发展的"定制课程"。教师在充分了解学生需求的基础上，明确目标，关注过程，及时评价，让学生以正确的方式、正确的过程进入"在学习"状态，实现"真学习"。

在"双减"背景下，远翔积极探索，提出了诊断性评价、等第制评价和多维度评价的复合评价方式。诊断性评价重在引导学生从学习目标、潜力和效率对考试结果进行自我分析，从而产生更加深刻的理解与反思，对下一阶段的学习状态进行自我调整；等第制评价以等第取代分数，降低学生焦虑情绪，真正发挥考试对学生的激励作用；多维度评价通过提供具有学习导向性的诊断建议以使学生明白自己的优势、薄弱环节，引导学生学会自我诊断，扬长补短，让每位学生真正成为学习的主人。

四、强化教研　赋能成长

在学习这条路上，没有终点可言，无论是学生还是教师。要教会学生学习，教师自己要先学会学习，终身学习。学校通过创新教学理念、引入专家指导、加强教师培训、激发教研互动等一系列举措为教师赋能，打造了一支创新型、高素质、专业化教师队伍。

结合新时代立德树人的要求，远翔开展了以强化服务意识、认识赏识功能、建立大班概念、优化教育环境为目标的培训活动。围绕远翔四个"一"，即"一张笑脸""一颗爱心""一门绝技""一身正气"的教师综合素养要求；四个"无",即"无赏识不教育""无活动不教育""无实践不教育""无体育不教育"的育人理念,老师们用生动的故事案例阐述内涵,分享经验,旨在提升教师学科专业素养、职业道德水平,推进教育教学改革。

线上教学期间,于校长特意为全校教师编写了"在线教学三字经"。于校长还鼓励青年教师认真向各位资深教师学习,夯实自身的专业素养,利用"直播回放"功能,进行自我诊断,精心打磨课堂,提高自身的学术水平,为打造有生命力的远翔课堂而努力。

远翔为教师提供了良好的学习平台、培训课程和实践活动。远翔的教师也通过深入学习先进的教育理念和教学方法,更加明确自己的方向和目标,为学生的持续发展提供支持与服务,努力做一个习近平总书记所强调的"有理想信念、有道德情操、有扎实学识、有仁爱之心"的"四有"好老师!

无论是借助信息技术构建全新教学环境与教学模式,还是运用教育教学智慧引导学生高效学习与健康成长,在民办教育变革与超越的路上,远翔从未停止上下求索的步伐。在新的时代背景下,学校秉承"办家门口的好学校"这一理想信念,将牢记初心、砥砺前行,教学相长、共促发展!从雏鹰到雄鹰,远翔将在更广阔的天地里展翅翱翔!

(高榕蔚 执笔)

第三个十年

(2012—2022)

69. 风正一帆悬

民办进才外国语中学

上海民办进才外国语中学创建于 2012 年 5 月，是进才教育集团旗下的民办初级中学。学校全面贯彻党的教育方针，坚持非营利性办学方向，落实"立德树人"的根本任务，以培养具有"公民人格、国家意识、国际视野、创新精神的谦谦君子、大家闺秀"为目标，打造学校特色课程，不断提高教育品质，已成为浦东新区人民群众满意的优质民办学校。

一、学校治理体系的基本构成

按现代学校治理的相关要求和上海市教委的相关规定，学校加强党组织建设，落实"双向进入，交叉任职"的要求，充分发挥党组织、理事会、监事会、教职工代表大会、少代会和家长委员会各主体机构的能动作用，提升整个学校的现代治理水平。

1. 党支部：书记 1 名、党员 25 名，支部委员 5 人，分别负责教育教学、人事、后勤和工会工作。党支部书记王从连是由全校党员以无候选人直选的方式产生的，保证了书记在党员和群众中的威望。学校实行党政交叉任职，同步管理，保障"育人为本、德育为先"的育人理念落实到学校各项工作中，保证党的教育方针得到全面贯彻和落实。

2. 理事会：学校理事会由举办人、校长、支部书记和教职工代表组成，共同参与学校重大事项及教育教学问题的决策。理事会每年召开两次会议，在学校章程、发展规划制定，审核学校预决算及其他重大问题等方面进行集体决策。

3. 校务委员会：校务委员会由校长、校务主任、教导主任 3 人组成，实行校长负责制。学校行政机构整合成校务处和教导处,校务处负责日常行政事务、安全、后勤保障;教导处负责教育教学、师训、学生管理。学校实行扁平化管理,常规管理重心下移到年级组。

4. 监事会:监事会成员3人(其中党员代表1人、教师代表1人、合作单位代表1人)。监事会依据国家有关规定和学校章程对学校办学行为进行监督。

5. 教职工代表大会:学校每年召开1次全体教职工代表大会,向全体教职工汇报一年中学校的重大事项,回应教职员工关切的重大问题,凝聚人心,共谋发展。

6. 少代会:学校少代会成员由各班推荐,经过民主选举产生。学校每年举行一次少代会,代表们给学校各部门提出建议、意见,各部门负责人在少代会上直接做出回复。

7. 家委会:学校设置了校、年级、班级三级家委会,完善家校联系,定期举行家长学校活动,不定期举办全校性和分年级的家长教育专题讲座。

二、学校治理体系的特色

1. 党建引领。学校党支部按照习近平总书记对教育工作提出的"全面贯彻党的教育方针,解决好'培养什么人,怎样培养人,为谁培养人'这个根本问题"的新时代要求。在学校工作中,始终坚持把政治建设摆在首位,坚持社会主义办学方向,落实"立德树人"的根本任务,构建"三为,四守,五爱"的德育课程体系,促进学校有特色,高质量发展,成为浦东人民满意的民办学校。

2. 务实精干。在保证学校规范治理的同时,学校还力争低负高效,小机构办大事。王从连校长结合自己多年在进才中学的管理实践和经验,决心建立一支务实精干、高效负责的管理队伍。他删繁就简,将学校所有行政机构整合成校务办公室、教导处两个部门,行政人员只有7人。两部门之间既分工负责,又密切协同,确保了学校各项工作的有序高效开展。同时,学校借助年级组长负责制,将许多工作下沉至年级组,年级组每天对学生的行为规范等方面进行记录,确保发现问题能及时得到解决。

3. 全员服务。学校积极推进"全员导师制",使教师成为学生的良师益友,党员教师主动结对"后进生",做好转化工作,引领教师成为大先生,做学生"为学、为事、为人"的示范榜样。特别是王从连校长深入教育教学第一线,使广大教师和家长看到了一位专家型校长的教育情怀和专业水平,也使每一位学生感受到了成长的幸福。在王校长的亲身垂范下,全体教师和家长都爱校爱生,对学校充满感情。班主任盛莲萍老师,用爱抚慰特殊家庭背景的学生,像妈妈一样关爱孩子的心灵,谱写了动人的师生情。面对2022年3月上海突发的新冠疫情,全体师生因"疫"而坚、迎"疫"而进,坚守育人初心,借助"钉钉""腾讯会议"等工具搭建起了广阔的在线教学平台,将学生们紧紧地连接在了一起。每一位教师用实际行动"守好一段渠、种好责任田",为"线上教学"这场教学"大考"交出了一份份最好的答卷。

三、学校治理的成效

(一)质量:德育为先、低负高能

1. 学校系统设计育人目标,全面演绎"文化立校、人文见长"的办学理念,建立全员、全程、全方位的德育架构,以"五爱""四守""三为"为育人主线,全面落实于教育教学之中,育人成效显著。

2. 加强教学常规管理,实施全过程质量监控,完善教学过程管理,认真落实教学六认真(备课、上课、作业、辅导、测试、反思),努力做到精、细、实。

3. 学校坚持"轻负担,高质量"的教育价值追求,通过打造高效课堂,培养一支学习型、智慧型的优秀教师团队,从而实现"低进高出,高进优出"的发展目标。

4. 学生各科学业成绩逐年稳步提升,合格率100%,且达到优秀的持续保持在70%以上;学生积极参加校内外的各个专业竞赛,成绩良好。上海市学生学业质量绿色指标测试结果显示,学生的各项指标达成度均表现优秀。

(二)服务:精心精致、各方满意

1. 学校完善学生工作机制,强化学生发展指导。通过全员导师制,借助

"问向"数字平台,建立了良好的导育关系。学生积极参加校内外的各项专业竞赛,成绩良好,各科学业成绩逐年稳步提升,学业质量各项绿色指标达成优秀。

2. 学校每年定时组织实施艺术节、读书节、科技节、体育节,积极探索课程育人、文化育人、活动育人、实践育人、管理育人、协同育人常态化、制度化。学校重视学生社会综合实践活动的开展,社团门类齐全、内容丰富,满足学生个性发展需求。

3. 学校坚守义务教育的公益性,推崇"育人不育分",严肃招生纪律和收费规定,规范课程教材管理,不乱征订教辅资料,努力落实"双减"和"五项管理"规定,抓住"提高课堂教学有效性"和"高质量设计作业的针对性"两个重点,提高对任课教师教书育人的基本要求。在2021年"教师发展性评价"线上问卷评价中,平均96.9分,得到社会高度认同。

4. 重视后勤管理,确保师生安全。后勤工作坚持为教育教学服务,为师生服务的宗旨,开源节流,优质服务。"安全工作重于泰山"。学校每学期定期进行安全教育活动,强化师生安全意识,每天有值周班的志愿者学生和老师在餐厅、运动场所值日巡视,食堂餐饮人员证件齐全,饮用水供应方符合要求,并按规定定时检测水质。

(三) 特色:品牌优势、日渐明显

1. 学校开发了近60门特色课程,分为科学实践类、人文社会类、艺术审美类、体育健康类、数理逻辑类、语言表达类六大领域,着力构建以"外语"、"科创"为龙头的特色课程群,初步实现课程的丰富性和选择性,满足学生的个性化学习需求。

2. 培育科创素养,开发科创课程。以"科学盒子"课程为龙头,开设系列科学探究活动课,建设科创特色课程群,形成科创素养的培养链,积极推进项目化学习,向深度学习方式转变。已研发设计出10余款探究性学习系列科普教育课程、课件,在上海科普公共服务平台线上发布,线上推广量(含网络点击)已达10万多人次。

3. 围绕"五爱""四守""三为",创新德育课程。以爱党、爱国、爱校、爱家、爱己为"五爱",守法、守纪、守信、守礼为"四守",为人、为生、为学为"三为"的德育主线,建立了不同年级的主题德育内容。通过实施全员导师制,努力挖掘各种教材中的德育元素,做好学科德育工作。借助"问向"数字平台,建立良好的导育关系,组织多样的受导活动,完善导育工作机制。同时,班级管理、导师工作、心理咨询的三者协调推进机制也在建立与完善中。学校建立了副班主任自主申报聘任制,使得教学相长的局面相得益彰。

4. 借力优质资源,开发高端课程。学校充分利用中国科学院丰富的科学教育资源,加强教育和科研及社会各界资源的对接与联合,成立了研学课程中心,开设"科考研学课程",研制编写《课程手册》《文献阅读手册》,通过课程主题引领学生系统地认知世界,提高综合运用知识解决问题的实践能力和创新能力。

2022年学校迎来办学十周年。通过10年的努力耕耘,学校从弱到强,成为老百姓心目中的优质民办名校。学校是上海首批通过认证的民办学校,也是上海市科学技术委员会"科技创新行动计划"科普领域特色项目立项学校,这是全市包括科研机构、院所和高校在内的立项单位中唯一一所中学,可谓10年耕耘,成就斐然。

学校的特殊品牌还有:上海中小学财经素养项目合作联盟校;上海中心气象台授牌学校为"气象科普共建教育基地";浦东教育发展研究院授牌学校为"浦东新区创新素养培育实验校";教育部民族民间文艺中学授牌学校为"文化寻力项目基地学校";中科院京区科协、中科院上海分院授牌学校为"科创培优基地学校"。

"潮平两岸阔,风正一帆悬",经过10年探索,学校正走在正确的办学道路上,已形成可持续的成熟高效治理模式。在转型时期,民办学校面临新的挑战和新的机遇,学校全体师生将不忘初心,扬帆奋进,以优异的成绩庆祝建校10周年的到来!

(杨 黎 执笔)

70. 打好文化底色　构建育人新格局

金山区枫叶学校

上海金山区枫叶学校(简称"枫叶学校"),自2013年建校至今,不挑生源,艰苦发奋创业,不讲条件;砥砺前行开拓,不求束缚;特色内涵发展,不辱使命。在学校发展历程中机遇与挑战并存,面对时代变换促推陈出新,"双新"实施聚五育并举。学校始终坚守育人初心,以包容、创新的态度迎接教育变革,开展"五维联动"文化传承计划活动,引导学生筑牢中华传统文化之"根",铸造理想信念之"魂"。

一、以德立人,固本明德涵养品格

学校充分挖掘节日文化内涵,以传统节日为载体,强化节庆教育,探寻民族记忆,传承文化精髓。通过开展创享"心"抗疫、悦读共守"沪"云上朗诵分享会,以及汉语戏剧节、经典书籍读书月等活动,以文养德,让学生从中国传统文化经典中了解中国、读懂中国,强化学生对传统文化的认同感,挖掘传统文化中德育价值,为学生提供精神指引。

二、以智启人,文化引领启智赋能

课程引领为先。不同于IB课程体系、A-Level课程体系,枫叶学校在实施国家课程的基础上,开发学校课程是具有知识产权的国际理解教育课程,也是融入中国元素的国际认证课程。学校课程分为英文课程、中文课程、汉语语言课程和英语语言课程四大板块,凝聚了枫叶中外教育专家、教师团队5年的研究开发心血,拥有自主知识产权,获得国际权威认证,具有鲜明中国特色,培根铸魂,启智增慧;行动上师生齐动员,教师参与"基于枫叶课程的教师SMART团队建设"项目,促进教师不断实践和反思,专业可持续发展。学生积极参与国内外各类赛事,线上线下,成绩斐然。学校师生明确奋斗目标,不断提高综合素质,努力规划自己,成就人生精彩。

三、以体健人,强健体魄展现魅力

每年秋季,枫叶学校都会精心策划校园运动会暨运动嘉年华活动。枫叶学子在青春成长的同时,享受运动的快乐和培养热爱运动的情操——枫叶仪仗队、国旗方阵、会徽方阵、武术等魅力展示,脑力和体力、传统与现代、体育竞技与青春校园融为一体,带来运动与美的享受。每年秋季,学校还会以福克斯长跑的运动形式开展运动公益活动,跑出强大、跑出善美。此时,每一位枫叶人都是青春的代表,是朝阳的化身,是传递爱的火炬手。新冠疫情期间,学校还以"云锻炼""云打卡""云选拔""云挑战"的方式组织学生开展运动,以此强健体魄,磨砺意志,专注学业,报效祖国。

四、以美育人,华夏韵味向美而行

东方文化别具一格,博大精深,一针一线、一刀一纸、一唱一和、一熔一绘等皆可担负起哺育思想的责任。高中美术课程标准提到立德树人是教育的根本任务,学校的美术课程注重培养学生了解美术与自我、美术与历史、美术与世界文化方面的联系,弘扬和传承中国传统文化价值,这也是枫叶学校美术教师在美术教学中不断探索的方向。教学理念的变革带动创意构思的多元化,在一幅幅学生的文创作品中呈现了出来。这些年轻而耀眼的生命个体充满着朝气,作品中涌动着对未来的希望以及对自我的肯定,最终回归到对中国传统文化的认同。这类品鉴传统名画的实践活动,带领学生寻找华夏之美,深挖美育内涵,给学生带来了思维方式的转变,学生的思维广度和深度从二维空间延展到了三维空间。学生在构图、色彩、线条、空间、质感、肌理上寻求不同的变化,又在传统绘画作品中汲取养分,不断迭代更新呈现出更多元、更人文、更具创意的设计作品。

五、以劳塑人,锤炼本领增长才干

社会是最好的课堂,生活是最好的学校,技能是最好的本领。枫叶学校鼓励学生在劳动教育中践行社会主义核心价值观,平时特别注重培养学生的动手实践能力。尤其是新冠疫情期间,在全面进行学情调研的基础上,根据学生在时空、能力以及学习需求等方面因素,在学习时间和学科内容上进行了个性化实施,探索校本课程的多元化构建。"麻辣牛肉、剪刀面、各色家常菜……"同学们通过亲手为家人制作鲜香可口的饭菜,动手能力和基本生活能力明显提升,家校协作实打实,家校互动心连心,构筑学校、家庭与社会的同心圆,引导学生树立"懂生活、会生活、爱生活"的价值观念。

六、节日活动,打造底色文化育人

学生成长有阶段,段段都是"关键期"。枫叶学校坚持把立德树人作为根本任务,把德育工作渗透到学生成长的方方面面,构筑起具有枫叶特色的"育人大厦"。为大力弘扬中华优秀传统文化,引导学生从德智体美劳"五育"中体会中国文化的内涵,枫叶学校将五育并举与中秋节相结合,打好传统文化底色,构建文化育人新格局。

(一)2019年,中秋文化周:白玉刻千古,明月照我心;班级文化庆:明月满枫园,中秋寄相思

枫叶学子,身在学校心归家,传统的节日,不变的相思。中秋文化周,学生在老师的指引下,书写以"明月满枫园,中秋寄相思"为主题的家书,向爸爸妈妈汇报校园新生活或者描述未来的生活、学习理想等,表达对亲人的思念和感恩。晚自习期间,预备班的新生们还在老师的带领下,制作孔明灯,亲手写下自己的中秋愿景。而在高中部大厅处的纸灯笼,则随附灯谜,吸引了不少初中学生观赏、猜谜。中秋节当天,部分学生穿着具有中国传统特征的服饰,以此独特方式点缀校园中秋活动。

(二)2020年,中秋文化周:浓浓中秋意,片片枫叶情

月圆中秋双节至,情满枫叶意更浓。值此佳节来临之际,枫叶学校开展了中秋文化周系列活动,用枫叶人的独特方式品味不一样的中秋佳节,同时

也引导学生进一步了解我国的传统节日、传承民族文化。

（1）中秋三行诗征集。以三行诗歌的方式，提笔抒发内心深处的情感和心情。无论是对家人的祝福，还是对节日的看法，都一一书写在信纸上展出，而其他学子发现自己喜欢的三行诗，也可以贴上红花来表达自己的喜爱。

（2）中秋月饼制作。为了让同学们体验到做月饼的乐趣，并且通过月饼制作感受幸福的味道，让朋友、老师、亲人也能分享到我们亲手为他们准备的月饼。学校组织同学和老师一起做属于自己的月饼，将这份爱传递给亲人或朋友。每位参与其中的同学都真切地了解到中国的传统文化，收获了节日带来的快乐与幸福。

（三）2021年，中秋文化周：中秋祝福——那些稍纵即逝的幸福

唐人张九龄在《望月怀远》中感叹："海上生明月，天涯共此时。"宋人苏轼在《水调歌头》里安慰天下人"但愿人长久，千里共婵娟"。清人李渔在《闲情偶寄》中称桂花为"天上之香"，它来自广寒宫的神话。中秋之夜，笼罩四野的月华和飘过头顶的桂香，好似从月中落下、云外飘来，留待天下人共享。月的存在就是如此独特，它打破时空的束缚，让我们在分享中获得温暖与祝福。

（四）2022年，中秋文化周："佳节同聚枫叶园，共享人间好时节"

月寄相思，浓情中秋。开学季，迎中秋。新学期的中秋文化周涉及手工制作、穿汉服、做月饼、民乐演奏等环节。分为三个板块：妙手生花汇中秋；炊金馔玉品中秋；古风古韵迎中秋。

绘就传统文化底色，走新更走心，共同构建文化育人新格局。研究传统节日，设计活动方式，赋予节日更多的教育内涵，节日将具有新意。举五育之力，融多学科之通，提升学生校园生活品质，让传统节日焕发出全新的教育力量，实现其育人价值。

（张唯昔　执笔）

71. 栉风沐雨　挚爱致远

华旭双语学校

2015年元月26日，这是一个载入上海华旭双语学校（原华东师范大学附属双语学校）史册的日子。龚德辉校长凝视着刚刚写完的《以忠诚和追求，向人民奉献一所无愧于时代的学校》的规划，不禁陷入了沉思。凝结了40多年的教育实践，在可以功成身退的年龄去创办一所全新的学校，她想要的绝不是一所一般意义的学校，而是一个教育的理想国。今时，再读规划，依然能感受到她当年的意气风发。

一、一元初始

龚校长对于教育的真知灼见、言行中投射出来的大家风范，吸引了一批充满热情的教育人。在时任华东师范大学校长陈群、嘉定区党委书记马春雷等领导的大力支持下，学校很快组建起了一支热爱教育、充满活力的初创团队。当时的安驰路校区还在改建工程中，中小学校区仅是一张图纸，所有的工作都只能假座上海国际汽车城大厦702办公室进行。创校前途充满不确定性，但当年轻的初创团队围坐在校长身旁倾听她描述即将展开的教育蓝图时，无不感到憧憬与鼓舞。学校在嘉定区委、区政府和教育局的关心下，依托华东师范大学对中国教育体系和教育教学前瞻性的研究成果，整合国际汽车城集团打造的国际社区资源，引进正心谷创新资本，2015年秋季招收了首批362名学生。从此，上海西北角多了一处实践全人教育的乐土。

创业从不会一帆风顺。安驰路校区使用后不久，就发生了"塑胶场地"风波，家长们将对孩子健康的担心全部以怒气的形式宣泄到校长和管理团队头上。本着关爱孩子的宗旨，学校不计成本，将崭新的塑胶场地全部铲除,平息了风浪。两年后,由于新校区延期交付,不得不租借临近的公办学校继续办学,龚校长带领师生度过了一段难忘的"共享校区"的经历。校长坚定沉着地将700余名师生紧紧地护在身边,直至2018年9月成功地迁入南安德路新校区,自此学校正式进入快速发展阶段。在龚校长的领导之下,所有管理团队齐心努力,激流勇进,平复了2018年的"一筐烂番茄"舆论危机、空气质量风波,完成了学校教育与管理顶层设计、多元化可选择的课程体系建设、优秀中外教师团队组建,并成功申请成为"IB"项目学校。

2022年,这所学校已经更名为上海华旭双语学校(简称"华旭双语"),逐渐在教育界崭露头角。截至2022年6月,华旭双语学生人数已接近1600名,7年内增加了5倍。全校教职员工300多名,包括60余名外教。学生毕业质量喜人,在上海、长三角地区乃至全国产生了影响力,逐渐成为一个社会各界和教育行业内认可的教育品牌。华旭双语中西融合的教育设计,也为上海国际汽车城的国际社区奠定了多元文化和教育服务的基础,为吸引人才、引进投资、提升嘉定教育多样化的布局做出了贡献。

二、挚爱前行

新冠疫情反复无常,都无法阻挡华旭双语前进的步伐,学校响应国家"幼有所育"的号召,2022年秋季进军了学前教育的普惠板块,至此华旭双语学校已拥有4个校区、5个学部,教育生态呈现多样化、可选择的格局。

《民办教育促进法实施条例》实施以来,一系列政策措施给中国的民办学校指明了正确的发展方向。在龚校长的带领下,全体华双人审时度势,排除万难,学校成功地保留在民办学校行列,2022年5月顺利更名为上海华旭双语学校、幼儿园更名为上海华旭幼儿园,开启了打造华旭教育品牌的新征程。

2022年,学校管理团队认真总结自创校以来的发展历程,提炼学校管理和教育特色,学校明确了以"贯彻党的教育方针,融合东西方教育理念,提供适合每一个学生全面发展的优质现代教育"为使命,坚持"依法办学、鲜明特色"的办学路线。"华旭双语学生成长教育体系"的重新梳理更是将学校育人方向、途径和目标进行了理论研究和系统阐述,明确了华旭双语中西融合的全人教育的实施路径。

华旭学子在各级比赛中屡获荣誉。近3年来,194人次荣获国际级别奖项、138人次荣获国家级别奖项。创校以来,学校始终受到教育主管部门和民办教育协会的关怀,学校发展也受到了社会各界的关注。在协会的指导下,学校成功承办了《第一教育》"相约百年"教育论坛,学校的教育理念和教育实践被新华社、学习强国、《文汇报》、澎湃新闻等知名媒体专题报道。2021年,学校主动接受上海市民办教育协会评估咨询中心"学校认证"评估,经过多位业内专家长达近半年的评估审核,获得民办学校认证首牌,这也是对学校7年办学成果的充分肯定。

三、内涵创新

创校7年,华旭已经初步形成了现代化的管理体系,提出了"大教育、小行政"的管理理念;学校以"道德自律,职责自勉,矛盾自化,失误自担"勉励管理团队践行现代学校管理制度;符合现代学校管理理念的制度设计和保障措施激励着教师团队积极进取,自主发展。至今,学校在确保国家育人方针并开足开齐国家课程的同时,已经成为一所优秀的IBDP世界学校、IBPYP世界学校、剑桥考试中心、SSAT考试中心、托福考试中心和爱丁堡公爵国际奖基地,为现代化的教育实践增添了国际化元素。历经七载,学校已经逐步形成鲜明的教育教学特色,包括K-12双语教学体系、中西融合的艺术和体育教育、K-12跨学科的STEAM特色课程、学生成长教育体系等,充分体现了"优质、融合、多元、关爱"的教育追求。

华旭双语致力于培养"以中华优秀传统文化为根基的,具有国际竞争力的成功学习者"。为了达成这一培养目标,学校建构了包括180余门选修课在内的多元化、可选择的课程体系,其中幼儿园至高中的"中华优秀传统文化课程"成为华旭教育一大特色。目前,全校优秀课程教师在校内外专家的指导下,采用边实践边研究的方式,完成了教学目标、核心素养与能力、能力发展指项、K-12教学方案的设计,并出版了幼、小、初、高四学部配套读本。

项目团队通过课程实施,不断探索增强学生对于中国文化的理解、认同、自信及责任的途径,努力尝试融合中西的课堂教学方法,提升传统文化对于学生成长的正向影响。这个研发团队也成了教师专业成长平台,获得了一定的成就和荣誉,其中"中国故事,中华强音"入选上海市首批中小幼"中国系列"课程,"国际教育视野下的幼儿园至高中中华传统文化校本课程设计与实施探索"入选嘉定区"大中小德育一体化建设"区级课题。

四、未来可期

作为一所新创立的民办学校,华旭双语始终坚持依法依规办学,遵守各项法律规范,不断完善学校管理制度,积极推进党组织与行政领导班子双向进入、交叉任职,保证了党组织在重大事项决策中的地位。在初步达成五年规划的基础上,根据新的法规和政策,制定了《第二个五年发展规划》,以确保学校建设和发展始终锚定创校初心,对准创校愿景。

在未来5年中,学校将基本完成法人治理结构和现代学校制度的体系建设;完善现代学校管理架构;形成具有中国特色、现代特征的学生教育教学工作体系;实施以教师专业和领导力发展为核心的人力资源发展行动计划;创立以科学规范为目标的学校市场运营管理体系;建立在理事会领导下的政府、社区、学校、家庭良性协同发展体系。同时,华旭双语将在既定的教育价值观的引领下,全面建设和完善学校教育教学管理体系;做实、做强九年一贯制义务教育阶段的国家课程,做精、做大双语融合课程;以数字化转型发展推动教育评价改革;创造真正适合每一个学生健康全面发展的教育体系。

华旭双语将继续在一个微观而具体的领域实践中国教育走向现代化的进程,在民办教育的赛道上通过公平、优质、具有特色的教育为国家贡献力量。在新的征程中,全体华双人将以殚精竭虑之精神、以奋发图强之勇气、以创新致远之襟怀、以卓越不凡的教育为中国铸造百年教育之光荣梦想继续奋进!

(黄雪锋 徐彦昕 执笔)

72. 做优课程体系 推动高质量发展

民办位育中学

2021年"双减"政策出台,就民办位育中学而言,似乎需要做出的调整并不多,因为我校从2016年开始就借助学校课程体系的建设,已经逐步落实了"双减"的要求。

一、课程体系实现"双自主"发展

（一）明确课程建设方向

从2016年初中部招生开始,我们希望学生的初中生活应该是"体验丰富、有成就感、终身受益",为此,通过德育型、基础型、拓展型、探究型、活动型等课程构建了本校的课程体系。

（二）充分挖掘资源

从2016年开始,六、七年级学生,每周二用一整天时间到上海市位育中学进行非学科学习。依托上海市位育中学的各类优质资源,我们开展了学科素养拓展、科创探究素养、艺术体育能力素养三大类近40小类的各型课程。即便在当下小升初升学制度、中考考试制度、中考招生制度改革密集落地的背景下,我们依然每周二下午半天都在上海市位育中学开展学生素质能力培养。同时,初中部利用本身的资源开设了14个学生社团,每周拿出半个下午时间,丰富学生体验,培养学生综合素养。初中部规模不大,我们就充分挖掘校内潜力,如实验员教学生纸藤花艺、图书馆管理员教学生吹口琴、教务员教学生串珠编织、地理历史老师带着学生做园艺……

（三）把握时代脉搏

学校建校开始就专门引进了机器人课程,并不断与时俱进更新课程内容。从一开始机器人拼装,到后来机器人编程,再到后来机器人与人工智能、与3D打印结合。六、七年级每周2节课确保每一个学生都参与课程;也有一些孩子发掘了自己在这方面的兴趣,继续参加八年级的机器人课程的升级体验,课堂外也还能保持热情,甚至到了高中还坚持着自己的兴趣。

除了提高动手能力、创造力,学校还注重学生科学素养的提升。我们请到中科院专职研究员带着学生进行科学研究,从选题、实验验证、结题报告,完整地体会科学研究的全过程,有70多位学生参与其中。学生还走进上海、南京、贵州的中科院科研院所进行研学。

(四)搭建人人参与的课程平台

学校每年还有五大学科主题周。主题周在让学科能力突出者、学科爱好者有展示机会的同时,确保每个学生都能找到参与的角度。比如,数学周,不仅数学爱好者喜欢,擅长美术的同学可以设计数学校本练习的封面,擅长表达的同学可以参与数学讲堂,讲数学家的故事,甚至表演等。

二、课程促进全面发展

我校学生牢记一句话:"我们不输分数,但不唯分数。""不输分数"也得益于我们的课程建设。2016年,我校就开始了校本练习的编制,之后每年都进行修订。从最初的语数英3门发展到现在9门校本练习,语文、英语校本练习还有不同的小类。

我们专注于课改、考改的研究,用刘晓舟校长的话来讲,就是要预判。六年级科学课进实验室操作、解剖、实验等真刀真枪地历练,理化实验考对于我校学生无压力。2021年体育中考新增项目,我校将乒乓球作为考试的主项之一,为此在本来就局促的空间里设法摆了六张球桌。从2016年开始尝试国内国际双通道、初中高中"4+3"课程方案。通过助力班的分层指导形式,给予不同类型孩子以个性化的指导。以上具体实践案例,从不同角度体现我校对于课程体系建设的努力。也正是这些课程体系,确保了我校学生从入校那天就能在立德树人导向下德智体美劳全面发展。

三、科学规划课程体系构建

课程建设在学校建设中处于基础性、核心性、战略性地位。我校主要从三个方面即目标引领、机制保障、实施落实来构建完整的体系。

(一)课程目标引领

课程建设就是落实党和国家德智体美劳全面发展、立德树人的教育方针。就民办位育而言,高中国际部具象为"国家情怀、世界眼光",初中部具象为"公民意识、英才特质"。课程建设目标的重点是国家课程的校本化,做到"三个吃透":吃透课标与教材、吃透评价要求、吃透学生实际;"三个转化":转化为全体共识、转化为教学策略、转化为训练体系。目标的确立是为了形成统一的方向,形成指导行为的共识。具体到课程建设实践,我们有明确的策略和路径,即结合实际、统筹规划、骨干引领、全员参与、定期评估、滚动推进,从而形成具有本校特色的课程建设与实施机制。

(二)课程机制保障

在课程建设与实施机制中最重要的是教师队伍建设,我校"在国家课程校本化的实施过程中实现教师队伍自主发展,再以更优秀的教师队伍不断完善课程建设及其实施"的良性循环。具有自主发展意识的课程建设与实施者,应是一个自觉的、理性的、严谨的教育工作者,知道目标、知道内容、知道过程、知道规律,有底层思考,有宏观架构,不盲目。

(三)课程实施落实

具体到课程实施的思路是:课程设计专业化、课程实施活动化、课程学习全员化。民办位育创办以来,在刘晓舟校长的运筹下,一直秉持三高追求:"高起点建校、高标准规划、高水平运行"。过去5年,我们根植于位育文化,通过高标准课程体系的规划、建设,确保了学校的高水平运行。

由国家颁行的"双减"政策,表明我们当今对学生成长的关注不是一时,而是立足未来,立足长远。学校只有通过课程建设,提升自我,才能从真正意义上落实党和国家的教育方针。

(刘晓舟　江　涛　执笔)

73. 风雨兼程创校路　砥砺奋进谱新篇

嘉定区世外学校

上海嘉定区世外学校是隶属于均瑶集团旗下的一所民办九年一贯制学校。2016年5月,南翔镇政府引进"世外"优质教育品牌,创办上海嘉定区世外学校(原校名上海嘉定区世界外国语学校,简称"嘉定世外"),位于南翔镇惠桂路255号,占地50亩。2017年9月,学校迎来首批六年级新生,暂借交大附中嘉定分校校舍办学。2019年9月,学校迁入南翔新校舍,迎来了第一届一年级新生,开启了嘉定世外新的里程碑。2020年,迎来了摇号的第一届学生;2021年,学校送走了第一批初三毕业生。2022年,嘉定世外更名为"上海嘉定区世外学校"。

办学五年来,嘉定世外秉承教育初心,坚持立德树人、五育并举,在区教育局、世外教育集团和社会各界的关心支持下,在朱萍校长的带领下,全体教师不断锐意进取、团结奋进,教育特色初显,教学水平拔尖,获得了社会各界尤其是学生和家长的好评。今年是民办中小学教育改革发展30周年,回顾嘉定世外风雨兼程的创校路,感到教育的重任在肩,未来依然任重道远。

一、艰苦创校,创设世外文化

2017年,创校团队包括朱萍校长在内的7名教师,来到暂借的校舍,从一个楼层开始,开启了嘉定世外的成长之路。这是一个闲置已久的教学楼,因年久失修,墙面斑驳,很多地方还有降水渗透的水渍,教室里除了裸露的电线、破旧的讲台黑板外,空空如也。朱校长站在这里环顾四周,不免唏嘘。不过,她胸中又立刻燃起了一股激情——既然这里是嘉定世外的起点,那么,就用我们的双手把它打造成梦想中嘉定世外的样子吧。

对于这个小小的校舍的设计,既要麻雀虽小五脏俱全,又要能够体现嘉定世外的文化内涵,朱校长颇费了一些踌躇。除了整体校舍的检修和粉刷,为了给孩子们一个温馨舒适的学习环境,利用已有的天窗自然采光,将周边的墙壁粉刷成嘉定世外的主色调紫色和橙色,"变"出了两盏巨大的"顶灯",时尚而又温馨。教室内铺设地毯,放上了色彩明快的课桌椅,为孩子们打造了每个人的储物柜和鞋柜,让教室有了"家"的温馨。利用现有的资源,打造了集舞蹈房、音乐室于一体的多功能厅。利用比较多的楼梯转角,打造了阅读角,让孩子们可以随处有书,营造了书香校园的氛围。

"每一面墙都会说话!说出了世外文化!"这是来嘉定世外视察的教育局领导情不自禁的感叹。确实,在这个处处都是白墙的楼层里,如何进行文化渗透是朱校长打造校舍的另一个创意。"社会主义核心价值观"、学校的培养目标与核心理念等在醒目处都有标识。除此以外,还有为每一个孩子量身定制的"笑脸墙",记录孩子们初入校园的可爱模样;"感恩墙",记录孩子们成长路上对祖国、对社会、对他人的感恩之情;"成长树",记录孩子们在学校一路成长的印迹;"荣誉墙",记录孩子们斩获的荣誉和佳绩,激励他们继续奋勇向前……你可能很难想象,这一切,都只在一个教学楼的一层楼面里,在朱校长的带领下,在嘉定世外创校团队的共同努力下,一个功能齐全、富有现代化气息、充满温馨家园之感的校舍以崭新的面貌呈现在眼前。看着这一切,大家的眼眶不由得湿润了,这才是梦想中校园的样子啊!

二、五育并举,创建特色内涵

嘉定世外秉承教育初心,坚持立德树人、五育并举,致力于培养"走向世界的现代中国人",培养具有"中国心、世界眼、现代脑"的社会主义建设者和接班人。在这里,具有"爱心、优雅、大气、自信"气质的嘉定世外学子,在学校的培养目标下,积极参与、努力实践、主动合作、勇于创新。

学校为孩子们精心打造了以国家课程为基础的富有嘉定世外特色的课程体系,打造了富有特色的德育课程。小学的德育课程中,劳动教育让人耳目一新。根据各年级学生特点,设计劳动教育序列,循序渐进地培养孩子们的劳动意识和劳动能力。校园五大节日（英语节、体育节、科技节、悦读节、魔法节）、新年音乐会、GRIT 户外领导力课程、"梦田计划"生涯教育、达人秀、十四岁生日……活动的舞台促进学生的全面发展和综合能力的提升。

学校的德育活动课程，无一不是以培养目标作为顶层设计，注重活动的过程以及每一个孩子在过程中的参与度。在不同的活动中，孩子们根据自己的兴趣、特长担当不同的角色，无论是台前还是幕后，都要团结协作，共同为活动出力。在活动中，孩子们重要的是参与、学习、协作，学会知识、技能，更是培养形成包容、坚毅和担当的意志品质。

2018 年 12 月 28 日，嘉定世外 2018 新年音乐会在上海保利大剧院举办。这是嘉定区的地标性建筑，也是嘉定世外学子走出校园的第一次亮相。2020 年，根据市教委的全员导师制，学校制定了富有特色的"全员心育导师制"工作方案，将"人人都是德育工作者"的理念进行了"升级"。同时，以朱校长亲自领衔的上海市民办中小学优秀中青年教师团队建设项目《基于全员心育导师制的家校协同生涯教育的实践研究》于 2021 年 5 月立项，注重全员导师实施过程中的心理健康教育、生涯教育以及家校沟通等，成为学校德育工作的又一大亮点。

三、勠力同心，打造美好"嘉"园

学校成立的时间虽然不长，但只要在嘉定世外学习生活工作过的师生和家长，都把学校亲切地称为"世外'嘉'园"，因为在这里，能够感受到"家"的和谐与温暖。五年的艰苦创校，离不开每一位嘉定世外的教职员工的倾力付出，而上下一心、亲如一家的工作氛围，让每一个嘉定世外人都把学校的发展、学生的发展当做自己的责任。

2022 年春，上海受到新冠疫情的肆虐，孩子们居家学习。6 月，抗疫取得重大的胜利成果时，毕业班返校复学的通知正式下来了。在朱校长的指挥和带领下，各部门迅速响应，立刻着手开始制定返校复学的方案。根据市、区防疫部门、区教育局等部门的工作部署，学校根据自身的具体情况将返校复学方案进行细化完善，仅工作手册就开会修订了无数次，方案细化到每一个细节，共142页。根据工作手册，后勤部门做好了返校复学的各项保障工作，教导处着手安排课表、课后服务以及晚自修，同时组织中考各备课组进行集体备课，制定复习方案。政教处根据防疫要求，组织教职员工拍摄返校复学防疫要求的指导视频，制定《返校复学第一课方案》以及《返校复学心理健康教育工作方案》，指导九年级召开线上班会课、线上家长会等。

学校全体行政人员、后勤人员以及九年级全体教师，每天坚守在自己的岗位上，抛弃了休息时间，有些教职员工甚至一个多月没有回过家，只为给九年级毕业生一个安全有序的学习环境。政教部门做好学生以及家长的防疫宣传工作，做好学生的心理疏导，在返校复学期间，发布心理健康课，开展心理健康班会课，发送心理健康推文，给予学生心理健康咨询的渠道，做好家校沟通和家庭教育指导工作，帮助家长减轻焦虑情绪，改善亲子关系。教学部门将课表、课程进一步细化，做好分层教学，做好答疑解惑，做好升学指导，还提供学生适当的体育运动和艺术修养，帮助学生减轻压力，以更好的状态迎接中考。

2022年7月11日，这个超长待机的九年级在烈日和暴雨下终于走进了中考的考场。考场外，嘉定世外的校长、行政团队、九年级的学科老师身穿着统一的"送考红色T恤"，在考场门口迎接孩子们。老师们和每一个孩子握手、拥抱，轻轻地拍拍孩子的肩膀，给他们竖一竖大拇指，说一句"加油"，在老师温暖的目送下，嘉定世外2022届的孩子们走进考场的背影是如此的坚定和从容。

四、成效显著，持续深化改革

在国家"双减"、"五项管理"的政策落地后，学校积极探索新形势下教育教学的优化，根据学校的实际教育教学情况，制定了《嘉定世外关于进一步减轻义务教育阶段作业负担和校外培训负担的实施方案》以及《嘉定世外"五项管理"实施方案》。为学生量身定制和优化了课程设置，做到了"一生一课表"，进一步体现了学校的精细化管理。

在嘉定世外，作业的设计从来都是从优而非以量取胜。"双减"落地后，如何进一步优化分层教学，优化作业的设计成为教学部门的重点研究方向。针对学生的学情和兴趣，学校将课后服务进行了创造性设计。第一时段进行拓展课的安排，丰富的拓展课满足了孩子们不同方面的需求。第二时段集中完成课内作业，引导学生完成思维含量较高的作业或薄弱学科的作业，由中考学科老师进行实时辅导，大大提高了学生完成作业的效率，也帮助学生及时解决作业中存在的困难，切实减轻了回家的作业负担。第三时段以分层走班的服务形式，愿留尽留，安排学科的培优、提高类课程，让学有余力和学有困难的学生能够在这个时段得到针对性的指导。嘉定世外的教学部门，在摸索中不断完善，做到了为每一个孩子精细化的定制课后服务，也就是"一生一课表"，让每一个孩子都能得到针对性的课后服务。

嘉定世外办学的五年，经历了建校、迁入新校舍、新中考、新中招、民办摇号、双减、五项管理、新课程、新课标一系列的教育改革，在摸索中不断创新，在砥砺中不断奋进，从未停止前进的脚步。全体嘉定世外人，秉承教育初心，以育人为己任，在改革中锐意进取，在发展中求实求新。

（朱　萍　郑海林　执笔）

74. 一所面向未来的创新学校成长之路

赫贤学校

义格教育集团创立于2014年,目前有上海、宁波、北京等五地七校。上海赫贤学校开办于2016年,回顾这六年的发展历程,有一些画面镌刻着创始人投身教育的热忱情怀,有一些画面烙印着教育者孜孜追求品质办学的辛勤耕耘,更多的画面充盈着师生家长对教育的美好感受和憧憬。

一、起:赫贤学校的第一位爸爸

每周二和周六晚上的赫贤校园和其他学校有些不同。

在白天上千个孩子的喧嚣热闹沉静下来后,晚上8点半开始这里是另一群大孩子的乐园。远远看去,400米的宽阔球场上正在进行着激烈的足球比赛,场边的打气声、场上的叫喊声此起彼伏。你也一定会被这样挥洒着青春气息的赛事所感染,忍不住上前一探究竟。

这样的夜晚属于赫贤上百位"年过不惑"的爸爸、来自世界各地的老师,以及每一个部门的同事。你会看到每周雷打不动的两个晚上总有一个奋力奔跑的身影,为每一个进球大声喝彩、和身边每一个人情同兄弟。

这是赫贤学校的第一位爸爸,也是义格教育集团的董事长——孙涛。2013年,他决定从投行离职创业时,几乎所有亲朋好友都感到意外。只有他自己和几个挚友,才会把这样的转变看作顺理成章。"我一直是个不安于现状的人,作为一个投资人,我也是一个不安分的投资人"。大家也许更熟悉他作为爱奇艺、TVB的董事,但实际上他10多年的职业生涯中一直专注中国教育行业的投资,曾主导多个教育机构在基础教育、高等教育乃至课外培训领域的投资及后续发展。

抛下过去的所有光环重新出发,需要巨大的勇气,而在年近 40 时重新出发,追求的再也不是证明自己或财务自由。"创办学校最重要的原因是,我是一位父亲。我希望我的孩子能有一个丰富且有意义的人生。我一直在思考着,在当前的社会环境里,他们如何成长为一个好人?"2013 年,孙涛的大儿子正好 6 岁,哪怕在北京选择一所合适的学校都让他一筹莫展,他不希望孩子在传统体制中被千篇一律地复制粘贴,而在儿子入读国际学校仅半年后便发现孩子开始不喜欢说中文了。这让极其重视中国文化底蕴的他无法接受,"我希望我的孩子是具有国际视野的中国人,中国人是他的根,而国际视野是他的素养和眼界"。

二、承:用真情办教育实现跨越

这些年的办学过程中有太多无法细说的难关。但赫贤的创校员工都会记得 2014 年开学不久便闻名全校的一个孩子。"特别的调皮捣蛋,"其中一位老师回忆道,"发起脾气来不仅家长管不住,老师也束手无策。他会躺在地上哭闹喊叫,也影响其他孩子。"就是这么一个 6 岁的小顽童,在又一次的撒泼打闹、众人围观时被孙涛一把扛起来带回了自己办公室,半小时后开开心心地回到了自己教室。"其实没有什么秘诀,只是把每一个孩子都当成孩子,耐心和爱是会被他们感受到的。当孩子感到很安全和被理解时,才不容易情绪失控。"孙涛微笑着回忆:"扛起他时这孩子还咬了我胳膊一口。"

就是同一个孩子,在不到一年后会看到孙涛便奔跑过来,从口袋里拿出几个大草莓,对他说:"这是给你的,可甜了!"再伏到他耳边悄悄说:"我都洗过了。"这大概是每一个教育者最骄傲的时刻:你看到了播下的每一颗种子在这些稚嫩的生命中绽放,看到了个体乃至家庭都被影响的改变。

义格的第一个五年被市场看作一个奇迹:从第一个 15 间教室的宁波校区共 110 组创校家庭开始,2015 年的宁波鄞州校区、2016 年的上海校区、2017 年的北京校区、2018 年的青岛校区……义格所建立的赫贤(赫德)学校在 5 个城市都取得了良好的口碑和傲人的毕业生成绩,但梦想绝不止步于此。

展望赫贤的下一个5年,孙涛说:引领中国国际理解教育真正的改革模版。今天虽然双语学校遍地开花,但是哪怕基础的双语教育中还有太多需要探索和夯实的地方。培养国际胸襟的中国人不仅仅是一句口号,而是包含了对国家课程标准深刻的理解、国际课程和资源真正本土化的落实,在此基础上课程实施和育人目标的融合。

三、转:融贯中西创新课程特色

自赫贤创校以来,"中国灵魂,世界眼光"成为办学的宗旨。因此,学校把母语教育作为核心课程。因为语言承载着一个民族的基因和文化,学校教的绝不仅仅是语言这门工具,而是民族"母体"的精神和气质。

2016年,当赫贤遇到"全课程",终于找到了一个坚强有力的支撑和完整的体系。

"全课程"是著名教育专家李振村老师带领一批语文界精英历时10余年开发的语文学习理念和方法体系。"全课程"把语文学习与真实的生活体验密切关联在一起,致力于为孩子的成长构建宽广的智力背景、提供丰富的学习体验、培养灵动的思维特质,引导孩子学会与世界和谐相处。"全课程"倡导具身学习、热认知:引导孩子不仅仅用大脑,而且用整个身体——全脑、全身,以全息、全时空的方式来学习;"全课程"倡导大主题单元、项目式学习,努力通过跨学科整合等先进的学习策略锻造孩子的核心素养;"全课程"强调整本书阅读,强调传统文化的浸润,努力为孩子奠定厚实宽广的人文根基。

例如,在三年级"世界是个博物馆"大主题单元学习前,我们用日本作家小林丰先生的绘本《北纬36度线》作为阅读导入。当学生读到神奇的大鸟引领着主人公从东京出发,沿着北纬36度线走过了中东、亚洲的各个国家,亲眼所见风格迥异的风土人情后,不禁问道:"同在北纬36度上,各个国家为何如此不同?"这是一个真实的问题,是孩子真实的认知困扰。这种真实问题是驱动学生学习的最佳动力。

沿着这条问题线,学生开启了对北纬36度线的阅读讨论、实践探究;当他们进一步发现这条神秘的北纬线滋养了世界各大古文明时，一个个新的问题不期而至：

"为什么世界古文明都发源于北纬30度线附近？"

"为什么百慕大黑三角等神秘之地临近北纬30度线？"

……

学生的问题串勾画出了一段长长的开放性探究轨迹。

"全课程"的语文大主题单元学习中，老师摒弃了逐篇教授课文的方式，而是让学生化身为考古学家、博物馆策展人、建筑师、编剧等角色参与大主题单元之中，依照学生学习进程将部编"传统文化"单元的课文《赵州桥》《一幅名扬中外的画》与小林丰先生系列绘本、《秦兵马俑》《恐龙是怎么来到博物馆的》等主题文本进行二度开发。

学生兴趣盎然地融入一系列语言事件中，时而变身考古学家一边发掘文物、一边研读史料，时而变身建筑师一边查阅古建筑文献、一边动手筑造，时而变身编剧写作剧本登台演出……蕴含学习素养的语言事件成了学生完成大主题单元探究的脚手架。

"世界是个博物馆"大主题单元中，研究"中国古文明"小组进行探究到"文物"领域时，他们很好奇"文物是怎样来到博物馆的呢？"学生想要筹办一个"模拟博物馆"。老师提供了绘本系列的《恐龙是怎么来到博物馆的》让学生阅读。承接以上阅读活动，学生还尝试迁移写作"……是这样来到博物馆的"。

值得一提的是，在"全课程"大主题单元学习中，为了夯实学生的母语基础，教师总是引导学生大量读写，读写中经常组织思辨讨论，鼓励学生勇敢地尝试各种读写新策略，以期提高学生的思维和表达能力。同时，听说读写能力又和合作沟通、观点表达、职业认知、信息素养等超学科能力协同发展。两者的无缝融合既满足了学生当下学习的目标，也对他们未来的成长做出了回应。

在"全课程"全人教育理念下，上海赫贤多年来以"中国文化课"为载体，致力于培养学生的家国情怀和民族自信。今天我们让学生修习传统文化，是让经典活在当下,为孩子的成长服务,而不是让孩子回到经典像古人那样生活。围绕不同的中国文化符号,老师设计了循序渐进的中国文化课内容:一年级"唐诗里的四季",学生们在唐诗唱诵中感受四季更迭和中国文化的韵味;二年级"明月课程",学生以"明月"为文化符号进行主题探究,理解月亮在引领中国人精神世界里的价值;三年级"二十四节气课程",结合中国传统的生活美学修习,体会文化之美……螺旋上升的主题式学习,既让学生积累诵读大量传统文化的精华,更让学生得到祖国经典的滋养,未来成长为有根的创新型人才。

四、合:展望未来,笃定坚守创新

"那10年、15年后呢?"当我们把这个问题抛给董事长孙涛时,他思索片刻后说道:"我希望有一天,英国、美国以及全世界的孩子,都会来赫贤学校留学,就如今天中国的孩子出国留学。"孙涛回想40岁时创业一年后遇到的巨大瓶颈,半夜独自在办公室里看向窗外一片漆黑的球场,当时只能安慰自己黑暗后便是黎明。8年来越来越笃定:只要我们仰望并追寻正确的使命,一切终将水到渠成。

"饥渴求知,虚怀若谷,时刻感恩。"这是孙涛在第一届赫贤毕业典礼上对毕业生们的殷切期盼,也是义格教育集团每一个人,包括他自己的人生信条。"还要加上一条:生命不息,运动不止!"他最后笑着说。

(俞秀红　执笔)

75. 星火燎原　砥砺前行

燎原双语学校

在上海市区西南梅陇镇旁,有一个上海市民喜欢游玩的胜地——锦江乐园。在锦江乐园后面的一条马路叫平阳路。位于平阳路150号,有一所上海市燎原学校(创建时校名为上海市燎原实验学校,2016年经批准更名为上海市燎原双语学校、上海市民办燎原双语高级中学,简称"燎原")。刘复兴校长就是这所学校的创始人。

一、视教育为民族复兴使命

在今天的燎原校园里,纵横交错的十几条校园之路中,有一条路命名为复兴路,为了纪念这所学校的创始人刘复兴校长。刘复兴校长于1940年9月出生于河南南阳卧龙岗的一个将军之家,从小在上海徐家汇的汇师小学求学,一直到完成大学学业。1959年,他怀着对教育的满腔热情,视教育为民族复兴的使命踏上了教育这块园地。从此,和教育结下了不解之缘。

1959—1969年,他先后在江西九江农学院、上海市长春业余中学、上海市洞庭中学任教。

1969—1988年,他先后在上海市红旗中学、上海市行知师范学院担任总务主任兼校办厂厂长。

1988—1993年,已经被聘任为中学高级教师的他,在上海市电视中专担任培训部主任、办公室主任。他看到上海在改革开放初期,各种人才奇缺,就把教育作为民族复兴的重要抓手,全力以赴开展教育培训工作。在上海大规模的教育培训任务基本完成以后,他又及时转入全日制的学历教育。

1992—2010年,为进一步提高本市高中阶段的普及率及提升新一代劳动者素质的需要,经上海市教育局批准,创建了"上海市燎原实验学校"和"上海燎原成人中等专业学校"。两所学校实行"两块牌子、一套班子",两校以成人高中、成人中专教育为主。在此期间,他又创办了燎原教育集团,涵盖幼儿园、小学、初中、高中、中专、进修学院和学生实训中心多种教育层次及模式的大型综合教育集团。刘复兴亲自担任董事长兼总校长。

刘复兴老校长,不但精于学校管理,是一名优秀的决策者、领导者,更是一位思维敏锐的好校长。在工作中,他不仅具有果断的决策能力,善于抓住机遇,及时决断,更善于锐意进取、大胆创新、开拓进取。他眼里看到的、心中思考的,不仅是教育的现在,更是教育的未来。

2011年,在刘复兴老校长亲力亲为下,学校与加拿大安大略省高中哥伦比亚国际学院合作开设中外文化融合课程,为燎原学子走向世界的舞台搭建了一个很好的平台。与此同时,他创办的培训机构,为社会培养了数万名急需的各种人才;创办的燎原学校先后向各级学校输送合格毕业生2万余人。

2014年年底,为上海的电视教育、民办教育的发展不懈努力的他,因病与世长辞。

二、视制度为学校生命

古人云:"不以规矩,不成方圆"。作为担任过上海市电视中专管理工作的刘复兴校长深知,要办好一所学校,必须建立一套适合学校发展并且行之有效的规章制度。因此,他亲自撰写了学校行政管理、教育教学、后勤管理等一系列规章制度。他常说,规章制度就是学校的生命。在学校的管理过程中,他以身作则,带头执行学校的规章制度。一年365天,他天天一早就到学校工作。无论是刮风下雨,还是严寒酷暑;他的身影在早上6点多就会出现在校园里,一直到晚上9点多,学生们结束夜自修回到寝室,他才放心地离开学校;第二天又乐此不疲地在老时间到学校,开始新一天的学校管理工作。

在抓学校规章制度的同时,十分注重学校管理队伍对学校规章制度的学习和考核工作。每个新学年开启之前,他总是组织学校的管理层学习学校的规章制度,然后组织闭卷考核,并且纳入管理层的绩效考核之中。他在工作上要求管理层做到:"顾大局、识大体、明大理、重大义"。学校的规章制度就是学校的大理。学校为学生提供住宿,许多教师把眼光盯在了空余的宿舍里,要求学校提供住宿条件。刘校长知道以后,苦口婆心地告诉大家:学校要发展,校园的安全是第一位的。他根据校园里有许多住宿女学生的实际情况,而教师的流动又比较频繁,特此制定了学校教师(尤其是男教师)一律不住校的规章制度。

正是在严格执行学校规章制度的前提下,学校的住宿管理得到家长的一致好评。

三、视学生为学校爱子

在几十年的办学过程中,刘复兴校长始终把学生的温暖放在第一位,视学生为学校爱子来对待。

开学在即,部分学生对住宿条件不够满意,他亲自召开学生座谈会听取学生意见;会后,他认为学生的建议是合情合理的,便责成总务处在一周内进行调整安排。还有一次是2010年暑假期间学校的校安工程,需要对学校校舍进行加固。由于暑假台风不断侵袭申城,导致在8月29日还没有完工,而住宿学生在31日下午就要入住学校。在这十万火急的关键时刻,他又一次以身作则,和所有学校后勤员工一起,一直干到31日凌晨2点,把所有寝室都打扫得干干净净,使学生如期报到并且入住寝室。

每天一早,他到学校以后就分别到学校的小学部和中学部的学生餐厅去了解学生的早餐情况,听取学生们对学校提供的三餐情况的意见。学生们很喜欢刘复兴校长,因为他能够听取学生的意见并且及时加以改进。

根据学生的要求,在办学初期,他就创办了《燎原校报》,及时把市、区教育部门的相关政策告诉师生员工,同时把学校办学过程中的成绩和问题也让师生员工知晓。一张黑白的《燎原校报》,虽然简单,但是很受师生员工的欢迎和好评。

四、视课程为学校根本

民办学校要走出一条在坚持国家课程的同时,又有自己特色的校本课程之路。为加强课程建设,他要求各学部量身定制特色课程。小学部自一年级起实行电脑辅助教学,让学生轻松渡过识字关,学会编写童话故事,训练快速阅读,会制作网页,使用英语牛津教材,渗透双语教学;初中部开设校本课程"东方时空",打开学生了解社会和生活的窗口,以"二期课改"为动力,发展拓展型和研究型课程;高中部实行"学生自主管理"的探索和实践,学生思想道德品质得到提升。

五、视传承为学校精神

转眼间,时间的车轮已经来到了 2010 年。民办学校开启了中外文化融合教育的新模式。刘校长把这个重任交给了从海外学成归来的儿子。2011 年,在刘复兴老校长亲手指导下,在其儿子刘唯真的亲自创办下,学校与加拿大安大略省高中哥伦比亚国际学院合作开设中外文化融合课程班,让燎原学校从此开启了中外文化融合教育的新征程。

30 年来,燎原学校在党和政府的关怀帮助下,积极贯彻执行民办教育的一系列方针政策,克服办学过程中的遇到的种种困难,依靠全体师生员工辛勤努力,探索民办教育的新路子,为国家培养输送了一批批德智体美劳全面发展的中小学生,受到了社会和家长们的广泛好评。

在开启第二个百年奋斗目标的建设社会主义现代化强国的征途中,学校将一如既往地遵循党和国家的教育方针政策,在新的《民办教育促进法实施条例》指导下,树立"全球视野、国学传承、科学精神、人文素养"的育人目标,致力于"培养世界公民、传承中华美德、肩负社会重任"的教育使命,努力打造"燎原"品牌,以不辜负"星火燎原"的情怀,为国家培养更多合格的栋梁之材而努力。我们将更加坚信,我们伟大的教育事业明天更辉煌!燎原学校的明天更美好!

(胡国庆 冯燕梦 执笔)

76. 一场教育跋涉　现实不负理想

闵行区万科双语学校

一、万科双语学校诞生的"天时、地利、人和"

万科，作为一家世界500强的企业，从30年前进入上海以来，除了在房地产领域的建树之外，也积极履行着企业社会责任，投身于教育医养产业，与城市发展相伴，打造"老有所养，学有所教"的美好生活。

面对日益增长的国际交流需求，上海需要具有全球视野、国际眼光的复合型人才，为城市建设与发展提供有生力量。而一群对于教育有担当和理解的人也在努力寻找一种能够实现"融合中西教育精髓"的面向未来的教育模式。大气而勇敢的万科毫不犹豫地将自己的总部办公楼"拱手相让"，只为提供高质量的教育服务，希望学校能够传承万科文化的优秀基因，学子们能在这里开启健康丰盛的人生。

在南京大学建筑设计学院团队以及万科设计师倾力打造下，万科上海中心"摇身一变"成了如今先进教学设施齐全、功能区域完善、色调明亮温馨的万科双语学校。一进教学楼门口，迎接着来往学生的是学院马"Harry Trotter"，阶梯往上是一排排书架组成的开放式图书馆，孩子们可以在这里或坐或躺，享受惬意阅读时光。如果你曾到访过万科双语学校，或许便能从这些环境设计的点滴中感受到万科投身教育事业的坚定信念。作为万科这样的企业，不仅仅要满足社会需求，更加强调的是社会责任。教育是万科回馈社会的一种方式，更是承担社会责任的一种担当。

万科双语学校诞生的"天时"是顺应了上海作为建设国际一流都市的人才培养需求，"地利"是万科企业投身教育的责任担当，"人和"是一群人的教育理想推动了教育模式的变革，而这仅仅只是开始。

二、有厚度的教育，让学习真实发生

作为一所双语学校，学校提供并打造了各式各样的语言应用场景，采用浸润式学习的方式，让学习回归本质。语言最为重要且基础的功能是交流与沟通，在万科双语，每年都会在全校范围内开展英语演讲比赛、音乐剧表演以及每月校园主题活动，给予学生充分运用语言的机会。

正如万科双语学校的核心理念"开拓全球视野、激发无限潜能"，国际化视野的人才拥有国际交流能力是基础，核心素养是关键。新颁布的《义务教育课程方案和课程标准（2022 年版）》，尤其强调注重培养学生在真实情境中综合运用知识解决问题的能力。基于此，万科双语提出设计综合课程和跨学科主题学习，探索大单元教学，积极开展主题化、项目式学习等。当今项目制学习走入了人们的视野，而在万科双语，PBL 早已习以为常。

课程研发团队历经 10 多年的教育实践及打磨，项目制学习渗透于万科双语各年级的各项课程学习中。PBL 的核心在于培养学生运用跨学科知识，解决实际问题，这不仅是对学生思维能力、动手能力的考验，对设计课程的老师来说，也是一次不小的挑战。2020 年 1 月底，突如其来的新冠疫情打断了正常的学习生活，很多孩子或许并不了解实际发生了什么，科学组的陈琰彦老师结合课程标准里的关于人体肺部结构、免疫系统、生物多样性能等学习内容，开发形成了适合中小学生的 PBL 课程（共有病毒大揭秘、超级防护、自由呼吸、我的防卫战士四个主题 14 节课），以线上为主、线下为辅的形式，鼓励学生在家中进行探究式实践与自主性研究。

考虑到线上课程与线下实际教学之间的差异性，陈老师在课程导入、实践、作业设计环节中都进行了改良与创新。例如，在导入环节，陈老师通过设计一系列循序渐进的问题进行引导，激发学生们对于课题的好奇心及对问题答案的求知欲，改善线上教学互动性不足的问题。而在动手实践环节，陈老师充分考虑了"孩子们的兴趣点"和"实践材料的易得性"两个要素，鼓励孩子们运用身边的材料制作肺部模型及防护工具。新冠疫情的来袭打乱了正常的教学节奏，但陈老师巧妙地将外部环境与课程内容相结合，化"危机"为"转机"，取得了意想不到的学习效果。

在积极探索课程模式的同时不断拓宽课堂的边界。利用寒暑假,有序组织学生走出校园,开展行知课堂研学活动。用脚步丈量世界,打破课堂的边界,走进社会、亲近大自然获取更多的知识和技能。孩子们在敦煌领略"大漠孤烟直"的风貌,感受古老与现代文明的碰撞;70公里的徒步锻炼了孩子们坚韧的品质,学会了帮助他人、感恩他人;在神秘的良渚,参观五千年前的南城墙和反山王陵,体验文物发掘到文物修复的过程,理解考古发掘和文物保护的意义;在五千年文明沃土上开启真实场景游戏——射箭、绳结、庇护所搭建技能教学,识别野外自然植物。行知课堂将课堂知识与社会实践有机结合,让学生在行走过程中深刻认识课堂教学内容与实际生活的关系,培养学生的学习兴趣。

2 000公里之外的四川绵竹遵道学校,是万科双语的姐妹校。暑假期间,我们组织学生参与遵道研学项目,实地探访四川绵竹,了解当地教育、民生、经济、艺术文化、旅游等信息,并为当地的发展建言献策,真正实现了从书本到实践、从立项到落实。万科双语还发起了"与遵道学校共读一本书"的活动,学校的中外教老师挑选阅读书目寄给遵道学校的孩子们,共享阅读乐趣,学生们将自己的阅读感悟以书信或视频的形式分享给远在遵道学校的小伙伴们。这场跨越空间的共读,提升了学生的语言文字运用能力,在交流过程中感受到不同观点的碰撞,触发新的思考与认识。

三、有温度的教育,助力每一个孩子展翅高飞

正如华东师大叶澜教授所说的:"教天地人事情,育生命自觉"。我们非常注重对于每个学生作为"人"的培养。学校一直以来非常重视"立德树人"的工作,我们不仅要培养学生具有健全的人格、民族的情怀(让学生知道我是谁?我从哪里来?)还要具有国际视野、放眼看世界的能力(让学生知道我将来要到哪里去?),也就是要具备我们学校所提出的 5C5R 十大核心素养,即:关爱、交流、创造、自信、真诚;尊重、责任、坚韧、勇气、自省。

我们在中小学分别开设心理课堂,根据不同年级学生的身心特点,为学生定制了一套适合我校学生的"健康幸福课程"。同时,万科双语学校始终

坚持探索家校共育新模式。我们把学校、家庭、孩子比作一个三角形,三角形的三条边相互支持,才能形成最稳定的几何图形,才能形成合力。

特别要提到的是,当某个孩子在某个阶段出现一些成长性问题的时候,我们不会简单粗暴地去指责学生,而是协同班主任老师、心理老师、家长和孩子"四方会谈",共同探讨问题产生的根本性原因(近期孩子的身体不舒服、人际关系出现了问题、亲子关系出现了问题等),并和孩子一起制订改进的目标,根据这个目标制订相应的"支持计划",建立专门的沟通反馈工作群组,每天家校联动,予以跟进,督促孩子养成一个良好的学习行为习惯。在万科双语我们把它称为"凤凰计划"。

除了"内化于心"的心理课堂及支持计划之外,学校还有着一系列"外化于形"的实践活动。每一年爱心乐跑活动和慈善义卖活动都会在万科双语校园如期举行。义卖和乐跑活动都是社会爱心的一种体现,是社会文明的集中表现,通过这样的活动,可以让孩子们更多地关注社会、担当社会的责任。学校还与联劝公益基金合作,成立"闵行万科禾贝专项基金 Seeds of love",旨在筹集更多的资金去帮助那些贫困地区具有先天心脏病等待医治的患儿。活动中,学生和家长们全心投入其中,亲手制作美食、DIY 作品,开展互动游戏,用尽一切办法去为自己的奔跑寻求支持者和资助者,只为帮助更多需要帮助的人。

教育是一段有目的的旅行:我们初心不忘,立德树人,为国育人,把孩子培养成为"有理想、有本领、有担当"的终身学习者;教育是一场浪漫的奔赴:我们心怀梦想、拥抱美好、真心实意,为了孩子、为了使命,为未知而教、为未来而学;教育是一幅多彩的画卷:我们尊重个性,以人为本,关注个体,和每个孩子、每个家庭,共同描绘属于每个人的色彩缤纷的人生画卷。

(汤梦洁　执笔)

77. 用爱共建一所有温度的学校

浦东新区民办万科学校

浦东万科作为万科德英乐旗下唯一的一所十二年一贯制学校,创建于2017年。时值《民办教育促进法》颁布实施,浦东万科严格遵守国家相关规定,认真履行教育使命,在传承万科和德英乐勇于奋斗、敢于梦想基因的同时,孜孜以求,追求卓越,以"培养立身世界的中华英才"为愿景和使命,以培养具有"民族情怀、国际视野、健全人格、面向未来"的学生为目标,走在"为人民办学、为国家育人"的教育之路上,最大化地满足本地区人民不断增长的对于教育的需求。

自创校以来,学校始终秉承"以学生为中心"的理念,开展全方位、多维度的校园硬件设施建设、课程方案规划和社区文化促进。同时,学校清晰地认识到,任何一所学校的发展都离不开与现实生活的融合,和所处社区的互动,只有如此,才能回应时代的需要,在前进的路上不断自我调适,不忘初心,砥砺前行。为此,浦东万科从一开始,就积极将"合作成长,打造学习者社区"的目标,作为学校特色内涵建设之一。

一、与时俱进:浦东万科学校的成长

5年的发展历程中,我校在党和国家大政方针的指引下,在教育主管部门的支持下,在教育集团内外兄弟学校的协助下,坚持与时俱进,在诸多方面取得了一定的成效。

首先,校园文化的建设是一所学校发展的根基之一。我校加强根植中华文化、兼容国际理念的高品质民办双语学校制度建设,在全校范围内形成了开放、包容、合作、共享的文化氛围。

其次,在坚实的制度建设基础上,学校注重研训强师,全面提升干部教师队伍专业化水平和教育教学能力,积极完善学校教师专业发展计划,建立健全校本研训机制,系统提升管理团队的学校治理能力。具体体现为:

(1) 课程优化:以中华传统文化为根基,以培养有理想、有本领、有担当的学生为目标,以核心素养为支点,落实德英乐课程图谱,开发兴趣类、融合型、模块化、可选择的特色品牌课程。

(2) 智能校园:充分利用德英乐教育平台的数据中心,依托"云、网、端",优化"学、教、研",打造"人人皆学、时时能学、处处可学"的教育环境。

(3) 衔接贯通:发挥十二年一贯制的优势,注重小初高衔接,开展学段一体化办学的改革与创新。整体构筑协调一致的学校文化,确保育人目标的一致和连贯;系统设计课程体系,实现各学段的衔接与贯通;打破学段管理壁垒,完善一体化的相关规章制度建设。

再次,作为一所学校,最重要的就是要通过教育的路径,实现人的全面发展。因此,课程的夯实性、全面性、生命力、创造力都是我校内涵发展的特色和重点工作领域。

浦东万科学校一直致力于与所有师生家庭一起,用爱共建一个有温度的学习型社区,打造"GROW(成长)"校园学习共同体。具体体现在三大方面。

(一) 学生全人发展——知行合一,五育并举

学生的学习不止发生在课堂上,浦东万科的"行知课堂"项目,帮助同学走出课堂探索求知,通过探究式、跨学科、项目制的学习体验,夯实拓展学科知识与技能,促进理解分析、问题解决和学以致用。开放的内容、多元的形式、丰富的体验,让每一个孩子都能找到自己的兴趣点,也让每一位老师能够更好地支持孩子的个体发展需求。

浦东万科的"行知课堂"项目,由"良渚博物院文化研学之旅"开启。通过探索良渚遗址——中华五千年文明史胜地,拉开一年一度的良渚祭祀大典帷幕。同学们在"责任、创造、交流"的文化探索旅途中,卫冕心目中的"良渚王"。围绕"衣、食、住、行、水、城、玉、陶、字"等主题,重温历史与文明,发

展个人与团队技能。

"行知课堂"的冰雪篇,依托万科松花湖度假区滑雪基地资源,同学们在享受冰雪之旅的同时,品味民族文化,体验冰雪"爽滑"。孩子们不仅可以接受专业的儿童和青少年滑雪进阶训练,更通过雪地文化课堂,学习冬奥趣味知识,探秘乌拉历史文化展馆、陨石博物馆、雾凇岛等。在松花湖的冰雪天地中激发个人与团队无限潜力,同时也在行走之中体会了祖国历史文化的深厚,山川风物的美妙。

此外,学校每学期的社会实践暨春秋游活动,也是每一位学生在无边界教室中学习与成长自然发生的"行知课堂"。同学们通过跨学科的探究式学习,拓展知识与技能,开阔视野,培养自身的核心素养。在2022年上半年新冠疫情的线上学习中,学校课程团队经过多方沟通、多次线上测试模拟,邀请敦煌博物院、陕西历史博物馆的专家,为学生们精心设计了一场云春游——"博物馆奇妙日",让每一位学生足不出户,可以沉浸式体验兼具专业讲解和视觉盛宴的云端博物馆之旅,与兵马俑合影,重走丝绸之路。在假期中意犹未尽的学生与家长和老师一起,进行了5天的线上"博物馆电影之夜"。学年末,网课结束的满意度调查中,很多学生与家长纷纷表示浦东万科学校线上课程,是上过的最有温度的网课。

(二)教师职业发展与提升——夯实基础,广谱多元

浦东万科教师职业发展与提升项目,是建设职业型学习社区的基础。教职团队作为学生、家长"终生学习者"的典范,也是校园学习共同体的主力军。

浦东万科的教师发展项目贯穿学年始终,学年初1—2周的开学教育教学入职动员、月度培训、学期研讨以及学年拓展主题环环相扣。内容循序渐进,既有对日常教育教学工作规范落实的指教帮带,又有对于国家教育政策的翔实解读,也有对国内外教育教学理论与策略高屋建瓴的指引。通过系列的多元主题探讨,支持全体教职养成持续学习提升、分享交流合作的职业习惯。学校在每个学期通过教师职业发展问卷,以及教师访谈确定职业发展项目主体和内容,结合学校发展规划和需求,确定教师发展方向、重点和

计划。在校内优秀团队资源分享研讨基础上，我校依托万科德英乐雄厚的教育资源，定期邀约重量级的外部专家入校，专题讲座、一线分享研讨、小组互动、头脑风暴等浦东万科教师发展项目的各个环节，既有关联，又各有侧重。学年初入职动员通过系统完整的培训，帮助全体教师清晰了解学校新学年的发展规划、学术及学术支持板块的最新信息，学部、年级组、学科组共同制订教育教学计划和方案。同时，外部专家帮助教师提升多元文化理解力；月度培训既及时帮助团队、及时学习理解最新教育政策和方针，也会提供实践型提升课堂效能的长期指导与研讨。

浦东万科"领导力培养项目"和"职业带教项目"是学校打造校园职业学习共同体的重要部分，既包含知识技能输入性的"专家讲座"，又引入具实操性的案例分享研讨。初入校园的新教师，能够通过以学促新、以优带新；对学校中层管理团队，能够支持他们成为关键纽带和中流砥柱。

浦东万科不仅关注每位教师的职业发展，更关注每位教师的归属感和幸福感。2022年线上教学期间，学校给予每位中外教一对一的关怀和支持，让每位老师能够放心、全心开展线上教育教学，我们的中外教不仅积极投入社区志愿者服务中，还自发组织了云端诗歌朗诵会，用包含温度的语言传递正能量。

（三）家长学院与家长讲堂——开放包容，参与合作

建立校园学习共同体，持续推动学生全面发展，家长作为终身学习者必不可少。浦东万科2021年正式启动了"家长学院"项目，通过定期家长课堂，支持指导家长学习了解教育理念、学术课程、学生支持等知识和技能，案例分享答疑解惑，助力孩子全面发展的全人支持。"家长学院"已经学习的课题有："如何解读课程标准""提高英语技能的家庭支持""如何与孩子说话""特殊教育需求辨识和初步支持策略"等。"家长学院"的讲师系教育经验丰富的教育管理者、老师和行业专家，通过专业的分享与答疑，解答家长对于孩子在学业、行为、情感发展等领域的困惑，指点迷津。

通过"家长学院"的家校互动，让家长深切感受到，言传身教的家学是给学生增强学习动力的源泉；诗书起家的家风是让学生树立学习信心的榜样；

立身处世的家训是给学生坚定未来成长的目标。经过家长学院的线上和线下分享,不仅让家长在提高自身素养方面有了很大的推动,而且为促进家长改变对学生传统的家教理念,有了很大的提高。同时,不论线下还是线上的分享,我们都能看到讲师与家长、家长与家长之间的充分互动交流,也能看到家长将"家长学院"中学会的小妙招在家中与孩子亲子互动。家校同步,齐心合力推动了孩子健康向上的全面发展。

二、向时而动:浦东万科学校的发展

经过5年的发展,浦东万科已经完成了初创开拓的探索阶段,在教育教学、家校共建、社区互动等方面取得了一定的成绩。

在教育教学方面,我校初探了浸润双语特色的小班化教学,积累了大语文、英语语言文学、双语戏剧、创客、STEAM等特色教学案例及实践,形成了图书周、人文周、传统文化周、数学周、科学周、戏剧节等特色学科主题活动,并将核心素养关键词有机融合到每月品格发展课程中。

在家校共建方面,我校初建了特色的"家长学院",同时也初创了"家长讲堂",邀请家长与学生们一起探索生涯规划、体验传统文化、共建浦东万科农场等。在社区互动方面,我校依托万科特色资源及集团化办学优势,擦亮学校赛艇、棒球、攀岩等特色体育项目,将良渚古城、松花湖滑雪基地等融入行知课堂,带学生走出校园,在无边界课堂中共同探索上海文化、中华文明。

学校管理团队已经启动新一轮发展规划的初步研讨,反思过往办学的经验与不足,深入学习国家义务教育的新要求,秉承"培养立身世界中华英才"的办学目标,践行"沟通、合作、支持、成长",不断激发所有学生、教职团队和学校社区参与者的潜能,为我市民办中小学未来发展注入新的活力!

(于　晓　执笔)

78. 信念——谱写动人的创办之歌

民办圣华紫竹双语学校

上海民办圣华紫竹双语学校（原上海民办华东师大二附中紫竹双语学校，简称"紫竹双语"），坐落于上海市闵行区紫凤路500号。这是一所以高标准创建的九年一贯制民办学校，于2017年7月正式开始招生。学校创办5年，恰逢上海市推进民办中小学教育改革发展的关键时期。在国家政策和上级领导的引领支持下，全体教职员工用智慧和热情，用汗水和执着，浇灌着学校发展之路。而今的紫竹，有9个年级，47个教学班，师生、教职员工近1 600人。

一、序幕

当我们挥手送别第一届小学毕业生时，往事如画轴徐徐展开：学校于2016年筹建，校舍奠基在浦江第一湾（紫凤路500号），当年确定学校名称与办学方案，确立办学特色（语言、科技）。2017年开学，小学一年级开设4个班，全校教师30人，外籍教师进入课堂。2018年，学生无人机团队创建，联合水下机器人项目落地，学校加入华东师大教育教学实验基地项目。学校以"和谐卓越，面向世界"作为校训，秉承"充实自己，幸福他人，利益国家，影响世界"的育人理念，让每一个孩子在学习过程中提升，获得快乐的能力。

二、创建——校徽制作

校徽是学校的象征，更是学校文化的浓缩。图文结合的圆形组合式校徽是师生们的共同智慧，它被镌刻在我校的大门、楼宇、校服上……紫凤路500号的大门上，有一枚"与众不同"的校徽。这枚校徽是依据学校校徽原样研究制作出来的,还有一段特别经历。学校正门口的墙上,是学校的标准校徽,它是由学校创建小组——邹校长和艺术组老师们一起设计,共同努力制作出来。那么在它的旁边,学校大门上的校徽如何呈现更好效果呢?

邹校长带领艺术组的老师们开始思考、研究。两个校徽同时出现,呈现的是不完全相同的版本,即大门上的校徽要结合大门的风格和具体背景设计,因地制宜有所变化。施工时,首先考虑材质,材质要不生锈,还不能太重,防止掉下来有安全隐患;其次考虑字体、颜色,不仅清晰醒目,且需整体协调;还要考虑大小,大小直接影响到视觉效果。在校长的运筹帷幄下,运营部负责具体操作,提出了多个方案。样品很快做出,但由于尺寸太小,完全没有达到预期效果,初创团队立即着手调整,经过反复比对,实物模拟,最终确定直径72厘米。

大门校徽终于完工,当放上去的一瞬间,大家的眼睛亮了。这就是想要的效果——字迹清晰、美观大气、整体协调、立体感强。走过的老师、学生和家长也常常被吸引,对这枚校徽赞不绝口。邹校长常说,对于善于研究的人来说,办法永远比困难多,用研究的方式开展工作,先看整体,每一个局部都要适合。创建学校的过程中,从高大的金钥匙到小小的校徽,从一栋楼到一面墙,从一间课室到一个台阶,都在诉说着环境育人的故事。

三、招生——热线解答

新学校成立,如果说环境建设是硬件,那么招生就是软件,而且是软件的核心部分。学校计划首届小学一年级招生140人。为了让招生工作顺利进行,提升学校文化理念的影响力,学校制作宣传手册,传播"和谐卓越,面向世界"的办学理念和"卓越妙键课程"。作为华东师大二附中承办的学校,不算新事物;但华东师大二附中承办的第一所小学是怎样的,家长怀有极大的好奇,热情也很高。招生期间,咨询电话络绎不绝,雪花般的邮件、信件纷至沓来。家长关心的问题主要涉及招生政策、课程安排、后勤保障等方面。赵老师、林老师、叶老师分工合作,带领小学团队,分类梳理、一一答复。林老师负责招生政策相关的解答,总是有问必答,有求必应。电话必接,问题必回。招生组老师们 24 小时在线式的服务热情和全面解答,消除了家长的疑惑,也传递着学校办学信念——创办一所让家长和社会放心、满意的上海知名学校,赢得了家长的信任和好评。

四、借址——环境布置

校区建设、招生咨询都在有序进行。按照计划,学校 2017 年 9 月将在新落成的紫凤路 500 号校区迎来第一批学子。但考虑到新校舍环保、交通等方面问题,经过慎重考虑,学校最终决定,在华东师大紫竹基础教育园区行政东楼借址办学一学期。借址办学,谈何容易!在邹校长建议下,老师们先是在走廊里铺上地毯,既可以降低走路的声响,又可以避免学生摔倒擦伤。入学的同学们,可开心啦!

7 月的一个下午,学校采购的课桌椅到了,几辆庞大的货车和建校伊始的教职员工队伍形成了鲜明的对比。正值暑假,且快到下班的时间,临时召集人手已来不及。正在老师们一筹莫展之时,邹校长问:"我们能不能自己搬上去?"老师们似乎一下子充满了力量,异口同声回答:"能!""那我们一起搬上去!"说完,邹校长率先搬起一张课桌向行政东楼走去……

所有教师、员工都加入了搬桌椅的队伍,年迈的、年轻的、强壮的、瘦小的,每个人都在课室和货车之间不停地穿梭。很快,汗水开始流淌,落到课桌椅上、地面上,湿漉漉的衣衫贴着每个人的后背……货车上小山似的桌椅渐渐变小,课室里整整齐齐摆放的桌椅越来越多,就像经过洗礼的士兵,在等待检阅。"人心齐,泰山移",天黑时崭新的课桌椅全部被妥善地安放在了课室里,老师们满是汗水的脸上却露出了灿烂的笑容!

五、开学——课堂风波

七八月的温度,犹如老师们的热情:教室桌椅到位,地毯清洁,墙壁美化,再反复检查、完善……万事俱备!2017 年 9 月 1 日,终于迎来了第一届学生——小学一年级和中学预备年级。刚刚入学的一年级新生,各种状况都会随时出现。

开学没多久,邹校长课间巡视,发现一个男生走路姿态异样,表情也不对。第一感觉是这个学生尿裤子了,于是她走过去了解情况,当邹校长弯下腰靠近男生时,闻到了刺鼻的味道……这时小学部赵老师正走过来,就拉着男孩走进了洗手间。两个人一阵忙碌之后,发现这个男生没有裤子可换,这该怎么办?发动更多的老师找,没有结果;打电话让家长送,要等很长时间,孩子不可能一直待在洗手间。出去买!回家拿!为保险起见,两队人马同时出发,最终以最短的时间拿来了可以替换的裤子。

这件事过后,发生了两个变化。第一个变化是一年级入学准备期的行为习惯养成教育中,增加了生活技能教育内容——"十会":会走路、会坐姿、会说话、会提问、会倾听、会写字、会卫生、会关门、会就餐和"会让别人快乐"。这是邹校长和一年级老师结合孩子们的具体情况,反复思考、打磨、确定的内容。之后,"十会"就成了我校一年级学生入校教育特有的内容。第二个变化是老师的办公室里,多了两套校服,一套男生的、一套女生的,还分别配有儿童小短裤。

"一所好的学校,要全面考虑学生发展需求和可能遇到的问题,并能在最短时间提供有温度的帮助。"校长的话,给学校后续建设指明了方向。学校发展过程中,越来越多的学生、家长、老师感受到了学校的温度。

5年时光荏苒,再回想2017年的一幕幕,仍然会为当初的执着和热情感动。我也不止一次思考:到底是怎样的一种力量在支撑着所有老师坚定前行?又是什么带给老师们那么多的勇气和信心呢?现在,答案已明晰,是信念!要办人民满意的教育的信念!让家长对学校放心的信念!让每一个学生都和谐、卓越发展的信念!

凡是过往,皆为序章。面对未来,我们将不忘初心,肩负使命,牢记办人民满意的教育,追求卓越发展,披荆斩棘,坚定前行!

(马丽娟　王　浩　执笔)

79. 立德树人　全面践行融合育人

金山区世外学校

一、学校概况

上海金山区世外学校(简称"金山世外")隶属均瑶集团下属世外教育集团,校名原为上海金山区世界外国语学校。学校创办于 2017 年,位于金山新城核心地段,占地 100 多亩,环境优美宜人,配套设施齐全,是一所十二年一贯制民办学校。世外教育集团总裁徐俭先生担任学校学术总监,上海市特级校长汪劲松先生任校长。学校拥有一支凝聚力强、专业素养高、经验丰富的管理团队,秉承"为每一个学生的终身发展打好基础"的办学理念,以"培养走向世界的现代中国人"为目标,遵循"博学敏思、志存创新、明理笃行、与时俱进"的校训,坚持立德树人,践行"五育并举",实行十二年一贯的"体验式、创新型、现代化"优秀人才培养模式。

学校借鉴世外母体校的办学经验,构建十二年一贯制课程体系。以国家课程为核心,以德育课程、融合课程、拓展课程、探究课程为特色,培养全面发展、具有全球视野和健全人格的优秀人才。学校通过实施高质量的基础课程,大幅度提升学生基础学业水平;通过开展多样化的活动课程,全方位提高学生综合创新能力。在升学考试和各类学业水平检测中取得骄人成绩,在各类科技、人文、体育、艺术活动和竞赛中硕果累累。学校重视因材施教原则,关注每个学生健康成长,实行小班化教学,师生比高。实施全员导师制,创设多元互动学习环境,为学生成为国家需要的时代英才打好基础;建立全面激励机制,使金外学子个性特长得到充分发展。

学校充分发挥十二年一贯制办学特色,形成育人理念一贯性、课程体系整体性、成才渠道多样性的"优秀人才培养直通模式"。学校组建了一支由世外教育集团委派特级、正高级教师和本校名师领衔的专家团队,通过师德示范、专业引领、课堂实践、校本研修、文化浸润、国际融合的培养机制,在锐意进取的领导团队带领下,打造一支高素质、强专业、乐奉献、爱学生、重创新的优秀教师队伍。学校管理制度规范成熟,硬件设施完备先进,后勤安保精细周到,为学生提供优质的学习生活条件。

二、学校发展

习近平总书记指出:"要坚持社会主义办学方向,把立德树人作为教育的根本任务。"学校教育必须牢牢抓住这一根本任务,在我校发展进入第二个五年关键期,提出以立德树人为核心抓手践行"五育并举",落实全面育人,建设以"进步更快、提高更多、效益更高"为目标的一流学校。

(一)立德树人与主题德育

立德树人应是全方位育人,要让学生具有爱党、爱国、爱人民、爱社会主义的情怀,能站在新时代的前列,明白民族复兴责任在肩。如果学生能认识到这一点,那么他的学习和成长必然会有巨大的动力。但是我们清醒地意识到,教育不可能一蹴而就,也不可能毕其功于一役,必须融入各种实践活动。

2021年上半年,党中央指出:"中国进入了新发展阶段,要贯彻新发展理念,构筑新发展格局,推动高质量发展。全国人民满怀激情迎接建党100周年,以新的继续奋斗创造更加灿烂的辉煌业绩,向党献礼。"我们设计了各种形式的党史教育活动,让师生更深入地了解革命前辈是怎样"通过奋斗走过了千山万水",才开创了今天的国泰民安;前辈的革命目标还没有完全达到,民族的复兴更要我们继续奋斗。所以,2021学年的下学期我们一边组织师生开展党史教育,同时引导师生要像革命前辈一样,在新形势下继续努力、继续奋斗,交出新成绩,创造新辉煌。该学期德育主题确定为"以新奋斗,求新发展"。

2021年下半年,在党史教育的基础上,我们把德育教育落到实处,主要基于三方面思考:一是应该让师生对党史从感性上升为理性,从具体感受上升为精神理解,让师生了解中国共产党人之所以能成为时代先锋,就因为他们心中有人民,心中有国家。二是我国已进入了中国特色社会主义新时代,我们正面临着百年未有之大变局,前面还有许多困难和挑战,当代青年不应是树下乘凉的享乐者,而是未来世界的创造者,努力使他们成为时代的先锋,担起民族复兴的大任,这应是我们教育的着力点。三是应让我们的学生懂得具有怎样的品格才能担当起民族复兴的时代重任,成为时代新人。所以,该学期德育主题是"传承红色基因,争做时代新人"。通过升旗仪式、金外讲坛、主题班会、社会实践、课程融合、思政渗透等渠道开展教育活动,让学生意识到:时代呼唤新人,青年勇担重任。锤炼新人品格,我们绝不懈怠。

德育主题还有"主动进击,夺取胜利"。党的十九届六中全会提出了要发扬伟大的历史主动精神。首先,要让青年学生认清形势,我们正面临百年未有之大变局,中国青年只有主动作为,才能赢得胜利;其次,我们正处于近代以来最好的发展时期,从来没有像今天这样接近民族复兴的伟大梦想,而这个伟大梦想的实现正历史性地担在我们这一代青少年学生肩上。我们要把握机遇,主动作为,为中华民族伟大复兴添砖加瓦,做无愧于时代、无愧于民族的社会主义建设者和接班人。再次,当今时代科学技术日新月异,美国等西方国家制裁打压我国,重点就是压制我国科技发展。所以,青年学生刻苦学习科学文化,提高科技创新能力,已关系到国家和民族的生死存亡,其意义非同寻常。我们只有主动学习、主动实践,并形成主动进击的习惯,才能成为时代新人、革命先锋。最后,前行的路上总会遇到数不清的困难和挑战,遭受挫折乃至失败,不屈不挠,勇往直前,夺取胜利,应是当代青年继承革命传统和发扬革命精神的重要方面。成功一定是干出来的,胜利更是要经过艰苦不懈地努力去夺取,不能幻想别人会把成果塞到你嘴边。

(二)立德树人与减负增效

1. 提高认识。培养时代新人,除了要重视政治思想、道德品行教育,还要让学生具有扎实的知识基础、科学思维、创新意识、实践能力,这就需要不断改进教学,努力提升效益。五项管理是立德树人的需要,其根本目的就是为了更好地培养时代新人。学习负担减下来,教学质量升上去,使学生德智体美劳全面得到发展。从这个意义上说,"双减"的精神就是,负担要减,提质更是关键,即以课业负担的减轻,赢得"学生的全面发展"。我们让师生都认识到,"双减"绝不是简单地减少课内外作业或学习时间,更不是以牺牲质量为代价去减轻负担,而是深化教学改革,从提高课堂效率着手提升教学质量。

2. 落实教学。从教的方面来说,需要经由教师教学方法上的引导,以课堂教学内容的"博"来使学生精简地、高效地、深度地学习教学内容,实现课堂教学质量的增效。在课堂教学中要做到科学、精准、有兴味。除了授课方法科学,我们更倡导构建真实而有意义的生本课堂,强调学生在学习中抓住真问题,体验真过程,获取真感受。课堂教学实施大单元教学设计,开展项目化、研究性学习。基于课程标准设计校本大单元教学评价和作业设计,确保达到"杜绝重复、增加层次、自由选择、批改到位"四标准。课后服务和分层指导重视个性化辅导,不仅要关注每个学生知识能力的掌握,更要关注他们是否找到了适合自己的学习方法,以激发他们的学习兴趣和学习动机。

客观上讲,有学习任务就会有负担,但所感受到的负担程度就是一种主观体验,感到负担超越自身承受的"阈值"时,就是过重负担。而不同的人由于志趣追求、学习能力、心理感受等方面的不同,这种主观体验也就有个体差异。要做到"减负提质",除了教的方面努力外,还要发挥学生的主体性作用,让他们从"学业负担被动的承担者"成为"减负行动的主动参与者",成为"五项管理"的积极实践者。如何使学生更多地发挥学习的主观能动性,也就成了我校减负工作的重点之一。比如,倡导学生互助,结对成组,互帮互学;团队协作,良性竞争等,既能互相促进,又能形成浓厚的学习风气。

3. 多彩选修。学校不仅要开足开好国家规定的必修课程,这是培养时代新人的基础,还要重视学生兴趣爱好、个性特长的发展。因为世界是丰富多彩的,需要丰富多彩的人才;人的兴趣爱好、个性特长也是丰富多彩的。学校应营造丰富多彩的教育天地,使学生丰富多彩的兴趣爱好、个性特长得到充分发展,丰富多彩的人才就会涌现,未来的世界就会更精彩。由是,我校的选修课有86门之多。

（三）立德树人与师资队伍建设

坚持立德树人，培育时代新人，需要有一支思想过硬、业务精湛、踏实肯干、勇于进取的教师队伍，尤其像金山世外这样一所新办学校，教师培养就成为学校工作的重头戏。我们对加强教师队伍建设主要有三个方面的定位和思考。

第一，队伍建设的重心是增强家国情怀。要让教师真正意识到我们面对的学生都是未来社会主义的建设者和接班人，教育他们成材是我们国家发展的需要，是我们民族复兴的需要。教师只有站在时代的高度，明白重任在肩，才能做到全身心投入教育实践。唯此，成为一种行为自觉。

第二，要求教师对学生有爱心，更要做到让学生能感受到你对他的爱，理解你的爱，这样你的爱才会深入学生心灵，才会转化为促使学生进步的动力，甚至还会因此喜欢上你教的学科，而且学得越来越有劲。这就要求教师提高教育的艺术。如何做到爱学生并被学生感知和理解，就成为我校教师培训的重点之一。

第三，渊博的学识，严谨的作风，引人入胜的讲课风格，诲人不倦的真诚态度，一定会赢得许多学生的敬佩。所以，学校师资培训应抓业务水平提升，抓教学能力提高，这是一点不能松懈的。我们在市、区、集团多层次的教师培训体系中，重视在个人钻研的基础上，实行专家引领、师徒带教、主题研修、整组提升、同伴互助、以研促教等措施，教师队伍有了比较大的成长，也取得一些成绩。但前路漫漫，未有穷期，我们还需继续努力。

（汪劲松　执笔）

80. 菁菁芳华 曜引未来

民办华曜宝山实验学校

上海民办华曜宝山实验学校（原华二宝山实验学校，简称"华曜宝山"）是由宝山区教育局、华东师大二附中和三和投资集团有限公司三方联合举办的一所集小学及初中的九年一贯制非营利性民办学校，成立于2018年1月，当年9月正式开学。校长由华东师大二附中数学特级教师郑跃星担任。目前小学一、二、三、四、五年级共20个班，初中六、七、八、九年级共24个班，在校学生1711人，在职教师155人。

学校始终坚持"确立一个理念，紧扣两大主题，搭好三大平台，构建四大支柱"的办学要求。

华曜宝山自创办以来，自始至终的一个理念为：旨在成为以"培养有修养、会思考、善沟通、能创新，既具有本土情怀又具有国际视野的谦谦君子和大家闺秀"的育人目标。以此实现"教育理念先进、教育优质资源丰富、创新氛围浓厚的一流学校"的发展目标。

学校坚持"五育"并举，紧扣人文、科技两大主题，全面培养学生的综合素质和实践能力。"人文"既是对中华经典传统文化的思辨和传承，又是对世界优秀文化的思考和发扬；"科技"既是对现代技术的密切关注和初步探索，又是对创新思维的深刻解读和具体实践。

学校搭建三大发展平台，分别是教师发展平台、学生发展平台和家长发展平台，以此体现在推进学校发展上，努力推动教师与学生，以及学生家长的共同幸福健康的成长和发展。

学校搭建"真、善、美、乐"的四大课程支柱，真——建立科学的世界观，尊重事实，透过表象思考背后的原因；善——培养与人为善的情怀，善待家人、善待朋友、善待自己;美——提高艺术的鉴赏力,了解古今中外的艺术瑰宝,提升生活品质;乐——设计合适的体验项目,让学生在感受中,领悟生命的意义。自学校创办以来,主要抓了以下五方面的重要工作。

一、围绕党建引领,健全校务管理

（一）发挥党组织在学校管理中的"三大作用"

4年来,学校深入贯彻落实习近平总书记关于加强新时代党的建设的总要求,以及各级政府和教育行政部门关于全面加强中小学党建工作的实施意见,坚持党对教育事业的全面领导,切实加强基层党组织和党员队伍建设,充分发挥党组织在民办学校中的政治核心作用、战斗堡垒作用和监督保证作用,努力打造基层党建工作品牌,确保党建工作落到实处、深入人心;同时,充分发挥党组织对学校董事会、监事会的领导作用,以党建工作凝聚学校发展的思想与行动。

（二）以党建带动团建和队建工作

党支部认真做好对团队的指导工作,指导团队负责人建立少工委、开展少先队入队等工作。在2020年新冠疫情期间,我们邀请了华山北院的刘蓉医生为本校党员教师和学生讲述前往武汉抗疫的事迹,重温党的誓言,让每一名党员教师加深对中国共产党坚持"人民的生命高于一切"的认识。重点结合新中国成立70周年纪念日,指导中小学生开展了"我的祖国我的六一"的主题活动,以及《五星红旗　我为你骄傲》主题教育升旗仪式活动,让每一个学生深切感受到爱党、爱国和爱社会主义,是有"中共根,民族魂"的家国情怀的体现。各种活动,在中小学生心目中产生了广泛反响。

（三）学校实施校长负责制

在学校日常管理过程中,校长领衔的党政班子紧紧抓住精细化梳理和程序化执行这两个关键点。一是精细化梳理学校日常,就是在教育教学的每一个环节要求教师都从细节处入手。比如,注重教学五环节的管理、严抓班主任管理,所有的常规工作以班主任为核心,带动其他老师和学生干部,落实做到点、线、面全方位支持,实现精准管理。二是程序化执行,就是操作有章可循、有制度可依据,以学校发展规划为纲,从而有力促进和带动了学校管理水平和教育教学质量的提高。

二、深化德育工作,树立卓越之德

4年来,学校始终秉持以学生为本的核心理念,围绕学生德智体美劳全面发展建构高质量的人才培养体系,注重提升学生道德品行涵养,促进学生身心健康成长,提高学生的综合素质、核心素养,以高质量的人才培养体现学校的办学价值。

开展学科系列活动和德育系列活动,坚持通过丰富多彩的活动对学生展开中华美德教育,如每月寓教于乐的多彩校园节、各年级成长仪式教育活动、光盘节粮行动、垃圾分类环保小先生行动、三爱与感恩系列活动、"身边的抗疫故事"主题教育活动、经典动画片观影活动……学生在活动实践中体验规范,在不断感悟中将规范文明的行为内化为自身的品行。

开展具有成长纪念意义的活动,例如在队员们14岁来临之际,回顾自己的成长历程,感恩父母师长之恩,规划美丽梦想,并邀请所有的家长见证这个重要时刻。每学年学校精心组织语文节、数学节、英语节、心理活动月等活动,学生和家长都倾情投入,在活动中,孩子收获成长。我校对心理健康教育提出了以创建上海市中小学心理健康教育优秀校为目标,将心理健康教育工作渗透常规工作、少先队工作和学校重大活动中去,深化"以人为本、和谐发展,让每个学生都精彩"的理念。

三、立足课程教学,健全卓越之学

2018年学校开办初期,郑跃星校长就将"是什么?为什么?还有什么?"作为学校智慧学习体系的核心,将"诊断、针对、有效"作为学校科学训练体系的核心,全面推进学校的学科教育。

我们对现有基础型课程进行重新归类整理,针对学生的能力差异,按照不同维度进行分类,体现基础型课程实施中的分层教学。强调精简共性的基础,增加可选择的不同基础,注重能力、方法和态度的基础,使基础学力得到切实的落实。

拓展型课程着眼于满足学生向不同方向与不同层次发展的需要,不断完善选修课程结构,增强课程的丰富性、多样性和选择性,引入区域优质科技资源,进一步提升选修课的品质,尽可能满足学生的个性化需求,实现学生愉快学习、卓越成长的目标。

探究型课程建设中充分借鉴华东师大二附中的先进经验,加强与宝山青少年活动中心和中科院的合作,积极开展以小课题研究为基本形式的探究性学习,激励学生自主学习、主动探究和实践体验。

四、助力教师发展,培养卓越之师

教师专业发展是教育的永恒主题,是学校发展的动力源泉。4年来,学校始终围绕"激发每一位教师的活力,关注每一位教师的影响力",努力破解教师专业成长的密码,开展了一系列行之有效、富有特色的工作。

学校重视学科教研,立足课堂实践,找准教学问题,整合教研、科研与培训三方力量,探索"主题化教研"和"主题式培训"的有机整合,帮助教师加深专业化理解,提高解决实际问题的能力。针对教师在教育教学中普遍出现的疑难和困惑,有计划地邀请各类专家亲临指导,诊断问题所在,制订解决方案,帮助教师在教育教学方面提升能力。

2020年,学校成功申报了上海市民办中小学中青年优秀教师团队发展计划:"智慧学习体系下的初中数学教学——以校本课程建设为契机促进教师的专业发展"。学校以数学学科为龙头,带动其他学科,探索更多、更有效的研究模式,以促进普通学校成长期教师学科教学的快速成长。

五、激发学生潜力,造就创新人才

我们贯彻"是什么?为什么?还有什么?"的教学方法论,强化学生的问题意识,努力探寻现象背后的原因。每次的数学拓展性作业都是立足于课堂,延伸到课外,要求全年级所有的学生都参与。

比如,学习了"分数"这一章,就精心设计拓展性作业,要求学生设计一幅精美的图案:一是使得涂色部分的面积与图案总面积的占比为 3/5;二是使得涂色部分的面积与图案总面积的占比符合拟定的分数。这个拓展性作业旨在培养学生数形结合的能力和用数学眼光观察世界的能力。

比如,学习了"圆和扇形"这一章,要求学生利用圆与扇形等基本图形设计一幅精美的图案,并计算各部分的面积或周长。这个拓展性作业具有很大的开放性,对学生的综合能力提出了很大的挑战,从构图到色彩、从面积到周长,都需要学生用心思考、仔细计算。

比如,学习了"函数"这一章,要求学生应用函数的图像,设计精美图案,并把解析式写在相应的位置。这个拓展性作业的难点不仅要构造美丽的图案,而且还要将图像与函数解析式精确匹配。学生们各显其能,精品迭出,让人耳目一新。

每到寒假和暑假,学校都会布置学生编辑数学小报,内容是本学期学过的章节,要求图文并茂,具有严谨的数学结构。这种活动促进了学生梳理学科知识的能力,也给学生施展才华提供了很好的机会。

纵观华曜宝山 4 年来的发展,取得了一定的成绩,是因为有各级领导的大力支持,有投资方大力度的资金投入,有各路专家的提携引领,有华曜宝山教职员工的倾情付出,有华曜宝山学生的发奋图强,这将在华曜宝山的发展史上留下浓重的一笔。我们要把学校建设成为一个满足多元文化需求、拓展开阔深邃视野、塑造大气豁达人格、激发缤纷智慧火花的高起点、高标准、高品质的教育场。

(郑跃星　执笔)